教學原理

（第三版）

王財印、吳百祿、周新富　著

目次

第一篇　緒論

第二篇　教學計畫

第四篇　教學模式

第五篇　教學評鑑

作者簡介

（按姓氏筆畫排列）

王財印

- 學歷：國立臺灣師範大學英語研究所碩士
- 經歷：高雄市、臺南市中小學教師、組長、主任
  高雄市立大義國中、新興國中、新興高中校長
  正修科技大學應用外語系主任
  國立中山大學、國立高雄師範大學、國立空中大學兼任講師、助理教授

吳百祿

- 學歷：國立高雄師範大學教育博士
- 經歷：國小教師、主任
  高雄市政府教育局科員、股長、專員、秘書
  高雄市小港國中校長
- 現職：正修科技大學師資培育中心教授

周新富

- 學歷：國立高雄師範大學教育博士
- 經歷：高雄市中小學教師、主任
  正修科技大學師資培育中心副教授
- 現職：國立高雄師範大學師資培育中心兼任副教授

第三版序

　　本書自初版迄今已有 15 年之久，第二版僅做小幅度修改，第三版則有較大幅度的修改，刪除了一些過時的內容，增加了課程與教學最新資訊及教學發展的新趨勢。尤其是教學模式在這幾年的變化相當快速，翻轉教學的推動帶動教學的創新，許多熱血教師為突破教學的困境，將翻轉的精神帶入教室，獲得社會大眾極大的迴響。在此風潮之下，本書新增了翻轉教學的理念及作法，讓師資生在學習傳統的教學理念與模式之外，還能接觸到各種創新的教學型態。

王財印、吳百祿、周新富　謹誌

第二版序

　　本書 2004 年出版，承蒙各界愛護，共印了五刷。由於科技的發展日新月異，許多新的教學策略、教學方法被研發出來，教學設計上也有創新，因此深覺有必要好好修訂。這個構想已醞釀兩年之久，於是陸續蒐集有關教學的新資料，並與其他兩位作者互相討論，決定僅對本書小修，有幾個主題在不同章節重複出現，或是章節內容過於單薄的部分，給予適當地增刪，讓這本書更適合做為師資培育的教材。

　　本書修改的內容共有十一章之多，其中以第十四章社會技巧教學法更改的幅度最大；將其內容加以擴大，不只探討社會技巧，也加入綜合活動領域、社會領域可以使用的教學法。教學法雖然不斷推陳出新，但其實用性如何，卻是有待商榷，例如：「問題本位教學」目前受到學術界的重視，經常可在期刊上看到有關這個主題的研究，但筆者認為這種教學不適用於中小學，因此未編入書中，本書所呈現的內容以教學的基本功為主，有了這些基礎，以後要推展創新教學就容易多了。

　　因為修訂的時間極為匆促，書中之謬誤在所難免，期盼社會各界多多給予批評指教。

王財印、吳百祿、周新富　謹序

2009 年 9 月

初版序

　　身為一位教師必須對所任教學科的專業知識有深入的認識，但是對如何傳遞這些知識的能力亦不容忽視，這種知識就是教育學的方法論，其中「教學原理」是針對班級教學中所要使用的方法和技巧，做一有系統的介紹，是擔任各級教育階段的教師所須具備的基本能力。一位教師想要在教學上有傑出的表現，一定要精熟各種教學模式，以便在實際教學時能靈活的運用各種方法與策略，如此方能達成預期的教學目標。

　　作者三人皆曾在師資培育中心任教「教學原理」科多年，坊間出版的教科書相當多，但總覺得這些書都存有一些美中不足之處，例如有些書偏重教學理論，使得與教育心理學有太多重疊；有些書則是出版年代久遠，未提到近幾年的教學發展趨勢。本書針對上述缺點，逐項加以改進，依照教學計畫、教學執行、教學評鑑的架構，將全書分為五篇十六章，第一篇為緒論，針對教學的意義、性質與教學研究的趨勢做探討；第二篇為計畫，內容共有三章，分別探討教學過程、教學計畫及教學目標；第三篇和第四篇為教學執行，內容包含教學策略，如引起學習動機、講述技巧、發問技巧、班級經營技巧、教學媒體製作等；並且介紹幾種重要的教學模式，如直接教學法、討論教學法、協同教學法、合作學習法、社會技巧教學法、個別化教學。第五篇為教學評鑑，介紹學習結果的測量與評鑑。這 16 項主題並未能包含所有的教學研究議題，但是重要的發展趨勢及研究主題應均能涉及。過去對「教學原理」的研究大都只注重教師的「教」而忽視學生的「學」，也就是對學習歷程、學習特性的探討太少，這部分教師也要有所認識，教學才能達到成效，本書針對學生部分亦做了詳細探討。本書除引用心理學的研究結論之外，也引用教學社會學的研究成果，從不同的角度切入，可以了解到教學活動的不同面貌。

　　本書由計畫到初稿完成，費時將近兩年，雖然說慢工可以出細活，但是缺失之處應在所難免，祈望各位教育先進能給予批評指教，讓本書的錯誤可以減到最低。

王財印、吳百祿、周新富　謹序

2004 年 6 月 4 日

第一篇

緒論

第一章　教學的意義、性質與研究

第 1 章

教學的意義、性質與研究

周新富

教學是學校教育工作的核心部分，學生在學校上課的時間，除了小部分的課外活動、團體活動時間，大部分的時間都是在進行接受教學，所以教學是學校達成培養目標的最基本途徑。由教學品質的良窳，可以看出學生的學習成果及教師專業能力的優劣，也可以看出一所學校的辦學績效，所以教學活動是學校教育最重要的部分。身為教師，想要在職業生涯之中發展順利，就要在教學能力下工夫，因為教學是教師必備的專業能力，是教師求生存、求發展的法寶。本章從教學的意義與性質、教學研究的發展趨勢，與教師的專業知能三方面，來論述教學的基本概念。

第一節　教學的意義與性質

壹、教學的概念

　　教學的英文字義是「teaching」或「instruction」，是學校教育中最主要的活動，為達成教育目的所使用的一種方法。要給教學下定義是一件很困難的事，因為教學是一項很複雜的活動，所包含的範圍實在太廣了，如果就廣義的教學而言，教學活動在生活中經常會發生。當你打開電視收看某位股市名嘴分析股市行情，教學活動就開始進行；你向同學請教一些教科書上的問題，這也是一種教學活動，一切的學習、自學、研究、教育等活動都是教學。就

狹義的解釋而言，教學活動是教育的一部分，以傳授和學習知識技能為主要內容，包括家庭教育、社會教育、學校教育等形式；而最狹義的解釋則是專門指發生在學校裡面的活動，特別是教室裡面，由教師傳遞知識及生活技能給學生，使學生的身心獲得發展。基於這樣的理解，教育學者對教學的定義都是採用最狹義的觀點，特別指學校內部的教學，舉例來說，高廣孚（1988）認為，教學是教師經由詳細的計畫和設計，運用適當的技術和方法，以指導、鼓勵及激發學生自動學習，以獲得生活上所必需的知識、技能、習慣和理想的一種工作或活動。王策三（2000）認為，教學是教師教、學生學的統一活動，在這個活動中，學生掌握一定的知識和技能。而 Gage（1978）則對教學採用廣義的解釋，他認為教學是一個人想要促進其他人學習的活動，這個活動通常要使用語言，但也有不用語言，例如：以無言的行為表現，做為學生的楷模（models）讓學生模仿。

Smith（1985）在《世界教育百科全書》（*The International Encyclopedia of Teaching and Teacher Education*）一書中對教學的定義做了一個統整，其用意在讓人們了解教學的多種面貌，從他的釋義當中，不但可以了解教學定義在西方的演變情況，更可了解教學活動的性質。茲將五種定義做如下的敘述（方德隆，2000；單文經等人譯，2001；Smith, 1985）。

一、教學敘述性定義（descriptive definition of teaching）

敘述性定義是指，某一詞彙傳統上約定俗成的意義及對此詞彙的解釋，傳統對教學的解釋是指透過訊號或符號對某人展示某些東西，因此教學就是給予訊息，告訴某人要如何做，或給予學科方面的知識。所以自古以來對教學的定義都是指對某人提供訊息，以教導某人做某些事，或是傳授學科知識。例如：Soltis 於 1978 年提出「教學的本義」，認為教學活動具有以下的五項條件：(1)有一個人（P），擁有一些(2)內容（C），而且這個人(3)企圖把C傳授給(4)另一個人（R），這個人原來是缺乏 C 的，於是(5)P 和 R 構成了一層關係，其目的在使 R 能取得 C。

二、教學即是成功（teaching as success）

　　這個觀點認為學習隱含在教學之中，「教」與「學」兩者之間有密切的關係，可以用「教—學」（teaching-learning）的形式來表達。教學通常期望達到成功的學習，但是「教」不一定導致「學」，「學」不一定由「教」開始，如果教師沒有達到教學成效，則需要探究原因何在；然而，依據學生的成就來評鑑教師的教學是有問題的，因為教師無法控制影響學習結果的所有變項。

三、教學是有意的活動（teaching as intentional activity）

　　第二種定義在邏輯上不一定成立，雖然教學有失敗的可能，但教師可以期望自己的教學能達成學習成效。這個定義就是指教學不僅是從事某種活動，而且試圖注意正在進行的活動，有意診斷並改變學生的行為。教師教學時總希望學生達成某種目標，因此教學本身就是有意圖、有目的的行為。

　　教師在教學時會依據情境和教師信念來做決定，假如學生上課干擾教室秩序，教師會認為維持秩序是重要的事，至於如何維持秩序，則是依據教師信念而定。教師會思考不守秩序的兒童是不是疲倦或在尋求注意，不同的想法就會有不同的處理方式。「教學是有意的活動」這項概念支持教師思考的研究，教師的表現受到「目的」（intentions）的指引，而目的又是來自教師的信念系統和思考模式，要了解為何教師會有這樣的行為，必須理解其思考過程。

四、教學是規範性的行為（teaching as normative behavior）

　　這個界定說明教師教學時會依循某些原則或規準行事，也會考慮到倫理的問題。以規範來界定教學有助於釐清與教學相關的一些詞彙，例如：「教導」（instructing）、「訓練」（training）、「灌輸」（indoctrinating）、「制約」（conditioning）、「宣傳」（propagandizing）、「恐嚇」（intimida-

tion）等，在下文將針對此一問題做詳細探討。這些活動是否屬於教學，視活動過程所涉及的心智程度如何而定，也就是教學活動的過程當中是否訴諸事實的證據及理性。

五、教學的科學性定義（a scientific definition of teaching）

教學要成為科學或是一種專業，必須要揚棄教學字面上的定義，從觀察及經驗將日常的用語轉變為精確意義的術語，例如：用一個公式：a=df [b, c, ...]，說明 a 是 b、c、d...的總合，a 表示「教學是有效的」，b 表示「教師給予回饋」，c 表示「教師陳述原則，並舉正反例說明」；「=df」符號則表示介於兩端句子之間的關係。這種定義模式帶領我們的思維接近可觀察和可操弄的經驗層次，而不是像敘述性定義以抽象名詞來界定抽象名詞，科學定義採用其他名詞來界定教學，如能力（competency）、表現（performance）和有效的（effective），假如教師的行為與有效教學（effective teaching）的定義一致，則教師的表現即是符合專業標準。教學科學持續發展，其教學定義中的名詞會不斷增加，因為這些學者的目的不只在提升教學知識層級，而是要在實務工作上能發展有效的教學系統。

基於以上的解釋，可以了解教學就是一種有意圖的活動，教師安排學習情境，引導學習者獲得特殊的能力或經驗。

貳、教學與其他相關概念的關係

分析哲學家為釐清教學相關概念的羈絆，使人對教學概念有正確的認識，於是就這些相關概念加以分析。Green（1968）在〈教學概念地形學〉（A topology of the teaching concept）一文中，就教學和相關的概念加以分析，我們看到教學的衛星概念有八個：一為教導，二為訓練，三為灌輸，四為制約，五為宣傳，六為恐嚇，七為說謊，八為身體威脅。這八個概念有些與教學的關係較為密切，有些比較疏遠，甚至與教學根本未發生任何關係。

訓練和制約可以指導學生學習技能、培養優良習慣及導致其他行為（conduct），訓練是教學的一種，如果教師不只是機械式的訓練技能，利用啟發誘導，喚起學生思考和洞察力，這樣的訓練就是教學；制約是行為主義心理學家的發明，狗聽到鈴聲而分泌唾液不是一種服從的行為，也不是智能的表現，而是對外來刺激自動的及固定的反應。雖然制約和訓練都是在養成行為，但訓練在智能的表現成分較多，制約則較少，所以制約離教學的概念比較遠。恐嚇與身體威脅是較接近的概念，以此方法為手段制約而成的行為，則不能稱之為教學。例如：一個教師在教學時，經常使用責罵和體罰的手段，以達成其教學目的，但這種達成學生行為的改變方式不能算是教學。在引發知識和信念方面，教導和灌輸是最主要的活動，教導（或稱做施教）是教學的一種形式，是最合乎教育規準的教學。所謂教育規準即合價值性、合認知性、合自願性，教學不一定符合這些規準；灌輸則是要求學生死記一些東西，不論他們是否了解，這種教學教師通常不大解釋，政治、宗教、社會或道德信念的教學較易淪為灌輸的形式，所以灌輸僅僅居於教學概念的邊緣。至於宣傳和說謊則遠在教學之外，或者根本不能算是教學，因為不論政府的政治宣傳或是生意人的商業宣傳，均有誇大失實的情形，而教師在教學時不能稍有誇大；教師絕對不可以在教室中對學生說謊，故意教些不真實的東西或故意散布不正當的思想和邪說（高廣孚，1988；Green, 1968）。

由以上的分析得知和教學關係最密切的概念是教導，其次是訓練，再其次為灌輸和制約，這兩項活動若善加利用，可提高它們在教學上的價值。至於宣傳、說謊、恐嚇和身體威脅等概念，則離教學很遠，不能算是教學，如果教師在教學時，犯了宣傳和說謊的缺點，其教學將無價值可言；如果教師在教室中濫施體罰，甚至使用不正當的言詞威脅或恐嚇學生，這些行為都是相當嚴重的錯誤。

Smith 與 Ragan（1999）也對教育（education）、施教（instruction）、訓練（training）、教學（teaching）四個名詞做一釐清，一般人經常會認為這些名詞的意義是一樣的，但實際上是不同的。教育是廣泛的描述人們所有學習經驗，很多的經驗是沒計畫的、偶發的、非正式的。所有的施教都是教育的

一部分，施教是經由特別的發展和執行，以確定能有效達成學習目標。訓練是集中在特殊技能的獲得，通常這些技能是能立即應用的，例如：職業教育課程可視為訓練，在商業、軍事、政府部門等情境的施教可稱之為訓練；但不是所有的教導都是訓練，軍事教育的課程也要提供數學、閱讀的施教，這些經驗是發展心理目標，所以不是訓練。教學和施教這兩個名詞經常互用，但意義是有差別的，教學是由人所引發的學習經驗，不是影片、教科書或電腦軟體，通常這個人是活生生的教師；施教則可經由教師或其他媒體獲得學習經驗。由圖 1-1 可看出這些名詞之間的關係。

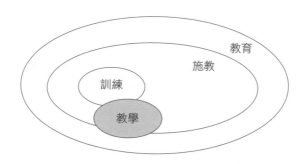

→ 圖 1-1　教學相關名詞的關係

資料來源：Smith 與 Ragan（1999, p. 3）

參、教學理論與實務

　　所謂理論是指經過研究或經驗而得到的原則和主張，能夠推論到其他情境；所謂實務是指應用在工作情境的方法、策略和技巧。一般而言，好的理論應該能指導實務工作的進行，相反的，好的實務是依據理論而來（Ornstein, 1999）。教學的理論主要來自心理學的認知論、行為論及人本論，這三個主要學派提出許多學習及教學的理論，然而不少教師認為教學是一項實務重於理論的工作，甚至視理論為不切實際，對實務沒有幫助，認為理論研究者忽略實務上的需求。實務工作者忽略理論的重要性，導致教學理論無法應用在

教學實務上，教師在教學時也很少思考理論與實務要如何結合。

　　為何理論與實務會產生這樣的落差？原因就在每個教室情境是獨特的，當教師試著應用學自專業文獻的理論到教室內時，就因為情境的不同而無法落實理論，讓教師心生挫折。Ornstein（1999）就認為，要正確使用理論到適當情境不是一件容易的事，首先教師需要熟悉理論和具備教學經驗，在面對不同學生時，還要再適度修改理論，如此理論才能適用到不同情境中。因為理論與實務很難結合，教師才很少運用學校所學的理論到實際教學情境來解決每天的問題。通常教師的教學決定主要是依靠「經驗」而不是理論，但這樣又很容易產生問題，如果沒有理論，教師在教學時會憑直覺下判斷，教學行為會顯現草率、隨興、反覆等現象，沒有理論指引，教師也無法評估特殊的方法或策略是否能達成預期的成效。理想的情況是理論與實務要相互為用，理論知識是在協助未來教師理解教學工作背後的基本原則和現象，但能說出理論與能表現技能是兩回事（Gage, 1978），所以不能只重理論，而要在適合的場合展示這些學得的知識，因此實習的規劃變得極為重要。

肆、科學與藝術

　　教學是科學還是藝術？教育學者一直在爭論這個問題。認為教學是科學的學者，主要著眼於教學的可達成性及可預測性，要建構好的教學只要依循強而有力的原則，即可對教學產生高預測能力和控制（Ornstein, 1999）。「藝術」一詞不能狹隘的認為是繪畫、音樂、舞蹈或文學作品，應從廣義的立場來界定，凡是在日常生活中，具有協調柔和的美感經驗即是藝術（單文經等人譯，2001）。藝術是一個人專注在美感的創作，以喚起美學的趣味為目的，通常藝術不是屬於實用導向的活動，但教學是實用性很高的活動，因為教學的過程需要靠程序、規則、公式和程序來運作，而藝術創作的過程是靠直覺、創造力、即席反應、意味深長的呈現（expressiveness），兩者的表現技巧是背道而馳的，所以教學怎麼會是藝術呢？但是教學的過程所用的方法是需要藝術技巧的，即使是有固定程序的電腦輔助教學，教師也要做選擇、引起學

生動機、擬訂教學步驟,而需要與學生面對面互動的教學活動,其藝術性即大大的增加。因為教學歷程中需要使用藝術的技巧來下判斷,所以教學被比喻為藝術,但充其量只能是實用性的藝術(Gage, 1978)。當教學離開實驗室或教科書與學生面對面的時候,即增加教學藝術性的機會。科學不能成功的描述迂迴曲折的教學過程,因為教師為提升學習所需的判斷、領悟、敏感性、即席反應等,是形成教學藝術的基礎。

Eisner(1999)認為,教學主要依據感覺和藝術,不是科學原則,在科學和科技時代,特別需要重視教學的「藝術和技巧」(art and craft)特質。他譴責心理學的科學運動,特別是行為主義,也譴責教育學的科學運動,特別是學校的科學管理,這些運動導致教學行動成為瑣瑣碎碎的說明。教學應如詩歌一般,是用來滿足心靈需求而不只是使頭腦獲得資訊,教學是關心整體發展而不是一組分開的技巧和刺激,教師的角色不是操作傀儡的人,也不是管理者,而是工程師。

教學應該是科學與藝術的結合,Gage(1978)以「科學基礎的教學藝術」(a scientific basis for the art of teaching)稱之,認為教學是同於工程師的工作,需要很強的科學基礎,但是也需要豐富的藝術成分,例如:設計橋樑需要藝術技巧,教學須具備藝術成分,同時也要發展科學基礎,科學是要達成實用的目的,藝術技巧使教師知道何時要遵守原理、原則、趨勢,何時不用遵守,以及如何結合以上兩項原則來解決問題。過於重視藝術成分,則會訴諸情緒、感覺、興奮(excitement),就愈不可能遵守原理原則,以致教學原則在教室內似乎難有發揮的餘地,教育學分會被認為沒有修習的必要,愈依賴藝術愈會陷入浪漫幻想的迷想,愈會依賴傳聞和臆測而不是社會科學或客觀資料來評鑑教師的能力。無論如何,教學是科學成分大過藝術,教學的研究結果才能應用到實務,教學法的學習才能受到重視。好的教學需要結合情緒、感覺、客觀的觀察和測量、精密的語言,如此才能達到良好的學習成效(Ornstein, 1999)。教師要以豐富的理論知識做為教學實踐的指南針,如此可以使教師減少犯錯的機會;教師同時也是藝術家,要學習在教學情境之

中，使用判斷、直覺和頓悟等藝術技巧來處理不可預測的結果。

第二節 教學研究的發展趨勢

　　教學要肩負傳授知識、培養道德情操、發展智力及能力等任務，欲使教學發揮成效，必須對教學現象進行全面而深入的研究。所以，早在兩千多年前就有人開始研究教學，例如：孔子、蘇格拉底（Socrates），但最有系統的教學研究是 17 世紀捷克教育學家 J. A. Comenius 完成《大教學論》（*The Great Didactic*）一書，提出許多有效教學原則；此後，許多教育家如法國的 J. J. Rousseau（1712-1778）、瑞士的 J. H. Pestalozzi（1746-1827）、德國的 J. F. Herbart（1776-1841）、美國的 J. Dewey（1859-1952）等努力要建構教學理論，各人也都提出合理、有效的教學方法，其中以 Herbart 的「五段教學法」及 Dewey 的「兒童中心主義」對教學的影響最大。近 40 年來，教學的研究受到普遍的重視，各種教學實驗、理論和教學方法如雨後春筍般蓬勃發展，研究的主要目的在於應用研究的發現，改善教學的品質，以增進學生的學習，且研究方法以強調科學化的實徵性研究為主。本節在對科學化的教學研究主題做一概略的介紹，以期初學者能對教學原理的研究範疇有一整體的認識。因為「有效教學」的研究目前是教學研究的主流，所以另列單獨主題來介紹。

壹、教學研究的主題

　　科學化的教學研究重視研究過程要以有系統、有條理的科學方法來探討教學問題，強調的是實徵性的研究，所以依解釋資料的形式來分，一般分成量與質兩種研究趨向，以下依此兩種研究趨勢來介紹教學研究的主題。

一、量的教學研究

　　量的研究是以數量來表示研究結果，以便進行比較、分析、推論，所以，統計學的考驗方法廣泛應用在探討諸多變項間的關係，主要的研究方法有調

查研究法、實驗研究法、觀察研究法。這種研究典範應用到教學領域即稱為量的教學研究，其研究主題可以分成以下七類（丘立崗等人，2006；林進材，1998b；簡紅珠，1988，1992a）。

（一）教師特質的研究

最早的教學研究認為，教學的品質取決於教師個人的特質，故研究的目的在於鑑定教師的特質，如智力、經驗、儀表、熱心、信仰等，以做為教師效能的指標。由研究歸納出來有效教師的特質可以拿來建立一些效標（criteria），例如：溫暖、同理心、負責任、有效率、激勵士氣、富想像力、創造力、維持良好班級秩序等特質，以錄取一些日後可能成功的教師；而專業知識、態度或部分的人格特質，則可藉經驗或訓練而改變，這些研究發現對教師養成教育不無價值。

（二）教學法的研究

教學法的研究旨在探討使用不同教學法的班級是否在學業成就上會有差異，這種研究都以實驗法進行，讓兩個或兩個以上的班級接受不同的教學法，然後以班級學業成就比較教學法的優劣。但教學法的研究只取少數幾個班級為樣本，代表性不夠；加上實驗控制的程度又相當低，以致研究結果經常受到質疑。

（三）學校層級的研究

學校層級的研究聚焦在其他變項，如學校規模、教師的訓練層級、學生的資質或社經背景等變項對學生成就或學習態度的影響。這些研究中最有名的是 1966 年的 Coleman 報告書，調查了 3,100 所學校與 645,000 多名學生，希望能藉此消除教師之間的個人差異，證明教師對學生學習只有些許影響。這些研究對找出有效的教學方法沒有任何貢獻，僅研究教師以外的因素對教學的影響。

（四）教師行為的研究

　　這種研究主要是測量教師教學時的行為或表現對學生學習的影響，研究假設是教師們在組織教學、選擇教材和教法、與學生互動方式上的不同，會影響學生學習的多寡。由於是探討教師在教學過程中的行為（過程變項）與學生成就（結果變項）之間的關係，故又稱為「過程─結果」的教學研究模式。研究結果使「教師並不影響學生學習」的迷思不復存在，而對有效教學技巧、能力本位的師資培育、師資教學評鑑等方面，提出許多具體的建議。

（五）學生思考的研究

　　「過程─結果」的教學研究受到一些批評之後，學者將研究範圍擴大到學生的思考過程上，通常這種研究是先研究教師行為與學生思考的關係，再研究學生認知思考與學習成果的關係。這是從認知心理學（cognitive psychology）的角度來探討教師或教學如何影響學生的認知、期待、注意、動機、記憶、歸因、理解、信仰、態度、學習策略、後設認知（metacognition），這類研究有助於我們了解各種教學現象對學生的影響。

（六）教師思考的研究

　　教師思考的研究旨在描述教師的心智活動，以及了解和解釋教師外顯的教學行為是如何形成的。教師思考的研究於 1973 年正式展開，研究的領域包括：(1)教學之前與教學之後，教師設計教學時的思考內容與過程；(2)教師教學思考與決定過程；(3)教師的內在信念及信仰。教師思考的研究通常是依賴教師的自我反省報告，其方法有說出想法、刺激回憶法、政策捕捉法、撰寫教學日誌等。教師思考的研究提供有關教師行為、行為原因、有效行為的資料，可引導教師進行有計畫的教學，教師可經由不斷的自我反省思考而做出正確的教學判斷與決定。

（七）教師知識的研究

「教師需要具備何種知識」、「什麼是教師所要知道的」，這些主題的研究是教學研究的新典範，教師知識的研究是教師思考的後續研究，這方面的研究可歸納為四種類型：(1)教師們所使用的理論有哪些？這方面研究探討教師在哲學、社會學、心理學等所使用的理論知識基礎；(2)教師們使用實務的知識有哪些？例如：教學用的課表、教科書、教學指引、教學方法及策略等；(3)教師所持的知識有哪些；(4)教師們所持有的實務知識有哪些？例如：教師在實際教學中發展出來的規則、原理原則、所形成的教學意象等。

二、質的教學研究

質的研究是為克服量化研究的缺點而興起的一種研究典範，不在操作變項、驗證假設或回答問題，而是探討問題在脈絡中的複雜性，從研究對象本身的架構來了解行為（歐用生，1989）。質的研究應用到教育則稱為教育俗民誌（educational ethnography），或稱學校教育俗民誌（ethnography of schooling），最主要的研究技術有參與觀察法、深度晤談法、文件分析法。

俗民誌應用於教學研究從 1968 年開始，學者 Smith 與 Geoffrey 最先使用來研究教學過程，故又稱為教室俗民誌（classroom ethnography）。這種研究把教室視為一個溝通的情境，在這情境中，每天生活的事件就是師生之間的互動，研究者從參與者的觀點來了解教學的過程及師生間的互動，並鑑別出一些有利於學習與溝通的種種因素（簡紅珠，1988）。質的研究應用於教學研究，通常關注的是在教室班級層次的教學事件及活動，例如：透視教師如何將形式課程轉化為實質課程、如何教學、如何與學生互動、學生如何學習、如何統合各種刺激、如何詮釋經驗等，重視教學者和學習者之間的互動過程及社會脈絡的了解（林進材，1998b），故這種研究典範對學生次級文化與潛在課程方面的探討有很大的貢獻。

三、教學研究的最新趨勢

有效教學的研究雖是目前研究的主流，但逐漸有學者提出質疑，認為教師效能的研究需要做適度的修改，為了要適合不同的教學情境，教師應可依據其人格、哲學和目標而採取特殊的教師行為，揚棄與其風格衝突的行為和方法，這種作法不能被視為無效能。同時，研究變項也要包括學生學校外的因素，例如：家庭和同儕的影響，因為學生在校外時間多於校內，學校外變項可能比學校內變項來得重要（Ornstein, 1999）。此外，在教與學的過程中要如何使用教學科技，已被視為教學中不可或缺的部分，教學科技在整個課程設計、實施和評量的教學行為中，被視為是提升教學效果的重要過程（丘立崗等人，2006）。在重視翻轉學習（flipped learning）的今天，教師一定要具備教學科技的認知與技術。

貳、有效教學研究

一、有效教學的定義

有效教學是指有用、有效率、有效益的教學。這個名詞包含下列意義：(1)利用心理學及其他行為科學知識，來設計革新，改進學習方法與策略，增進學習效果的教學；(2)善於利用所擁有的資源，使合乎經濟效益原則的教學；(3)針對學業測驗分數的低落，加強基本學力的訓練，以有效提高成績的教學；(4)為社會培養有效公民的一種教學；(5)利用進步的科技成果，活潑教學過程，增進成效的一種教學。故有效教學是周密規劃、精密設計、講求效率，提高學生成績、精緻化教學品質的一種教學革新取向（林生傳，1996）。

二、研究源起

當教師建立教學原則和方法是因為有理論的依據，教學才會更具信心，然而有些理論是否能應用到教學實務則是不夠明確。再加上 Coleman 等人

（1966）的一項研究報告，讓社會大眾對學校教育的成效產生很大的質疑，該研究結論認為，影響學生成就的因素並不是學校因素，而是家庭環境及學生個人的因素，也就是教師對學生的影響是次要的變項，或是無關的變項，學生的智商、家庭生活、同儕團體、社會階級才是決定學業成就的重要變項。許多教育學者不同意 Coleman 這篇報告所持的論點，於是針對「教師是否會影響學習結果？影響程度有多大？」這項主題進行研究，這種趨勢稱為有效教學研究，或稱為教師效能研究（teacher effectiveness research）。

三、研究目的

有效教學的研究趨勢主要是要達成以下四個目的（Ornstein, 1999）：

1. 提供教師教育者對其工作的理論基礎：教師教育者必須儲訓未來教師及提供有經驗教師的在職教育，假如教師對學生學習的影響很小，甚至沒有影響，那就沒必要對教師的資格設限，也沒必要為充實專業能力而提供教學法的知識。

2. 提供教師評鑑、教師績效、教師表現和教師能力等最新改革政策的理論基礎：假如教師對學習結果的影響很小，這些新的改革政策只屬紙上談兵或是立意不佳的政策，教師影響學生表現缺少實徵研究，則督學或校長很難給教師結構性的評鑑和回饋。

3. 提供理論上的支持：美國在 1980 年代就肯定教師影響學生學習結果，教師的教學能力存在差異，造成學習結果的不同，新的研究認為教學過程可以控制或改變、師生互動可以分析和預測，這些研究用來支持教師教學行為或方法會對學生表現有所影響。

4. 提供教師教育者和教師訓練機構專業知識的基礎：師資培育單位繼續發展專業知識，提供教師使用適當教學技巧的資訊。

四、研究成果

有效教學的重要研究成果是確定教師哪些教學行為能有效提升學生的學

業成就，茲引用學者 Borich（1996）的研究結果說明教師的有效教學行為。

（一）達成有效教學的重要行為

Borich 根據研究結果認為，要達成有效教學需要落實以下五項重要行為：

1. 教學的明確性（lesson clarity）：上課時講解得清楚和解釋概念清楚，口語表達能讓學生聽懂意思。

2. 教學的多樣性（instructional variety）：研究顯示，使用不同的教材和技巧能增進學生的學業成就，最有效的方式之一是教學中的發問，其他還有教材、教具、教學法和上課地點等項目的變化。

3. 教學的任務取向（task-orientation）：即教師的教學態度努力認真，教師在教室內花費多少時間在學科主題教學上，時間愈多學生愈有學習的機會，而不是在與學科無關的主題、班級秩序的維持上占去太多時間。

4. 學生學習過程的參與（engagement in the learning process）：學生真正學習的時間愈多，學習成效愈佳，教師要設法增進學生參與教學活動。

5. 中等至高等程度學生的學習成功比例（success rate）：指學生了解和正確完成作業的比例，教師的任務取向、學生的投入程度均與學生成功率有密切相關，成功的教學在使中等以上程度的學生能精熟上課內容。

（二）有效能教師的行為指標

Borich（1996）再將上述五項教學行為做更明確、更具體的說明，列出 13 項有效能教師的教室行為指標：

1. 認為學生的學習是教師的責任，對每位學生有正向的期待。

2. 配合學生的能力程度調整課程的難度，必要時達成中高程度的成功率。

3. 讓學生有機會練習新學到的概念和對學生表現給予定期的回饋。

4. 最大化教學時間，以增加教學的內容，給學生最大的學習機會。

5. 透過發問、結構化和引導（probing）提供學生學習的引導和控制。

6. 學習過程使用不同的教材和視聽上的協助，以促進學生獲得理念和參與。

7. 引導學生對問題做出反應，當每次問問題時，在要換下個學生或問題之前，做適度的引導。

8. 以小範圍方式呈現教材及提供學生練習機會。

9. 鼓勵學生思考和推敲正確答案。

10. 讓學生以口語問答方式參與學習。

11. 在教室內自然的對話，讓學生對所學內容加以推敲、擴充和評論。

12. 逐漸將一些責任移轉給學生，鼓勵學生獨立思考問題和做決定。

13. 教學要有成效，教師要提供學習者組織和學習所教內容的心理策略。

這些有效教學行為可以稱之為教學策略或教學技巧，本書在往後的章節會做更加詳細的探討。

第三節　教師的專業知能

　　師範教育的目標是要培訓有效能的教師，有效能的教師是要經過長期的專業訓練才能造就出來，除接受教育學程的職前教育之外，當成為一位正式教師之後，更要不斷的接受在職進修，讓自己在專業知能上不斷成長茁壯。本節先從專業的定義談起，然後探討有效能的教師所需具備的專業知能。

壹、教師的專業知能

　　教育改革的目標之一是要「帶好每位學生」，教師要能落實這理念，其專業角色才能得到社會大眾的肯定，而提升教師專業地位的途徑唯有從充實教師專業能力著手。教師需要具備哪些專業能力？教師效能的研究即針對這項問題提供教師應該具備哪些專業能力的參考指標。Cooper（1999）認為，擁有高學歷的教師不一定是有效能的教師（effective teacher），有效能的教師

能引導學生達成預期的學習結果，重要的層面是意圖（intent）和成就，沒有意圖，學生的成就會成為隨意的、偶發的；但只有意圖還是不夠，假如學生未達成預定的學習目標，教師仍未能稱為有效能，教師還要具備實現其意圖的教學能力。這些教學能力即是教師的專業知能，從幾位學者的討論中，將教師專業知能做以下的歸納（Cooper, 1999; Frazee & Rudnitski, 1995）。

一、教師專業態度

　　態度是一種行為傾向，通常人格特質、信念都是組成態度的成分之一。所謂教師專業態度是指教師在擔任教學工作時的投入程度與服務態度，也就是俗稱的「專業精神」。教師的人格特質在教育過程中扮演重要的角色，良好的教師是一個樂觀主義者，相信兒童具有相當大的學習潛能，能不斷的向上成長；同時，教師也應該是一個人道主義者，會熱愛學生，會尊重學生，不會傷害學生的自尊，不會對學生冷嘲熱諷。教師另一性格特點是穩健性，其中包括情緒的穩定及行事的沉著，情緒穩定的人不會意氣用事，不會遷怒，能控制自己的脾氣，能調適自己的壓力；行事沉著的人會謀定而後動，在紛擾的情境下能鎮靜自如，表現在教學上則是做事有計畫、對學生有耐心。另一重要的性格是要求的嚴格性，這種性格來自教師的專業倫理及專業責任，教師對自己及學生提出適度的、合理的嚴格要求，使自己能遵循道德規範、履行職業義務，同時也促使學生敦品勵學。除此之外，友善的、令人愉快的、具同理心的、熱心的、幽默的、公平的、民主的、有自信的等人格特質，都是教師所要具備的。這些個性的養成部分是與生俱來的，部分是在師資培訓的過程中，受到教師及專業知識的薰陶，潛移默化而成，有學者將這部分稱之為專業承諾或專業態度。

二、教育專業知能

　　這部分是身為教師不可或缺的知能，例如：對任教對象的了解、足夠的學科知識、引導教師角色的教育哲學、知道人類如何學習、如何營造環境促

進學習等。可以將教師專業知能分成以下三部分。

（一）教育學的知識

教育學是教學的基礎知識，教師如果缺乏教育學理論和實踐的修養，是很難勝任這項教學任務的。這方面的知識包括學習者身心發展狀態、學習者社會背景對學習的影響、學習者如何學習、行為適應問題的輔導、教學法背後的理論基礎、教育研究方法等知識皆屬之，學習了教育學知識，教師更能有效的將課程中的學科知識傳遞給學習者。

（二）教學法的知識

教師是課程的代理者，將教材的知識傳遞給學生，教師同時也傳播社會的規範與價值給學生，教師要具備以下的知識與能力：教學目標的決定與選擇、教學活動的設計與規劃、課程教材的編選與組織、教學進度與時間的控制、教學情境的監控與管理、教學方法的轉化與運用、教學氣氛的醞釀與培養、教學評量的發展與善用。這些知識在師資養成階段，除了理論講授之外，還要與教學實習相結合，讓學生能將理論應用到實際教學情境。

（三）任教學科知識

任教學科知識是指教師要講授某一學科課程所須具備的知識，例如：國文、自然、數學等，師資培育階段稱為「專門科目」，詳細規定擔任某一學科的教師，須修滿多少學分數才能成為該科的合格教師。然而國小師資因採用包班制，所以幾乎所有的學科都要涉獵。

三、個人實用知識

Smith（1985）認為，訓練良好的教師除了應具備學習及人類行為方面的理論知識、任教學科的知識、增進學習的教學技巧、教學專業態度之外，還要具備個人實用知識（personal practical knowledge），其內容包括教師信念、

洞察力、習慣等，使其有能力在學校工作，用來解決困境、消除緊張和簡化複雜的工作。實用知識屬於教育領域以外的知識，但卻可以增進教師教學能力，教師掌握愈多這方面的知識、技能，愈能有效的進行教育活動，也愈能得到學生的信任與好感。這些知識包括以下幾項：樂器演奏、歌唱、舞蹈、演戲的才藝表現能力，能在學生及家長面前生動流暢的講述理念的演說能力，營造良好親師關係、師生關係、同事關係的人際關係能力，製作教材、教具所需的美術編輯能力及電腦軟體操作能力，上課及批改作業所需的板書及硬筆字書寫能力。總之，教師具備的實用知識愈豐富，在職場的表現愈容易受到肯定，也愈會受到學生的喜愛。

貳、教師專業面臨的挑戰

隨著社會的變遷，教師專業面臨了相當大的挑戰，這些挑戰給教師帶來很大的工作壓力，Parkay 與 Stanford（1998）歸納出四項教師面臨的挑戰，茲說明如下。

一、班級常規的管理

學生上課的紀律問題一直是教師最主要的壓力來源，校園暴力事件、青少年犯罪均與學生紀律問題有密切關係。在班級平均人數無法降低的情況下，教師要做好妥善的輔導工作似乎不太可能；同時，學生的高移動率也使得教師要認識學生都變得很困難，更不用說要輔導學生。

二、社會問題對學生的影響

社會問題影響兒童和青少年的生活與學習，例如：藥物濫用、未婚懷孕、貧窮、兒童虐待、家庭解組、愛滋病等問題，導致學生低成就、學習困難或中輟，因而更需要教師的注意，然而教師可能不知道學生問題的來源，同時也缺乏提供協助的資源與技術。

三、家庭和社區的支持

　　來自家長和社區的支持能顯著提升教師教學成效，學校、父母和社區必須共同合作，學生才能發展學習潛能。家長參與子女學習能增進兒童學業能力，促使學校學習的成功；社區對學校的支持則可對學生及家庭提供職業、社交、休閒和健康等服務。目前的問題是父母參與學習的比例偏低，部分家長無法做好子女就學前的準備工作，無法指導家庭作業，也無法監督子女的行為，而導致學校學習的失敗。

四、長時間的工作和壓力

　　以美國為例，教師在教室上課的時間看起來一週只有 20 小時左右，好像工作時間很短，但真正的工作時間卻是遠超過 40 小時。一項教師工時的統計發現，有 90% 的教師每週工作超過 40 小時，其中超過 55 小時所占的比例最大。除了教學授課時數之外，教師還要從事準備教材、批改作業、出考題、改考卷、登記成績等與教學有關的工作；另外，導師還要在早自習、升旗、週會、午餐、午休、自修課等時段監督學生行為；還要參加導師會議、家長會議、處理學生行為問題、與家長會談或電話聯絡。教師還得要面對家長的批評、處理與行政人員的衝突、預防學生的暴力攻擊，這些事件使教師經驗到高度的壓力，導致工作的不滿意度提高，當無法有效調適壓力時，即產生職業倦怠感。

參、理想的教師圖像

　　面對新時代的教育環境，社會對於教師的關注，仍主要圍繞於教師敬業心、教師專業知能與實際教育成效等三項，所以培育富教育愛的人師、具專業力的經師、有執行力的良師，乃是理想的教師圖像所在。基於上述教師圖像，「關懷」（care）學生是教育愛的起點，再以「洞察」（insight）掌握學生發展與社會變遷，讓「熱情」（passion）持續教育志業，成為富教育愛的

人師；教育專業、學科專門知識、教學知能係以「批判思考力」（critical thinking）為主軸，啟迪出具有思考力的學生，佐以「國際觀」（international perspective）掌握全球發展，「問題解決力」（problem solving）析釐面臨的教育挑戰，表現出新時代專業所需，成為具專業力的教師；未來良師亦非是單一教學者，而是具有「合作能力」（cooperation），共同與教師同儕、相關學校教育專業者溝通與推動教育事業，再以「實踐智慧」（practical wisdom）革新教育實務，「創新能力」（innovation）轉化創意思維而有嶄新教育作為，成為有執行力的良師。基此，新時代良師具有關懷、洞察、熱情、批判思考力、國際觀、問題解決力、合作能力、實踐智慧、創新能力等九項核心內涵（教育部，2012）（如表 1-1 所示）。

▶ 表 1-1　教師圖像及其核心內涵表

教師圖像	核心內涵		
富教育愛的人師	洞察 （insight）	關懷 （care）	熱情 （passion）
具專業力的經師	國際觀 （international perspective）	批判思考力 （critical thinking）	問題解決力 （problem solving）
有執行力的良師	創新能力 （innovation）	合作能力 （cooperation）	實踐智慧 （practical wisdom）

資料來源：教育部（2012，頁 13）

肆、教師專業標準

　　《中華民國師資培育白皮書》（教育部，2012）揭櫫我國理想教師圖像，教育部（2016）據以研發十大教師專業標準及 29 項教師專業表現指標，展現我國對教師專業知能與態度之期許，並於師資養成及專業發展各階段形塑教師應具備的能力，以彰顯教師為專業工作者之專業形象。茲摘錄此項標準於下，供師資生做為自主終身學習及落實教師專業成長之參考（如表 1-2 所示）。

→ 表 1-2　教師專業表現指標

專業標準	專業表現指標
1. 具備教育專業知識並掌握重要教育議題	1-1 具備教育專業知能（與涵養）。 1-2 了解學生身心特質與學習發展。 1-3 了解教育階段目標與教育發展趨勢，掌握重要教育議題。
2. 具備領域／學科知識及相關教學知能	2-1 具備任教領域／學科專門知識。 2-2 具備任教領域／學科教學知能。
3. 具備課程與教學設計能力	3-1 參照課程綱要與學生特質明訂教學目標，進行課程與教學計畫。 3-2 依據學生學習進程與需求，彈性調整教學設計及教材。 3-3 統整知識概念與生活經驗，活化教學內容。
4. 善用教學策略進行有效教學	4-1 運用適切教學策略與溝通互動技巧，幫助學生學習。 4-2 運用多元教學媒介、資訊科技與資源輔助教學。 4-3 依據學生學習表現，採取補救措施或提供加深加廣學習。
5. 運用適切方法進行學習評量	5-1 採用適切評量工具與多元資訊，評估學生能力與學習。 5-2 運用評量結果，提供學生學習回饋，並改進教學。 5-3 因應學生身心特質與特殊學習需求，調整評量方式。
6. 發揮班級經營效能營造支持性學習環境	6-1 建立班級常規，營造有助學習的班級氣氛。 6-2 安排有助於師生互動的學習情境，營造關懷友善的班級氣氛。 6-3 掌握課堂學習狀況，適當處理班級事件。
7. 掌握學生差異進行相關輔導	7-1 了解學生背景差異與興趣，引導學生適性學習與發展。 7-2 了解學生文化，引導學生建立正向的社會學習。 7-3 回應不同類型學生需求，提供必要的支持與輔導。
8. 善盡教育專業責任	8-1 展現教育熱忱，關懷學生的學習權益與發展。 8-2 遵守教師專業倫理及相關法律規範。 8-3 關心學校發展，參與學校事務與會議。
9. 致力教師專業成長	9-1 反思專業實踐，嘗試探索並解決問題。 9-2 參與教學研究／進修研習，持續精進教學，以促進學生學習。 9-3 參加專業學習社群、專業發展組織，促進專業成長。
10. 展現協作與領導能力	10-1 參與同儕教師互動，共同發展課程與教學方案，展現協作與領導能力。 10-2 建立與家長及社區良好的夥伴合作關係。 10-3 因應校務需求，參與學校組織與發展工作，展現領導能力。

資料來源：教育部（2016，頁 7）

第四節　本書架構

　　教育學包括許多方面，如教育心理學、教育社會學、教學原理、學校行政等，教學原理只是其中的一個領域，這些領域的分界不是絕對的，各領域的關聯性密切，或多或少存在著重疊之處。教學原理是研究教學一般原理原

則的科學,較早之前稱為「普通教學法」,其內涵不包含各學科教學所需具備的特殊技能,例如:音樂、美術、體育等學科有專門的教學模式,這些主題就在「分科教材教法」這門學科中來探討。「教學論」、「教授學」、「教學法」都是教學原理的同義字。

由以上的分析可以了解,教學活動主要在學校這個場所之內進行,而且是發生在教師和學生之間,所以本書所要探討的主題,主要是指在學校範圍內、師生之間的教學活動。因學校教育可分為學前教育、小學教育、中等教育、高等教育四個等級,不同等級的教育有不同的重點,本書所論述的教學活動大都針對中小學的普通教育而言,部分理論或原則可以適用於特殊教育的學生。

教與學是密不可分的,過去對「教學原理」的研究大都只注重教師的「教」而忽視學生的「學」,對學生特質、學習歷程、學習特性也要有所認識,教師的教學才能達到成效,本書也針對學生部分詳加探討。

對教學問題的研究主要是以心理學或社會學的觀點切入,市面上所見到的教科書大部分是採用心理學觀點,很少以社會學觀點進行分析。心理學的教學研究偏向個人主動的學習歷程與結果,教育學者借用心理學的概念與方法,從事有關教學的研究,強調教學理論、教學模式、教學設計、有效教學行為、教學技巧(郭丁熒,2001);社會學則較重視學生文化、社會階層化、社會關係等影響,以掌握影響教學的各項社會因素(方德隆,2000)。故本書除引用心理學的研究結論之外,也引用教育社會學的研究成果,從不同的角度切入,可以了解到教學活動的不同面貌,同時兼顧教學原理這門學科及學校教學活動的完整性。

本書依照計畫、執行、評鑑的架構,將全書分為五篇共十六章,第一篇為緒論,針對教學的意義、性質與教學研究的趨勢做一探討;第二篇為計畫,內容共有三章,分別探討教學過程、教學計畫及教學目標;第三篇及第四篇為執行,第三篇介紹教學策略,第四篇介紹常用的教學模式;第五篇為評鑑,針對學習結果的評鑑做一探討。

第二篇

教學計畫

第 **2** 章

教學過程

周新富

教　學是一種有次序的活動過程，是由若干步驟所構成、不同的教學步驟組成教學模式（model of teaching）。教學的過程或模式主要在協助教師了解教學時要做什麼，以便做好妥善的教學準備。由教學組成要素的分析之中，可以進一步延伸為創新教學及差異化教學（differentiated instruction），其目的是為了達成特殊的教學目標或兼顧不同能力學生的學習成果而設計的教學模式。本章主要在探討教學的組成要素與各學者對教學過程的分析，其次提出教師在教學進行中要注意哪些事項，最後一節再探討差異化教學的設計。

第一節　教學過程的概念

壹、教學過程的定義

教學過程是指學生在教師的指導下認識世界的過程，是接受前人累積的知識經驗的過程，在這一活動過程中，教師根據一定的教育目的、任務，引導學生掌握系統的文化科學知識和技能（李秉德，2000）。教師將學校內教學資源、適當的教學內容、有效的教學方法，組成適合學生發展階段和程度的某種教學模式，從而引導學生完成學習任務的歷程，即稱為教學過程。

在教學實際工作中，教學過程概念有廣狹義的差異。從層次上看，可以分為三層：一是一門課程從開始到結束的教學過程；二是一門課程中的一章

或一個單元的教學過程；三是一節課的教學過程。就內容而言，不同學科有不同的教學過程，但教學原理所關心的並不是個別領域的教學過程，而是探討教學過程的共同規律（李秉德，2000）。本章所探討的教學過程重點放在單元教學過程，一門課程及一節課的教學過程雖也涉及，但篇幅不多。

貳、相關概念釋義

一、教學模式

　　教學模式是設計一套教學步驟，來達成特殊的學習目標，並且協助學生成為更有效的學習者。Joyce、Weil 與 Showers（1996）認為，教學模式就是教學計畫或教學類型（pattern），主要是應用在師生面對面的班級教學過程中。同時也認為教學模式亦可稱為學習模式，當教師在協助學生獲得知識、理念、技巧、價值、思考方式、表達方式時，同樣也在教導學生如何學習知識或技能，所以教學模式除了在引導教師設計教學外，也在協助學生達成不同的學習目標。本章標題之所以不用教學模式，主要是這個名詞會讓人誤以為是在論述教學的進行方法、步驟，實際上，教學模式可以與教學過程畫上等號，因為教學過程是由多個因素組成的複雜活動，因素與因素間的連結會形成一種教學形式，即稱之為教學模式。

二、教學方法

　　教學方法是指教師為實現教學目的所使用的手段、途徑，這個名詞包含三種意義：就廣義而言，教學方法的範圍包括輔導、教學策略、教學原則等促進學習成效的各種手段；就第二層定義而言，教學方法等於教學模式，指的是教學過程中各個因素的組合形式，像是合作學習（cooperative learning）、探究教學法等模式亦稱為教學方法；最狹義的解釋是指教師上課的方式，例如：講述法（lecture）、實驗法、練習法、討論法，一節課之中教師可能會同時使用多種方式。

三、教學設計

　　要使教學能夠發揮極大的成效，教學前一定要做妥善的設計，教學設計（instructional design）是教學遵行的藍圖，也像是教學的處方，針對特定對象與目標，選擇應用特定的方法、內容及策略（李宗薇，1997），所以，教學設計就是使用有系統的方法來計畫教學的實施過程。張祖忻、朱純、胡頌華（2000）在《教學設計》一書對教學設計下了這樣的定義：教學設計是一個分析教學問題、設計解決方法、對解決方法進行試驗、評量試驗結果，並在評量基礎上修改方法的過程。

　　為了避免在名詞界定上的混淆，本書不採用教學方法此一名詞，而使用「教學模式」來說明目前最常使用的教學方法有哪些。雖然教學模式也是在討論教學的過程，但兩者還是有很大的區別。「教學過程」是探討教學的組成要素，偏重在共同因素的論述，由這些不同要素的組成即構成教學模式，教學模式種類繁多，又各有其特定目的，在教學原理的教科書中，這部分是重點，所以所占的比重最大。至於教學設計一詞主要在探討教學的實施流程，本書將此名詞之意義視同於教學過程。

第二節　教學過程的組成要素

　　任何一種教學，從最簡單到最複雜的，都是由若干要素所組成的，學者分析的基本要素不盡相同，一般學者常分析教學要素不外以下五項：(1)兒童或學生；(2)教師；(3)教學目標、內容；(4)教學媒體；(5)學習的環境（林生傳，1992）。本節分別從教學流程、教學基本要素、教學其他要素及教學要素的整合等四部分來探討此一主題。

壹、教學流程

　　在進行教學活動中，其流程不外如圖 2-1 所示（修改自羅鴻翔，1975），

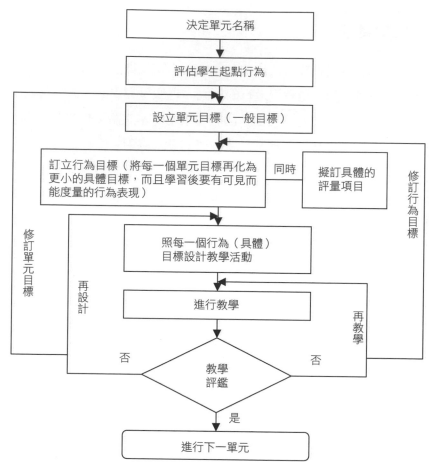

⊹ 圖 2-1 　教學流程圖

資料來源：修改自羅鴻翔（1975，頁 47-54）

教師先要決定單元名稱，然後評估學生起點行為（entry behaviors），再擬訂行為目標，依據目標決定教學活動。當訂好教學計畫後開始進行教學，對於教學成效的好壞，教師要以教學評鑑檢驗之，如果學生未學會教師所訂的目標，可能要改變教學方式或是修訂教學目標，由這樣一個流程圖可以了解教學的運作過程。

貳、教學基本要素

依據教學流程可以歸納出四項教學的基本要素，即學習者、教學目標、教學方法與教學評量。儘管不同學者對組成教學基本要素有不同的看法，但大多數學者（李聲吼，2000；沈翠蓮，2002；Kemp, 1985）都同意這四項是組成教學的基本要素，以下逐項說明各要素的含義。

一、學習者

所謂學習者就是指教學的對象，教學者要了解教學設計是為誰發展，所以要對學習者的特質有所認識。欲教學有效，設計者必須對教學對象的背景、特徵、能力與期望進行了解。由於學習者的個人經驗與學習能力大多有所差異，因此教師必須將學習者的因素列入考慮。

二、教學目標

教學目標的主要功能在於確認學習者可以學到什麼，經由教學目標的訂定，教師蒐集教學內容編製成為教材，這是教學活動不可缺少的一項要素。

三、教學方法

教學者要思考用什麼方法可以使學習者學會教材，教學方法包含教學的方式、媒體的運用、活動的設計、場地設施的考量等，在教學前就要考慮使用何種方法進行教學。

四、教學評量

教學評量主要目的在了解學習者是不是學會教學的內容、學到什麼程度、教學目標是否達成，並可做為未來修正教學設計的依據。

參、教學其他要素

Kemp（1985）認為，教學還要有其他要素，才能組成完整的教學過程，他提出十要素的看法。除了學習者、教學目標、教學方法和教學評量之外，還要有以下六項：

1. 評估學習者的需求：確定設計教學方案的目的、限制和優先順序。
2. 選擇教學主題：確定教學的主要單元。
3. 確定教材。
4. 選擇支援教學活動的資源：教學資源是指教學中可能使用到的材料、用具或設備。
5. 特殊的支援服務：在執行教學活動時，在行政上需要如何提供支持服務，例如：設備、教材、時間表、預算、人事等方面的配合。
6. 前測（pretesting）：前測或稱為教學前的能力測驗，是用來決定學習者所要學習的主題，由前測可以得知學習者是否具備學習新教材所需的知識、能力。

由圖 2-2 可清楚了解 Kemp 完整的十項教學要素分別為：學習者需求、選擇教學主題、學習者特徵、確定教材、學習目標、教學活動、教學資源、支援服務、學習評鑑、前測。以圓形循環方式呈現的用意是因為每個教學設計規劃起始點並非一成不變，有的人從分析學習者特性著手，有的則從內容或目標的界定開始。除了教學資源和支援服務兩項不屬基本要素，其他項目皆是由基本要素延伸出來，例如：學習者細分成學習者需求、學習者特徵。該教學要素的重點之一是在強調學校支援教學資源在教學中的重要性。

李秉德（2000）認為，教學活動的組成要素有學生、目的、課程、方法、環境、回饋、教師等七項，扣除學生、目的、方法等三項基本要素，還有課程、環境、回饋、教師等四項其他因素。課程即教學內容，也稱為教材，同於 Kemp 所述。環境是教學環境，包括有形及無形的教學環境，教室設備、布置、美化等為有形環境，師生互動、班級氣氛、班風等為無形的教學環境，

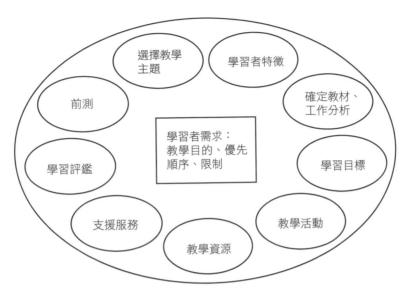

圖中文字：
選擇教學主題
學習者特徵
前測
確定教材、工作分析
學習者需求：教學目的、優先順序、限制
學習評鑑
學習目標
支援服務
教學活動
教學資源

> ❖ 圖 2-2　Kemp 教學組成要素

資料來源：Kemp（1985, p. 11）

這項要素有點類似 Kemp 的支援服務，但內容又不太一致。回饋是指師生訊息的交流互動，學生學習效果如何？家長對教學有何意見？都要借助回饋來溝通訊息。教師在教學過程中也是不可或缺的要素，不論是自學或電腦教學，都還是需要教師來指導。

肆、教學要素的整合

從最傳統的教學到現代的教學，其所包含的要素大體相同，無非是教學目標、教學者、教材、進度、方法、環境、學生組合、評鑑。各個要素所組成的因素可能有別，不同的教學設計乃是利用各種不同的因素及不同的組合，形成不同的教學系統（林生傳，1992）。由表 2-1 可以使我們對教學組成要素有清楚的認知，想要創新教學可以由該圖尋找靈感。

▶表 2-1　教學要素的分析與組合

教學要素	組成因素
目標	1.課程目標 2.個別學生特定課程目標 3.預期的特定學習結果
教學者	1.教師、其他成人、導生 2.電腦或教學機
教材	1.廣度 2.深度 3.順序 4.結構
進度	1.全部時間 2.進度快慢 3.程序：分枝、迂迴轉進
方式	1.呈現方式：講演、討論、自學 2.了解實況（monitoring） 3.回饋
環境	1.媒介、設備、器材 2.空間：固定或變化
學生群體	1.同質或異質性群體 2.數量：一或多
考查評鑑	1.評鑑參照標準：常模參照、標準參照 2.評鑑者：教師、學生、專家、機器

資料來源：林生傳（1992，頁 47）

第三節　有關教學過程的研究

　　教學活動主體是教師，對象是學生，教師要達成教學成效，要掌握影響教學的因素以進行教學，方能收到事半功倍的成效。由於著眼點不同，學者對教學的過程有許多不同的看法，應用最廣的是一般教學模式將教學過程分成四階段，有學者認為教學過程可以分成計畫、執行、評鑑三階段，還有學者提出更複雜的教學過程，例如：吳清山（1999）提出「教學法的科學步驟」

說明教學進行的歷程，其步驟包括：認識學生、決定目標、準備教材、選擇方法、輔導學習、評量成績、檢討改進等七項。本節提出幾種最常被引用的教學過程做詳細探討，其編排方式是由簡單到複雜。

壹、教學過程三階段論

三階段論將教學過程區分為三個主要階段：計畫、執行、評鑑，其優點是簡單、易懂、實用。這三個階段是連續且相關聯的，教師在設計單元教學時，首先要計畫，然後執行計畫，最後要評鑑活動的成功與否，依照評鑑結果進行回饋與反應，決定是修改計畫還是改變教學（如圖 2-3 所示）（Cooper, 1999）。以下詳細說明三個階段的內容（Jacobsen, Eggen, & Kauchak, 1993; Myers & Myers, 1995）。

一、計畫

教師在實施教學之前，先要對目標、教材、方法、學生、環境有所了解，方能設計出有效的教學方案。計畫（planning）存在兩種功能：組織教學的手段及確保教師教學的自信心，這是安全感和方向感的來源。在這個階段有兩件重要工作要完成：一是建立目標，二是選擇教學策略及教材。

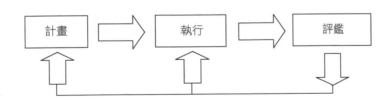

▶ 圖 2-3 教學三階段歷程

資料來源：Cooper（1999, p. 8）

二、執行

教學活動開始進行則進入第二階段，這是計畫的實踐，是整個教學過程的重點。為了達成教學目標，教師要使用適當的教學方法；同時在教學過程中，教師要組織和管理班級，使教學能順利進行。

三、評鑑

評鑑的目的在於確定教學是否達成教學目標，亦即評定學生經過教學後的成就表現與教學目標的差距。任何單元的學習皆以學生能精熟學習的具體目標為評鑑標準，如果評鑑的結果顯示學生對教學目標未能達到精熟標準，則表示整個教學活動在某環節上出了問題。可能是教師講解不夠清楚或教學內容太難，也可能是學生上課不夠專心或能力不足，也有可能是因為評量工具有缺失。從評鑑的過程中，不僅要發現教師教學的問題，也要探討學生學習上的缺失，雙管齊下來改善教學。教師在實施評鑑時，可依據一些資訊來評鑑其教學成效，這些資訊包括以下幾項：(1)學生興趣和課堂上參與情形；(2)學生工作的品質；(3)課堂上學生的發問和反應的形式；(4)學生對教學明確的回饋；(5)特殊學生參與教學活動的觀察；(6)學生在評量上的表現。可見評鑑的進行不是在單元教學結束之後才要做，而是在整個教學過程中隨時要進行。

所以教師評鑑有以下的重點要掌握：(1)好的教學評鑑是必須且要嚴肅面對的，這是教學的主要成分；(2)教學評鑑包括正式和非正式兩種方法，正式評鑑指從事教學的分析工作，以有系統的步驟進行之，非正式評鑑是指教師由日常教學過程所得到的任何資訊；(3)評鑑不只是教學過程的結束，也是新單元教學的起步，持續評鑑可幫助教師不斷改善教學。

貳、教學的一般模式

教學的一般模式（general model of instruction）（如圖 2-4 所示）是對於

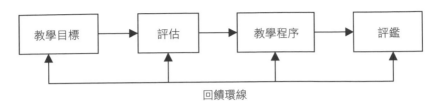

回饋環線

➜ 圖 2-4　教學的一般模式

資料來源：Kiber、Cegala、Miles 與 Barker（1981, p. 34）

教學的設計、實施、評鑑和改進等過程的指導，這個模式可應用於所有的教育層級、所有的教材及任何長度的教學單元，使教師在準備教學之前先思考：學生要學習什麼、要採用什麼教學方法、如何確定學生是否學會所要學的東西。茲將該模式之流程簡要敘述如下（黃光雄，1999；Kiber, Cegala, Miles, & Barker, 1981）。

一、教學目標

　　準備教學目標可能是整個教學模式當中最重要的步驟，因為教師必須決定他想教些什麼，準備教學目標必須具有下列四項要件：

1. 選擇：即選擇合適的目標，在選擇時要考慮三項因素：(1)學生在教學之前能做什麼；(2)在教學中學生應該能做什麼及教學之後應該能做什麼；(3)可用的教學資源有哪些。

2. 分類：根據 Bloom、Krathwohl、Simpson 等人的目標分類方法，決定所預期達成的目標是屬於哪一領域。

3. 分析：目標一經選定，就要從事行為分析，以確定學生表現何種行為才算達成預期的目標。這個步驟要考慮三項因素：(1)學生所要反應的重要刺激；(2)學生所做的重要反應；(3)成功反應的標準。

4. 陳述（specification）：即如何陳述教學目標，陳述時要符合三項要素：(1)可觀察的行為，如寫出、確認、口頭描述等；(2)敘述在什麼條件之下，如時間限制、可以使用的材料或設備等；(3)評鑑學生行為表

現的標準，如答對 70%、15 分鐘內完成工作、確認十個當中的八個。

二、評估

　　或譯為前測、預估，即在單元教學開始之前先了解學生的起點行為，其用意在：(1)了解學生知道多少；(2)學生是否具備教學所需的行為能力；(3)教學活動要依據每位學生的需求，再將評估（preassessment）的結果應用到實際教學活動之中，決定哪些學生可以省略某些教學目標，哪些學生要先補足欠缺的能力，哪些學生要實施特別的教學活動。

三、教學程序

　　評估學生所具備的能力之後，就要開始進行教學，這個步驟包括選擇教材、設計能有效達成教學目標的計畫。

四、評鑑

　　當完成教學單元之後，即評鑑學生以確定教學是否成功達成該單元的目標。通常評鑑包括使用測驗或其他工具以測量知識、技能和態度的獲得。

五、回饋環線

　　模式內的回饋環線（feedback loop）有兩項目的：一是在提醒教師評鑑的結果可以做為修正教學目標、評估、教學程序等項目的參考；另一目的乃是提供學生有關其學習進步的回饋。

參、ASSURE 模式

　　此模式為美國印第安那大學教授 R. Heinich、M. Molenda 與普渡大學教授 J. D. Russell 三人於 1982 年提出，雖然是針對教師在教學上如何有效使用媒體而做的系統計畫，但這也可以算是小規模的教學發展步驟，全部流程可視為有系統的教學設計（如圖 2-5 所示）。茲將模式要點敘述如下（李宗薇，

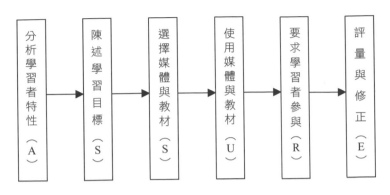

➤ 圖 2-5　ASSURE 模式

資料來源：李宗薇（1997，頁 85）

1997；Heinich, Molenda, & Russell, 1993）。

一、分析學習者特性

此一模式認為教學內容必須與學習者的特性有關，故從分析學習者（ana-lyze learners）著手。學習者的特質包括一般性、特殊性與學習風格三方面。一般性如學習者的性別、年齡、年級、學識背景、文化與社經因素等，所以教師新接一個班級要盡可能透過資料及觀察來了解學生。至於學習者的特殊性是指直接與此學習內容有關的因素，如學習者的先備知能與態度，教師可藉教學前的測驗或問卷得知。學習風格是一組心理因素，分為知覺偏好、訊息處理習慣、動機因素及生理因素四類，此因素影響我們對不同的刺激，如焦慮、性向、動機、人際互動，以及對視覺或聽覺偏好的知覺與反應，所以學習風格自然會影響學習能力。

二、陳述學習目標

教學目標是指在學習結束後，學習者應具備哪些新的知能或態度，因此教學的重點應是學習者獲得什麼，而不是教學者打算教多少東西。這個步驟同於其他模式，故不再多做說明。

三、選擇媒體與教材

教師在了解學生特性並陳述學習目標後，就意謂建立了教學的起點與終點，而連接二點的築橋工作就是選擇媒體與教材（select media and mate-rials）。通常媒體的屬性、教學的地點、型態、學習者的特性、目標的類別等，均是選擇時考慮的要項。至於教材的來源，通常不外下列三種途徑：選擇現有的教材、修改現有的教材、設計新教材。

四、使用媒體與教材

這個步驟即是開始進行教學。教師選用的媒體或教材（utilize media and materials）都應事先看過，如此可將複雜的情境或背景資料先向學習者闡明，或讓學生及早準備。再好的媒體或教材須仰賴教學者將其呈現，所以不可忽略教師的角色，教師在講臺上傳遞資訊時，要掌握住學習者的注意力。

五、要求學習者參與

此階段是指教師應提供機會讓學習者練習新學得的知能，並應給予回饋以增強其學習成效。教學活動進行中的討論、應用、演練，均可提供學習者參與的機會。

六、評量與修正

此為整個模式的最後一個步驟，教學者要對學習者、媒體、教材、教學過程提出評量。學習者的成就評量即評量學生是否學得教學目標的知識與技能，其他三者的評量在確定教材、媒體及教法是否合宜，教師可由班級討論、觀察學生反應、訪談等方式得知，將此評量結果做為修正教學的依據。

肆、系統取向模式

Dick 與 Carey 的系統取向模式（systems approach model）於 1978 年提

出，2005 年做了一些修正，該模式對教學歷程做了極為詳細的介紹。Dick 與
Carey 認為，傳統教學過程涉及教師、學生和教科書，學習內容在教科書之
中，教師的責任是教給學習者內容，教學就是把教科書的內容傳送到學習者
腦中，以便於考試時提取資料，要改進教學就是改進教學者，例如：要求教
學者學更多的知識和更多的教學法，來傳送知識給學生。他們認為教學是一
個有系統過程，其目的在引發學習，系統的因素有學習者、教學者、教材和
學習環境，因素彼此互動以達成目標，如果學習失敗，則須有一種引發變化
的機制。成功教學中每一項成分都是重要的，這種觀點稱之為系統取向設計
教學。所謂系統是一組相關的部分，這些部分同時朝共同目標運作，系統的
各部分是彼此依賴，整體系統使用回饋決定預期目標是否達成；若未能達成
目標，系統要進行改變，直到達成目標。系統取向模式用來設計、發展、執
行和評鑑教學，包含一系列的步驟，每步驟會從前一步驟得到投入，提供產
出為下一步驟，所有成分一起工作以促使有效教學的達成（Dick, Carey, &
Carey, 2005）。

　　整個流程包括教師設計、執行、評鑑和修改教學，共分成十個項目來說
明教學整個歷程（如圖 2-6 所示）。以下簡要敘述各步驟內容（李聲吼，
2000；Dick et al., 2005）。

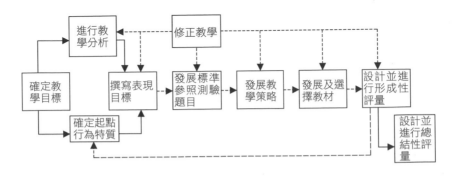

◆ 圖 2-6　Dick 與 Carey 的教學模式

資料來源：Dick 與 Carey（1996, p. 16）

一、確定教學目標

模式的第一個步驟是決定在教學完成後學生要學會什麼,這稱之為教學目標。目標來自以下途徑:課程目標、特殊課程需求的評估、學習困難學生的實際經驗、已完成某項工作者的分析、新教學的其他要求。

二、進行教學分析

根據教學目標要進行學習任務分析,將目標分析成次級知識和技能以及次級過程步驟,分析教學目標的主要用意在於界定教學中所必須包含的知識與技能。教學目標分析一般包含兩個步驟,首先是根據學習的成果來撰寫目標,其次是正確描述學習者應如何執行目標。教學過程則以圖表或圖形敘述這些技能和顯示彼此的關係。

三、確定起點行為特質

在教學分析之後,下一個動作是確認學習者已具備何種知識或能力,這稱之為起點行為,在設計教學活動之前,對學生特殊技能、特殊特徵的了解是重要的。教學設計者應盡量獲得下列有關學習者的訊息:(1)起點行為:過去的知識領域;(2)對學習內容的態度;(3)學習動機;(4)教育程度;(5)較喜歡的學習方式;(6)對提供教學單位或部門的態度;(7)學習團體的特質。

四、撰寫表現目標

依據教學分析和起點行為的敘述,教師要寫下特別的敘述,描述學生在完成教學後能夠達成的行為表現標準,這稱之為表現目標。表現目標是可觀察、可測量的行為描述,一般稱之為行為目標。在功能方面,表現目標可以用來決定測驗的內容與方向,可以幫助教師釐定學習者應具備什麼樣的經驗與知識才能有效的學習,可以確定教學是否達成目標,以促使目標、教學及評量間緊密的結合。

五、發展標準參照測驗題目

依據目標，教師要發展評量題目測量學習者的能力是否達成所描述的目標，這種評量又稱為行為表現評量，其目的可用在課程內的診斷，以確定學生是否擁有學習新技能的必要先備條件，也可用在上課進行中檢核學生的學習結果。

六、發展教學策略

依據前五個步驟的資訊，開始擬訂教學中要使用的教學策略以及達成終點目標要使用的教學媒體，教學策略可包含教學前的活動、呈現教學內容、練習和回饋、考試、追蹤活動（follow-through）等五項元素。教學前的活動包含引起學習的興趣、增加學生學習的動機和自信、吸引學生的注意力。告訴學生學習的目的與目標、舉行簡單的測驗以了解學生的能力或基礎。教學內容呈現是指教師應確定教學所要介紹的內容，並運用適當的媒體、實例，清楚傳授教學的內容。練習和回饋又稱學習者的參與，教師可以安排適當的活動、提出問題，讓學習者能練習或表達個人觀點，或對學習內容建議的機會。為確認學習的情況則要進行考試與追蹤活動，除了正式的測驗之外，教師可以使用問卷或簡答表，讓學習者可以表達自己的意見或看法。

七、發展及選擇教材

教材是指用來傳達教學事件的印刷品或其他媒體。在教學設計的過程中，教師在處理教材的相關問題時可分為三類：首先，教師可以自己編製教材；其次，教師可選用外界出版的教材並加以適當的修正；第三，教師可以不使用教材。教學目標確立得愈清楚，就愈能精確的決定教材內容，也愈能找到合適的教材。

八、設計並進行形成性評量

形成性評量（formative evaluation）是教學設計者在教學活動中用來蒐集資料的過程，評量所獲得的資訊可以用來修正教學，使其更有效。換句話說，形成性評量是在教學進行中，教師針對教學目標的達成、學習的成效、學習者的情況等問題進行了解，以做為修正後續學習的參考。形成性評量有三種形式：(1)一對一評量：教師從學生中找出代表來測試；(2)六至八位學生組成的小團體：測試的焦點放在學生如何使用教材，或需要多少協助；(3)全班測試：經由前述兩種評量後，修正題目，在教學中對全班測試。

九、修正教學

教學模式的最後步驟是修正教學（是重複循環的第一個步驟），由形成性評量資料的解釋，認定學生學習有哪些困難之後，教師要全盤思考教學步驟，不是只有修改教學法而已，也要檢視教學分析是否有效，甚至要重新確定學生起點行為和特性，或檢視目標及測驗題目，以使得教學更具成效。

十、設計並進行總結性評量

總結性評量（summative evaluation）之主要目的是根據形成性評量所蒐集的資料來對教學做整體性的診斷，並做為教學設計或未來教學的參考。嚴格言之，總結性評量不是教學設計過程的一部分，有些總結性評量可以在形成性評量實施後立即進行，有些則長到幾年後才實施，如國中基本學力測驗或大學學測或指考。

伍、教學設計的共同模式

Smith 與 Ragan（1999）提出分析、策略發展和評鑑三階段的教學過程模式，稱之為教學設計的共同模式（a common model of instructional design）（如圖 2-7 所示）。在分析階段，教師要做到了解學習環境、有多少時間教

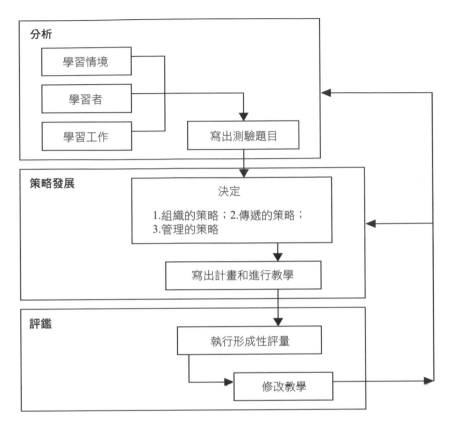

→ 圖 2-7　教學設計的共同模式

資料來源：Smith 與 Ragan（1999, p. 7）

學、學習者的起點行為、學習者的興趣、學習者必須學會什麼等項目；在策略發展階段，教師要思考以下問題：設計什麼教學活動、使用什麼教學媒體、教學如何進行、如何分組等；在評鑑階段，則要決定如何評量學生表現？根據評量決定如何修改教學。

　　這個模式的優點在於認為教學不是直線進行，而是整個階段同時會發生關聯性。在分析階段，教學設計者通常會發展教學計畫；在策略發展階段，如果要新增主題，則要回頭對學習工作或情境做更多分析，一項活動的進行會導致另一項活動的更動，相互間的影響是同時要注意的。

陸、一節課的教學歷程

Gagné 於《學習的條件》（*The Condition of Learning*）一書提出「教學事件」（events of instruction）此一名詞，說明教學時教師所從事的有助於學生學習的一連串活動，這些活動共有九項；這九項是在一節課內所發生的事件，而且是依照次序排列的，必須先完成前面的事項，後面的事項才能繼續進行。這九項教學事件也就是教學過程，以下分別說明之（張春興，1996；Gagné, 1985）。

一、引起學生注意

知識教學的基本目的是要使學生能對知識產生長期記憶，因此在教學歷程開始時，如何引起學生注意，是教師首先要考慮的問題。引起注意的方法有以下三原則：(1)形成求知心態：由教師提出有趣的問題，學生為了知道答案，自然對教師的講解付出注意；(2)變化教學情境：使用教學媒體以擴大學生感官收錄的效果；(3)配合學生經驗：從學生最關心的問題開始，而後轉移到所要講解的主題。

二、提示教學目標

主要目的是讓學生在學習之前在心理上先有準備，知道他要學習的是什麼，而且知道怎麼學習，故教師的教學目標事實上就是學生的學習目標。

三、喚起舊有經驗

提示教學目標之後的下一步教學事項是喚起與新知識學習有關的舊經驗，舊經驗即貯存在長期記憶中的既有知識，任何新知識的學習，必須靠既有知識為基礎。教師在教學歷程中如果發現學生中有人缺乏舊經驗，即須隨時給予個別輔導，否則對新知識的學習將會發生困難。

四、提供教材內容

以教材為中介所構成的教師教與學生學的互動歷程，是教學歷程中特別重要的教學事項。當教師提供教材時，必須考慮到教材性質與預期學習結果等有關問題，例如：教地理知識，教材必須包括地圖。教師向學生提供教材時可以採用不同的教學方式。

五、指導學生學習

教師提供教材之後，接下來是學生在教師指導下自行學習，也就是指導學生做作業，通常是採用個別指導的方式來進行，針對學生個別差異給予不同方式的指導。

六、發展學習行為

教學活動的目的是要學生學到新的行為，有經驗的教師通常根據學生在行為上表現出來的三種線索做為判斷依據，這些線索是：眼神與表情、指定學生說出答案、學生的教室作業。

七、適時給予回饋

學生有正確行為表現，教師要給予適時的回饋，除以點頭或微笑的方式表示對他肯定之外，還有對學生作業所做的批示也是。

八、評估學習表現

也就是評估學習結果，但不同於教學評量，而是只限於單一節上課結束後對學生學習結果的評定，教師可找幾個具有代表性的問題讓學生回答，由學生回答的情形，大致推測在此次學習的單元中學習的情形。

九、加強記憶與學習遷移

教師在教學時不只希望學生能懂、會做,而且希望他能夠牢記不忘,因此教師在教學將結束時,要提醒學生將所學新知識反覆思考幾遍,藉以加強記憶;教師也可多列舉生活上的例子來說明概念或原則,或運用課後總結、複習、作業、補救教學等方式,使學生加深學習內容的印象,進而產生學習遷移的效果。

第四節　差異化教學的設計

學生的個別差異已是日益嚴重的教育問題,近年來的課程改革正積極鼓勵學校運用課程調適的策略來解決這個問題,因此很多學校尤其是小學都嘗試用調適課程的方式來幫助個別差異的學生學習(羅耀珍,2004)。中學因為是採用學科教學,又有升學的壓力,所以在中學階段要進行課程的改革相當不容易。教師若能具備差異化教學的理念,抽出教學的部分時間來調整教學方式,則可照顧到學生的個別差異,對學生學習效能的提升也有所助益。

壹、差異化教學的意義

差異化教學或譯為區分性教學,其理念是來自特殊教育的融合教育,在有特殊需求學生融入普通班的學習環境中,教師的教學方法便需要更富有彈性且具多元化,能夠滿足每位學生獨特的個別需求,而教師的教學彈性,則來自於對教學方式的重新思考與組合、運用不同的教學策略、各種教學資源的靈活運用等方面(賴翠媛,2009)。所以差異化教學就是一種針對同一班級之不同準備度(readiness)、學習興趣及學習偏好(learning profile)的學生,提供多元教學活動,讓每位學生在教學內容、教學程序及教學結果上能夠滿足各自的需求,進而獲得最大成效的教學模式(Tomlinson, 2005)。這種教學模式也強調重要學習結果(如概念、原理原則、理念)的教學、學生先

備知識和進步的評量、尊重興趣但維持學業的高標準及挑戰（Price & Nelson, 2007）。

貳、差異化教學的特徵

　　傳統教學均使用相同的教材，學習目標是全班均要達成，而差異化教學需要依據學生需求與能力，選擇不同的教材並且調整學習目標；教學方法上，傳統教學採取團體教學與相同的教學策略，差異性教學則可採用多樣的教學方式與學習策略；差異化教學同時也認為學生可以有不同的教學進度，依據學生興趣，提供合適的機會讓學生選擇學習活動，而傳統教學則須在一定時間內完成同樣的學習目標；評量方式上，傳統教學教師會對所有學生採用同樣的評量工具與作業，差異化教學則同意學生能採用多元的方式呈現學習成果（賴翠媛，2009）。從傳統教學與差異化教學的比較之中，可以歸納出差異化教學設計具有下列特徵（國立臺灣師範大學教育研究與評鑑中心，2013）：

1. 能積極的針對學生的差異化設計教學活動，而非消極的回應學生的學習困難。
2. 能運用彈性分組創造學生的學習機會，使每位學生得到高品質的教學。
3. 能設計多元化的教材滿足不同學生的學習需求。
4. 能針對學生的學習需求調整教學的進度。
5. 能使學生掌握該學習單元的重要概念與學習技巧。
6. 能以學生的學習需求、興趣做為設計教學活動的重要依據。

參、差異化教學的作法

　　前文提到在進行教學設計時，對學生的起點行為及學習特質要先進行分析，有一定的認識之後再來設計教學活動，差異化教學是以學生為中心，所以設計的活動要能讓學生引起學習的興趣，且要具有挑戰性。差異化教學不把學生的差異化視為阻礙教學的因素，而視為教學的起點，教師在進行教學

之前，必須對學生的興趣、需求有所認識，才能設計最適合學生的教學模式（Tomlinson, 2005）。圖 2-8 為差異化教學的思考組織結構，教師的努力在回應學生學習上的需要，在合乎差異化教學的原則之下，教師依據學生的學習準備度、個人興趣、學習偏好有系統的改變內容、過程、成品，因此需要使用一些教學和管理的策略（Tomlinson, 1999），以下分別從三方面來說明（林思吟，2016；Benjamin, 2005; Price & Nelson, 2007; Tomlinson, 1999）。

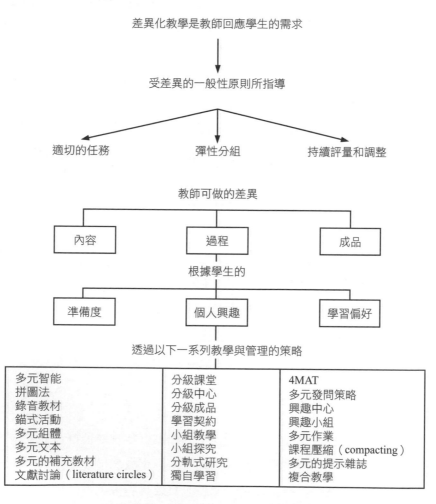

▶ 圖 2-8　差異化教學思考組織結構

資料來源：Tomlinson（1999, p. 15）

一、教學內容

　　差異化教學允許教師彈性選擇課程主題，教師可依據具學生個人意義、符合卓越教學的課程標準、學生須要學習的重要知識三項條件來選擇內容。這些內容的形式包含文本資料、有聲教材、各類型的前導組體（organizers）、網頁上的資訊。全班的學生要學會基本的知識或技能，其他較深入的內容則供學生自行選擇。

二、教學過程

　　此步驟即學生建構個人的意義，差異化教學的依據建構主義的理論，認為學習者賦予外在資訊意義，才會產生學習。教師所提供的內容、知識或技能，學習者要經過處理，這樣才能建立有意義的學習。彈性的分組、合作學習活動和操作活動是教師提供給學生處理資訊的選擇。具體的教學活動則有學習契約、學習中心、小組探究、小組討論（small-group discussion）、分級任務（tiered task）、錨式活動（anchor activities）等。這裡的錨式活動是指學生獨自完成的活動，例如：讀一本書、瀏覽網頁、寫學習日誌、參與線上討論、複習需記憶的教材等。這些學習活動可讓學生自行選擇或由教師分配。差異化教學用了許多的教學策略，有些策略相當複雜，例如：分級任務的規劃，教師需要參與專業的訓練才會運用。其他圖中提到的「文獻討論」，即讓學生事先閱讀一篇文獻（書或文章）後，再進行小組深入的討論。「4MAT」策略中文則無適當的譯名，這項計畫假設學生的學習偏好是四類中的一類，基於公平考量，教師在幾節課的單元教學中，分別使用著重精熟、著重理解、著重個人參與、著重綜合的教學方式，如此學生皆能經歷到他們喜好的學習方式，也能夠加強他們比較弱的領域。「課程壓縮」的教學策略是指當學生已精熟課程的某些資訊和技能，則可提升到進階層級的學習，通常是依據前測的成績來決定是否達到精熟。

三、教學成品

　　成品即學習結果，也就是評量，指學生經過學習後所表現的行為，象徵著學生對於知識的理解力及運用能力，也直接顯示出學生是否確實「擁有」這項課程的元素。學生可以選擇以何種方式展示他所學到的內容，如示範、發表、檔案、考試、展覽等方式。考試並非評量的唯一方法，所謂好的評量，是能在適合的情境下考核學生的學習成果。在評量階段的差異化，教師可以依據學生的準備度、興趣及學習喜好，當作是成果的衡量標準；亦可透過學生呈現自身學習成果的歷程中，給予適當的指導與回饋，皆能達到學習成果差異化的效果。

第 **3** 章

教學計畫

周新富

俗語說：「凡事豫則立，不豫則廢」，要做好一件事最好要有所準備，教師如要使教學達成預定的目標，則要教學前做好完善的準備工作；教學計畫就在確保教師在教學上的成功。由第二章可以了解，教學的過程是由各種不同的要素所組成，所以教學的歷程中充滿了許許多多的變項。有些變項不是教師能事先掌控或預測的，如師生情緒、學習動機等變項，某些突發、立即的狀況可能會干擾到教學活動的進行；但教師如果有完善的教學計畫，隨時就可以引導學生進入到教學的主軸，使外在環境的干擾降到最低。本章的重點在論述教學計畫的意義、功能、形式、內容及撰寫方式，而將焦點放在單元計畫的撰寫。

第一節　教學計畫的意義

　　建築師在建造房子之前都要先有藍圖，外科醫生在動手術之前要先看 X 光片，飛行員在飛行時要依靠雷達的指示；同樣的，教師在進行教學時也要有所依循，這項依循就是教學計畫。Newby、Stepich、Lehman 與 Russell（2000）把教學計畫比喻為食譜，告訴烹飪者如何整合材料使之成為一道佳餚，有經驗的廚師會依不同顧客的口味、喜好來調製。教學計畫就在告訴教師在教學中需要哪些材料、如何組合、如何依學生特殊需要來教學；經驗不足的教師依靠詳細計畫的步驟進行教學，有經驗的教師則依學生的特性、反

應即時修改計畫。所以,教學計畫就是把教學過程中的各項要素做個統整,教師在未教學前就要思考教學目標、選擇教學策略和教學方法,促使自己的教學能達到良好的成效。因此,教學計畫可以界定為教師教學前的安排和設計,它是一組基本的心理歷程,透過這些歷程,教師自己建構一個可以引導未來教學活動的參考架構。教學計畫同時是未來教學活動的藍本,透過各種教學方案,以達到預期的教學目標(簡紅珠,1992a)。

教學計畫不等同於「教案」,教學計畫的範圍比較廣,教案只是其中的一部分。通常所謂教案都是以固定格式撰寫成的單元教學設計,其內容主要在構思教學活動進行的流程,雖然有「簡案」、「詳案」之分,但撰寫起來頗為費時。現在,除了實習教師試教時或是學校教師進行教學觀摩時,才會撰寫「教案」,教師平常任教時很少寫書面的教案,而是以更簡便的方式進行計畫,例如:在腦中構思或在筆記本上列出教學重點等。

第二節 教學計畫的功能與類型

為什麼教學之前要撰寫教學計畫?平時教師工作繁忙,任教科目眾多,如果要撰寫計畫,哪有時間處理學生事務?沒錯,撰寫計畫會占去教師許多時間,但是為了要使教學能發揮成效,教學計畫一定不能免,至於計畫的形式則是因人而異,不必做硬性規定。教師如果能夠明瞭教學計畫的功能和形式,他在教學之前一定會做好妥善的規劃,這樣的教學成效一定比不做準備來得高。本節針對教學計畫的功能和類型加以探討,期能讓教師了解計畫的重要性。

壹、教學計畫的功能

為什麼教學之前要先擬訂教學計畫呢?主要目的就是要讓教師去思考與教學目標、教學過程、教學方法、教材及評量等有關的各項事宜,以做好上課之前妥善的準備,最終的目的就是要使教學成功、有效。

Jacobsen 等人（1993）認為，教學計畫有兩項功能：

1. 幫助老師思考教學要如何進行：教室內要做什麼、使用什麼方法，知道做某些事情的原因，不被教科書牽著走。

2. 提供老師安全感和自信心：當老師經驗不夠、沒有安全感時，要特別注重計畫，額外的努力會使教學成效更好。

Clark 與 Yinger（1979，引自林進材，1998a）指出，教學計畫的主要功能在於：

1. 迎合個人教學過程中，立即性的心理需求，例如：減少教學時的緊張焦慮與惶恐不安的狀態，讓教師在進行教學時有方向可循，因而增加信心與安全感。

2. 教學計畫是一種達到目標的方法，使教師在精神、物質或教具等方面做好教學準備，並從教學計畫中熟悉學習材料的蒐集與組織、時間的分配及活動安排等。

3. 提供教師在教學時的引導，使教師知道要以什麼活動開始教學、如何組織學生等。

4. 預測和避免教學過程中所產生的困難。

綜合上述學者的看法，可知教學計畫的主要功能就是讓教師在授課之前做好充分的準備工作，思考教什麼、如何教、如何提升學習成效等問題，以增加教師教學成功的信心。

貳、教學計畫的類型

教學計畫的類型相當多，每位學者均有獨特的見解，因為計畫類型太多，教師反而不知道該採用哪個模式。本節從理論、形式和類別三個角度來說明教學計畫的類型。

一、從哲學觀點做區分

認識論是哲學所探討的主題，關心知識的取得歷程，認識論的信念影響

到教學的設計。認識論可分成實證主義（positivism）和相對主義（relativism）兩種觀點，心理學中的行為論和認知論雖然在學習的觀點存有差異，但兩者均是實證主義的認識論。行為論相信學習是外在刺激和行為反應的中介，認知心理學強調思考歷程與學習的結合，重點也是探討外在和內在活動的關係。在教學方面，實證主義認為外在真理的獲得要透過學習，而教學是傳遞外在真理的主要方法，傳統的教學模式都是這種哲學觀點的反映。

相對主義的觀點則與傳統不同，認為知識是由個體所建構，不存在個體的外部，事實（reality）不是直接可知的，只可以協商或共識的方式來推斷或分享，知識因而是學習者獨特的建構，不是一致性的傳遞。在教學上，這種取向重視學生中心的學習，認為學習是個體以協商的方式來提升個人的理解，教師主要的角色是營造學習情境協助學習者建構知識（Hannafin & Hill, 2002）。這種建構教學有五種特性：(1)學習是與複雜和實際的環境相結合，重點在解決實際的問題；(2)提供社會協商（social negotiation）；(3)支持多元觀點和多元呈現模式；(4)強調學習的所有權，因個體是主動的學習者，可以控制自己的學習過程；(5)培養自我覺知在知識建構的過程。建構模式重視學習的過程，而不是學習的目的，對發展有意義的學習活動和高層次的思考特別有助益（Baylor, 2002）。

在教學計畫方面有兩種不同的形式：一是系統的教學設計，主要是依據客觀主義（objectivism）的認識論；另一種是建構設計，主要依據詮釋主義及建構主義（constructivism）的認識論。這兩種哲學取向因對人類認知的歷程有不同的理解，故影響到教學的發展和評量的使用。

（一）客觀主義教學計畫

客觀主義教學計畫屬於教學者導向的教學計畫，假設知識能由教師傳遞給學生，故強調知識、技能可以由教師以有次序的步驟來傳遞，再以評量檢視教學的成效。這種系統取向的教學模式被認為是有效的教學，因其有明確的目標和有系統的教學活動和評量，可促使目標的實現（Reiser & Dick,

1996）。這種模式又稱為目標第一（objective first）或理性計畫模式，最早由課程學者 Tyler（1949）所使用，後來的教育設計學者（Dick et al., 2005; Gagné, Briggs, & Wager, 1992; Reiser & Dick, 1996）都沿用這種模式。這種模式是教師首先列出目標，然後選擇有關實現目標的教學活動，再評量學生對目標的學習程度（Young, Reiser, & Dick, 1998）。Reiser 與 Dick（1996）的教學計畫模式可以說是最典型的代表，將計畫過程分成七個步驟：(1)設定教學目的；(2)設定教學目標；(3)計畫教學活動；(4)選擇教學媒體；(5)發展評量工具；(6)實施教學；(7)必要時修改教學。這些步驟可歸納為四項主要原則：(1)計畫過程由設定預期學生達成的目的和目標開始；(2)計畫教學活動是要協助學生達成這些目標；(3)發展評量工具測量這些目標的達成；(4)依據學生在目標的表現和對教學活動的態度來修改教學。正式教育和訓練系統在教學上大多使用這種模式，在教學前先擬訂教學目標，正式教學則是傳遞知識和指導學生達成前述目標，所用的方法是學生閱讀教材、參與學習活動，教師最後實施評量。

（二）建構主義教學計畫

建構主義的教學計畫重點在學習環境的設立，教師使用各種教學資源建構出學習環境，透過問題的引導和循環（cyclical），鼓勵學習者參與活動，經由學習者相互的支持而達成學習目標。與理性模式相較，學習目標在教學過程不是居於重要地位，教學步驟也較少系統化，教學過程較少指導學生，教師主要的角色是透過教學活動協助學習者建構知識（Hannafin & Hill, 2002）。

兩種教學計畫的哲學觀點、設計架構與實務之差異，可由表 3-1 得到更明確認識。

二、依計畫形式區分

教學計畫依照其形式可分為書面式與內心式計畫兩種。

→ 表 3-1　認識論觀點與教學計畫實務比較表

認識論觀點	設計架構	設計實務
實證主義 1. 知識獨立存在學習者之外 2. 有絕對真理	**客觀主義** 1. 知識從學習者外部轉移至內部 2. 安排情境達成特別目的 3. 知識由外在所操縱	**教學設計** 1. 教室 2. 直接 3. 教師指導，學習者接受 4. 目的先決定 5. 界定目標 6. 活動材料、評量由教師引導 7. 學習結果由教師給予的評量中測得
相對主義 1. 知識由學習者所建構 2. 真理是情境的產物	**建構主義** 1. 指導學習者建構知識 2. 提供豐富的情境促使協商和有意義的建構 3. 知識由內部建構	**建構設計** 1. 環境 2. 學習者中心 3. 教師引發，學習者控制 4. 協調的學習目標 5. 實際的學習問題和情境 6. 活動、教材、評量由情境推動和個別的建構 7. 集體和個別的分享、反思學習結果

資料來源：Hannafin 與 Hill（2002）

（一）書面式教學計畫

　　書面式教學計畫又稱為理性選擇取向（rational-choice approach），該模式認為在計畫階段，教師必須完成四項工作，且彼此要有連貫性，這些工作為：(1)列出行為目標；(2)認識學生的起點行為（知識、技能和情意三方面）；(3)選擇和進行哪些學習活動；(4)評鑑教學結果以便改進計畫（Myers & Myers, 1995）。這種嚴謹的教學計畫通常是書面化的，實習教師或新任教師在開始任教時，通常是採用這種方式從事教學計畫。這種教學計畫使教師能夠檢核教學活動的利弊得失，以做為下一單元或階段教學的改進參考。有些教師不會將教學過程詳細呈現，而是以簡短的文字或概念組織方式進行教學計畫，並在適當的地方（如課本、筆記本）寫一些文字提醒自己，做為引導教學的依據（林進材，1998a）。

（二）內心式教學計畫

　　內心式教學計畫（mental planning）也有學者稱為教師教學意象（teachers' lesson images）模式，1970 年代對小學教師的計畫過程研究發現：許多教師寫出來的教學計畫只是簡短的大綱或列出主題，因此下結論說教師計畫只是心理過程並未寫出來，教師會發展「教學圖像」做為計畫的結果（Myers & Myers, 1995）。教師會根據以往的教學經驗，內心自我揣摩教學過程中可能發生的事，而加以考慮周全，進而訂定整個教學的大綱，但沒有寫成完整的教學流程，只在內心構思。有經驗的教師通常採用這種方法從事教學計畫，這種教學計畫是教師最常應用的方式。最近的實證研究（沈翠蓮，1997；Kitsantas & Baylor, 2001; Young et al., 1998）得到這樣的證實：雖然教師都知道教學計畫技能對教學的效能是重要的，但是沒有很強的證據支持教師在教學過程中使用教學計畫，教師通常不依照在職前教師教育課程所要求的撰寫教學計畫，而採用內心式的教學計畫。

三、依計畫進行的方向區分

　　依計畫進行的方向可以分為直線式與非直線式模式兩種。直線式即理性模式，由一系列有系統的步驟組成。非線性計畫模式的興起主要是對理性線性模式是否能達成預期目標的質疑，這派學者主張計畫應由實際的活動中著手，再產生結果，然後再以目標予以分類，目標並不需要在行動中處處擔任引導者，但可成為一種象徵或認可符號（張俊紳，1994）。在教學實務中，教學計畫不一定是直線進行，當設計好的教學單元可能無法落實到課堂教學，因而要依據實際情況做某些修改，教師可能要準備替代方案，或者是充實或刪減某些教材，或是改變教學方法、增刪某些活動。Himel（1993）的研究就發現，大部分教師在計畫教學時，並未遵行理性模式的直線步驟，有經驗的教師教學時最關心的是如何使教學流程順暢，以維持班級秩序和教學進度。

四、依計畫時間的長短區分

教學計畫如果依照時間的長短做區分，可分成學年計畫（yearly planning）、學期計畫、教學綱要（course syllabus）、每週計畫（weekly planning）、單元計畫（unit planning）、每課計畫（lesson planning）等項，其中以單元計畫及每課計畫最受重視。教學計畫或稱為教案，在有些學校，教師必須寫課堂教案，甚至連教案的形式都是預先設計好的。課堂教案通常包括教學內容、激發學習動機的策略、詳細的教學步驟與學生活動、教具、評價方法。教案可詳可略，在教學實習中，指導教師會要求新教師寫非常詳細的課堂教案，教案的作用類似於大型演講中的演講稿，演講者第一次登臺，需要詳細的提綱，甚至一字不差的稿子，但演講經驗豐富了，或由於反覆的演講以能將演講詞記在心中，他們就不需要提綱了，能脫稿演講（叢立新等人譯，2007）。以下依時間長短逐項說明之。

（一）學年計畫

學年計畫是長期的、整年的教學內容組織與課程時間的安排，因為它提供一年內所教的完整架構，所以教師個人與團隊都非常重視學年計畫。依據學年計畫，教師才有教學進度的感覺，否則將錯失教學的整體關係（overall picture），更無法連貫學年計畫中的主題（林美玲，2002）。開學初期，教師要決定好每週的教學主題，利用最初的幾週來評估學生能力、規劃教學的分組，教室常規和管理也要在幾週內建立。這些計畫不是一位教師獨自完成，有時是以年級或學科組成的團隊共同合作規劃。學校行政單位都會訂定一般性的作息時間和教室規則，教師要在學校架構內發展自己的計畫（Morine-Dershimer, 1999）。

（二）學期計畫

學期計畫的性質同於學年計畫，教師在撰寫學期計畫時，通常要參考教

學指引（教師手冊）、教科書、學校行事曆，而以「教學進度表」的型態呈
現，它是以週為計算單位，在中等學校由學校各科教學研究會共同擬訂，在
小學則由同一學年各教師共同商討後擬訂。在實施教科書教學的臺灣，因為
全校的授課內容一致，而且又有三次或四次的定期評量，所以學期計畫的作
用只在統一全校教學進度，避免教師在某一單元停留太久，以致耽誤其他單
元的授課時數。

（三）教學綱要

　　教學綱要是以學科為中心的教學計畫，可以視為學年計畫或學期計畫的
一種表現形式，普遍使用在高等教育層級及教師需要自編教材的科目。Grynert
（1997）認為，以學科為中心的教學綱要有下列幾種功能：(1)建立師生之間
的早期接觸與聯繫點；(2)協助設定科目的基調；(3)協助學生了解科目所需的
學習資源；(4)可做為學習合約。要發揮這些功能，教學綱要應做到：(1)描述
科目的目的與目標；(2)描述科目的結構及其在整體課程計畫中的重要性；(3)
界定師生共同的義務；(4)提供內容、時間和地點等方面重要資源流通的資訊。
完整的教學綱要應包含以下要素：(1)科目教學目標；(2)科目內容大要；(3)教
學資源；(4)閱讀資料；(5)科目進度；(6)科目要求；(7)評鑑要點；(8)評分程
序；(9)綱要用法等項目。

（四）單元計畫

　　教學單元（instructional unit）是學科的一部分，通常一個單元就是一項主
題或主要概念，一門學科必須包括三至二十個單元，構成一個有邏輯結構的
學科整體（Lang, McBeath, & Hebert, 1995）。單元計畫是決定在一特定時間，
期望學生獲得何種學習經驗的教學藍圖，它是學習過程的片段，這種計畫比
其他計畫更為重要。單元計畫把教師能想到的各種教學目標、教學內容與教
學活動結合在一起，決定幾天、幾週甚至是幾個月的教學流程，單元計畫通
常既能反映教師教學內容的理解，也能反映教師對教學方法、教學過程的理

解（叢立新等人譯，2007）。

使用單元計畫的理由有二：(1)整體組織的學習比片段的學習更有效；(2)要求教師事先依不同目標計畫學習經驗，所以教師必須於教學前建構自己的教學過程，思考可能會發生的問題，構思教學所需的內容、觀念與技巧（林美玲，2002）。許多教師將每週、每日計畫併入單元計畫中，如此單元計畫就會以「節」為單位，貫串整個相關的活動主題（Morine-Dershimer, 1999），單元計畫就變成是一系列每課計畫的結合，約持續一週或兩週，甚至更長。一般而言，教科書的編排形式有章、課、回等名稱，章、課、回即可視為單元。有些學校採用集體備課的方式來制定單元計畫，安排好由誰負責哪一個單元就特別重要。

（五）每週計畫

每週計畫通常是由幾個每課計畫所組成，教師通常以單元計畫為架構，依實際教學狀況擬訂每週計畫，例如：因學校活動或假日而中斷教學，故需要重新調整教學計畫，通常教師會於每週課程結束之時做下週的計畫（Lang et al., 1995）。教師若事先做好一週的教學計畫，當教師缺席或請假時，代理教師便能迅速銜接教學進度。

（六）每課計畫

每課計畫或稱為每日計畫（daily planning），是最受教師關注的計畫之一，這種計畫是以一節課的時間為範圍所做的教學計畫，其內容請參見表 3-2（Sotto, 1994）。每課計畫的主要目的在安排和準備次日的課程，在此計畫中，教師要構思教學所需教材、安排活動及時間分配、準備所需設備等項目（張俊紳，1994）。Pratt（1994）特別強調教師要在每課計畫中指派適量的家庭作業，因為對教學的整合有所幫助。

◆ 表 3-2　每課計畫表

班級：	主題：行為目標的敘寫			時間：50 分鐘
目的：説明目標在教學中如何使用				
教學目標：1.敘述目標的來源。 　　　　　2.給予一個簡單主題，能使用適當文字寫出五個行為目標。 　　　　　3.列出行為目標三個優點和三個缺點。 　　　　　4.正確寫出兩個表現目標。				
時間	**學習活動**	**教師活動**		**資源**
0900	聽	簡介主題		黑板
0905	聽和反應	揭示目標		投影片
0915	分組討論和撰寫目標			學習單
0930	相互傳閱學習單			
0935	聽	説明行為目標優缺點		投影片
0940	聽	講述表現目標		投影片
0945	撰寫表現目標			
1000	結束課程（未完待續）			

資料來源：Sotto（1994, p. 143-144）

第三節　教學計畫的內容

　　教學計畫的內容有廣義和狹義之分，狹義的觀點只局限在教師對教學活動的安排與進行，認為教學計畫的內容涵蓋教學目標、教學內容、教學方法、教學資源、教學評量、教學時間、教學活動、教學環境、教學對象等九項（林進材，1998a）。持廣義觀點的學者忽略教室環境的安排（班級桌椅的安排、布告欄的布置等）、班級常規的管理、上課前後的例行工作（Morine-Dershimer, 1999）。本章採用狹義的界定，僅探討在撰寫單元計畫及每課計畫時所需考慮到的活動項目，班級經營的部分則另立專章探討。

　　教學主要是透過資訊、活動、方法和媒體的安排來協助學生學習。學者

對教學計畫的內容看法不同，Lang 等人（1995）認為教學計畫內容包括以下部分：(1)評估學生需求；(2)教學目標；(3)教材；(4)教學資源；(5)準備、發展和綜合階段中的教學方法和學生活動；(6)評量。習慣上，將教學歷程概括為三個基本階段：準備階段包括課前的準備活動、課間的準備活動；發展階段是指教學的發展活動，實際上即是單元內容的教學活動，其歷程相當多樣化，端賴所採取的教學方法和策略而定；綜合階段是教學歷程中的最後一個階段，包括「指導整理」、「評量」及「指定作業」等（張霄亭等人，1997）。Newby 等人（2000）認為，教學計畫包括學生、目標、學習環境、教學活動、教學方法、教學媒體等項目。Dick 與 Reiser（1989）認為，教學計畫包括七項教學活動：動機、目標、先備條件、資訊和實例、練習和回饋、評量、充實和補救教學。綜合各學者的意見，本文認為教學計畫的內容應包含以下幾個項目（Dick et al., 2005; Dick & Reiser, 1989; Morrison & Lowther, 2002; Newby et al., 2000）：

壹、引導

每課有開始點，開始時，教師要用幾分鐘的時間將引導（introduction）階段的重點介紹給學生，這些重點包括引起學生的動機、告知學生要學什麼、需要哪些先備的知識和技能。

1. 動機活動：主要在引起學生注意，要使學生達成學習目標，教師要設法引起學生興趣和在學習中一直保持高度動機。要使學生對於新資訊感到好奇，開始上課前可以趣聞、故事、競賽、遊戲等活動引起學生興趣，或產生一個要解決的問題來引發學習動機。

2. 目標：讓學生了解這節課的目的或這節課上完將會學到什麼是重要的，這種知覺讓學生感受到上課的方向，而且當每個目標皆實現時即可感受到成就感。所列出的學習結果要與現實世界相結合，避免「高中或大學課程會用到」這類空洞的目的，最好連結未來的專業或事業，例如：學習動物分類習性，讓學生聯想到當自己成為動物園管理者，要

購買哪些動物或如何改變現存環境，提供豐富的情境可讓新資訊更具體和有意義。

3. 先備知識（prerequisite knowledge）：讓學生知道哪些先備知識和技能是完成活動時所必須的。

貳、資訊活動

這個階段進入教科書的正式教學，資訊活動主要在使學生理解和記憶新的理念（ideas），包括事實、概念、原則、過程等；雖然教師不再是學生獲得資訊的主要來源，但仍然是取得新知識和技能的重要管道，教師要使用最好的方法使學生獲得知識、技能，以有邏輯次序、適當的量、給予實例等方式來呈現。

參、應用活動

當課文的講解到一個段落，教師要提供應用和練習的機會，這類活動須與目標的達成相結合，如果能讓學習者有一次練習新資訊的機會，所獲得的新知識或技能可以成為長期記憶。練習時要指導學生、練習後要給予回饋，當學生得到適當的回饋，他們的學習會有很大的進步，最好是工作後立即給予回饋。教師發問即是一種回饋方式，回饋也可來自同儕及自我反省。

肆、評量活動

評量活動可用來檢視學生是否精熟教學目標，學習者到底學到了什麼？除非評量否則很難知道，所以在構思教學計畫時，同時要思考如何評量。一般評量分為形成性與總結性評量兩種，其方式相當多元化，除傳統的紙筆測驗外，學生作品展示、操作、摘要、討論、發問等，甚至也可以家庭作業方式替代課間的評量。教師要擬訂二至三項的評量方式來了解學生的學習結果。

伍、總結活動

　　教學的最後階段是總結活動（culminating activity），通常是在下課前問學生問題，或重新敘述這節課的目的、總結主要概念、問學生的看法、呈現發展的結果、複習、討論如新知識如何應用，讓學生將這節課學到的部分做一統整。

陸、充實或補救活動

　　全班學生都可達成教學目標是不可能的，教師要對學習失敗者施以補救活動，補救活動要與形成性評量相結合，如果發現大多數學生皆未達到某個程度，教師甚至可以重新教學。重新教學的方式有兩種：一種是對講授過的教材重新再講一遍；另一種方法是用不同的方法將舊教材再講授一次。如果只有少數幾位學生未達到標準，教師可利用適當時間實施補救教學，其方式有電腦輔助教學、同儕家教式教學、小組教學、一對一教學等。避免放學後將學生留校進行補救教學，因學生會認為這種方式是一種懲罰，在心中會產生排斥，導致補救教學的成效不彰。對於學習較快的學生，教師要準備充實活動，給予加深加廣的學習，例如：指定閱讀補充教材、多派功課（練習題）給學生做。

　　這六項是教學計畫的主要項目，其他如學習環境（如上課地點、座位安排）及所需教學媒體、儀器設備也都要列入教學計畫之中。

第四節　教學計畫的實務

　　教學計畫主要的目的在整合教學的各項要素，凝聚所有力量來實現教學目標，最終的任務就在促進教學的成效。既然教學計畫如此重要，教師一定要學會如何撰寫，當駕輕就熟之後，要經常將這項專業技能應用在教學實務之中。但是教學計畫不是「劇本」，不是定好之後就要依計畫行事，因為在

教學過程中，教師經常會受到一些偶發狀況的影響而變更計畫，所以教師要了解哪些因素會影響到教學計畫的推行，進而做好全盤的規劃工作。

壹、教師計畫的撰寫

　　根據研究顯示，美國小學教師每週耗費在教學計畫決定大約是 10 至 12 個小時（簡紅珠，1988），因教學計畫是教師專業活動中的重要部分，所以教師不能掉以輕心，要多花一點時間來思考與撰寫教學計畫，讓教學活動能精彩而不沉悶。以下就撰寫單元計畫的要領做一說明（李隆盛，1999；Jacobsen et al., 1993; Lang et al., 1995），教師在掌握要領之後即能更迅速的做好計畫。

一、選擇單元主題

　　一般的教學是依照教科書的內容順序逐頁講授，所以在選擇主題時可以省去思索的時間。如果是自編教材，則要依據課程目標說明該主題單元的重要性。

二、評估學生的能力和需求

　　教師要了解學生的特性、背景、知識和能力，也就是要了解學生的起點行為。

三、準備教學內容大綱

　　第三個步驟是對教材的概念和技能以概念圖或工作分析方式做好教學前的準備。為掌握單元的目的和範圍，教師最好將教材的主要概念或理念列出來，這樣可以幫助教師組織教材內容，對撰寫目標及往後的教學有所幫助；除可做為單元的簡介之外，在教學時，更可幫助學生了解現在的內容和前後文的關係，教師依內容大綱講授，就不至於對重要的教學內容有所遺漏。故內容大綱是教學的指引，對教學目標的擬訂及教材內容的掌握有很大的幫助。

列出大綱的方法有概念圖（concept maps）及文字標題法（如圖 3-1 所示），概念圖的寫法在下一節中會做詳細的探討。

四、撰寫適當的單元目標

單元目標有兩項功能：一是告訴學生單元的面貌、內容，一是教學活動的引導。教師依據教材的內容大綱來思考如何撰寫單元的教學目標，以及如何將內容主要概念轉成可測量的、具體的表現目標，再依 Bloom 的分類法建構這些目標。教學目標的撰寫要領將在下一章中做詳細的介紹。此外，在撰寫單元目標時，也可以參閱一些重要的資訊，例如：教育部頒布的「課程綱

牛奶和乳製品

一、歷史

二、牛奶的營養成分

    1. 脂肪、蛋白質、碳水化合物。

    2. 維他命。

    3. 礦物質。

三、生奶的製造過程

    1. 加熱殺菌。

    2. 均質化（homogenization）。

四、牛奶的產品形式

    1. 牛奶：

      (1)全脂；(2)脫脂；(3)乳酪；(4)牛乳加奶油（half and half）；(5)白脫牛奶（buttermilk）。

    2. 奶油。

    3. 優格。

    4. 乾乳酪（起士）。

    5. 酸乳酪。

    6. 冰淇淋。

五、牛奶和奶製品的保存

六、牛奶在烹飪上的應用

◆ 圖 3-1　牛奶及乳製品單元內容大綱

資料來源：Jacobsen 等人（1993, p. 118）

要」或「課程標準」，以及教科書商印行的「教師手冊」或「教學指引」，這樣可以幫教師節省不少構思目標的時間。

單元計畫撰寫完畢後，教師每次上課時要列出這節課要達成哪些主要的教學目標，並判斷是否能在一節課內完成這些目標。通常實習教師或生手教師因缺乏經驗，比較難判斷學生在一節課可以完成多少個目標。

五、撰寫教學流程

這部分主要是敘述教師要用什麼方法來呈現教學內容，教師可以使用腦力激盪法選擇適當的教學方法和學生活動，以準備、發展和綜合三階段組織教學流程。教師可依據學科性質選擇適當的教學策略，不要只用講述法進行教學，方法要多樣化，學生才不覺得枯燥乏味。以「花」為實例，教師要寫下一系列的步驟或指示：(1)展示花各部分的掛圖；(2)寫下各部分名稱；(3)敘述各部分功能；(4)給學生看真實的花；(5)要求學生說出花各部分名稱；(6)要學生敘述花各部分的功能；(7)請學生拿出色筆畫出花的形狀，再標示各部分名稱。教師也要清楚的列出每項步驟所需要的教學時間。

六、寫出所需的教材與設備

在計畫中，教師要列出所需的特殊材料與設備，除了粉筆、黑板、教科書可以不必寫出來，其他如錄音帶、錄影帶、光碟片、幻燈片、雜誌、報紙、書等教材，以及呈現這些教材的儀器設備，一定要記載在計畫裡面，寫下材料、設備的用意在讓教師課前能做好準備。有效能的教師要擁有廣泛的教材，隨時蒐集相關的資訊，在適當機會呈現這些教材。

七、寫出評鑑的方式

上課前要思考如何進行評鑑，評鑑包括學生及教師兩部分，學生的表現標準已列於教學目標，教師要依據教學目標構思如何實施形成性評量及總結性評量。教師教學表現的評鑑則要思考以下幾個問題：(1)我的目標是否適合

學生；(2)我的教學過程是否有效嗎；(3)我要怎麼改進才會更好；(4)我用的教材是否適合？

　　上述這七個步驟是撰寫單元計畫的流程，重要的教學計畫內容都含括其中，沒有經驗的教師在撰寫計畫時可能會感到十分耗時，但慢慢累積了教學經驗之後，就會覺得寫計畫不是一件難事。單元計畫的範例請參考「伍、教學計畫範例」。

貳、使用概念圖協助撰寫計畫

　　概念圖是以視覺的組織技巧來促進學習和回憶，圖的設計可協助計畫者看到兩個以上概念的關係，透過概念圖可以有效的使用視覺表徵，介紹一個主題給學生或複習概念間的關係。在計畫教學流程時，概念圖是一個有用的組織工具，其使用步驟如下（Newby et al., 2000）：

1. 選擇主要概念總括所有概念。

2. 平行概念組表示功能或性質相同，垂直概念組表示有階層的關係。

3. 安排概念之間的關係，再以線條做連結。

　　教學計畫可以不用表格形式來書寫，而以概念圖完整呈現教學過程中打算以什麼方法來進行教學，如圖 3-2、圖 3-3 是比較簡單的概念圖，圖 3-4 將整個教學過程所考慮的因素全部呈現出來（Morine-Dershimer, 1999），在應用上，概念圖比傳統表格式教學計畫來得迅速、方便。概念圖也可用在撰寫教材內容大綱（如圖 3-5 所示）（Jacobsen et al., 1993），做為擬訂教學目標及教學步驟的參考架構。

參、教學決定與教學計畫

　　教學可以說是一連串的決定過程，教師要在教室中隨時做決定，所以教學計畫不是定好之後就不能變更，教師要依據實際情況彈性更改教學計畫。

　　教師的教學決定依時間先後順序，通常分為三階段：在教學活動前，要思考與決定教學歷程的安排，也就是進行教學計畫；在教學活動進行時，教

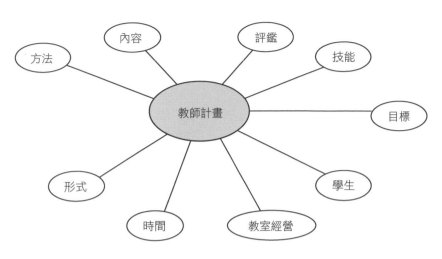

> 圖 3-2　教師計畫內容

資料來源：Morine-Dershimer（1999, p. 25）

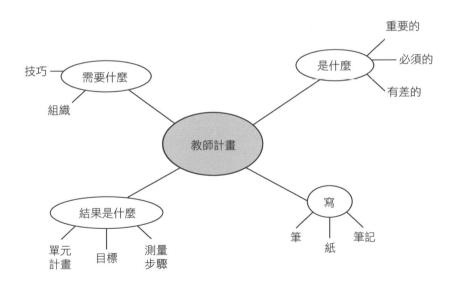

> 圖 3-3　教師教學計畫步驟

資料來源：Morine-Dershimer（1999, p. 25）

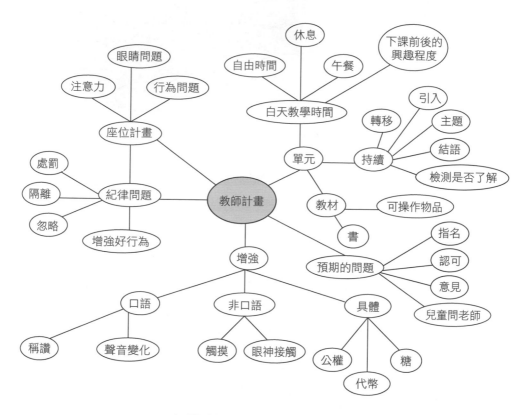

→ 圖 3-4　教師教學計畫流程

資料來源：Morine-Dershimer（1999, p. 23）

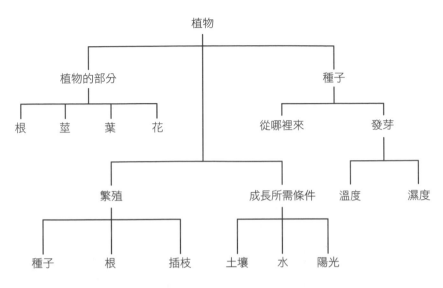

◆▶ 圖 3-5　植物單元內容大綱

資料來源：Jacobsen 等人（1993, p. 117）

師與學生的互動會影響教師決定；最後則是教學活動後的評鑑與反省階段。這三個階段的內容如下（莊佩真，2001；Lang et al., 1995）。

一、教學活動實施前的思考決定

　　教師在教學前要試著評估、預測教學情境中可能發生的任何狀況，並由教學計畫引導後續教學活動的進行。所以在教學前，教師要決定以下的教學項目：

1. 內容：要教什麼內容。
2. 時間分配：每個主題要分配多少時間。
3. 進度（pacing）：內容教學的快慢。
4. 分組：如何分組以促進互動。
5. 活動結構：什麼活動最適合主題。
6. 期待的溝通：與學生溝通教師對他們的期待。
7. 環境的發展：如何發展安全、有秩序、學業為焦點的環境。

8. 不當行為的管理：如何管理紀律問題。

9. 發展合作的環境：如何形成合作的團體和人際關係。

二、教學活動進行中的思考決定

從教學活動進行中，教師要視學生的反應來調整先前擬訂好的教學計畫，所以在教學中要針對以下項目做決定：

1. 結構（structuring）：提供什麼類型的教材組織、摘要給學生。

2. 時間管理：每個主題要花多少時間。

3. 發問：要使用什麼問題類型和問題層級。

4. 練習時間：學生需要多少時間練習。

5. 學習的監控：如何監控學生在獨立練習時的行為。

三、教學活動結束後的思考決定

教學活動結束後的思考與決定主要探討的是教師的反省思考，教師反省本身的教學行為和學生的學習反應，以尋求教學內容、方法、情境設計等問題的改善。所以教學後要做以下的決定：

1. 考試：如何測量學習結果。

2. 分數：使用何種評分方式、如何通知家長。

3. 補救教學：學習成效未達標準者如何實施補救教學。

4. 反省：如何使用糾正和稱讚來維持適當行為、如何改善教學行為、對學生的建議如何採納。

教學計畫的過程不是直線的，定好的教學計畫也不是一成不變的，教師必須在教學前、教學進行中、教學後做各種決定，依據所下的決定來修改教學計畫。

肆、教學計畫的最新趨勢

現行的教學計畫撰寫大多使用固定表格的形式，此種格式雖然便利撰寫、

容易了解，但是也衍生一些缺失。例如：撰寫完畢擬再增添或刪修內容，就頗為麻煩，若干項目（如教學研究、各節重點等）填寫的位置和空間固定，也無法隨意調整或增加，而且也缺少記錄教學實況和提示反省重點的功能（葉連祺，1999），故有些學者提出充實與改進教學計畫的新作法。

一、組合型教學計畫

組合型教學計畫視教學為事件的動態化連結歷程，將多個有關教學實作的構想，採取單元的描述形式，藉由關係符號的連接，排組成上下承續、平行聯繫或回溯的動態性教學進程（葉連祺，1999，2000）。其撰寫要點有四：

1. 先縱向安排主要教學活動進程，再橫向構思教學相關活動。
2. 先籠統規劃單元大要及相對關係，再精緻撰述單元內容。
3. 以單元位置或其他方式清楚呈現單元的彼此關係。
4. 繪製符號注重一致性、簡明性和有效性原則。

其樣式如圖 3-6 所示。

二、透過教學計畫實現個別化教學

教師可以透過教學計畫實現個別化教學，滿足每個學生的需要，其作法如下（叢立新等人譯，2007）：

1. 保證所有學生學習目標一致：當教學內容是很重要的時候，教師要保證所有學生有一致的學習目標，要求每位學生學會這些目標，教師無法改變目標以符合特殊學生的需要。
2. 調整教學時間：教師設計一個共同任務之後，還要為個別學生提供更多時間來完成任務。
3. 調整教材：教師通過調整教學材料，也可調整教學，有些學校提供大量不同難度的教科書，有些學校卻由教師自己來做調整。
4. 使用不同的學習活動：成功的教師會調整教學策略，提供各種學習活動供學生選擇，以便於學生利用不同的學習活動來完成共同的學習目標。

團體活動科 單元：<u>認識社區廟宇</u> 節次：<u>1，2</u> 三年級 教學者：___ 時間：80 分鐘

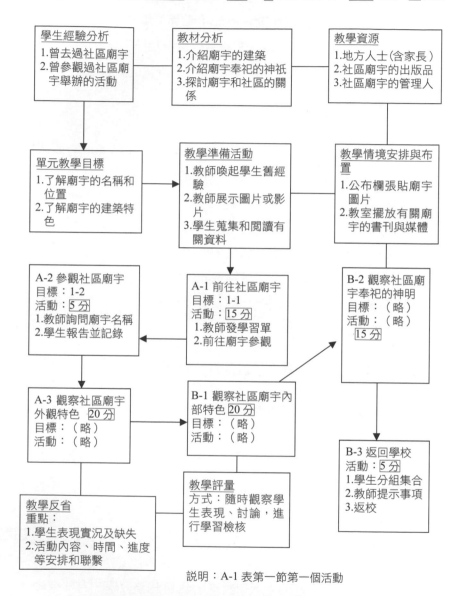

説明：A-1 表第一節第一個活動

→ 圖 3-6　組合型教學計畫應用實例（部分）

資料來源：葉連祺（2000，頁 220）

5. 調整學習目標：在某些情況下，教師可以調整給學生設定的學習目標，例如：允許學生在一個學習單元中選擇他們感興趣的內容，或選擇與他們自己的能力相匹配的項目，這是每位教師面對特殊的學生和特定的情境時必須做出的抉擇。

三、素養導向的教學設計

十二年國民基本教育課程實施「素養導向教學」，一方面是培養各領域或學科素養，例如：科學素養、語文素養、數學素養等，另一方面，則促進總綱三面九項核心素養，如系統思考、規劃創新、團隊合作等。素養導向教學設計強調以下四點基本原則（林永豐，2017）：

（一）連結實際的情境脈絡，讓學習產生意義

傳統以知識內容導向教育最被詬病的缺點之一，在於所學知識脫離了其所處的脈絡，而造成理論與實務的斷裂，往往使得學生空有知識卻不知如何運用與實踐。素養導向教學強調知識與情境脈絡之間的連結，在課程與教學中並不排斥學科內容，而是強調透過與情境脈絡的連結，來建立學習意義，並有助於將所學應用到所需要的情境。

（二）強調學生參與和主動學習，得以運用與強化相關能力

素養的養成不單是指學習某些知識內容，更強調要具備能力與情意面向，是一種綜合性表現。素養導向的課程與教學，強調學生中心，而非教師中心，更重視學生的參與與主動學習，例如：學生在歷程中所學到的主動、參與、嘗試、探究、討論、尊重、反思、選擇等能力。

（三）兼顧學習的內容與學習表現，以彰顯素養乃包含知識、技能、情意的統整能力

核心素養的課程與教學可以融入於各學科當中，透過適當的教材或教法，並兼顧該學科領域的「學習內容」或「學習表現」，以促成學生在知識、技能與情意面向的均衡統整。以「C3 多元文化與國際理解」為例，所指的不僅是認識、理解不同國家文化或國際議題（認知），也包括培養跨文化溝通能力、國際競爭與合作的能力（技能），更包括尊重、欣賞不同文化的態度養成（情意）。

（四）針對不同核心素養項目，應有不同設計重點

總綱中所列核心素養共有三面九項，這些項目的內涵不盡相同，為了引導學生培養這些核心素養，應該有不同的教學重點，而不只是前述有關教學歷程的一般性原則，例如：促成「媒體素養（B2）」與促成「國際理解（C3）」的課程設計應是有所不同的。若是為了增進學生的「媒體素養（B2）」，可適當提供媒體素材，再加上教學過程中討論與分析。

伍、教學計畫範例

以下分別提出傳統單元教學計畫及素養導向教學設計兩種範例，前者旨在了解單元教學方案中一節課的教學流程，後者則在認識最新的教學設計之發展。

一、單元教學計畫範例

會計學單元教學活動設計

單元名稱	會計之基本概念	教學班級	會計科甲班
教學者		教學日期	
教學時間	共 100 分鐘，分兩節。本次教學為第一、二堂課		
教材來源	蕭麗娟編著，《會計學》（一）（龍騰出版社）		
教學研究	一、分析教材： 　　本單元係針對初學會計的人，介紹「會計是什麼」，「學會會計的好處」，帳務處理時應遵守一般公認原則、慣例、會計學術團體等，以引導初學者在最短時間內掌握學習會計之要徑，進而強化、加深學習者之深度及廣度。 二、教學重點： 　　以下是為奠定學生日後會計基礎： 1. 學生對會計的基本認識。（在會計學的第一章有深入的解釋） 2. 學生對會計與簿記區別。（在對銀行會計、政府會計、財務會計等，知道如何來運用） 3. 學生對會計基本假設的了解。		
教學資源	黑板、投影片（上課資料）、單元評量		

單元目標	具體目標
一、認知目標 　1.了解會計的意義及功用。 　2.認識會計專業的領域。 　3.了解會計之基本假設。 　4.明白會計與簿記的區別。 　5.知道會計在企業經營管理上所扮演的角色。 二、技能目標 　6.訓練會計處理的基本能力。 三、情意目標 　7.增進學習會計的興趣。	1-1　能説出會計意義。 1-2　能列舉會計的功用。 2-1　能舉出專業會計有哪些。 2-2　能區別營利事業會計與非營利事業會計的不同。 2-3　能解釋獨資、合夥、公司的意義。 3-1　能説出四項會計之基本假設。 4-1　能區別會計與簿記的不同。 5-1　能描述會計在企業經營管理上所扮演的角色。 6-1　能列舉會計處理的基本假設。 7-1　能説出日常生活中與會計發生之實例。

教學計畫內容					
教學目標	教學活動	教學資源	時間分配	效果評量方法	備註
7-1	壹、準備活動 一、課前準備 　（一）教師 　1.熟讀本單元教材，並研讀有關資料。 　2.製作本單元教具。 　3.蒐集有關內容編成講義。 　（二）學生 　1.學生預習本次上課內容。 二、引起動機 　1.老師敘述在日常生活中與會計有關的情況，例如：零用金之使用的情形。 　2.假若學校校慶時設立攤位應如何將有關成本、收入等資訊予以記錄。 三、介紹本單元學習重點，並揭示單元名稱。	講義 投影片 投影片 投影片	 6'		參考資料： 1.陳靜蓉編著，《初級會計總複習》（翔宇出版社） 2.袁玉英編著，《會計學講義》（翔宇出版社）
1-1 和 1-2	貳、發展活動 一、解釋與說明會計的意義及功用 　（一）會計的意義及功用 　1.以學校校慶要設攤位，應如何記錄成本、收入，引申會計的意義。 　2.請學生舉例說明之。 　3.以各行業皆有其專業術語（如電腦語言─程式設計）解釋什麼是會計。 　4.請學生說出日常生活中與會計有關的例子。	投影片 黑板	4' 2' 2' 6'	抽問學生 學生自由舉手回答 分組討論	
2-1	（二）舉例說明會計資訊的使用者功能及其用途 二、解釋會計專業之領域 　（一）解釋與說明依業務性質對會計的分類 　1.簡述營利事業與非營利事業的內容及適用範圍。 　2.請學生說出關於「學校、宏碁公司或銀行」分別是適用何種特性的會計分類。	投影片 投影片 投影片	3' 3' 5'	抽問學生 抽問學生 學生自由舉手回答	答對，加2分
2-2	（二）解釋與說明依資本構成型態的分類；並舉例說明獨資、合夥、公司的區別 　1.說明三種不同型態的企業組織分別適用的會計種類。	投影片	5'	學生自由舉手回答	答對，加2分

教學計畫內容					
教學目標	教學活動	教學資源	時間分配	效果評量方法	備註
	2.請學生說出7-Eleven適用何種型態的會計，或請同學舉出任一獨資、合夥、公司的例子。	黑板	4'	分組報告	
	㈢解釋與說明依使用領域不同的分類；並舉例加以說明	投影片	3'		
	㈣會計專業之領域	投影片	2'		
	1.會計師；2.企業會計人員；3.政府會計人員；4.商業會計記帳人員。				
	㈤我國會計專業團體	投影片	2'		
	1.會計公會。				
	2.中華民國證券暨期貨管理委員會。				
	3.中華民國會計研究發展基金會。				
	參、綜合活動				
	一、歸納本節重點	黑板	2'		
	㈠會計的意義、功用				
	㈡會計專業領域				
	二、詢問學生是否有問題		2'	學生自由舉手	
	三、交代作業──立即評量 1-1 和 1-2。（p. 4 和 p. 9）		1'		
	第一節結束				

二、素養導向教學設計

　　此份教案格式係依「十二年國民基本教育健康與體育領域課程綱要草案」之內容所擬訂。其中，「設計依據」旨在呈現此份教案與新課綱的關係與轉化方式，設計者可依需要自行增刪相關欄位，以呈現此份教案之背景與設計理念（國家教育研究院，2017）。

健康與體育領域教學單元案例

領域／科目	健康與體育領域		設計者	請填入設計者姓名
實施年級	請填寫適用對象之年級／學習階段（如小學三年級／第二學習階段）		總節數	請填入總授課節數（時間）如 5 節課（每節 45 分鐘）
單元名稱		菸幕大進擊		
學習重點	學習表現	請列出此教案所欲發展「學習表現」之指標代碼與內容。（如 1c-II-2 認識身體活動的基本技能）	領綱核心素養	請列出此教案所欲發展的領域核心素養代碼及內容。（如健體-E-eA1 具備良好身活動與健康生活的習慣，以促進身心健全發展並認識個人特質，發展運動與保健的潛能）
	學習內容	請列出此教案所欲使用「學習內容」之指標代碼與內容。（如 Ab-II-1 認識身體活動的基本技能）		
議題融入	實質內涵	請填入此份教案所連結之議題名稱、具體指標及其在此份教案的轉化方式。（如性別平等教育：性 E10，辨識性別刻板的表達與人際互動。本教案在第四節之後將透過混合性別分組方式來使學生進行對抗，並透過……）此為非必要項目，若教案無融入特定議題可免填。		

	教學活動內容及實施方式	評量策略
第一節	【準備活動】 一、學生：準備課本、全班分為四組。 二、教師：準備疊疊樂積木（一組）、海報紙（各組一張）、裝置電腦、單槍、PPT 檔與影片檔。 三、引起動機（10 分鐘） 1. 教師呈現「健康疊疊樂」投影片，並以疊疊樂積木架構出「健康堡壘」（共 10 層 25 塊），說明積木代表人體的健康狀況。 2. 呈現「健康疊疊樂：健康情況題」投影片，各組指派代表隨機點選 20 則「健康情況題」中的一則，各組代表按照題目內容指示抽取或增添積木。 3. 各組輪流根據題目指示，繼續架構「健康堡壘」，以穩固、高大、健壯為目標。 4. 進行三至五回後，檢視健康堡壘的狀況，並評估其穩定健壯程度（過程中健康堡壘如果倒塌，活動則停止，帶領學生探討倒塌原因，引申不同的吸菸原因或情境導致健康崩盤的意涵）。 5. 教師以學生架構健康堡壘的過程比喻：吸菸行為影響會危及人體健康，讓健康岌岌可危。	

教學活動內容及實施方式	評量策略
【發展活動】（15分鐘） 一、掀開菸幕：分析吸菸對人的立即性危害並表露吸菸對自我的影響。 1. 教師引言：不只長期吸菸會危害健康，其實從吸第一口開始，菸就開始對個人的生活與健康有了立即性的危害，例如：牙齒變黃變黑、口臭等。 2. 接下來進行分組活動：各組於規定時間內，在海報寫下吸菸對個人的立即性危害，包括：外觀、形象、生活等方面。教師檢視各組的答案，表現佳的組別給予獎勵。 3. 教師統整吸菸對生活立即性的危害。 二、撰寫「掀開菸幕」學習單，請學生檢視勾選學習單中哪些是自己非常在意的菸害項目，對生活的影響是什麼？ 【綜合活動】（20分鐘） 一、無喉者的心路歷程：分享觀賞後的心得，以啟發愛惜生命的意識。 二、教師引導學生完成「無菸人生」學習單。	◎認知評量：透過小組競賽的方式，評量學生對於菸害相關的知識層面。 ◎情意評量：透過分組討論的方式，評量學生在覺察菸對個人與生活影響的狀態。
第二節		
第三節		
第四節		

第**4**章

教學目標的內容與撰寫

周新富

教學目標是教學過程的基本要素之一，教師在擬訂教學計畫時先要列出教學目標，再依據目標來設計教學活動，同時教學目標也是教師實施教學評量的一項依據。美國教育家早在 1920 年前後開始提出教學目標分類的課題，Bobbitt 與 Charters 就曾試圖通過對成人社會的活動分析來確定課程目標。後來經過 Charters 的學生 Tyler 與 Tyler 的學生 Bloom 的發展，形成了完整的教學目標分類理論。Bloom 等人在 1956 年出版《教育目標分類學》（*Taxonomy of Educational Objectives*）一書，他和他的學生們認為教學目標包括三個主要領域，即認知、情意和技能；但 Bloom 本人僅提出認知目標的分類，情意和技能目標的分類是由 Krathwohl 與 Harrow 分別於 1964 年和 1972 年提出來的（李秉德，2000）。Mager 與 Gronlund 在教學目標的敘寫方面提供卓越的見解，帶領教育科學邁向新的里程。國內在推展十二年國民基本教育課綱中提出「核心素養」的概念，核心素養可以視為教學目標的一種形式，可以發展出核心素養導向的教學及評量。本章將針對教學目標的內容與敘寫作一探討，首先敘述教學目標的意義，次就 Bloom 等人的分類方式做一探討，最後探討教學目標的敘寫方式。

第一節　教學目標的意義與性質

各級學校系統都要訂定教育目的，各種教學活動都要有教育目標，要實

現教育目的（標）就要選擇適當的教學目標，經由教學予以落實。教學目標是教師在教學之前預期教學之後學生會學到什麼，是教師進行教學活動的重要依據。本節主要在對教學目標的意義與性質做一論述，除探討教育目的與教學目標之間的關係，也針對教學目標的類型做一介紹。

壹、目的與目標

所謂目的，簡單的說就是預定行動的結果，換言之，就是人類的活動所要收到預期的成效或結果稱之為目的，目的是決定行為方向及實行方法的依據。有目的的行動常能循序而進、思而後行，且能預知結果（周甘逢、周新富、吳明隆，2001）。目的和目標兩名詞的意義極為相近，很難區別彼此的異同，和目的這個名詞相對應的英文字是「goals」或「aims」，此外，同義字還有「ends」、「objectives」、「outcomes」、「purposes」。Brandt 與 Tyler（1999）認為，「goals」是要達成的長期目標，「objectives」是指學生從現在教學所得到的結果。賈馥茗（1987）也提到「aim（s）」和「objective（s）」兩個字的異同，前者所指是大而確定的目的，後者為比較細小而可以改變的目標，目標是為了達到那個遠大的目的，從近處著手實行的細目。所以，目標的性質是較為具體、明確、易於實現，在層級上位居目的之下，目標是為實現目的所擬訂的具體作法。

貳、教育目的與教育目標、教學目標的關係

教育目的與教學目標有密切的關係，通常教育目的是教育活動的指針，引導教育發展的方向，決定教育活動的歸趨，使教育成為有意義、有理想、有效果而又循序而進的活動（伍振鷟、高強華，1999）。教育目的是屬於遠程的目標，相當高遠、相當抽象，也頗為空洞，如果要有指導實際教學活動的功用，則必須將遠程的教育目的加以分析成切近的及具體的教育目標，所以教育目的與教育目標的關係：後者是為達成前者的一種手段（林玉体，1994）。美國學者 Gagné 對教育目的與教學目標的關係也有獨到的看法：教

育目的（goals）反映社會的需要，主要呈現出人類活動類型的敘述，教育目的是教育結果的說明；教師經由有計畫的教學活動使學生學得這些結果，為了設計教學，教師必須先認定人類所需的能力，以這些能力的獲得做為教育的結果（Gagné et al., 1992）。

　　教育目標雖然是比較具體、明確的目標，但其所包含的領域極為廣泛，有必要針對教育目標做進一步的細部分析，才能對教育目的有全盤性的了解。要落實各級學校的教育目標要靠各學科的課程目標才能夠實現，而各學科的教學單元又有單元目標，單元目標是由好幾節課組合而成的目標，每節課的每課目標要落實，各項目標才能實現，由圖 4-1 可了解各目標間的關係。

參、教學目標的種類

　　教育目的要具體落實在課程目標及教學目標，課程目標屬於長期的、抽象的，很難評鑑出實際的成效，因此要再細分為教學目標，使教師在一段時間內、教一節課或進行一項活動後，能了解學生在認知、情意、技能等方面

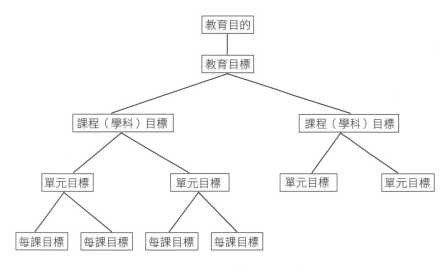

◆ 圖 4-1　教育目標系統

089

發生什麼變化。所以，教學目標是指教學活動實施的方向和預期達成的結果，是教育目標、課程目標更細部化、具體化的目標，可以是一節課所要達到的目標，也可以是一個單元所要達到的目標。在擬訂教學計畫時，一定要就教學所要達成的目標做一敘寫，以做為教學活動依循的標的。以下僅就五種教學目標的類別做一說明。

一、課程目標

十二年國民基本教育之課程發展本於全人教育的精神，以「自發」、「互動」及「共好」為理念，強調學生是自發主動的學習者，學校教育應善誘學生的學習動機與熱情，引導學生妥善開展與自我、與他人、與社會、與自然的各種互動能力，協助學生應用及實踐所學、體驗生命意義，願意致力社會、自然與文化的永續發展，共同謀求彼此的互惠與共好。該課程綱要以「成就每一個孩子──適性揚才、終身學習」為願景，兼顧個別特殊需求、尊重多元文化與族群差異、關懷弱勢群體。在基本理念引導下，訂定如下四項總體課程目標為：(1)啟發生命潛能；(2)陶養生活知能；(3)促進生涯發展；(4)涵育公民責任（教育部，2014）。

二、核心素養

為落實十二年國民基本教育課程的理念與目標，使用「核心素養」做為課程發展之主軸，以達成各教育階段間的連貫以及各領域或科目間的統整。「核心素養」是指一個人為適應現在生活及面對未來挑戰，所應具備的知識、能力與態度。「核心素養」強調學習不宜以學科知識及技能為限，而應關注學習與生活的結合，透過實踐力行而彰顯學習者的全人發展。十二年國民基本教育之核心素養，強調培養以人為本的「終身學習者」，分為三大面向：「自主行動」、「溝通互動」、「社會參與」。三大面向再細分為九大項目：「身心素質與自我精進」、「系統思考與解決問題」、「規劃執行與創新應變」、「符號運用與溝通表達」、「科技資訊與媒體素養」、「藝術涵養與

美感素養」、「道德實踐與公民意識」、「人際關係與團隊合作」、「多元文化與國際理解」（教育部，2014）。

三、學力指標與能力指標

教育部於 2001 年實施九年一貫課程綱要，此課程綱要除明白宣布今後要實施統整性的課程，並標舉未來國教界努力之宗旨：「培養學生具備帶著走的基本能力，拋掉背不動的書包與學習繁雜的知識教材」（陳伯璋，1998）。為達成此目的，在新綱要裡特別揭示「十項基本能力」和「七項學力指標」兩概念，在各學習領域訂定了分段能力指標，讓學生在學習某領域某一階段之後，都能學到那些基本能力。該課程綱領揭示出「基本能力」、「學力指標」（performance indicators）、「能力指標」等概念做為教學活動的依據（李坤崇，2006）。能力指標屬於長期目標，是接受教育一段時間之後所要具備的能力，教師在教學中還要依能力指標細部化為能力目標（competency objectives），這種目標是以行為動詞描述學生的學習經驗，而且這種目標是可以評鑑的（Dressel, 1978），例如：學生能使用耳溫槍量體溫、能說出正確洗手的方法、能徒手畫出臺灣地圖。能力目標也稱為表現目標，所謂表現目標係指對某種能力的精確敘述，假如學習者擁有這種能力，則教學者能透過該學習者的行為表現來加以觀察（Gagné et al., 1992）。這種教學目標是以「能力為本位」（competency-based）、「表現為本位」（performance-based），實際上可歸屬於行為目標。由圖 4-2 可以清楚了解能力指標與教學目標、教學評量的關係。

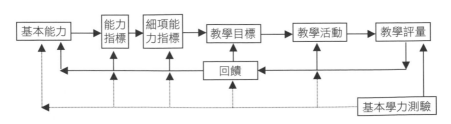

◆ 圖 4-2 基本能力、能力指標、教學評量與基本學力之關係

資料來源：李坤崇（2006，頁 1）

四、一般目標和特殊目標

　　為彌補行為目標之不足，Gronlund（1978）提出一種折衷的陳述目標方法，這種目標是將內在的心理變化與外顯行為相結合。Gronlund 認為真正的目標不是具體的行為變化，而是內在的能力或情感的變化，所以教師在陳述教學目標時，首先應明確陳述內在變化，不能直接的進行客觀觀察和測量，因此在陳述教學目標時還需要列舉反映內在變化的情況。所以 Gronlund 建議，教學目標要先以一般性的行為動詞做敘述，例如：認識、理解、使用、比較、應用、評鑑、欣賞等，然後再敘述特殊行為表現做為學生是否達成一般目標的證據。在撰寫教學目標時，一般目標（general objectives）要寫在前面，特殊目標（specific objectives）列在一般目標底下。以下以國文為實例說明之。

　　一般目標：理解律詩的格律。
　　特殊目標：1.說出律詩的句數；2.說出律詩的押韻；
　　　　　　　3.說出律詩的對句；4.比較律詩與絕句的差異。

　　Gronlund 的教學目標比起行為目標要來得簡便，在撰寫時可以節省教師許多時間，對於複雜的學科內容較適合使用這種教學目標。國內教師在撰寫教學目標大多使用單元目標和具體目標的名稱，其實也就是 Gronlund 所稱的一般目標和特殊目標。

五、行為目標

　　為了要讓教學目標能以明確、具體的方式陳述出來，美國心理學家Mager（1984）於1962年根據行為主義心理學提出行為目標（behavioral objectives）的理論，行為目標也稱表現目標（performance objectives），所謂行為目標是指教學目標的敘述要採用學生可觀察、可測量的行為，這是最具體的目標，完全以外表的行為來判斷學習者在教學過程中是否學會這些教學目標，例如：教師教完一課英文之後，要學生能夠：(1)寫出本課生字；(2) 3 分鐘內唸完課

文；(3)記住兩條與本課有關的文法（林玉体，1994）。這種目標強調表現和行動結果的重要性，教師需以多元評量的方式檢視目標是否達成。但行為目標受到許多學者的質疑，其中最重要的一項是有關情意領域的學習，學習態度、興趣、傾向等心理活動無法以外顯行為表達出來，這部分又是教學的重要成分，不能因為無法觀察、測量而捨棄此方面的教學；行為目標另外一個缺失是在撰寫時需要花很多的時間。Mager 的行為目標對簡單的技能和事實的內容領域教學有很大的幫助。

肆、教學目標的功能

教學目標是教師進行教學計畫時的第一個步驟，在系統教學設計的過程中，教學目標的地位相當重要，不僅引導教學活動，更是教學評量的依據。茲將教學目標的功能敘述於下（Brandi & Tyler, 1999; Gagné et al., 1992; Lefrancois, 2000）。

一、教學目標是設計教學活動的依據

敘述完善的目標可引導學習活動的進行，大部分目標不會寫出教師要如何教學，但卻是教師設計教學活動重要的依據，例如：一項教學目標是「讓學生理解和欣賞重要的人類成就」，有一位教師讓學生讀 19 世紀傑出科學家的著作，再使用選擇題進行評量；另一教師決定用分組方式，要求學生在班上呈現偉大科學家的成就，可以使用展示、戲劇等方式來呈現。目標和教學發展的步驟需要專業知識、經驗和想像力才能做妥善的結合，教師訂好教學目標之後，接著要思考使用何種教學活動才能落實教學目標。此外，教學目標還可提醒教師決定有意義的教材，不致在上課時偏離主題。

二、教學目標是教師進行教學評量的參考

教學目標也是實施教學評量的重要依據，目標是教材的重點，教師要依據目標設計能測出預期結果的操作、作業或試題，以了解教學是否達成預期

的成效。

三、教學目標是學生學習的引導

　　教學目標可以使學生知道教師對於他們的期望，會減少花費無謂的精力去學習不重要的材料，專心於重要技能的學習。當學生知道教師某一門課對他的期望及要求，則會感受到安全的感覺，減輕對於該課程的焦慮。如果教師能在上課一開始就揭示這堂課的行為目標，這樣對學習者的學習有很大的幫助。Abodorin 與 Thomas（1996）的研究發現，給予特殊目標的班級，其高中生考試成績優於未給目標的班級。

第二節　教學目標的分類理論

　　教育學者通常把教學目標做適度的分類，最有名的是 Bloom 的教學目標分類，他將教學目標分為認知、情意、技能三領域，各領域又分若干次領域，教師能對教學目標的掌控更加明確。

壹、認知領域

　　認知教學目標是指知識的結果，Bloom 等人認為學生學習的結果，可以學生行為的改變與否來表示，因而於 1956 年設計了教學目標分類學（Taxonomy of Educational Objectives），將整個教學過程中所有預期的學習結果，以類似動植物的科學分類方式予以系統分類，以期有助於課程的發展、教學的活動以及評量的實施。Bloom 等人將認知領域（cognitive domain）的學習分成六個層級，由低向高發展分別為：知識（knowledge）、理解（comprehension）、應用（application）、分析（analysis）、綜合（synthesis）、評鑑（evaluation）；其中除應用一類外，其餘各大類按行為目標的性質又分為若干中類，部分中類又可再細分為若干小類，以下分別說明其含義（陳豐祥，1994；黃光雄等人譯，1983；Bloom, Engelhart, Hill, Furst, & Krathwohl, 1956）。

一、知識

知識是對於觀念、資料或現象的記憶行為，在學習情境中，學生被要求去記憶或背誦一連串的材料，從細瑣零碎的事實、術語、慣例、原理、原則，以至於全部的背景、過程，均要求熟識於記憶之中，這是認知學習最基礎的心智活動。

二、理解

理解是在訊息溝通中，對語言、文字、圖畫或符號等訊息的了解，了解溝通的內容是什麼含義，且能加以利用。學生如果能夠把握學過的教材（知識）的意義，並將之內在化、系統化，且能加以運用，即代表這位學生對知識已有所理解。理解行為又可分為三種類型：第一種類型是轉譯（translation），指個人能將訊息溝通轉化成其他語言、其他術語或其他形式，例如：將物理實驗觀察紀錄資料製成圖表、閱讀音樂的樂譜等；第二種類型是解釋（interpretation），指對某一項訊息的闡釋說明，學生先要能掌握知識訊息內容中相關部分的意義，然後重新加以組織整理，並賦予新義新解；第三種類型是推論（extrapolation），包括對訊息溝通中所描述的趨勢、傾向或條件的了解，而能做預測或推估，例如：能從資料引導出結論。

三、應用

Bloom 認知領域的分類系統中，應用層級以上的行為目標，包括分析、綜合及評鑑是高層次目標，都是代表知識的「應用」。這裡所謂的應用目標是指在特殊和具體的情境中使用抽象的概念，這些抽象概念的形式可能是一般概念、程序法則或一般的方法，也可能是必須加以記憶和應用的專門原理、觀念和理論。

四、分析

分析指將某一知識訊息分解成各個構成要素或部分，並探求各個要素或部分之間的相互關係及其組織原理。分析能力可以包括要素分析（analysis of elements）、關係分析（analysis of relationships）與組織原理分析（analysis of organizational principles）三個層次。要素分析指能夠確認出某一項訊息所包含的組成要素；關係分析指對知識訊息中諸要素和組成部分之間的內在關係及其交互作用所做的分析，譬如假設與論證的關係、因果關係、順序關係等；組織原理分析指針對形成知識系統。

五、綜合

綜合是指能夠將知識系統的要素和各個部分組合成一個新的整體，包括整理各個片段、各個部分、各個要素等的歷程，也包括安排和結合這些片段，以構成一個新的形式和結構的歷程。綜合能力表現在以下三方面：(1)提供一項獨特的訊息溝通，例如：撰寫文章、報告個人經驗；(2)提供一份計畫或一套實施的建議，例如：設計單元教學計畫、設計檢驗假設的方法等；(3)建立抽象關係，例如：學生由分析具體的現象而建立正確的「假說」，以解釋此種現象。

六、評鑑

評鑑意指根據某些目的來對各種想法、作法、解答、方法、資料等的價值做出判斷。評鑑涉及應用規準（criteria）和標準來鑑定各種具體事物的準確性、有效性、經濟性和個人滿意的程度，這種判斷可以用量化或質化的方法，其規準可由學生自行決定，也可以由教師來決定。評鑑認知目標所運用的判斷標準有兩種，一為內在證據，一為外在的準則。前者指根據訊息內容邏輯的正確性、一致性以及其他內部規準的證據，例如：能指出論證中的邏輯謬誤；後者指參照特別選定的準則或指標來進行評鑑，例如：能衡量不同行動

方式中所包含的不同價值。

　　Anderson 等人（2001）針對 Bloom 等人提出的認知領域教學目標進行修正，在認知歷程向度部分，將「知識」層級改為「記憶」（remember），將「綜合」層級提升到最高層級，且改名為「創作」（create），修訂版分為較低層次的記憶、了解、應用和分析，以及較高層次的評鑑與創作，其中記憶和學習保留具密切關聯，而另五種則與學習遷移有關。新版與舊版的對照請參見圖 4-3。

貳、情意領域

　　情意是對外界刺激肯定或否定的心理反應，如喜歡、厭惡等，態度、價值和信念皆包含在這個領域，個體的情意會影響他在行為上的選擇，情意學習與形成一定的態度、提高鑑賞能力、更新價值觀念、情意塑造等有關。這是教育的一個重要方面，但是情意領域（affective domain）的學習目標不容易

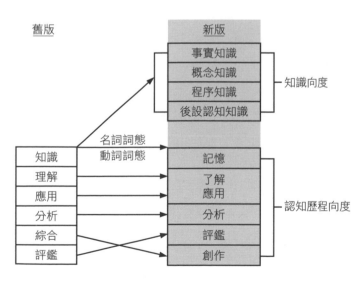

▶ 圖 4-3　新舊版本 Bloom 認知領域教育目標分類之改變情形

資料來源：Anderson 等人（2001, p. 268）

編寫，因此很難落實在教學情境之中。Krathwohl等人提出的情意學習目標分類，把從簡單的知覺到形成個性、形成思想、世界觀、認識觀的過程分解成五個由簡單到複雜的層次，以下做一扼要介紹（張祖忻等人，2000；黃光雄等人譯，1983；Krathwohl, Bloom, & Masia, 1964）：

一、接受或注意

此一層次為學習者願意接受或注意（receiving or attending）某些現象和刺激的情形。「接受」類目分為三個次級項目：覺知（awareness）、願意接受（willingness）、控制或選擇性的注意（controlled or selected attention）。覺知是指學生在適當的機會意識到某一事物，但對於對象的客觀性質沒有特別的辨別或認識；願意接受是指學生對特定的刺激願意接受，而不去逃避的行為，例如：注意他人的說話、容忍其他團體展示的文化模式；控制或選擇性的注意指學生不理其他缺乏吸引力的刺激，而選擇並注意其喜愛的刺激。

二、反應

反應（responding）不只是「願意注意」，而是「積極的注意」，在此層級學生的動機充分被引發，除了感覺之外，還做某些事情。「反應」類目又分成三個次級項目：勉強反應（acquiescence in responding）、願意反應（willingness to respond）、樂意反應（satisfaction in response），例如：完成教師規定的作業、提出意見及建議、參加小組討論、遵守校規、同意某事、服從運動規則等。

三、價值評定

學生看到某種現象、行為或事物的價值之處，從而表示接受，經由逐漸內化過程，而成為自己的價值規準，在適當的情境中，會以相當一致的方式展示其行為。價值評定（valuing）又分成三個次級目標：價值的接受（acceptance of a value）、價值的偏愛（preference for a value）、堅信（commitment），例如：主動關心學弟妹、表現對文學有興趣、報名參加創作組、刻苦學習外語、信仰理性的力量、積極參與藝術展覽等。

四、價值組織

當遇到多種價值觀念出現複雜情景時，將價值觀組織（organization）成一個系統，把各種價值觀加以比較，確定各種價值觀的相互關係及它們的相對重要性，接受自己認為重要的價值觀，形成個人的價值觀念體系，但已建立的價值觀體系會因為新觀念的介入而改變。「組織」目標下分兩個次目標：價值概念的建立（conceptualization of a value）、價值體系的組織（organization of a value），先建立抽象的價值概念，再將各種價值組合成和諧、一致的體系，例如：先處理團體的事，然後再考慮個人得失；形成一種與自身能力、興趣、信仰等協調的生活方式；先完成老師規定的作業，再找小朋友玩遊戲等。

五、形成品德

透過對價值觀體系的組織過程，品德逐漸形成（characterization by a value or value system），即各種價值被置於一個內在和諧的架構之中，它們的層級（高低）關係已確定，個人言行受其所確定的價值體系的支配，表現前後一貫的行為。觀念、信仰和態度等融為一體，形成個人世界觀和人生哲學。這個目標是由兩項次級目標所組成：一般態度的建立（generalized set）及品格的形成（characterization）。前者指在任何時刻，價值和態度體系表現一種內在的一致性質；後者指個人發展宇宙觀、人生哲學、世界觀等廣泛範圍的價值體系，例如：工作一貫勤勤懇懇、保持良好的健康習慣、用客觀的態度處理問題、相信自己能力足以勝任、發展良心等。

參、技能領域

技能領域又稱為心理動作領域，Bloom 主持的委員會沒有建立技能領域

的分類，直到 1972 年才由 Simpson 及 Harrow 分別建立技能領域的目標分類，目前被應用最廣的是 Simpson 的分類法，是屬於技能領域的正統分類。以下論述兩位學者的技能領域分類。

一、Simpson 技能領域教育目標分類

Simpson 以認知心理學為理論基礎，建構技能領域教育目標的分類模式與理論，將此領域區分為七大主階層與項數不等的次階層，其內容摘述如下（李堅萍，2000；黃光雄等人譯，1983；Simpson, 1972）。

（一）知覺（perception）

指肢體或感官在察覺、注意或感應到外界之物體、性質或關係的歷程。知覺是成為一項動作的最初步驟，也是「情境—解釋—行動」鏈（situation-interpretation-action chain）的最基本事項。知覺類目分為感官刺激、線索的選擇、轉換三個次級類目，例如：透過機械聲音認識機器運作的困難、依照食譜準備食物的能力屬之。

（二）趨向（set）

或譯為「預備」、「準備」、「預定」、「預勢」，是在感官收到刺激，產生感覺或感應後，開始要採行某種動作或意向之肢體與心智的準備狀態，是展現行動方向的初步動作與意念。準備狀況又可分為心理的、身體的及情緒的三種，例如：認知布置餐桌的步驟、固定雙手以備打字、期望以熟練的技巧操作鑿孔器等能力屬於此階段。

（三）在導引下反應（guided response）

是指在教學者的教學指導下，或類似操作手冊、說明書、作業範例、標準程序單、教學影帶等書面文件或視聽媒材的導引下，所明顯展現經引導的動作與行為。模仿（imitation）及嘗試錯誤（trial and error）是兩項次級類目，

例如：模仿教師動作進行學習。

（四）機械化（mechanism）

是指技能已成為習慣性、反射性的連續順暢動作反應。機械化的技能表現，源於長久或多次的技能練習，而能衍生出成為可以「不加思索、立即正確反應」的動作與自信，例如：能正確、迅速製作標本或打字等。

（五）複雜的外顯反應（complex over response）

是指個人能因需要而表現複雜但明確有效率的動作技能。複雜的外顯反應已經超越機械式的反應動作，有最適度力道、最合適動作、最經濟動作流程，且最有效能融合多種動作或行為的技能反應。這一層次分兩個次級類目：解決不確定事項（resolution of uncertainly）和自動化的行為表現（automatic performance），例如：演奏小提琴的技能、操作銑床的技能。

（六）適應（adaptation）

是在面對內容不明或初次嘗試的事項，重組或修正改變動作行為，以因應新問題情境。雖然面對外在環境變化，但仍具有重組或變化修正既有技能加以調適或解決的技能能力，例如：依自己的技巧編製一套現代舞。

（七）創作（origination）

是依據既有的知識與技能為基礎，加入個體創意與悟性，建構新的動作、行為、處理方式或程序。這是最高階層的技能表現，能自既有的技能表現形式中，發揮全然不同以往或超乎現有水平的技能，例如：能改進實驗操作方法、創造一套現代舞。

二、Harrow 技能領域教育目標之分類

Harrow（1972）是以運動生理學的理論為基礎，建立技能領域教育目標

的分類架構，各層次技能領域教育目標的內涵如下（李堅萍，2000；黃光雄
等人譯，1983；Harrow, 1972）。

（一）反射動作（reflex movements）

指人類肢體器官對刺激所做的非意識控制下的反應，亦即在生理神經末
梢感應刺激後，所迅速傳導之未經思索、立即反應的動作。反射動作通常是
不隨意的動作，但是動作行為的重要基礎。

（二）基礎性的基本動作（basic-fundamental movements）

是指人類因生理發展所自然獲得的基本動作行為，植基於人類軀體天賦
所有的反射動作上，是從內部逐漸發展而成，雖不是教學或訓練的結果，但
卻是以後人類知覺能力、體能與技能學習的起點。這個層級又可細分五個次
類目：移動動作、非移動動作、操作動作、抓握、靈巧。

（三）知覺能力（perceptual abilities）

是學習者對刺激傳遞到大腦中樞，並加以解釋的感知能力。這種感知能
力是認知、情意與技能領域能力的共同必要條件。知覺能力協助學習者了解
刺激，使其能適應環境的需要，例如：保持身體平衡、眼手協調動作等。

（四）肢體能力（physical abilities）

是身體器官機能發揮功能的能力，是學習技能或發展技巧性動作的基礎
與工具，可以分為耐力、力量、韌性、敏捷性等四項次階層，例如：鍛鍊肌
肉、快速動作訓練、舉重訓練等。

（五）技巧性動作（skilled movements）

是有效從事複雜性動作的任務，含有相當難度的具體動作或行為，經一
定的練習過程，就能達到精熟的技巧動作。可自垂直方向分級為「複雜性程

度」（levels of complexity）與水平方向分類為「熟練性程度」（levels of proficiency），例如：彈奏樂器、裝配零件、開車等。

（六）有意的溝通（non-discursive communication）

指包含各種動作溝通形式的行為組合，其範圍從面部表情、姿勢、手勢到複雜的現代芭蕾舞，該層級又分表情動作、解釋動作兩個次級類目。由於個體常具備獨有的動作風格，因而由表情動作的探索，有助於了解或解釋個體的情感、情緒、需求、興趣等，進而提供教育工作者採行相應的教學活動策略之參考。解釋動作由審美動作和創造動作組成，表現出動作發展的最高水準，例如：面部表情、隨音樂展現韻律創造動作等。

肆、Gagné 的分類

美國學者 Gagné（1985）在《學習的條件》一書中，提出五項學習結果做為教學活動的目標，這五項學習結果形成學生的五項能力，這五項能力是：智力技能（intellectual skills）、認知策略（cognitive strategies）、語言訊息（verbal information）、動作技能（motor skills）、態度（attitudes）。Gagné的分類比起 Bloom 等人的分類來得廣泛，更能全面的顧及人類學習的各個層面，但其缺點是不夠具體，而且無法更詳細的細分。以下簡要的敘述這五項學習結果。

一、智力技能

指個體以符號與環境互動的能力，兒童時期使用符號最基本的類型是閱讀、寫字及使用數字，隨著兒童在學校繼續學習，而使用更複雜的能力，例如：區分、綜合、列表、分類和量化，這些習得的能力稱之為智力技能，是知道如何做的「程序性知識」（procedural knowledge）。又可區分成概念（獲得事物概念）、區別（discriminations）（顏色、大小、形狀、質料等之分別）、高層次規則（higher-order rules）（問題解決）、程序（procedures）

（行為步驟的順序）等四項次類別。

二、認知策略

認知策略即個體處理自己學習的技巧，例如：記憶、思考、分析問題的方法及解決問題的取向。常用的認知策略有以下幾項：注意（attending）、編碼（encoding）、提取（retrieval）、問題解決（problem solving）、思考（thinking）、遷移（transferring）等項。學習者獲得和使用這些策略，就能調整下列內在過程：注意和選擇訊息；編碼收錄訊息以供長期的儲存、提取；問題解決。

三、語言訊息

個體學習以口語、書寫、打字或畫圖的方式，陳述一件事實或一些事件，稱為語言訊息，其形式可分成三種：學習名稱（learning labels）（如盤子、大象）、學習事實（learning facts）（如一星期有七天、需要為發明之母）、學習有組織的語言知識（learning organized verbal knowledge）（如文章的主題和主要想法）。

四、動作技能

學習者以有組織的肌肉運動來執行行動稱之，例如：丟球、開車、寫字、操作工具等均屬之。動作技能的學習可分成三個階段：(1)早期或者認知階段，在開始學習階段要先了解操作的程序及要求；(2)中期的或連結的階段，學習者要將部分技能納入整體表現，必須經常練習；(3)最後的或自動化的階段，自動化就是學習者進行其他活動時仍能執行這個動作技能，學習者繼續練習，技能的流暢和精密的程度就會持續進步。

五、態度

態度是指個體經由學習而影響其選擇個人行為的內在狀態，例如：某人

傾向選擇高爾夫球做為他喜歡的休閒活動，這種「傾向」是學習者本身的選擇，不是特殊表現。這個層面同於Bloom等人所提出的「情感領域」，Gagné在此領域並未區分次階層，其所重視的是如何經由學習改變態度。

伍、教學目標分類理論在教學的運用

　　教學要有目的，教學目標是將人類重要能力、行為加以分類所建立的架構，能有效引導教學活動的進行方向（陳春蓮，2000）。Bloom 等人認為教學目標分類的價值有以下三項：協助釐清與強固教育目標、提供編製評量題目之參考、歸納人類學習結果的原則（Bloom, et al., 1956）。

　　教學時，教師應依據實際教學情境，將教學目標做適當的分類，但這種分類方法的主要缺點就是在對某些目標不易區分其為何種領域，因情意、認知及技能領域在某些情況存在高度相關，例如：「能在全班面前表演五分鐘演說而不顯得怯場」這項目標，就包含三種行為領域，演說是心理動作技能，演說時表現的態度是情意領域，學生了解和說出演說資料是認知行為。但為了客觀測量某一項成就，通常需要強調一個領域，而忽視其他領域（黃光雄編譯，1985）。

　　教育層級提高，行為的複雜性質也增加，幼小兒童強調透過練習而獲得基本技能，高中以上的學生則要強調應用、組織、問題解決等工作，故訂定目標及測量教學成果變得更加困難（黃光雄編譯，1985）。較低教育程度的預期行為常是可以觀察，但較高程度的預期行為則較少是可觀察的，故教學目標愈為模糊及愈難測量，許多目標無法在教室進行，要在課堂之外來學習。教師要明白，不同教育程度學生在使用目標時會產生這樣的差異，不管其目標的複雜或工作的含糊程度，各個層次的教學目標應當嘗試加以測量。

第三節　教學目標的敘寫

　　了解教學目標的理論及重要性後，接著要探討如何撰寫教學目標。本節先探討教學目標的組成要素，次論述撰寫教學目標的要領。

壹、教學目標的組成要素

　　Mager 在 1962 年出版的《準備教學目標》（*Preparing Instructional Objectives*）一書中，提出教學目標要包括三個基本要素：(1)說明具體的行為，以便教師能觀察學生是否達成目標，例如：能列舉、能說出；(2)說明產生上述行為的條件，例如：在參考教科書之下；(3)指出評定行為的標準（Mager, 1984）。原本籠統的教學目標用 Mager 的方法來敘寫，就變得更加具體、明確，這個行為、條件、標準的三要素模式為教育學者所接受，而衍生出四要素、五要素等模式。四要素模式又稱為 ABCD 模式，A 代表學生、觀眾、聽眾（audience），B 代表外顯的行為（behavior），C 代表情況、條件（condition），D 代表程度、可接受的標準（degree）（張祖忻等人，2000）。五要素模式包括：(1)對象；(2)用來證實達成目標的「實際行為」（actual behavior）；(3)用來評鑑目標是否達成的行為「結果」；(4)完成行為的「有關條件」（relevant conditions）或情境；(5)用來評鑑結果或行為表現成功與否的「標準」（criteria）（黃光雄編譯，1985）。

　　在敘寫目標闡明學習結果時，習慣用五項成分目標（five-component object），以下分別說明教學目標的五項組成要素（郭生玉，1993）：

1. 對象：指誰要完成教學所預期的行為，通常指學生。
2. 行為：指達到目標的具體學習行為。通常是以下述的行為動詞敘寫：配對、書寫、說出、討論、指出、選擇、列出等。
3. 結果：指學習者表現的內容，也就是學生學習的結果，不是教師的教學表現，例如：兩個三位數相加的計算、撰寫一封商業信函。

4.情境：指表現行為的有關情境或條件，在某些情境中，學習表現需要用到特殊工具、或受限於若干限制、或其他特殊條件，例如：使用電腦來打信件、信件必須在規定時間內完成。

5.標準：指預期行為可接受的程度，亦即用以評量學習結果的標準，例如：能說出校園中至少十種以上的樹木名稱，十種以上就是屬於標準。

以下是包含五項成分的行為目標範例：

1.學生（對象）能分辨出（行為）花園中（情境）五種以上（標準）的草本科植物（結果）。

2.給予測量用尺（情境），學生（對象）能正確無誤（標準）量（行為）教室的面積（結果）。

3.依照英文課本的生字（情境），學生（對象）能正確拼出（行為）90%（標準）的單字（結果）。

貳、具體的撰寫方法

五項成分的教學目標因為在撰寫上有點困難，導致教師對編寫工作望之生畏，因而學者 Gronlund（1978）提出簡化的教學目標，主張情境（條件）和表現標準兩要素可以彈性處理，這兩項是可選擇的部分，視情況決定是否寫在目標內。撰寫時通常將學生兩字省略，只寫出行為動詞和預期學習結果，例如：說出三角形的特徵、跑完 5,000 公尺、背誦國歌歌詞；有時要加入「情境」這項要素，例如：使用直笛吹奏國歌。Gronlund 主張內外結合的教學目標撰寫模式，先寫出描述內部心理過程的一般目標，再列舉出特殊學習結果（即行為目標），茲依據其模式說明撰寫教學目標的方法。

一、列出教材的大綱

為掌握單元的目的和範圍，教師最好將教材的主要概念或理念列出，也就是列出教材的大綱，其方法有以下兩種：概念圖以及文字標題法。這個方法可幫助老師組織教材內容，對撰寫目標及往後的教學有所幫助，也可做為

單元的簡介，教學時可幫助學生了解現在的內容和前後的關係（Jacobsen et al., 1993）。

二、依據認知、技能、情意分類系統草擬一般教學目標

教師列出教材大綱後，接著要依據認知、技能、情意分類系統草擬出一般教學目標，不能只顧及認知層面而忽略其他層面。此外，教師也要注意教學目標是學習結果，是學習的終極行為（terminal behavior），不是教學過程，也不是教材內容，一個教學目標只敘述一項學習結果，一個單元列出 8 至 12 項一般教學目標應該足夠。一般教學目標的範例可參考表 4-1、表 4-2、表 4-3（Gronlund, 1978）。

▶ 表 4-1　認知領域一般教學目標及行為動詞舉例

認知層面的分類	一般教學目標範例	敘述特殊學習結果的行為動詞
知識	記憶（knows）普通名詞 記憶單一事實 記憶方法與步驟 記憶基本觀念 記憶原則	界定、描述、指出、列舉、配對、說出、選出、複製、命名
理解	了解事實與原理 解釋教材 解釋圖表 由文字轉為數學公式 由資料估計未來結果	轉換、估量、推論、解釋、分辨、預測、辨認、做成摘要、敘述意義、擴展
應用	應用原理或原則於新的情況 應用法則或理論於實際情境 解決數學問題 畫出圖表 示範正確的過程或步驟	改變、修改、找出關係、計算、操作、解決、組織、遷移、發展、準備、運用、揭示、演示
分析	指出未陳敘的假說 指出邏輯推理的錯誤 區別事實和推論 評鑑相關的資料 分析作品（藝術、音樂、寫作）的組織結構	細分、區辨、指出、演繹、解說、找出關係、圖示、推論、分辨、列出綱要、選擇、分類

◆ 表 4-1　認知領域一般教學目標及行為動詞舉例（續）

認知層面的分類	一般教學目標範例	敘述特殊學習結果的行為動詞
綜合	寫出有組織的論文 發表組織良好的演說 寫出有創意的短篇故事（詩或音樂） 提出實驗計畫 從不同的領域提出解決問題的計畫 形成分類的架構	整合、分類、編輯、編寫、創造、設計、提出、計畫、綜合、歸納、重新安排、重新建構、重新組織、修改、改寫、做成摘要
評鑑	判斷書面資料邏輯的一致性 判斷實驗結論是否有充分的數據支持 依據內在標準判斷藝術（文學、音樂）作品的價值 依據外在卓越的標準判斷藝術（文學、音樂）作品的價值	鑑別、批判、評定、判斷、下結論、比較、證明、解釋、支持、做成摘要

資料來源：Gronlund（1978, p. 29）

◆ 表 4-2　情意領域一般教學目標及行為動詞舉例

情意層面的分類	一般教學目標範例	敘述特殊學習結果的行為動詞
接受	專心聽講 表示學習意思 參加班上活動 認真做實驗 表示對於科學問題的關切	發問、選擇、回答、描述、使用、追隨、給予、指出、命名、保持
反應	完成家庭作業 遵守學校校規 參加教室討論活動 完成實驗工作 自願為班上服務 表現對某一主題的興趣 樂意幫助別人	回答、持續、幫助、順從、討論、表現、問候、標示、練習、閱讀、提出、實施、遵守、記憶、選擇、說出、寫出
價值評定	表現民主的信念 欣賞科學在生活中的重要性 欣賞優美的文學作品 關心其他人的福祉 展現問題解決的態度 展現改革社會的承諾	完成、描敘、區別、評價、解釋、研究、追隨、模仿、著手、參加、閱讀、選擇、報告、分享

▶ 表 4-2 情意領域一般教學目標及行為動詞舉例（續）

情意層面的分類	一般教學目標範例	敘述特殊學習結果的行為動詞
價值組織	認同民主社會自由和責任要得到平衡 贊成有系統的計畫在問題解決過程的重要性 對於自己的行為負責 了解並接受自己的優缺點 根據自己的能力、興趣、信仰規劃自己的人生計畫	堅持、指出、修改、整合、安排、規劃、解釋、保護、組織、排序
形成品德	表現獨力工作的自信 在團體活動中表現合作精神 使用客觀方法解決問題 表現勤奮、守時和守紀律行為 保持良好的健康習慣	表現、展示、影響、解決、辨別、修訂、練習、使用、鑑賞、有資格

資料來源：Gronlund（1978, p. 31）

▶ 表 4-3 技能領域一般教學目標及行為動詞舉例

技能層面的分類	一般教學目標範例	敘述特殊學習結果的行為動詞
知覺	由機器的聲音聽出異狀 嘗試食物的味道決定是否需要調味 知道音樂與特殊舞步有關	選擇、描述、發現、辨別、區別、指出、與……有關、分類、檢查
準備	知道畫水彩的步驟 正確表現揮球棒的姿勢 顯示想要增進打字速度	開始、執行、解釋、移（搖）動、著手、反應、顯示、自願、表現
在導引下反應	依示範表現揮桿姿勢 看完示範能使用繃帶包紮 決定準備晚餐的最好步驟	蒐集、建立、查看、建構、拆卸、表現、解剖、修理、綁緊、碾磨、操作、測量、混合、組織、模仿、練習、繪圖
機械化	寫出流利易懂的文章 裝置實驗室設備 操作幻燈機 演示簡單的舞步	同「在導引下反應」
複雜的外顯反應	有技巧的操作電動鋸子 展示正確的游泳姿勢 熟練的演奏小提琴 快速、正確的修理電器用品	同「在導引下反應」
適應	改變網球打法以反擊對手的攻勢 修改游泳方法以適應較大的波浪	適應、改變、重新安排、重新組織、修改、變換
創作	創造新舞步 創作音樂曲子 設計新的服裝樣式	組合、撰寫、作曲、改寫、創作、設計、構造、發明、研發

資料來源：Gronlund（1978, p. 33）

三、查閱有關教學目標的資料

撰寫教學目標時，同時要查閱課程綱要、教師手冊或教學指引等資料，了解各學科的教學目標、核心素養，研判所擬訂的目標是否能代表該單元重要的學習結果、是否適合學生的學習能力。

四、撰寫具體目標

在這個步驟，教師要思考如何將教材內容的重要概念轉成可測量的具體目標，在撰寫時要注意以下幾項原則（Gronlund, 1978）：

1. 行為的描敘應具有觀察的特徵，所以要避免使用諸如「知道」、「理解」、「掌握」、「欣賞」、「認識」、「體會」、「喜愛」等含義較廣的動詞來描敘行為，這類語詞可用在描述總結的課程目標和單元目標（一般目標）。

2. 具體目標的寫法是行為動詞加上學習內容，例如：（能）操作電視機、（能）說出空氣中的主要成分。這些行為動詞一定是可觀察的行為，行為動詞的選用是撰寫具體目標較為困難的部分。

3. 每項一般目標都要列出足夠的具體目標，來描述學生的行為是否可以達成該項目標，具體目標要與一般目標緊密結合。

4. Gronlund 建議具體目標的敘寫不要依據教材內容，最好是寫一般性的通則，這樣可以適用於其他單元，例如：「指出心臟的位置」、「說出肺部的功能」這兩項是依教材編寫的具體目標，一般通則的寫法是「指出結構內各部分的位置」、「說明結構內各部分的功能」。目前依能力指標所編寫的具體目標也是採用這種具體目標與教材內容脫鉤的形式，筆者就不贊成 Gronlund 這項主張，認為具體目標因為與教學評量有密切關係，為方便教師編寫試題，具體目標最好還是依照教材來編寫。

5. 對於高層級的目標（如分析、綜合、評鑑）、較複雜的目標（如批判

思考、解決問題、欣賞），以及不易觀察的情意目標，均不能予以忽略。

五、如有需要可以修改一般目標

在敘寫具體目標時，如果發現一般目標寫得不好，或兩項目標無法相結合，這時要考慮修改一般目標。

參、教學目標敘寫之範例

以下筆者引用《中等學校各科教案編寫示例》（國立臺灣師範大學實習會，1983）一書所列舉的教學目標為範例，再予以略做修改，讓讀者對教學目標的敘寫有更清楚的認識。

【單元名稱：發電概述】

一、一般目標（單元目標）

（一）認知方面

1. 認識電力能源的種類。
2. 認識發電工程的概況。
3. 了解世界電力發展的趨勢。
4. 了解臺灣電力發展情形。
5. 了解臺灣電力能源的分布。
6. 了解發電工程的重要性。
7. 了解發電、輸電及配電的關係。
8. 分析比較各種發電方法。

（二）技能方面

9. 能知道發電的過程。

10. 依示範能完成小型電力實驗。

（三）情意方面

11. 表現對發電工程的興趣。

12. 認真參與電力實驗活動。

二、具體目標

1-1　能說明電力能源的種類。

1-2　能簡述電力能源現階段的應用情形。

2-1　能說明發電工程的概況。

3-1　能說明世界最新的發電方法。

4-1　能說出臺灣發電工程的種類。

4-2　能說明水力發電方法。

4-3　能說明火力發電方法。

4-4　能說明核能發電方法。

5-1　能說明臺灣電廠分布情況。

5-2　能說明臺灣電廠分布與燃料來源的關係。

6-1　能詳述發電工程對工業的影響。

7-1　能分辨發電、輸電、配電的不同。

7-2　能解釋發電、輸電、配電的配合情形。

8-1　能分析比較各種發電方法。

9-1　能解釋電力從產生到輸送的流程。

10-1能應用發電方法練習裝置小型電力實驗設備。

11-1能主動閱讀、蒐集發電工程資料。

12-1 主動參與電力實驗活動。

12-2 能持續進行電力實驗活動直到完成工作。

第三篇

教學策略

第 5 章

激起學生強烈學習動機

王財印

吾人在各階段受教育當中，班上同學裡有的學習任何事物眼明手快、銘記於心，連講笑話、模仿搞笑，都能出類拔萃；有的同學好像很認真，如常出席聽講，學習成果卻略遜前者；有的同學經常缺席，常常遲到早退，作業不交，考試不來，學習成果如何？可想而知；有些同學不是帶著寵物上課，就是玩手機、打瞌睡，更有帶本小說或其他書籍，幾乎與老師或其他同學毫無交集，學習結果當然不如預期。

教室就像一個小型社會，師生都是不同的獨立個體，看起來像是同坐在一條船上，等到達了目的地，每個學生的收穫（學習成果）當然大不相同，吾人思考看看其原因何在？

動機（motivation）是指個體行為的原動力，亦即引起個體活動，維持引起之活動，並導致該活動朝向某一目標的內在心理歷程。就學習而言，學習動機（learning motivation）指的是引起學習者學習活動，維持該學習活動，並使該學習活動趨向個人或教師所設目標的內在心理歷程（張春興，1996）。動機與學生的學習及教師的教學成效都有密切的關係，在教學活動歷程中，引起學生的學習動機是正式教學活動的首要步驟，也是決定學習成效高低的重要教學策略。而在教學活動進行之中，教師仍需隨時維持學生的動機，甚至要能激發學生更強烈、更高昂的動機。因此，激發動機的技巧是教學領域中最重要的課題之一。

第一節 動機與學習的關係

動機極為複雜，因為影響動機的因素極多。但動機與學生的學習實有密切的關係。要了解動機的複雜性，可以從學科的學習任務本質（essence of learning task）、學生的個別差異及教師特質等三方面來分析（Biehler & Snowman, 1993）：

壹、學習任務的本質

1. 有些必修學科本身極為枯燥無味，毫無吸引人之處；但另有些學科或活動本身就極具有吸引力。

2. 有些學科本身內容有趣，卻因教師教法不當而變成無味的科目；但有些原本艱深或枯燥的學科卻因教師教學方法得當而變得生動有趣。

3. 每日的上課時間排得密集緊湊而且常有各種考試；如果上課間安排戶外教學或採取網路多媒體視聽教學，會使得學習活動輕鬆容易。

貳、學生的個別差異

1. 有些學生多才多藝，學習能力強，成績經常名列前茅；但有些學生能力差，學業成績一直不好。

2. 有些學生家庭環境好、身體健康且快樂；但有些學生家庭環境較差、身體差，常悶悶不樂。

3. 有些學生經常被獎勵；但有些學生較少獲得獎勵，甚至常被懲罰。

4. 有些學生對自己極具信心、自尊心強；但有些學生對自己不具信心，也缺乏自尊（self-esteem）。

5. 有些學生有高的抱負水準；但有些學生抱負水準低。

6. 有些學生常獲得父母的鼓勵；但有些學生的父母卻要求過嚴，形成太多壓力；而有些學生父母則採放任不管的態度。

參、教師特質

1. 有些教師熱忱、開朗、富同情心；但有些教師對教學缺乏興趣、缺乏熱忱，也無同情心，甚至討厭教學工作。

2. 有些教師遇事勇於負責，能盡可能解決學生的困難；但有些教師視教學為一種謀生工作，而不願花費精神或時間處理學生問題。

3. 有些教師經驗豐富，教學技巧熟練；但有些教師才初次任教，技巧不純熟。

4. 有些教師的教學準備極有系統；但有些教師事前毫無準備，也無計畫。

在教學活動中，能影響學生對學習的動機和興趣的因素實在太多，以上只就學習任務、學生特性及教師特性等三方面，列出一些會使學生具有學習動機及缺乏學習動機的各種情況。因此，教師從事教學的首要任務就是要了解自己的教學特質、教材特性，更重要的是要認識學生的學習特性，才能針對個別學生給予適當的激勵。

第二節　動機的分類

動機是引起個體活動，維持已引起的活動，並促使該活動朝向某一目標進行的內在作用，應用在學習上稱為「學習動機」，是引起學生學習活動，維持學習活動，並促使該學習活動趨向教師所設目標的內在心理歷程（張春興，1996）。

壹、內在動機與外在動機

動機的本質極為複雜，通常可分從兩方面來探討：第一類動機是指個人內在的驅力（drive），此種驅力迫使個體表現各種活動，這就是所謂的「內在動機」（intrinsic motivation）；第二類動機是指外在事物具有誘因而使個體去從事各種活動，此即「外在動機」（extrinsic motivation）。在教學活動

中，引起學習的內在動機或促使學生具有外在動機，都是教師從事教學所要具備的知能。

內在動機是潛存於個體內部，其性質與「興趣」、好奇心頗為相似。當一個人喜歡從事某一活動的原因，只是他對其感覺有「興趣」、「滿意」、「愉快」或「喜歡」，而沒有其他外在的原因時，這種潛在的內部力量即是內在動機。教師若能將學生所具有的內在動機激發出來，則學生的學習興趣會顯得自動且持久，也就不必依賴外在壓力或獎懲的辦法。若學生的學習是由於父母的強迫或為了獲得獎品，則一旦這些外在的驅策力或誘因不在時，學生的學習動機將會減弱，甚至消失。

外在動機類別極多，有些為個體所願接受，有些則不然，但卻都具有驅策力。在學校教學中，教師最常用獎勵的辦法來促使學生學習，這些方法如口頭稱讚、斥責、代幣制、獎狀等都是。

認知心理學者的觀點是強調培養學生的內在動機，而行為主義心理學者則重視各種外在動機的應用。

貳、成就動機

動機除了可分成以上的內在及外在動機之外，與學生的學習和成就較有關係的動機則是成就動機（achievement motivation）。心理學家 McClelland 在 1961 年提出成就動機的概念。他認為就人類的發展而言，人都有一種獲取成就的需求（need），但這種需求的程度因人而異，有些人成就需求較高，有些人較低。另一位心理學者 Akison 則進一步以其研究結果顯示，成就需求的高低與避免失敗的傾向有關。他認為想獲致成功者可能會受到他所認為的成功機率及其吸引力大小的影響；而常遭遇失敗經驗者會具有「避免失敗」、怕失敗的傾向（Biehler & Snowman, 1993）。因此，教師在教學活動中，必須特別考慮這種「避免失敗」的動機因素，盡量提供學生成功的經驗，將可使學生產生動機、興趣和信心。

除以上分類外，另有學者如 Brophy（1987）將學習動機分為普遍型學習

動機（general motivation to learn），即對所有學習均有學習動機；與偏重型學習動機（specific motivation to learn），即只對某些科目有學習動機。Huerta（1979）將其分為原級動機（primary motivation）為內在學習目的而學，例如：求知、成長；及次級動機（secondary motivation），即為外在表現目的而學，例如：求高分、得到讚許。

第三節　學習動機理論

教育心理學對學習動機的研究相當透徹，所提出的理論相當多，若依不同派別來區分，有人本論、行為論及認知論的學習動機理論，例如：成就動機理論、歸因理論、Maslow 需求層次理論、自我效能理論等。以下僅就與教學關係密切的 ARCS 模式、自我調整學習兩項理論詳加說明。

壹、ARCS 模式理論

ARCS 是 Keller 以他激勵學生學習動機的系統化設計模式為基礎，整合動機理論與相關理論所提出的動機模式。他將學習動機分為四大要素：注意（attention）、關聯性（relevance）、信心（confidence）和滿足感（satisfaction）。其內涵說明如下（Keller, 1983）：

一、引起注意

在此模式中第一要務是要引起興趣和維持學生注意。如果學生對一個主題沒有相當的注意力與興趣，則學習成效必不佳。但要引發學生的注意並不難，真正的挑戰在於如何讓學生持續其注意力與興趣於課程上。

二、切身相關

模式中的第二要素是讓學生對學習產生切身相關的體認，因此符合學生的特性、知識與文化背景的設計，對於學生學習興趣的提升是不可或缺的必

備條件。除此之外，教師可善用技巧說服學生這個課程與將來生活和工作生涯有相關，以引起學生的學習動機。

三、建立信心

信心與學生對成功或失敗的預期有關，且會影響學生實際的努力與表現。教師在成功引發學生注意力與輔導學生對學習產生切身相關之後，若是忽略了學生原本就已經對某科目產生了畏懼之心，覺得它過於困難；抑或覺得內容不具挑戰性，過於簡單，此兩者都將遏阻學生學習動機的維持。

四、獲得滿足

滿足感是學生對學習結果所產生的一種評價，個人的滿足是動機能繼續下去的重要因素。提供學生學習的滿足感，最直接的方式便是讓他們經由自我表現的機會，將所學的知識概念或動作技能運用於環境中。

貳、自我調整學習理論

近代的教育心理學對於學習者的看法已經不再認為學習者只是被動的知識接受者，而是可以主動的建構知識，故強調自我主動學習的自我調學習漸受重視。以下根據相關文獻略敘該理論之重點（王全興，2008；王金國，2001；Zimmerman, 2002）。

一、自我調整學習的意義

自我調整學習的概念主要說明學習者如何管理自己學習歷程。個體在學習歷程中透過自我調節控制，主動調節在學習上的認知動機與行為，以達成學習目標，有提升學習成效的功能。易言之，自我調整學習之本質可說是學習者後設認知落實於學業的具體表現。

二、自我調整學習的循環階段

Zimmerman 認為，自我調整學習歷程包括預慮階段（forethought）（或譯為先前的考慮）、表現／意志的控制（performance or volitional control）及自我省思（self-reflection）三個主要階段性活動，以下分別說明之。

（一）預慮階段

此階段乃學習前的籌劃，包括任務分析和自我動機兩方面。任務分析與學習目標的訂定和學習策略的規劃有關；目標的設定是指學習者對所從事學習任務的內容，預先設定的標準，目標有其不同的特性，例如：精確性、接近性和困難的程度。有了學習目標，接著就是根據目標尋找學習策略，不同學科有不同學習策略，不同的訊息處理歷程也有不同的學習策略。

自我動機來自於學習者的自我效能，以及對於自己是否具備完成特定任務所持有的信心水準，此種信念會和環境因素產生互動，例如：教師的教學或來自教師的回饋，會影響學習者對學習成果的期待，即對某一行為將導致某種結果的期待。內在興趣也是影響學習的動機，如果學習任務是有趣的，將使學習者更傾向於採取自我調整學習策略來輔助學習。

（二）表現階段

這個階段包括自我控制（self-control）、自我觀察（self-observation）和自我監控（self-monitoring）三個次歷程。自我控制的具體作法，指學習者透過心像、自我教導、集中注意力等學習策略來協助完成任務，此種控制包括行動上的控制和內在意志狀態的控制（state control）。自我觀察可以激發行為的改變，有助於建立改變計畫，包括自我記錄和找出事件原因的自我實驗，能真實反應個人行為。自我監控是一內隱的自我觀察，一個認知功能的追蹤，此種自我監控有助於學習者的學習，也有可能阻礙學習策略的運用，在學習過程產生疑慮，或分散學習的注意力，因此學者認為自我監控的自動化能改

善它產生的負面效應，在執行階段，自我控制、自我觀察及自我監控三者相互作用。

（三）自我省思階段

自我省思階段可細分為自我評價（self-evaluation）、歸因（attributions）、自我反應（self-reactions）及適應（adaptivity）四個子歷程。自我評價是自我反省的第一步驟，它是學習者使用某些標準或目標對當前表現做判斷，而自我評價後則常常會對成敗做因果解釋，此即是歸因。事實上，不同的歸因結果會導致不同的反應，而自我調整學習者通常會透過歸因來找出學習困難之處，同時會試圖發現並找到最理想的策略，此即適應歷程，例如：自己努力不夠、使用不當的學習策略，則比較容易使學習者下次更能努力達成學習目標，反之如果歸因於自己的能力不佳，則會減低其努力學習的動機。

整體而言，先前的考慮會影響表現與意志控制，而表現與意志控制階段的活動又會影響自我反省，自我反省則最後又會影響後續的行動，所以自我調整學習是一個循環的歷程。

第四節　影響學習動機的因素

影響學生學習動機的原因大概有五個：歸因（attribution）、自信（confidence）、誘因（incentive）、結果（outcome）、實用（utilization），這五點可以簡稱為 ACIOU，以下分別說明（高熏芳，2003）。

壹、歸因

學生認為自己的學習成就不在自己的掌握中，而將其歸因於外在因素，例如：老師都不關心我們；老師提供的教材我們都不懂；老師一進來就告訴我們這堂課要當 90%的人，我不是那前 10%，一定會被當等。如果學生做這樣的歸因，認為情況是他所無法控制的，他就不會有學習動機，教師要協助

學生將成功歸因於能力因素，將失敗歸因於努力因素。因此，我們希望學生歸因到他可以努力，可以依照老師的指導方針（guidelines），然後逐漸累積他應有的知識及策略，再加上他的努力，他可以有成功的機會。

貳、自信

學生如果長期都在學習上感到挫折，認為努力也沒有用，亦會喪失學習動機；相反的，讓學生有自信，認為他可以掌控自己的命運，這堂課可以學習得成功，那他也會願意去學習。教師給學生成功的機會，對學生有高度期望，這樣對提升學生的自信會有所幫助。

參、誘因

在學習上，除了成績好之外，學生是否感覺有其他的學習樂趣，例如：特別喜歡某位老師；老師每次都很願意跟學生分享人生的道理；從老師處除了課本上的知識，也可以學到實務面等，都是誘因。

肆、結果

學生依照老師這樣的方式去準備，得到的結果是好還是壞？如果他依照老師的方法學這個東西，得到的結果是不好的，那未來他也不會有信心，也不會想去學。

伍、實用

學生常常在抱怨，他不知道學這個東西對他有什麼用，學這個科目又有什麼用。筆者曾聽一個化工系的老師——一個教學評鑑很高的老師，說他上課時，會把系上所有的課都畫成一張圖，讓學生知道學 A 原來是為了 B，學了 C，下一步可以做 D，用很多概念去告訴學生學這個科目的實用性。然後告訴學生，在這個行業裡頭，你現在學的，未來可以做些什麼，讓學生覺得實用，否則學生不知道為何而學。學生因此就覺得有用，而且有趣。所以，

實用性也是影響學生學習的動機。

第五節　激發學習動機的策略

　　由於每一位學生的學習動機高低不同，動機又常受到各種因素的影響而降低或改變，因此，教師的教學必須考慮各種合適的策略來激發學生的內在動機。綜合學者對激發學習動機的策略提出以下建議（林寶山，2001；林建平，1995，單文經等人，2001，Borich, 1996; Bogle, 2005）。

壹、布置整潔舒適的教室環境

　　教室的外在物質環境與學生的學習動機和學習成效都有關。學生置身在整潔、美觀、亮麗、空氣流暢的教室中，不僅容易激起學習的動力，更可能維持較長久的學習。因此，教師除應維持教室的整潔外，對於座位的安排、各種布告、海報、作品的展示和張貼等，都應講究和諧、美感，如此將會使得班級學生處在有利學習的物理環境和班級氣氛之中。

貳、導引學習的心向

　　在學習之前，應讓學生先具有某種心情（mood）或心向（set）的策略，這種引導心向（inducing-set）有助於學生動機的激發。導引心向的方法可以在進行新單元之教學前，先用一些與新單元主題有關的話題、故事或笑話來供學生討論，也可用閒話家常的方式先與學生寒暄。此外，教師也可以概述（overview）或利用前導組體，如上一單元的一首詩來做開場白。教師先將單元內容大綱或重點寫在黑板上，或先準備教學媒體或教具等，都可引導學生準備學習。

參、運用適當的教學法

　　在教學過程中，教師如能運用適當的教學方法，對學生動機的提升會有

所幫助，以下列舉幾項建議。

一、巧設懸念，激發學生學習的欲望

欲望是一種傾向於認識、研究、獲得某種事物的心理特徵。在學習過程中，可以通過巧設懸念，使學生對某種知識產生一種急於了解的心理，這樣能夠激起學生學習的欲望，例如：在講「一元二次方程根與係數關係」一課時，先給學生說個小故事：有一天，小明去小李家看他，當時小李正在做解一元二次方程的習題，小明一看就告訴小李哪道題做錯了。小李非常驚訝，問小明有什麼「判斷的秘法」？此時，筆者問學生：「你們想不想知道這種秘法？」學生們異口同聲的說：「想！」於是同學們非常有興趣的上完了這節課。

另一個實例是：有一位老師帶了一些雞的大腿骨給他的六年級班級，他要學生試著去彎曲這些大腿骨，但是沒有一個學生能彎曲這些骨頭，然後他把醋倒進一個放有骨頭的容器，剩下的那些骨頭放在另一個玻璃容器裡。一個禮拜之後，學生們從兩個罐子裡拿出骨頭，並且試看去彎曲它們，學生非常驚訝，竟然能夠彎曲那些浸在醋裡的骨頭。在課堂上，他要學生對他們所觀察到的現象提出問題：「關於你們所看到的現象之中，有哪些使得你們感到困惑？對於你們所看到的現象，你想要知道什麼？」下課之後，他請學生把它當做一個作業，要學生利用各種資源去發現問題的答案。

二、引起認知衝突，引起學生的注意

認知衝突是人的已有知識和經驗與所面臨情境之間的衝突或差異。這種認知衝突會引起學生的新奇和驚訝，並引發學生的注意和關心，從而調動學生學習的積極性，例如：「圓的定義」的教學，學生日常生活中對圓形的實物接觸得也較多，小學又學過一些與圓有關的知識，對圓具有一定的感性和理性的認識。然而，他們還無法揭示圓的本質特徵。如果教師此時問學生「究竟什麼叫做圓？」他們很難回答。不過，他們對「圓的定義」已經產生了想

127

知道的急切心情，這時再進行教學則事半功倍。

三、給予成功的滿足

興趣是帶有情緒色彩的認識傾向。在學習中，學生如果獲得成功，就會產生愉快的心情。這種情緒反覆發生，學習和愉快的情緒就會建立起較為穩定的聯繫，學生對學習就有了一定的興趣。正如前蘇聯教育家蘇霍姆林斯基（Suhomlinskii）所說：「成功的歡樂是一種巨大的情緒力量，可以促進兒童好好學習的願望。請你注意，無論如何不要使這種內在力量消失。」

四、進行情感交流，增強學習興趣

「感人心者莫先乎於情」，教師應加強與學生感情的交流，增進與學生的友誼，關心他們、愛護他們，熱情的幫助他們解決學習和生活中的困難。做學生的知心朋友，使學生對老師有較強的信任感、友好感、親近感，那麼，學生自然而然的會遷移到喜愛你所教的學科上了，達到「尊其師，信其道」的效果。

和學生進行情感交流的另一個方面是：舉例而言，教師透過數學或數學史學的故事等，來讓學生了解數學的發展、演變及其作用，了解數學家們是如何發現數學原理及他們的治學態度等，例如：給學生講「數學之王——高斯」、「幾何學之父——歐幾里德」、「代數學之父——韋達」、「數學之神——阿基米德」等數學家的故事，不僅可使學生對數學產生興趣，同時也從中受到了教育，產生「動之以情，曉之以理，引之以悟，導之以行」的作用。

有一位經濟學教授他的教學技巧有許多的變化：每週都為學生寫一封新聞信；回答學生在他信箱中所提出的問題；在上課前會演奏音樂；會在上課中使用電腦；對講授主題很熱心，邊講邊比手勢，他可以在 200 人的班級中叫出學生的名字。學生稱他為怪人，他不是令人覺得可怕的怪人，而是好的怪人。

五、適當開展競賽，提高學生學習的積極性

適當開展競賽是激發學生學習積極性和爭取優異成績的一種有效手段。藉由競賽，學生的好勝心和求知欲更加強烈，學習興趣和克服困難的毅力會大大加強，所以在課堂上，尤其是活動課上，一般採取競賽的形式來組織教學。

六、及時回饋，不斷深化學習動機

從信息論和控制論角度看，沒有信息回饋就沒有控制。學生學習的情況如何，需要教師給予適當的評價，以深化學生已有的學習動機，矯正學習中的偏差。教師既要注意課堂上的及時回饋，也要注意及時對作業、測試、活動等情況給予回饋。使回饋與評價相結合，使評價與指導相結合，充分發揮信息回饋的診斷作用、導向作用和激勵作用，深化學生學習的動機。

當經由回饋，了解到一個小的教學目標已達到後，要再次「立障」、「設疑」，深化學生學習動機，使學生始終充滿了學習動力，例如：「提公因式法因式分解」教學中，當學生對形如：

$$am + an 或 a(m + n) + b(m + n)$$

的多項式會分解以後，再提出新問題，形如：

$$a(mn) + b(nm)$$

的多項式如何利用提公因式的方法因式分解呢？只有這樣才能使學生的思維始終處於積極參與學習過程的狀態，才能真正的深化學生的學習動機。

總之，要激發學生學習的動機，首先是使學生對學習有一個正確的認識，這是學習動力的源泉。然後是激發學習動機的技術性問題，即如何激發學生的學習動機。一句話，抓住學生的興趣特點：他們常常對新穎的東西感興趣，對運動變化的東西感興趣，對相互矛盾的東西感興趣，對笑話、幽默故事感興趣，對美的東西感興趣，對實驗、操作感興趣，對競賽和遊戲等感興趣。

以培養學習興趣為核心，全方位激發學生的學習動機。

肆、引發學生的內在動機

　　內在動機可促使學生自動自發且持久的學習。因此，教師可以呈現清楚的教學目標、提供多樣化的教材，使學生產生好奇心、成就感和廣泛的學習興趣。

　　內在動機的激發需要較長時間的導引。因此，教師在了解學生「現有」的動機及感覺有興趣和所注意的題材後，就可以因勢利導，促使更進一步的學習。

伍、教學活動多樣化、新鮮化

　　教師若能靈活採用各種教學方法和身體活動的方式，將使學生對整個學習過程感覺有變化和新鮮有趣，如此有助於維持高昂學習的動機。

　　教師的教學方法不應局限於冗長的講述，可以隨時引導全班學生進行「討論」或「分組學習」、「角色扮演」、「模擬遊戲」等。教學活動也可在教室外進行，例如：參觀博物館、科學館、美術展覽、電影欣賞、野生標本採集與製作等。教學中可以改變教學的程序來增進及維持學生的注意力，最簡單的方式就是用例子、示範、練習及回饋等方式來穿插解釋，例如：用一連串簡短的講述，接著給予練習，在講述中穿插簡短的讀物和影片，並且要求學生與另一位同學對某一個論點做簡短的討論，或對某一議題寫出他的看法。此外，強調重點、提問等方式，亦可引發學生的學習動機。

陸、多獎勵稱讚，避免用斥責和懲罰

　　行為主義心理學中的正增強原理可用來改變學生的行為和增進學習的動機。教師在學生每一次的學習活動獲得進步時，就應立即給予獎勵、稱讚，以增強學生繼續學習的動機。

　　教師在學生的學習情況趨向穩定後，即應採取間歇增強的方式，只針對

某些學習表現給予獎賞；也可允許學生自己選擇獎勵的方式。而對於學生的學習表現不佳時，亦盡量避免採取懲罰甚至體罰的方式。

　　以上六種引發學生學習動機的策略適用於全班學生。對於個別學生，例如：學習能力較強的學生，則可另外採行以下兩種策略，可以維持並增強學生的學習動機。

柒、採行學習契約制

　　根據美國教育心理學者 Borich（1996）的觀點，教學採取契約制（contract）是增進學習動機的有效策略之一。他認為，教師可以根據學生的能力、程度與學生簽訂契約。在契約中，對於學生所要完成的任務、所要達到的要求標準及期限、獎賞的方式等，都有明文規定。不過，在我國的教學環境中，教師可以先針對學習能力較高的學生採取此種策略，以便激發這些學生更高昂的學習動機。

捌、採用自我控速的方法

　　對於能夠獨立學習的學生，允許他們依照本身學習速度、能力和需要去控制自己的學習進度，將更能產生高昂的學習動機。個別化教學模式之一的凱勒計畫（Keller plan）即是採取由學生自我控速（self-paced）的原理，使學生能依自己的速度循序快速的完成各單元的學習，其最顯著的特色是學生在完成某一單元教材的學習後，就更急於想要去學習並熟練（mastery）次一單元的學習。這種自我控速的方法確能激發學生繼續學習的動機。

玖、其他學者所提出的策略

一、國外學者的看法

　　國外學者 Brophy（1987）、Haywood（1988）、Kember（2006）整理歷年來有關學習動機文獻，針對一般性的學生，提出下列頗具有整體性、有支

持性、良好互動的學習動機策略，是現階段較完整的動機策略的統合。

（一）先前條件

(1)提供支持性的學習環境；(2)提供難度適中而有挑戰性的教材；(3)提供有意義的學習目標；(4)適度運用提高動機的策略。

（二）讓學習者對成功抱持希望

(1)給予成功的機會及經驗；(2)協助學生設定目標、自我肯定與增強；(3)引導學生將成功視為努力的結果；(4)良好的師生及同儕互動關係。

（三）提供外在性誘因

(1)表現良好時給予酬賞；(2)建構適度的競爭氣氛；(3)讓學生注意學業的價值。

（四）激發內在性動機

(1)教學時配合學生的興趣；(2)提供具有新奇性的教材；(3)給予學生自由選擇及做決定的機會；(4)提供學生主動反應的機會；(5)提供學生立即且適當的回饋；(6)允許自由創作；(7)提供幻想及模擬的機會及情境；(8)學習活動遊戲化；(9)提供高層次及擴散性思考問題；(10)提供同學間互動的機會。

Jensen（1996）從大腦的角度列出 17 項引起內在動機的策略：(1)了解自己的需要與目標；(2)提供選擇的機會；(3)參與社會團體；(4)好奇心；(5)從事情感性的活動；(6)營養；(7)使用多元智能；(8)成功者的故事；(9)感恩；(10)經常性的回饋；(11)生理狀況；(12)提供成功的希望；(13)扮演快樂學習者的角色；(14)慶祝活動；(15)物質與精神上的安全感；(16)使用學習者的學習風格；(17)正向的信念。Raffini（1996）認為，引起學生的內在學習動機，要了解學生有五種需求：自治、能力、歸屬感、自尊及快樂的需求；並蒐集了針對此五種需求發展出來的 150 種增進內在學習動機的方法，頗具有參考價值。

（五）激發學生學習動機的各種策略

(1)教師以身作則，表現強烈的學習動機；(2)教師讓學生了解其對學生的期望和歸因；(3)盡可能減少學生學習的焦慮感；(4)展現強烈的教學企圖心；(5)展現教學熱忱；(6)吸引學生對學習內容的興趣與欣賞；(7)引起學生的好奇心或製造懸疑；(8)把抽象的內容變為更個人化、具體化或更熟悉化；(9)學生培養自己的學習動機；(10)激起不一致或認知上的衝突；(11)陳述學習目標，並提供先備知識；(12)示範與學習內容有關的思維和解決問題的方法。

二、國內學者的看法

蔣恩芬（2000）將有關提升學習動機的作法歸納整理如下。

（一）學習者的環境

(1)難度適中而有挑戰性的教材；(2)教師以身作則表現強烈的學習動機；(3)教師有計畫的教學及掌握進度；(4)教師有效教學；(5)獲得關切的程度；(6)在適度競爭氣氛的環境；(7)有教室目標及酬賞結構；(8)有與同學間互動的機會；(9)良好的同儕關係；(10)在教室組織與管理良好的環境；(11)支持性的學習環境；(12)良好的教室氣氛；(13)家庭中父母親的關懷與支持方式；(14)有影響力及參與的機會；(15)溫暖的語氣；(16)有機會被讚美；(17)對事而不對人；(18)教學內容配合學生的興趣；(19)對學習結果減少成績等第的評估；(20)多做實質的回饋；(21)有教師或同學典範可學習；(22)教師能主動幫助；(23)老師身體語言；(24)能告知學習結果；(25)展現強烈的教學企圖與熱忱；(26)引起學生的好奇心或製造懸疑；(27)把抽象的內容變為更個人化；(28)具體化或熟悉化；(29)引導學生培養自己的學習動機；(30)陳述學習目標；(31)提供先備知識；(32)示範與學習內容有關方法；(33)參與社會團體；(34)營養；(35)經常性的回饋；(36)生理狀況；(37)扮演快樂學習者的角色；(38)物質與精神上的安全感等。

（二）學習者的行為

(1)有模擬的機會；(2)有選擇的機會；(3)運用提高動機的策略；(4)學習過程；(5)學習活動遊戲化；(6)減少學習的焦慮感；(7)好奇心；(8)挑戰性。

（三）學習者能力

(1)自由創作；(2)精熟學習；(3)興趣程度；(4)思考高層次及擴散性問題；(5)掌握學習的知識與策略；(6)使用多元智能；(7)學習風格。

（四）學習者信念

(1)成功歸因；(2)教師期望；(3)正向的信念。

第六節 教學上的建議

在教與學的互動過程當中，老師的授課技巧與方法固然重要，但是，如何從學生的角度出發來設計課程進行的方式，讓學生置身於最佳的學習情境，也是極為重要的一環。以下有幾點提升學生學習注意力的建議，可以藉由此技巧來激發學生的學習鬥志（張蕊玲，1999）：

1. 當學生智能遭受挑戰時，他們學得最好。（活動設計）

2. 當學生被期望並且被相信能夠成功時，他們學習得最好。（練習）

3. 當學生能使學科之間產生關聯時，他們學習得最好。（重點提示）

4. 當學生主動從事教學活動時，他們學習得最好。（活動設計）

5. 當學生被允許將學習轉換為依照自己的進度與內容進行時，他們學習得最好。（教學過程）

6. 當學生有興趣時，他們學習得最好。（引起動機）

7. 當學生有機會能夠使用各種方法和不同人一起學習時，他們學習得最好。（活動設計）

8. 當教學能注重個人化時，他們學習得最好。（教學過程）

9. 當學生向有趣的、熱心的、知識淵博的及有愛心的老師學習時，他們學習得最好。（課程準備）

10. 當學生能夠學以致用時，他們學習得最好。（練習）

11. 當學生被刺激去自我學習和自我教導時，他們學習得最好。（獨立練習）

12. 當學生被允許冒險、創造和想像時，他們學習得最好。（獨立練習）

13. 當學生被鼓勵表現他們能做重要的事情時，他們學習得最好。（活動設計）

14. 上課一開始，最好先對今日上課的內容大綱做一有系統的介紹，讓學生了解學習要點，以引發他們留意整個課程的進行狀況。

15. 筆者個人上課全以書寫黑板的方式行之。為了集中學生的注意力，有時會故意將一些數學式子寫錯，然後要求學生更正，如此可引導學生對於課程緊密參與。

16. 筆者常以 5 分鐘隨堂測驗來代替點名，這個隨堂測驗不定時舉行，希望藉此使學生隨時注意上課進度。

17. 講課時的音調宜有變化，該強調的地方可放大音量，依自己的經驗，平順無起伏的語調是最佳的催眠曲。

18. 若利用教室的空間，前後左右走動，可營造與學生的互動，帶動全班的學習氣氛。

19. 善用多種顏色粉筆來書寫黑板，特別是在藉由圖形或模型講述的時候；此點可穿插利用多媒體來進行，但筆者以為過度利用多媒體雖然亮麗，有時反而使學生無法實質受益。

20. 以充沛的體力應付上課，有時一連串數堂課下來，教師的倦容常會影響學生的上課情緒；因此，利用適度的運動培養體力是有必要的。

21. 學生連續聽課，中途呈現疲累在所難免，發覺學生反應不佳時，可暫時停止上課，適當的輔以笑話改善氣氛。

22. 鼓勵學生在課堂上踴躍發問以帶動整個上課氣氛。

23. 利用下課時,多留在原教室主動與學生溝通,以拉進彼此間距離,讓他們在上課途中面臨疑惑時,能及時反應問題。

第七節　結論

　　總而言之,老師要跟學生站在同一陣線上,知道學生選讀課程的理由以及他們對這個科目感興趣的地方,然後將這些理由運用在老師要教給他們的知識裡,發掘學生的弱點與困難點,並進一步協助他們學習。在教學上,建立課程的關聯性,詳述課程的重要性。利用範例來解釋從課程中所學到的知識如何運用在學生的課業上、工作生涯及生活中;如果可能的話,將本課程內容與學生的興趣互相結合,讓學生能清楚了解到老師對教這門課是很感興趣且熱心的;且讓學生參與課程規劃,決定哪些主題對學生最有價值而且是他們感興趣的,將學生的意見列入課程規劃,規劃多樣化的學習型態。在學習中,根據學生的能力安排學習作業,在作業及考試的安排應包含困難及簡單的題目,如此一來,不同程度的學生都有體驗成功的機會。評量的用意是來得知學生已經學到了哪些知識,而不單單是那些他們不懂的,立下一個實際的目標和標準來讓學生覺得有挑戰性,但不具威脅性;最重要的一點,要適時鼓勵學生,適時的讚美能建立學生的信心。學生本身內在的滿意通常是最好的激勵學習因子,正面的評價遠比負面的批評更能夠激發學生的學習,對學生的考試或報告應迅速批閱歸還,並應該讓學生知道負面的批評是對事而不是對人,體會學生的用心,雖然他的表達方式可能還有待加強。集中注意力在學生持續改進的表現上,幫助學生設立能夠達成的目標,這樣的教學俾能對於提升學生學習的動機大有助益。

　　誘發學習動機應該是老師最重要的天職,在今日學生們學習各種媒體十分迅速的情況下,普通的學校課程是不具足夠吸引力的。只有課程介紹部分精彩生動,通常是無法燃起學生的興趣,更無法持續學生感興趣的程度(張

美玲，1999；陳柏璁，2001）。動機雖然是學習的重要動力來源，但它卻經常被一般的教師忽略。我們不能期待學生每次上課都在動機的巔峰狀態，因為那是不可能的；但我們卻可努力讓學生經常滿懷興趣與希望，避免學生因為負面的因素而退縮，甚至永遠不去接觸。對一個教師而言，去激發學生的動機是手段也是目的，教師若能善用動機，很多教學的問題都可迎刃而解，諸如常規、未能盡力等問題，都能使其化為無形。動機是一個複雜的心理領域，也是教學上的一個重要課題，教師要時時去了解學生，提醒自己注意學生的學習態度，動機不是萬靈丹，卻是強心劑，若能審慎運用適合學生的動機因素，對教學將有莫大的助益。

第 6 章

講述教學法及講述技巧

王財印

講述教學法（didactic instruction）或稱講演法（lecture），可以算是最傳統的教學方法。幾乎自有教學活動以來，身為「教」者就習於採用這種以講演或告訴（telling）為主的教學方法。古時候的教師如此，目前的教師也大多如此教學，且隨著學生年級的提高，教師用於講授和解釋知識的時間還會增加。正式的講述方式有些以演講的型態出現，大部分則採口頭講解及書面資料（教科書）的闡述，並以問答及學生練習和教學媒體呈現的方式來進行講述教學。講述教學之所以長久以來廣受教師歡迎，主要是其進行過程極為簡單、方便，多數教師只要照教科書來講解說明即可。

第一節　講述教學法的意涵

壹、講述教學法的意義

　　講述法至今仍是最普遍為各級老師使用的一種教學法，又被稱為注入式教學法、註釋式教法（expository teaching）、演講法等。講述法通常藉由具人性的教師做為教材的傳輸者，而出現由教師主導大部分上課時間的「教師講一學生聽」的形式。由於講述法利用人類語言的溝通能力，教師講述的方式可以相當的自由和具有彈性，如果授課得宜，不失為一種既方便又經濟的教學方式。當教師希望能有效控制進度、嚴謹的控制教授教材內容的呈現方

式，而且是一種大班級的學生組合時，講述法不失為一種便利的選擇。所以，採用講述教學法的原因大致如下（張世忠，1999）：

1. 方便：不受時間、空間的限制。

2. 經濟：不用花錢預備輔助教材。

3. 省時：時間掌握力較強。

4. 自主性高：教師可自行調配時間。

5. 系統化教學：架構清楚。

6. 控制性強：較易控制上課秩序。

然而，從現代教學原理的觀點而言，講述法有其缺點存在，最大的缺點是其屬單向溝通的教學模式，如果教師一味長時間的講演，學生在被動的接受訊息下，不僅容易枯燥、分心，而且沒有主動參與學習的機會，妨害了高層認知思考和技能的練習機會，學習者之間也缺少合作學習的經驗。針對以上講述法的缺點，一般教師應深入研究這種最被廣泛使用的教學法，以提高教學的效能（李咏吟、單文經，1995）。

貳、適用情境

講述教學法的優點是可以將有系統、合乎邏輯順序的內容傳授給學生。此法適用的情境大約有下列幾種（周愚文，1995）：

1. 引起學習動機：教師可用生動活潑的語辭，來喚起學生舊有的學習經驗，誘導他產生學習動機，助益學習。

2. 介紹單元內容：介紹新單元知識時，可用講述法進行說明，使學生對教材有整體性的明瞭。

3. 說明解釋疑惑：對於一些艱深的教材，學生無法完全理解時，特別需要教師講解說明，方能解除困惑，加深對內容的印象。

4. 歸納整理教材：教師可以使用提綱挈領的重點，來歸納或複習授課內容，使學生有系統的吸收知識和概念。

5. 提供補充教材：教師可隨時以口語敘述，補充遺漏或簡略的教材。

6. 進行大班教學：在人數眾多的班級或集會中，主講者只要就預先準備設計的教材來解釋說明，即可節省授課時間和反覆說明的麻煩。

7. 教導系統知識：知識結構愈嚴謹的學科內容，愈適合以講述法來傳遞知識。一般而言，語言、數學、史地、物理和化學等課程均屬於此類。

參、講述教學法的功用

　　儘管當今許多教學法日新又新，講述是應用最廣的一種教學技術，過去如此，相信將來必也繼續被使用著，不會被淘汰，因為它具有下列功用及價值（余鳴，2003；Cruickshank, Jenkins, & Metcalf, 2009）：

1. 介紹新課：當一個新單元或新一課開始時，教師需把新單元或新一課的目的、內容、學習的方法介紹給學生，讓學生知道為什麼要學習、學些什麼，以及怎樣去學習。

2. 引起動機：在許多引起動機的活動中，如預習功課、講述故事、利用教具、教師發問、應用懸疑、觸景生情、說明學習內容的價值等，無不以講述為最直接、最簡便。

3. 傳遞事實、理念和概念等知識：當教師所要傳遞的資訊是與事實、理念或概念相關的知識，這時適合使用講述法，教師以合邏輯、清楚的方式呈現資訊，並且以強調重點及列舉實例幫助學生記住這些資訊。

4. 說明解釋：許多的學習都需要教師加以解釋說明或引申陳述，才能使學生了解，易於學習且加深印象。如技能教學時的練習教學，在學生未做練習前，老師的示範需加說明。欣賞教學時的發表教材，對於欣賞的材料亦需做必要的講解，使學生了解才能欣賞。認知的學習過程中，若遇到艱深的教材時，更需要用到講解說明。

5. 補充教材：教科書的內容可能失之簡略，或是未能顧及各地的時間性和空間性的教材，此時教師需做彈性的補述，其中依然是以講述法為最方便。

6. 整理歸納：在一個單元或一課告一段落時，教師可用講述來協助學生

整理所學，使之成為較有系統的知識或概念，易於複習。

第二節　講述教學法的教學程序

　　人與人最初、最直接的溝通就是語言。在一節課中所進行的教學活動，雖然可透過許多不同的媒介來做加強或補述，但不管是取用何種教學法，師生的溝通免不了還是會用到講述。不過如當它是一種方法，那就是「講演法」。若是用來講解、敘述和說明，則是一種講述的技術。

　　講述教學的過程，有學者以階段來區分。周愚文依據 Hoover 所提的提示綱要（initial summary）、詳述內容（detailed information）和綜述要點（final summary）三階段，發展出每節教學流程圖（如圖 6-1 所示）；林寶山則提出引言、正題、摘要及提問、結論等四階段（如圖 6-2 所示）。不論是 Hoover 或林寶山所論及的過程，講述教學不外乎是引言、內容和結論三部分。林寶山將內容階段又細分為正題、摘要及提問兩階段，使過程更為清楚；同時，他又附上時間分配，使運用此流程者更是容易明白（引自張霄亭等人，1997）。不過，講述教學法的程序依據教師在使用時，對學生人數、場地等而有不同的考量。

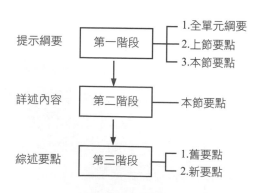

◆ 圖 6-1　周愚文的講述教學法

資料來源：張霄亭等人（1997，頁 206）

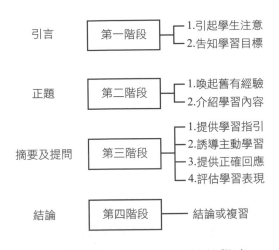

引言　　　第一階段　　┬ 1.引起學生注意
　　　　　　　　　　　　└ 2.告知學習目標

正題　　　第二階段　　┬ 1.喚起舊有經驗
　　　　　　　　　　　　└ 2.介紹學習內容

摘要及提問　第三階段　┬ 1.提供學習指引
　　　　　　　　　　　　├ 2.誘導主動學習
　　　　　　　　　　　　├ 3.提供正確回應
　　　　　　　　　　　　└ 4.評估學習表現

結論　　　第四階段　　── 結論或複習

⟐ 圖 6-2　林寶山的講述教學法

資料來源：張霄亭等人（1997，頁 206）

一般來說，講述法的程序包括下列幾個步驟（林進材，1999）：

1. 引起學習動機：教學首要在於引起學習者學習動機，有了學習動機，才有學習的動力。教師可運用各種有效策略、故事或教材吸引學生的注意力，而後才進行主要的教學活動。

2. 明示學習目標：教師在教學前應該讓學習者清楚了解學習目標，明白課程的內容及重點何在，讓學習者在學習過程中有目標可循。

3. 喚起舊經驗：任何學習活動都要以舊經驗為基礎，教師先引發學習動機，而後將學習者的新舊經驗做有效的連結，使學習者從舊經驗中引發對新教材的學習興趣。教師在此方面可以設計生動活潑的內容，來達到預定的目標。

4. 介紹學習內容：教師向學習者說明學習內容時，可以運用其他的文字、圖解、圖表輔助，提高學習者的學習效果。

5. 提供學習指引：提供學習者指引有助於連結學生的新舊經驗，使課程內容、概念或理論性的原理原則更加具體化。

6. 引導主動學習：在教學過程中，學習者的學習歷程是相當重要的一環。

教師應引導學生主動求知，主動汲取各種知識，提供學習者各種選擇的機會，以促進學習效率。

7. 提供正確的回饋：教師在教學中，透過各種形成性評量及發問技巧，了解學生的理解狀況。提供各種雙向回饋，以修正各種學習行為，並由學習者的回饋中修正自己的教學活動。

8. 評鑑學習效果：教師在教學告一段落之後，應立即實施學習成果的評鑑，透過學習成效的驗收，檢視學習者的學習成果，做為教學檢討的依據。

9. 總結或形成新計畫：教師在學習成果評鑑結束時，修正自己的教學理念，必要時做各種調整，從評鑑中形成新的教學活動計畫。

第三節　講述教學法的技巧

壹、成功的講述技巧

講述教學法雖然經常被使用，但是如果教師忽略運用技巧，很容易變成一部「發聲」的機器，單調的傳遞教學訊息。因此，成功的講述技巧有下列各項（方郁琳，1997a；叢立新等人譯，2007；蘇照雅等人譯，2006；Cruickshank et al., 2009）。

一、講述時間不宜過長

人類的注意力長度一般是在 15 至 30 分鐘之間。對中小學階段的學生而言，講述長度以 10 分鐘左右最佳，不宜超過 20 分鐘。而高中生大約在 20 分鐘以內，大學生則可增加至 30 分鐘。若講述時間必須超過 30 分鐘，則要細分內容為若干單元，再以轉接語詞（如小故事）串連各單元。

二、充分準備

　　除了那些真的十分羞澀的人，一個教師站在一班學生面前講上 20 至 30 分鐘中是很容易的。但是，講話並不是講授，如何確定、組織講授內容，使之合乎邏輯意義，這需要教師做充分廣泛的準備。下述四個備課任務是十分重要的：(1)選擇教學目標和教學內容；(2)了解學生先備的知識；(3)選擇適合的、有效的前導組體；(4)計畫好時間和空間的分配。

三、解釋教學目標及連接學生舊經驗

　　使用任何教學模式進行有效的教學，教師開始的時候要採取一些措施來激發學生參與課堂活動，簡單的複習、讓學生回憶前一天的課程，或提一個問題、講一個趣聞軼事，聯繫到學生先前的知識，都是導入新課的好方法。

四、表達清楚合宜

　　講述時，要注意音量適中。講述重點時，說話速度宜減慢，以便利學生思考理解。此外，用字遣詞要正確易懂，講述內容要具體切實有趣。要使學生發現學習材料的意義，教師在講授時要使用適當的「前導組體」，好的前導組體必須要有學生所熟悉的內容，並且是根據學生的知識基礎設計出來的，如此才能把新教材和學生已經習得的知識聯繫起來。

五、儀態自然大方

　　教師良好的姿勢、表情與動作，於無形中可增進教學成效。講述時，應有整潔的儀容，大方的態度，隨時與學生保持眼神接觸，避免出現不良的動作和口頭禪。

六、講述內容配合學生程度

　　解說學習主題時，要針對學生現階段的能力和學習經驗來講述。尤其在

解釋概念時，要避免使用過多的專有名詞，並舉出合適學生理解程度的例子。舉例子是成功的講授者幫助學生理解授課內容的好方法，好的例子要能與學生的真實生活相結合，除呈現正面的例子，也要呈現反面的例子。

七、善用教學媒體

講述時，不宜完全依照教材宣讀或指定學生輪流朗讀。講解課文時，應分段落，扼要解釋說明，並可藉由教學媒體來活潑教學、吸引學生注意力，例如：板書、書面資料（講義、綱要）、電腦簡報、投影機、影片、前導組體等方式。

八、檢查學生是否理解

講授課的最後一個環節是理解檢驗（comprehension monitoring），即檢查學生是否理解新的教材。教師可運用家庭作業、測驗或發問等方式，檢查學生了解哪些內容、哪些不了解，以決定是否要重新教學。

九、確保學生專心學習

講授教學要達到良好的效果，教室秩序的管理是非常重要的。在上課過程中教師要不斷的激勵學生，維持學生的注意力和興趣，對不守秩序的學生要做好妥善管理。

貳、講述時應配合的技術

講述教學時應同時配合使用以下技術（余鳴，2003；鄭金洲，2007）。

一、善用板書

現在資訊科技融入教學，教師上課使用 PPT 或投影片，使教學時可以不必寫板書，可是面對任何突發情況的發生，還是要使用黑板進行教學，所以善用板書亦是不容忽視的。正確的使用板書，有助於講述的清晰度與條理性，

寫一手好板書，也是建立學生第一印象的最佳工具。教師在使用板書時要注意以下事項：

1. 正確清楚：字跡要清楚，字體用正楷，不要過於潦草，字體也不宜太小，以最後一排能看到為準，也不要寫的太慢浪費教學時間。
2. 整齊清潔：板書要寫得整齊，自左至右、自上至下寫下去，避免凌亂而無次序，不用的應拭去。有些教師過去沒有練過楷書，往往在板書中寫的歪歪斜斜，有的寫得忽大忽小，有的毫無計畫，在黑板四角東補上一句，西寫上一句，弄得支離破碎。
3. 簡單明瞭：板書是輔助講述的工具，所以板書是寫些大綱或是重要的材料為主。重要的概念公式、性質法則、關鍵名詞等，可以用彩色粉筆勾畫出來。
4. 用中上部：目的是要讓全班所有學生皆能看得到為主。
5. 邊寫邊講：教師一邊講課一邊寫板書，但要避免用手去擦寫錯的字和圖，這是一個很不好的習慣。

二、活用方法

雖然以講述為主，但為了要維持學生的注意力，在教學活動告一段落後，應視當時的情境，配合一些有效的其他方法，例如：發問、討論、角色扮演、演練、習作、欣賞等，以引發學生的互動。

參、老師實施講述教學法應具備的條件

實施講述教學時，教師應具備以下能力：

1. 咬字清楚，口語表達清晰：要學生了解老師的講述內容，除了教材處理得當外，更重要的是教師的語言正確、口齒清晰、講辭適切，綱舉目張，深入淺出，必然經濟有效。
2. 講述系統化、條理化：講述層次井然、有條有理，使學生獲得有系統的概念，是教師在使用講述時的基本要求。當然，這與教師的準備充

分、教材組織嚴密、教學步驟有程序有關。其中尤以列講述大綱最能達到有系統的境界，方法分成先列大綱後講述、邊列大綱邊講述、先講述後列大綱。後者又是國小社會科較常用的方法之一。

3. 生動有趣，言之有物：講述的最高境界是使學生有聽的意願，興趣能持續不斷。教師講述生動，舉例引證切實妥貼，妥善運用肢體語言的表達，俾能有效提升教學知能。

肆、學生必備的條件

在實施講述教學時，教師應要求學生配合以下事項：

1. 平時多做聽力訓練，能集中精神學習：透過各種方法加以訓練並能複述，可以增進聽力有助講述的進行。

2. 課前預習，充實先備知識：課前若有預習，則在上課時，較易了解或抓住重點。

3. 學做筆記，做為溫習與實踐之準備：教師要求學生寫下上課的重點，如此可訓練聽寫與文字的組合能力，加深印象，避免遺忘。

4. 有學習心向，主動探求新知：有意義學習需具備兩個條件：(1)學生要具備有意義學習的心向，即把新知識與認知結構中原有的適當觀念聯繫起來的意向；(2)學習材料對學生具有潛在意義，即學習材料具有邏輯意義，可以和學生認知結構中的有關觀念連結。教師要提醒學生化被動的接受為主動的探求，如此方能有主動去了解、思考、比較、連結新舊知識結構的心向。

第四節　講述教學法的限制

講述教學是以某種特定主題為中心，做有系統、有組織的口頭教學。一個良好的講述教學，除需配合學生之需要，亦須因應課程、教學目標做適度的調整，以激發學生的學習動機，並指導學生的學習，而能深入淺出的做口

頭生動的說明或介紹，期望學生經由閱讀、思考、交談互動，獲得知能或概念的了解。其優點已於前文所述，茲將講述法的限制述敘如下。

壹、講述法的限制

講述教學法雖有諸多的優點，但也有其限制（張世忠，1999）：

1. 單向傳授：教學效果受到師生互動的影響。
2. 互動性差：師生互動性低，也無法透過團體討論來達成學習。
3. 被動學習：學生處於被動學習。
4. 注意力分散：枯燥乏味無變化，使得學習情境不易塑造。
5. 學習效果差：成員只能用考試得知學習成果。
6. 忽視個別差異：齊頭式教法易忽略學生的個別差異。
7. 是最容易對老師的喉嚨造成損傷的教學方法。

貳、講述法注意要點

教師在使用講述法時，應注意以下事項（余鳴，2003；蘇照雅等人譯，2006）：

1. 熟悉教材：教師若能熟悉教材，教學才能如行雲流水，使人聽來有輕快之感。否則，會顧此失彼，手忙腳亂，丟三落四，支吾其辭，在在都足以影響其講述效果。
2. 具連結性：Ausubel 強調有意義的學習才是真正的學習，要學生對所學的新知識和技能有所吸收，必須考慮與學習者先前的知識結構相連結，並據以做為講述的依據，使學習有意義。
3. 潛在訊息：所謂潛在訊息是指教師在講述過程中，無論語氣、語言、態度、一舉手一投足之間都有誤導學生之可能，學生會經過過濾、儲存、摘要記下他認為重點的部分。因此，教師不得不注意潛在訊息。
4. 時間拿捏：教學上任何的變化，都會重新引發學生的注意力和興趣。因此，對小學生而言，講述的時間不宜過長，大約維持在二十幾分鐘

即可。中間可穿插一些輔助教學，如討論、板書、電腦教學、動作示範、資料閱讀、練習習作等活動。

5. 牢記首段：萬事起頭難，講述開頭的前幾分鐘最為困難，猶如作文的起頭。若能牢記首段，往下必能脫口而出。所謂「頭過身就過」就是此意。

6. 保持接觸：教師的聲音和目光是保持接觸最有效的工具。如隨時發問、不背對學生講話、不照本宣科、板書時要以聲音與學生維持互動。教師應注意講述時的動作、表情和語言是十分重要的，教師講述的動作要自然，不誇張、不輕浮。表情要有親和力，不宜太嚴肅或者毫無變化。講述時，要隨時注意學生是否仔細聽講，因此要隨時注視學生，保持與學生眼神接觸（eye-contact），如此可以維持其注意力，並了解學生的反應。

7. 重點強調：學生所接受的訊息會暫存在短期記憶中，但若沒有將之轉譯到長期記憶中，可能 30 秒鐘後即忘了。所以講述時，應於重點處稍做停頓或減慢速度，使學生有時間去思考、理解、比較、連結新舊知識於長期記憶中，或有時間去做筆記、記摘要。

8. 語言音調宜有變化：講課時的用語要避免使用太多俚語、方言及一些尖酸刻薄的話。教師在講述時，不應照著教科書的內容從頭到尾、逐字宣讀，也不宜指定學生照課本輪流宣讀。教師在說明重要概念時，可以用暫時停頓或提高音調的方式來引起學生特別的注意，講課時也要注意音調的高低起伏，避免過於呆板。

9. 講述教學與討論、探究等策略相結合：講述教學與討論相結合形成「講授討論法」（lecture discussion），這一策略結合了講授法的正面部分與師生互動教學的優點，即具有彈性、比較有效，以及師生可以充分互動。

第五節　結論

　　講述技巧是教學技術中使用最廣泛的一種，教師需要訓練自己的演說能力，能以流利的口才講述課程。講述技巧的特徵是將知識或觀念經由口述的方式傳遞給學習者，為了避免因單向溝通所造成的缺失，教師應盡量在語調、表達方式上力求變化，配合肢體動作或是表演的方式，來呈現或傳遞教學內容給一群特定的對象。另外，要多利用黑板、教科書、投影片、電腦、圖片、影片等教學工具，增加學生的參與及專注力，以增進學習的效果。除口頭講述外，最好能再提供講述大綱或其他相關的書面資料，如此將有助於學生的聽講、記憶和了解。

　　教師宜自我形塑成青少年學生崇拜的偶像或粉絲（idol or fans），舉凡豐富的學養經驗，討喜合宜的儀表穿著，生動活潑的談吐溝通，幽默風趣的特質，盼能激勵學生認真、專注而有效成功的學習。

第 **7** 章

產婆法與發問技巧

王財印

藉著發問，人類滿足了好奇心和求知欲，同時也增進了彼此的了解；相同的，在教學過程中，藉由問與答的互動過程，也傳遞了「教」和「學」的關係。自從孔子和蘇格拉底應用發問以獲知學生的想法以來，教師即被鼓勵以發問做為教師教學技巧，因為合宜的發問行為不僅被認為是教師應具備的基本能力，也可提高學生的學習效果。在很多教育學的文獻裡均指出，發問是引出師生高層次心智活動的媒介，如組織、預測、判斷等能力的培養。教室裡「好」的發問在於問題能使學生思考而不僅止於記憶而已。因此，發問也列為重要的教學技術之一，因為它可使任何一位教師無論面對何種教材、何種年齡層的學生，都可採用發問技巧來強化教學（李咏吟、單文經，1995）。

第一節　產婆法的意涵

壹、產婆法的意義

　　蘇格拉底的首要教育活動，就是要喚醒人們從「不自覺的無知」過渡到「自覺的無知」。有個故事說他的好朋友得到神諭：「蘇格拉底是最聰明的。」但蘇格拉底懷疑這個神諭的真實性，他說他自己承認無知，怎麼會最聰明呢？為了要印證神諭的可靠性，他就向他遇見的任何人提出各種問題，

「什麼是誠實」及「什麼是勇敢」等。被問到的人都以為自己很有知識，毫不思考的回答蘇格拉底的問題，但是他善於發問、層層雕刻，終於使對方發現原先自己所提的答案與後來答案相互衝突，最後只好承認失敗。蘇格拉底如此發問，也就證實了一句結論：蘇格拉底是最聰明的。因為蘇格拉底比別人多了一個知，那就是他有「無知之知」，而別人連無知都不知。

蘇格拉底自比為「牛虻」，而別人則說他像電魚，任何人靠他一下，就要被他刺得麻木。他向別人提問題，又設法駁倒別人的答案，但卻不自己提出答案，這種方式稱為蘇格拉底的「戲謔」，此種戲謔是一種消極的方式，也是借用他父親的雕刻術而來。當人們經過蘇格拉底多方面反問的結果，體認了無知之後，他便運用更積極的方式──「產婆術」，從內往外把人們早已經有的觀念引出來。

蘇格拉底認為人早已經有了「先天觀念」，此種觀念自人出生時即有。教育的工作就只是把已經有的觀念給「引導」出來，教學方法就是「回憶」。把先天觀念引導出來的活動，就好像助產士接生嬰兒一樣，產婦就好像學生，產婆就好比老師，知識技能、習慣、理想等就好比嬰兒。嬰兒早就存在於產婦的肚中，就好像學生早就存在一些原有的觀念，這是非常重要的關鍵，因為要不是如此，則產婆技術再怎麼高明，也不可能「引出」嬰兒來。蘇格拉底曾說過：「我頂多只不過是助產士，我不能生出智慧；一般人譴責我問問題而無法提供任何獲得智慧的指示，這是真的，因為我無智慧」（許爾堅譯，1998）。

蘇格拉底認為，人人都擁有相等的知識，也擁有相等的智慧，上天給人的觀念是同等的，但是為何有的人知識多，有的人知識少？這有兩種原因，一是人在出生的那一剎那太痛苦，因此把既有觀念忘記了；有的人忘得多，有的人忘得少。二是在其後的日子裡，有的人「回憶」得多，有些人則「回憶」得少。這就是蘇格拉底最著名的教學方法：產婆法。所以「產婆法」是希臘三哲中蘇格拉底特有的哲學假設，他認為人天生具有先備的智能，老師要做的工作就是透過不斷的詰問，將學生天生的能力激發出來，後人多稱「發

問教學法」，也影響後來的啟發式教學法。蘇格拉底的策略是問學生一系列引導的問題，逐漸使他們在某一點感到困惑，而必須小心的檢視自己的觀念。他的討論是用一種非正式的對話，在自然的情況及愉快的情境中產生。蘇格拉底早已預計好學生學習的目標，進而問一系列配合達成此目標的問題。他的問題通常是開放性的，但學生最後被引導至預期的目標（李咏吟、單文經，1995）。

發問（questioning），是一種引發他人產生心智活動，並做回答反應的語言刺激。它是由教師和學生相互問答，以達到教學目的的一種方法。它主要的功能在於訓練學生的思考，刺激認知活動的產生。發問技巧通常是以教師為中心，由教師有計畫的提問，令學生回答，然後再由全體學生及教師共同訂正並補充之。就培養學生思考能力的目標而言，發問和討論兩種技巧相當接近，但前者是以問題導向的方式進行教學，而後者卻是重視參與者交互提出自己的見解，在形式上有所不同（方郁琳，1997b）。

楊坤原（2000）指出，就教學而言，發問是指教師能以適當的、具有創意的問題來誘導學生的思考，以促進學生的自發學習，達到教學的目標。換言之，透過教師精心設計的問題，可以刺激學生進行思考，養成主動學習的習慣。由於晚進的認知心理學觀與建構主義者均主張，教學應以培養能主動建構知識的學習者為主要的目標，故有效使用發問技巧將成為達成此一教學目標的重要方式之一。另外，在蘇格拉底的言論中，他曾經說：「不必在意那句話是誰說的，但卻要注意那句話說的是真的還是假的。」只要真的教學可以做到這樣，那麼老師跟學生之間的互動將會更加精彩有趣。

貳、蘇格拉底產婆法在教學上的應用

蘇格拉底的「詰問法」是一種有系統的、深度的，並且具有一股強烈的興趣去評估事情的真相或有理性。蘇格拉底產婆法用以激發學生思考的程序概分為四個步驟（Elder & Paul, 1998）：

1. 利用發問促使學生形成初步的假定。

2. 導引他對自己的假定產生懷疑。

3. 促使他承認自己並不了解自己的假設是對還是錯。

4. 導引他建立一個正確的假定。

詰問法與批判思考具有特殊的關係，蓋因兩者的目標相同，批判思考給我們一個全盤性的看法，人是如何動腦筋去探尋意義及真理。詰問法則利用此種看法去建構問題。

茲舉蘇格拉底的對話方式為例說明如下（Elder & Paul, 1998）：

教師：這是一門生物課。它是哪一種學科？你們對於生物課，已經知道些什麼？Kathleen，你已經知道些什麼？

Kathleen：那是一種科學。

教師：科學是什麼？

Kathleen：問我嗎？科學是很具體、明確。科學要做實驗、測量及試驗事物。

教師：是的，除了生物以外，科學還有哪些學科？Marisa，你能舉出一些學科名稱嗎？

Marisa：當然，有化學及物理。

教師：還有別的學科嗎？

Blake：有植物學及數學。

教師：數學？數學有點不同於生物、化學及物理，可不是嗎？數學與科學有何不同？Blake，你能說一說嗎？

Blake：數學不做實驗。

教師：為什麼不做實驗？

Blake：我猜想數字是不同的。

教師：是的，學習數字及其他數學的東西不同於學習化學或物理法則。你可以請教數學老師有關於數字為何不同於其他學科。現在我們專心探討所謂生命科學……。（以下略）

蘇格拉底的詰問法係以對話方式呈現。教師的角色乃是一位引導者,把問題提出來,透過班級師生互動,引導學生探求問題的真相。

第二節　問題的分類

　　教師發問技巧與問題設計的成熟度,深深影響學生的創意思考方式與表現。張玉成(1999)指出,就學習環境而言,創意教學允許學生藉著自由探索的機會,踴躍提出自己的意見。教師對於學生新奇或獨特之表現或意見,應該予以鼓勵,不隨便批評,以誘導其他學生的創意。因此,一個好的問題往往可以激發回答者更多的聯想,進而引發更多的訊息與更深入的答案。而提出優良問題之前,首先需了解問題的分類。

壹、問題的基本類型

　　問題內容的分類最常見的兩類型如下:

1. 閉鎖式的問題:這類型問題主要引導學生,憑藉著已知或既有的知識,去分析、整理,或做決斷、決定。通常問題只有一個答案,而回答內容多為某些特定的知識,或者「是」、「否」的答案。
2. 開放式問題:這類型問題並不強調唯一的標準答案,而是鼓勵學生尋找其他可能性的回答。即使發問者心中已有預定的答案,但也不排斥不同的說法。發問者多以「為什麼」、「可能」、「如何」等詞來表示。

貳、Gallagher 與 Aschner 的問題分類法

　　除了上述兩類型問題之外,Sanders 根據 Bloom 的認知領域六項教學目標為基礎,分類出知識、轉譯、解釋、應用、分析、綜合和評鑑等七項問題分類法。J. J. Gallagher 與 M. J. Aschner 依據 J. P. Guilford 的「認知結構」運作型態,將問題分成下列幾種(引自張玉成,1999):

一、認知記憶性（cognitive memory）

這類型問題屬於記憶性質問題，主要希望被問者依據事實、已知的知識或回憶來尋求答案，或經由認知、記憶和選擇性回想等歷程去尋求答案。例題如下：(1)最接近太陽的行星是什麼？(2)美國現任總統是誰？

二、聚斂性（convergent）

這類問題屬於固定方向的思考性題目，被問者需根據所給予或記憶中的已知資訊進行分析思考，方能正確回答問題，而正確答案通常是單一且是可預期的。例題如下：(1)小明有 25 元，用去 7 元，還剩多少元？(2)為什麼春季會百花盛開？

三、擴散性（divergent）

擴散性問題與聚斂性問題正好相反，它是屬於沒有固定思考方向的問題。回答題目時，可利用已知的資訊，自由創新來答題，並無預期或正確的標準答案。例題如下：(1)假如人人活上百歲，社會現象將有什麼改變？(2)荒山野外沒有刀，你如何切西瓜？

四、評鑑性（evaluative）

回答此類題目時，被問者需事先自行設定價值標準，然後對所問的事物或行為進行判斷和選擇。例題如下：(1)司馬光破缸救人的行為你有何意見？(2)電視節目中哪些適合兒童觀賞？為什麼？(3)民主制度比共產制度好嗎？為什麼？(4)讀完〈背影〉這篇文章，你對作者父親的種種行為有何感想？

五、常規管理性（routine）

教學中，運用在管理和氣氛掌握的話語，即是常規管理性問題，例如：「誰講話？」；以及對人或意見表示贊同與否的情感性話語，例如：「誰有

更好的意見？」等。

六、其他的問題

除上述五類問題外，另有推理性問題、創造性問題及批判性問題。推理性問題要經分析及統整歷程，例如：正方形和長方形有什麼相同和不同？瓦斯熱水器為何放置屋外比較安全？這類問題與記憶性問題合稱聚斂性問題。創造性問題的特性是新奇、獨特觀點、無標準答案，例如：假如愛迪生不發明電燈，現代生活會怎麼樣？寶特瓶可以做什麼用途？或稱為擴散性問題。批判性問題是指學生須先設立標準或價值觀念，才能適切回答問題，例如：中學生不宜留長頭髮嗎？為什麼？

參、判斷問題優劣原則

上述五項問題的分類，有助於編製發問的問題。除熟悉分類之外，教師應掌握發問「好題目」的原則，才能確實達到發問的目的。有關判斷問題的優劣原則如下：

1. 問題必須明確清楚。
2. 問題應適合學生的認知發展能力和知識經驗背景。
3. 問題需與教材內容有關聯性，並能配合教學目標。
4. 問題具有啟發性。

第三節　發問的技巧

發問的技巧是整體教學計畫的活動之一，從問題的設計、複習、候答至理答的過程，均需有技巧的加以運用，如此方能增進教學效率、促進學習成就。透過發問不僅可幫助學生集中注意，養成思考、組織的習慣，激發學習興趣與自信，還可使學生在學習過程中，主動建構知識，達成有意義的教學與學習目標。故任何有志於有效教學的教師，均應重視發問的技巧，並將之

活用於教學情境，以提升教學成效。根據相關文獻將提出發問的技巧分為三類：提問、候答、理答技巧，分述如下（張玉成，1999；楊坤原，2000；洪碧霞，1983）。

壹、提問的技巧

發問是課堂中教師最常使用的教學技術之一。古語云：「善問者如撞鐘。」的確，發問是教師促進學生發展思考的一種良方。「發問」是引發他人產生心智活動並做出回答反應的一種語言刺激。許多教師和研究者都同意，良好的發問技巧是教學成功的基礎。總括而言，藉由發問不但可引起學生的學習動機、提示重點、提供學生參與討論、發表意見的機會與啟發思考，亦可做為教師評量學生學習成就、檢討教學效果之用，兼具回饋的功能。以下略述教師應注意的一些發問方法，以利教學之需。

一、講解重點後再發問

發問的功能之一，即在提示重點。透過發問，教師可引導學生注意教材中必須加以注意的內容，促進學習成效。

二、問題必須事先設計

上課前須擬妥要發問的問題，寫在卡片上或是書本空白處，然後有技巧的向學生提出。

三、兼顧各類問題

根據 Bloom 所提之認知領域的教育目標分類，問題依其所涉及之認知層次，亦可分為知識、理解、應用、分析、綜合、評鑑等六類。前兩類偏屬記憶性問題，而後四類則偏重聚斂性與擴散性思考。各層次問題並無好壞之分或重要性之別，故應兼顧各類問題。一般而言，可先提記憶性問題為基礎，再深入思考性問題。鑑於上課時間之限制，各類問題之比例亦需考量，其比

例為知識、理解、事實占 60%，應用、分析、比較占 20%，評估、思考占 20%。

四、運用有序

提出問題的順序應由易而難、由淺而深、先記憶性後創造、批判性，問題的難易需顧及學生的程度。問題內容若超過學生的知識和經驗的範圍，則可能因無法了解題意，而產生不良的反應。《禮記‧學記篇》有云：「善問者，如攻堅木，先其易者，後其節目，極其久也，相說以解；不善問者反此。」就是這個道理。

五、先問問題後再讓學生回答問題

於上課內容之重點處發問，提醒學生注意並反覆思考，加深印象。發問後，為使全體學生都能注意並進行思考，宜把握先發問後指名的原則，讓多數同學能參與教師的發問。有些教師會使用抽籤的方式，讓每位同學都有機會回答問題。

六、給予每一位學生相等的機會

如果教師習慣只針對好學生而忽視他人，則發問將成為少數人的專利，如此，對學生的心理易造成不良影響，也會降低其他學生的參與。

七、不鼓勵舉手搶答

除考慮上課秩序的管理外，舉手搶答易使答題機會集中於少數常常舉手的學生，無法讓其他人有均等之回答機會。

八、不依照座號的次序或排列的順序發問

為使每位學生都有機會回答，並隨時注意聽講，故教師發問時最好不要按照固定的次序來發問，以免使有些學生因知道不會被問到，而不專心聽課，

教師可利用姓名籤筒或其他隨機抽取方式來進行發問。

九、注意語言品質

教師在提問時要注意語言的清晰、語速的適當，所問的問題要明確清楚，讓學生一次就聽清楚教師的問題。

十、高原式策略對尖峰式策略

問題提出的方式有兩種，一種是高原式策略（plateaus strategy），一種是尖峰式策略（peaks strategy）。高原式策略是教師於提出一個問題並由多人回答不同意見後，再提出深入一層的問題，俟學生充分反應後，再提更深入一層的問題。以下舉例說明：

師：腳踏車由哪些零件構成？

甲生：輪子、手把、座墊。

乙生：鏈子、煞車。

丙生：踏板、後架。

師：再請問這些零件有什麼功能？

尖峰式策略是教師提出一個問題並指回名回答後，陸續提出較深入之問題，由同一人回答。以下舉一實例說明：

師：腳踏車由哪些零件構成？

甲生：輪子。

師：輪子有什麼功能？

甲生：省力、行走方便。

師：腳踏車一定要有輪子嗎？

甲生：是，一定要有輪子。

教師可視學生的程度、上課時間的多寡來決定要採用哪一種方式，但高

原式策略的發問要充分運用，避免過多使用尖峰式策略。

貳、候答技巧

教師發問之後到指名回答的時間，稱為候答時間（waiting-time）。候答技巧有以下要領。

一、候答時間不宜過短

由於學生於接受問題後必須有時間來醞釀、發展和組織想法，當教師候答時間達三秒以上時，便會出現諸如：學生的回答增長、正確答案的次數增多、自信心增加、不會作答的情形減少、出現創造性想法的機會增加、發問的次數也增多等的優點。若時間過短，則易造成草率回答，降低發問效果。雖然候答會花費時間，但學者均強調候答時間原則上不應少於三秒鐘，不過時間太長的話會造成拖延上課時間，在實際運用上，教師要視問題的難易度來決定候答時間的長短。

二、不重述問題

教師發問時複誦問題，容易養成學生聽講不認真、期待再說一次的不良習慣，問題說得清晰扼要，不再重複。

三、指名普遍

教師的發問是針對全體學生，指名回答不宜偏重好學生而忽視其餘學生，否則發問便成為少數人的事情。

四、學生提出問題的處理

當學生向教師提問時，教師可先不直接回答，而就此問題轉問其他學生，以促使更多學生參與討論。有時教師亦可請提問者自己作答，使其有自行思考的機會。

參、理答技巧

至於在學生回答後,教師應注意的理答技巧,大致有下列幾項。

一、仔細傾聽

注視學生神情,表示出重視和關心的態度。

二、包容各種答案

不拘對錯,盡量讓學生充分表達想法,不做消極批評。

三、讚美與鼓勵學生

答對的學生要加以讚美,答錯的學生要給予鼓勵,並再給予機會。每當學生回答一次,就有一次思考的機會,故基於教育的意義,無論答對答錯,作答行為本身即值得鼓勵。對於答對者若能給予即時的讚美,則更能激發學習的意願和內在動機。

四、不替學生回答問題

發問可提供學生思考,替學生回答問題即剝奪其思考機會,容易造成學生被動學習而不主動思考。

五、多鼓勵學生踴躍回答

為增加參與的人數,發問時教師應盡量少干預,讓大多數學生有參與回答問題的機會。然而,教師在發現問答或討論離題時,應適時導正。當學生說出正確答案時,教師仍可再請其他學生回答,或提出不同意見,或點頭、微笑,而不要太快宣布答案,以免阻斷其他學生繼續進行思考。對於個性內向、容易害羞或缺乏自信者,更應多給予鼓勵,提供他們回答的機會。為協助答不出來的學生,必要時教師亦可提供迅速提示或暗示,使該學生亦能逐

步接近正確答案。

六、匡補探究

學生的答案不完整，教師須加以補充說明；學生提出答案後，教師再持續追問，這稱之為探究技巧，匡補探究可擴展學生知識的廣度和深度。

七、歸納答案

教師對學生的回答做歸納或總結，學生所提的意見或答案，可能有對有錯，總結時不妨只歸納出正確的、可接受的部分，其餘可略而不提。

第四節　發問在教學上的功能與應用

根據 Sanders（1994）、張玉成（1995）等的界定，「發問」就是引發他人產生心智活動並做出反應的語言刺激。鄭湧涇（1979）亦指出，就教學而言，「發問」是指教師能以適當的、具有創意的問題來誘導學生的思考，以促進學生的自發學習，達到教學目標。換言之，透過教師精心設計的問題，可以刺激學生進行思考，養成主動學習的習慣。由於晚近的認知心理學觀與建構主義者均主張，教學應以培養能主動建構知識的學習者為主要目標，故有效使用發問技巧將成為達成此一教學目標的重要方法之一（Carlsen, 1991; Glynn, Yeany, & Britton, 1991）。

壹、發問在教學上的功能

許多國內、外的學者均十分重視發問在教學上的功能（方炳林，1976；張玉成，1999；Clark, 1986; Clark, Steer, & Beck, 1994）。發問具有多重的功能，Davies（1981）以及 Clark（1986）等人歸納出發問的主要功能，包括：發現學生學習的問題與興趣；激發學習動機；思考與理解能力；提供表達的機會；促進學生組織知識；增進參與教學活動等項。Hunkins（1972）認為，

發問具有提示重點、擴增、分布與維持秩序等作用。方炳林（1976）列出發問具有引起動機、回憶經驗、考查學習、啟發思想、集中注意、增加活動、複習整理、診斷困難、口語發表、質疑解惑與激勵師生等 11 種功能。張玉成（1999）指出，發問能引起學習動機、組織教材、提示要點、幫助了解、促進記憶、提供學生參與討論、表達、組織發表能力，並具評鑑的功能。李春芳（1996）則將發問的功能整理為：引起學生的好奇心、學習動機與興趣；訓練學生組織、表達與溝通之能力；具有診斷與補救教學之功能；激發學生思考與創造潛能；增進自我概念；控制教室秩序等。綜合各學者說法，主要可歸納如下：

1. 引發學習動機。
2. 發現學生問題及學習興趣，幫助學生學習。
3. 提供學生表達討論的機會，增進其理解和組織能力。
4. 複習和整理教學內容。
5. 評鑑教學和學習成效，達成教學目標。
6. 啟發學生思考。

貳、發問與思考教學的關係

教師發問是教學策略的一種，用以刺激學生進行思考，使其絞盡腦汁以回答老師所提出的問題；並有助於其事後進行反思和討論，以判斷自己的答案是否正確而且完整。教師發問是有助於思考的問題式教學策略，提供學生「必須思考」的機會，並進而強化其上課的印象。除了提供善於思考和表達的學生公開發表的機會，也給予不善思考或不善表達的學生強迫思考和回答的機會。他們回答之前，將促使自己和其他學生進行思考；待其回答之後，亦同時促使答題者和其他學生進行反思，以驗證其答案是否正確；這股緊張感，亦加深其印象，進而將短期記憶的知識強化為長期記憶。故教師發問，營造了教室中絕佳的思考環境。善用發問，可引發學生無窮無盡的腦力激盪，長此以往，將能提升學生高層次的思考技能，並培養其良好解決問題的能力

（林育安，2005）。為能激勵學習動機、引導學生思考，老師在提問時宜注意下列事項（陳龍安，2006）：

1. 問題的內容及用字需要切合學生程度。
2. 問題的類型宜多元化。
3. 提問後應給予學生適切的思考時間，避免急著要他們即時回應，或過早評價答案。
4. 鼓勵及接納學生提出不同答案或意見。
5. 提問內容宜由淺入深，漸進的提升思考層次。
6. 鼓勵學生發現問題及找出問題的關鍵。
7. 引導學生探討未完整的答案。
8. 適時的引入教材及提出具引發思考的問題予學生討論。

參、發問在教學的應用

教師在教學歷程中，常會因為趕進度而未實施發問，為避免教師遺忘或實施得不完整，以下列出一些教學實務方面的建議（叢立新等人譯，2007）。

一、事先計畫你所要問的問題類型

在現實中，即興的和自然發生的發問，會使教室的氣氛變得沉悶，為增加教學的流暢，需要做好事先的準備。教師所選擇的問題類型、問題的困難度和問這些問題的順序，都應該依據教學目標。

二、用簡潔、清楚和切中要點的方式來說出問題

有效的口頭問題就像有效的寫作一樣，每個字都是必要的，要使用你和親近好友說話時同樣自然的對話語言來提出問題。

三、允許學生有思考的時間

關於發問的研究指出，很多老師在請求其他人回答或進行下一個問題之

前，沒有給學生足夠的時間思考問題，故等待時間是必要的。

四、使學生處於懸念之中

首先，先說出問題，然後再叫學生的名字，同樣的，隨機選擇學生來回答問題，使學習者能預期到他們隨時都會被叫到。這不但增加學生所負有的責任，也保持他們注意力和警覺性。

五、在更改問題的方向或探查之前，要給學生足夠的時間完成他們的答案

當學生答案不完全或錯誤時，或是教師要探討更深的理解或更改問題的方向之前，也是要讓學生思考，故要給予候答時間。

六、提供學習者立即的回饋

認可正確的答案之後並給予學生鼓勵，再對答案詳細的闡述，如要進一步的探究，則可進行下一個問題，也就是要傳達給學習者老師聽到並評鑑這個答案的訊息。

肆、以問題為核心的學思達教學法

學思達教學法是以問題來貫串整個教學流程的教學法，以下以此教學法為例，說明發問在教學過程的應用。學思達教學法是張輝誠（2015）針對學生學習所設計的教學法，真正可以在課堂上長期而穩定使用，且每一堂課都能訓練學生自「學」、閱讀、「思」考、討論、分析、歸納、表「達」、寫作等綜合多元能力的教學法。學思達強調「師生對話」和「專業介入」，上課時師生表層上是老師透過對話和學生傳遞、交流、討論知識，激盪思考，底層卻不斷透過對話讓師生產生內在的連結，相互成長；再經由教師專業涵養的介入、設計、提問與引導，幫助學生進入高效率、高品質、高創造力、

深刻思考的學習。

一、學思達教學法流程

學思達教學法實施步驟如下（張輝誠，2015）：

1. 提供講義給學生：讓學生個人自行研讀、自行思考。

2. 分組討論：前後座位四個學生分成一組，利用同儕壓力，分組學習達到競爭與合作的目的。小組討論同時可訓練團隊合作，共同分析、歸納、整理。

3. 表達：討論結束後，以抽籤方式讓一位學生上臺發表，此位學生講述的成績，是代表了整個小組的成績，因此不會隨便回答；若抽到的學生上臺不會回答，小組其他組員可趕緊上臺相互支援。為使同學專心聆聽其他組別同學的發表，教師製作評分單供各小組同學評分。

4. 教師統整補充：老師只要補充精華和最重要的教材內容即可，如此不斷重複進行，大約一堂課可討論三至四個問題。

二、編製以問題為主軸的講義

學思達教學法成功的關鍵因素之一，在於講義製作，講義製作的重點如下（張輝誠，2015，2016）：

1. 以問題為導向。一個問題，提供一份資料，資料要切成一小段，方便學生能在 20 分鐘內讀完，也方便集中焦點討論。

2. 講義要從課文開始，延伸到課外，從簡單而逐漸增加難度、廣度和深度。這樣學生才會由淺到深、由易而難、由窄到寬，如此收穫也才會更大。

3. 提供足夠資料讓學生自行研讀。老師不再講低層次的認知，要講高層次的理解、思考與表達。

4. 要讓課本的知識與學生的生命、處境和現實發生關聯，這樣學生學起來才會覺得對自己有用。

學思達教學法成功與否，講義製作是很重要的關鍵。講義要以問題為導向、提供足夠資料、切成小單元讓學生自行閱讀、從課文延伸到課外、由簡而難增加廣度和深度，並結合教學內容與學生經驗（張輝誠，2015）。

第五節　結論

在傳道、授業、解惑的過程之中，師生之間為了獲得彼此的資訊與了解，發問成了一項非常重要的媒介與工具。在創意教學中，教師的發問技巧是引導學生進行思考、發揮創意的關鍵。擅於發問的老師，能夠充分激發學生的思考與創意；拙於發問的老師，卻在不知不覺中扼殺了學生的創意，所謂「良師善問」，真是形容得透徹啊！教學技巧的使用攸關教學目標的達成與否，發問是一種引導的策略，藉著發問或調查，可激發學生的興趣，鼓勵學生追求事物真正的本質，澄清問題及觀念，培養獨立思考及推論或歸納的能力。一個會發問的老師，了解發問的問題具有不同的性質。在強調師生互動的教學過程中，教師若能善用發問與傾聽的技術，或教學過程中，教師若能善用發問，更能有助於營造好的氣氛，使教室成為一個有趣的學習環境，對於提升有效的學習必定大有幫助。

當代青少年學生從小即生活在網路、手機、平板、電玩等聲、光、電、影視世界中，透過 Google、Facebook、Instagram 等社群平臺，大數據以及網路電子書等，大量虛擬互動平台等非正式學習，速度之快，數量之巨加諸於學生的認知思維中，實在難以想像。吾人認為：現在的學生看的、想的、會的、聽的、經歷過的，實在令人嘆為觀止。透過產婆法與發問技巧，準備充分的教師必能引出學生蹦出智慧的火花。《禮記·學記篇》有云：「善待問者，如撞鐘，叩之以小者則小鳴，叩之以大者則大鳴，待其從容，然後盡其聲；不善答問者反此。」就是這個道理。產婆法中師生互動，腦力激盪，預先構思細密環節，一步一步循序漸進，必能獲致絕佳的教學成效。

第**8**章

班級經營與教室管理

王財印

班級經營（classroom management），亦稱教室管理或班級管理，指教師為達有效教學的目標，在教學過程中引導學生學習而對學習情境所做的處理，其目的在營造良好、合宜而有效的班級學習氣氛。而班級經營只是一種手段，其真正目的應該是去維持或提供一個積極而有效的學習環境，進而達成預定的教學效果及教學目標。良好的班級經營不僅能提升學生學習興趣、提高教學效果，對班級氣氛、班級凝聚力等都有很大的幫助，更可使教師實現自己的教育理想。

第一節　班級經營的意涵

壹、班級經營的意義及目的

　　「班級經營」的譯法，中外許多學者的意見不一，有「教室管理」、「班級管理」、「教室經營」名稱。但其實所言全是包括了教室內的經營和管理，也是教師利用專業的知能綜合表現在班級（教室）上的一種管理藝術（李佳琪，1999）。關於班級經營或班級管理的意義，許多的中外學者都有說明與論述：

1. 方炳林認為，教室管理就是教室處理，是教師或教師和學生共同適當的處理教室中人、事、物等因素，使教室成為最適合學習的環境，以

易於達成教學目標的活動（李園會，1994）。

2. 李祖壽認為，班級管理係安排教學環境（包括物質的和精神的），以使學生能有效利用其學習時間，在教師的指導與期望之下，從事其應有的及可能的學習（李園會，1994）。

3. 吳清山等人（1991）認為，班級經營簡單而言就是有效處理班級中所發生的事情，以達成教學目標。

4. Emmer（1987）則將班級經營視為教師一連串的行為和活動，主要在培養學生班級活動的參與感與合作性，其範圍包括了安排物理環境、建立和維持班級秩序、督導學生進步情形、處理學生偏差行為、培養學生工作責任感及引導學生學習。

5. Doyle（1987）指出，教室經營是建立和維持一個能教學及學習的環境所必須的準備和過程；由師生及僑間交互作用而形成班級學習環境，這種教室群體歷程（group processes）事實上就是教室經營的功能，是在整體教室秩序的維持建立，而非個別行為上。

6. 黃德祥（1995）指出，班級經營是教師或教學者於班級情境中，以有效的策略，對學生施以適宜的處置、指示、指導、處理、協助、監督、控制或管理，藉此激發學生有效學習、表現良好的行為、提高學業成就與開發學生潛能，達成教育目標的一種教育措施。班級經營的目的亦即在於利用較少的資源，獲得最大的教育效果。

7. 王文科（1994a）定義班級經營，認為班級經營的主要含義是教師為使教學活動得以順利進行，以求有效達成教學目標，而對學習情境的布置、學生學習行為的控制、秩序的維持等，所做的處理方法或教學情境的布置，目的乃在營造良好而有效的班級氣氛（classroom climate）。學生學習行為的控制與秩序的維持，有賴訂定共同遵守的規則以及對學生的問題行為採取適當的處理，方易達成。

　　從文獻中可以發現，班級經營的目的是為了促進有效教學的達成，而對學習的情境做適當的處理，綜合以上的說法，也可以將「班級經營」定義為：

為使學習者能在學校與班級中，愉快的學習並擁有各種快樂的團體生活，而將人、事、物等各項要件加以整頓，並遵循學校教育目標、達成有效教學，藉以協助教師推展各種活動的一種經營方法（劉肯念，1992）。因此，班級經營的目標是有效教學，而方法是以營造合宜的學習環境來達成。李佳琪（1999）綜合各家學者說法指出，班級經營乃是為了使班級單位裡各種人、事、物活動得以順利推展和互動，以教師為中心，以科學化方法和人性化的理念，配合社會的需求、學校的目標、家長的期望及學生的身心，來規劃、推展適當的措施，以求良好的教學效果和達成教育目標的歷程。至於班級經營的目的，主要有三種：有較多的學習時間及較好的學習內容、提供學習和師生互動的機會、培養自我管理的能力。

貳、班級經營的基本概念

從班級經營的意義與目的，我們可了解整個班級經營的內容，是教師、學生與教學環境三者於班級中、校內外交互作用所衍生出來的人、事、物問題。吳清山、李錫津、劉緬懷、莊貞銀、盧美貴（1991）提出班級教室經營包括：(1)有關「人」的問題處理：包括師生關係、學生與學生、教師與同事關係三種；(2)有關「物」的處理：諸如桌椅的安排、教室布置；(3)有關「事」的處理：可從人、物間的交互活動關係來探討。柳文卿（1999）提到班級經營主要項目，約可分為下列幾項。

一、班級的行政管理

主要是級務的處理，包括：從早到晚的班級事務，例如：認識學生、座次安排、生活照顧、班規的訂立、校令的傳達、班級幹部的選拔、參加各項比賽人員的選拔、班級與學校各處室之間的溝通協調等，都可以算是行政管理的一部分。

在這裡，老師扮演的角色是一位輔導者，也是一位仲裁者，更是一位問題解決者。除了需時時診斷、評鑑學生的各項學習情況外，在產生問題時，

也要能居間協調，尋求合理的解決方式。

二、班級的教學管理

包括：教學活動的設計、教學內容的選擇、教學方法的運用、學生的作業指導、學習效果的評量等，皆是其重要的課題。

因此，在教學管理中，老師應考慮學生的學習能否達到預定的教學目標（或教育目標），並給予適性的發展，使每個學生成為健全、活潑、快樂、有用的人。所以，每一位老師在教學前應做好充分的準備，在教學中更應以各種不同方式引發學生學習動機，隨時做教材的補充。

三、班級的常規管理

這也就是平時所謂狹義的班級管理，例如：上課點名、出入教室的管理、作業收發方式的訂定、值日生工作的訂定及學生的行為輔導等，也就是說有關禮儀、整潔及學習上的規定。

而關於常規的管理，老師除應隨時觀察、輔導外，同時也可以運用班級同儕間的力量相互規範；但應注意的是，這種有關行為的改變是需長時間陶冶，並非一蹴可幾的。

四、班級的環境管理

這裡所謂的班級環境包括物理環境（例如：學生課桌椅的擺設與陳列、室內光線亮度、教室採光與通風、用具箱的整理、花卉盆栽的陳設等）、教室情境布置。因此，環境的管理，包含了硬體的充實，布置的美化、綠化、淨化、靜化，以使之具有靈感、和諧、安全、舒適，配合師生間的和樂互動，使學生喜歡到教室裡，把教室當作自己的家一樣。老師應帶領學生共同規劃、設計、布置教室，讓班級的特性發展出來，成為班級文化的一部分。

五、班級的人際管理

小即教室中各種人際關係的建立與維護，例如：營造出良好的師生關係、班級氣氛，以及促進親師間的合作等。因此，老師們在這裡的主要重點就是如何營造出良好的師生關係，能否營造出亦師亦友亦父母的情境，使班上有良好的師生互動及和諧的班級氣氛；同時和家長彼此交換心得意見，共同來幫助孩子得到良好的學習。

參、班級經營理念之落實

班級經營之理念要落實在以下幾個方面。

一、在日常生活方面

確定我是一個好老師，我願愛我的每一個孩子，若不是因為「喜歡人」，我不會選擇從事教職。

在開學初與學生說好生活規則，讓孩子有原則可循，並且自己帶頭做好。公平是一個重要的原則，賞罰分明才能讓他們信服。

接納每個孩子，有機會就稱讚他們，使他們有成就感。對學生的進步情形及優秀表現詳加記錄，讓每個人都知道，尤其是孩子的家長。

多利用課餘時間和孩子聊天，可利用午餐休息時間每天輪流一位，聽他說話。

唯有多交談才能明瞭學生學習及生活有無困難，得以即時幫忙解決。

二、教學方面

傳統的教學比較著重課本知識的傳遞與記憶，如今的教學則重視「從做中學」，例如：數學強調建構式教學法，讓孩子透過解題過程來建構知識，過程大多採用合作學習的分組討論模式，使知識在思考、討論、實作、發表的過程中獲得。

在其他科目上，我們也能採取多元化的教學設計，例如：國語可以演話劇、社會課可以去實地參觀等。總之，教學要生動活潑有趣，孩子才能快樂學習。

作業的型態也要跟著改變。近幾年來，許多教師都採用學習單，筆者覺得效果似乎不錯，教師精心設計學習單，希望在教學上能有幫助。至於學習單的內容就五花八門，樣樣皆有，從參觀、調查、剪報、蒐集，到繪圖、作卡片、做家事等，讓作業不再只是「坐著」寫的課業了。

評量也不同以往強調筆試，不是所有的孩子都很會紙上作答，更何況有的能力不是「考」得出來的。平時上課孩童的專注力、發表、創作的能力、領導的能力、與同學相處的能力等，這些都能從平時的觀察或報告、表演、創作中打成績。

三、親師合作方面

親師合作是小班教學中重要的一環，透過這個管道可以讓孩子的學習資源從學校延伸到家庭、社區，讓孩子體認到學習不限於學校，處處可學習，時時可學習，這也是終身學習啟蒙教育的著力點。

在班親會上徵求義工爸爸、義工媽媽，利用他們的專才，輔助孩子們的學習工作。接著是安排時間，每週的教師晨會時間或利用生活與倫理、健康教育、輔導活動的時間皆可。

家長們來自各行各業，會的東西一定不少，教師可以帶著孩子一起來挖寶。能進行的活動如讀經、唸唐詩等，培養孩子們的氣質，或說故事啟發他們的想像力，或實施補救教學，讓進度落後的孩子重拾信心，或協助戶外教學，擴大孩子的學習領域；也可以配合節令，例如：冬至時搓湯圓的活動，讓民俗文化與學科課程融為一體；或為學生們舉辦同樂會、請清潔隊員教導孩子環保的重要、請醫師帶領師生認識腸病毒等。總之，親師合作讓教學內容更具彈性，將教學領域向外延伸。

第二節　有效班級經營的原則和策略

壹、營造良好的班級氣氛

　　教師和學生相處在一起，就像一個大家庭，彼此能相處融洽，營造出和諧的班級氣氛，對學生的學習效率也有幫助。但是要如何營造出良好的班級氣氛呢？以下就從幾個方面來敘述。

一、教師應採折衷式領導

　　教師是班級的領導者，班級氣氛受其人格與行為的影響很大。一位採獨裁方式領導的老師，其班級氣氛充滿著緊張，而採用民主領導的老師，其班級氣氛較自由與融洽。這些不同的教師領導方式各有利弊，但相同的是，所營造的班級氣氛皆會對學生的認知與各方面的學習有深遠的影響。老師所必須做的是視班級性質的不同，採用折衷式的領導。避免絕對權威所造成的師生衝突與絕對放任所造成的散漫、師生疏離等弊端。

　　王淑俐認為，真正民主的領導方式具有下列特質（柳文卿，1999），教學或面對問題時，要以學生為中心，針對個別差異來對症下藥：

1. 強調人性化的教育方式：真心與學生相處，了解學生的可愛之處，接納學生的缺憾，不要輕易放棄任何一位學生。

2. 老師居於「顧問」的地位，讓學生共同參與、共同決策、培養團體合作精神，老師不需處處干預或完全放手給學生做。適當的讓學生學會民主社會的決策模式，將使班級事務的處理更為輕鬆。

3. 一起制定法規，討論相關問題，決議後共同遵守。並不是教師開放太多自由，過度尊重學生，弄得班上意見太多、不易取得共識或是老師「很有技巧」的否決學生的意見等，這樣就是「假民主」。

4. 學習民主的過程中，師生雙方均可「教學相長」，老師可以接受學生

的批評和建議，學生也由參與中激發自己更多的靈感。

二、給予學生適度的期望

學生的表現會受到教師對其「期待」的影響。學生若感受到教師對他正面的、積極的期望，則會「自我應驗」般的使成就水準提高，因此老師對學生應有適度的期望，學生將更努力表現，達到老師的期望。同時，老師也要不斷鞭策自己，檢討自己的言行及態度，不因不正確的期望與成見，有意或無意的對學生產生影響。因此，老師要努力做到以下三點：

1. 信任學生：如果教師能夠相信學生具有發展自己潛能的能力，則會允許他們有機會選擇自己的學習方式。
2. 尊重學生：尊重學生的人格、情感和意見，不隨便批評學生使學生感受到威脅。
3. 了解學生：深入了解學生的內心反應，並設身處地站在學生的立場了解學生學習的過程。

三、搭起「溝通」的橋樑

溝通是師生之間意見觀念與情感的交流。師生間應相互尊重，老師應多多聽聽學生的感受與意見，解除雙方的疑慮。師生溝通的橋樑應是雙向、互動的、多元的，雙方都負有溝通失敗的責任。所以師生溝通不良時，不能互相推卸責任、指責對方，這樣只會使師生之間「積怨」更深。應該雙方都要有誠意，而老師更要有引導學生願意溝通的態度和技巧，這樣才能打破師生溝通的沉默。

四、培養幽默感

「幽默感」並不是人一出生就具有，它必須要經過後天的學習。教師在心理上就要先放下身段，扮起亦師亦友的角色，並多嘗試閱讀幽默風趣的小品，來替自己逐漸喪失的幽默感做「營養補給」。在教學中，可適時加入一

些肢體動作或生活中的軼聞趣事，來拉進師生間距離，相信會更受學生的歡迎。

五、了解學生的文化

為了不讓學生認為老師的想法、觀念「過時」，老師要盡可能去了解學生心中的想法，才能打入學生的心。要通過學生重重心防的「最佳護照」，無非就是讓學生感覺「老師和我們是同一國」的。這樣說並不是要老師穿的、用的都和學生一樣，甚至連想法也去模仿，而是多由各種媒體去了解學生的流行文化，知道他們如此崇拜偶像背後的真正原因後，或許老師會以看待另一種「文化」的心情來包容，學生也會願意敞開心胸和老師溝通。

六、輔導學生自我評價、自我肯定、自我超越

學生對自己的信心是從教學的各活動中一點一滴累積而來的。所以，老師並非一味告知學生說：「你們一定要多多了解自己」，而是要提供機會讓學生從不同的角度去領悟一些問題，培養學生對問題的濃厚興趣，而信心自然從解決問題的過程中培養出來。最後，運用班級中群體的力量來互相關懷，使學生在肯定自己後也能有勇氣挑戰自己、超越自己（柳文卿，1999）。

班級氣氛的好壞，影響班級經營的成效很大；其中，教師更是主導教室氣氛的主要人物，對教室情境中的「人、事、時、地、物」尋求有效的處置，妥善的安排，以維持良好的班級氣氛。教師應以「主導」的立場，培養學生正確的行為習慣，發揮團隊自治的精神，促使班級成員間情感交流，增進成員對班級的向心力，以提高班級士氣。相信「有怎樣的老師就有怎樣的班級」定律是不變的！

貳、傑出教師創造良好教室秩序的原則

李輝華（2001）於 1986 年暑假訪問美國堪薩斯州所選出的 12 位傑出小學教師（都擁有教育碩士學位、20 年教學經驗），發現他們對於管教學生方

面都非常成功，主要的原因是他們用了一套很有系統的原則與有關方法來管理學生。傑出教師在創造良好教室秩序的過程中，所使用的原則與方法，經檢視和綜合分析後，可以發現在教室管理上有三個特點：(1)準備周全，賞罰分明；(2)懲罰但不造成身心傷害；(3)以教室秩序做為使學生成功以及培養健全公民的手段。茲分述如下。

一、開學後立即把教室規則定好

為學生提供一個有利於學習的環境：若學生在開學後不久，就知道教室裡哪些行為不被容許，而且了解老師在違規行為發生後會馬上加以制止，則學生們在教室裡多半會產生安全舒適的感覺，這樣的氣氛自然使學生把時間、心思用於學習上。為自己創造一個有利於教學的情境：如果在開學之初，學生們的行為就受到規範，則往後老師就不必把上課的時間浪費在處理犯規的學生身上，而是把所有時間用在教學上。

二、和學生一起訂定教室規則的內容

讓學生共同參與教室規則的訂定工作，會讓他們覺得自己的意見也變成教室規則的一部分，然後產生一種參與感，因此會比較願意遵守這些規則，而不會去破壞它們。

三、讓學生熟悉教室規則的內容

老師若在開學之初，盡量讓學生熟悉教室規則的內容，即可減少學生們往後違規行為的發生。

四、讓學生家長知道教室規則的內容

老師在開學初將所訂定的教室規則複印一份給班上每一位學生的家長，這些規則通常是學生犯規時的處罰辦法。這樣做一方面可以避免家長的誤解；另一方面也可尋求家長的支持和合作。

五、以身作則

傑出教師在維持教室秩序時，一個很重要的原則就是「以身作則」。也就是說，老師無論對學生有什麼要求，他們自己必須率先力行，以做為學生效法的對象。許多老師都相信，減少學生違規行為發生的最好方式就是讓他們喜歡學習，而要讓學生對學習感興趣的必要條件之一是，做老師的一定要對教學有熱忱。因為熱忱會感染給學生，使全班的學習氣氛活潑起來，教學效果大增。

六、上課前做好教學準備

如果老師在上課前做好充分的教學準備，則上課時學生的時間可完全被安排在學習上，這樣紀律的問題就不容易產生。

七、處理學生違規行為時態度要堅定且前後一致

許多傑出的老師都會使用這個原則，因為若老師對學生的要求是一回事，而執行起來卻是另一回事，則學生會失去對老師的尊重，這樣老師所說的話會失去約束力。此外，少數人沒有破壞團體秩序的權利，因此對少數人的違規行為絕不可寬容。而且若老師對違紀者處罰的有無，前後不一致，則這種現象一旦被學生發現，他們以後可能會心存僥倖，在面對不該做的事，會有不妨一試的心理，使教室的秩序受影響。

八、學生犯錯後以一對一的方式處理

雖然學生犯錯應該要加以糾正，但優秀的老師們會盡量避免傷害學生的自尊心，而其方法就是應用這個原則。因為這樣不會讓被教訓者在別人面前丟臉，更可使他們願意改過進而達到糾正的目的，而且還能促進師生間的相互了解。不過，多數老師指出，通常是學生有較嚴重行為問題或重複違規時才使用此原則。

九、學生若犯了錯留到下課後再處理

藉著寫名字以及在名字旁打勾的方式，將學生犯規的次數記錄下來，等到下課後再根據這個紀錄，做為處罰學生的依據。應用這個原則，不但可以使教師們在上課時不致中斷他們的教學活動，而且可使絕大多數學生的學習活動不受干擾，更可使初犯錯者有一自新的機會。

十、如果學生繼續犯錯則加重處罰

當學生第一次犯規時，老師只是把該生的名字寫在黑板上，當作象徵性的處罰。若學生又再犯一次規，教師就給予逐漸加重的實質性懲罰（通常是下課或放學後執行）。

參、班級多元文化的經營

由於社會的日趨多元化，各個班級的組成不再如往昔般單純，我們甚至可以說，每個班級皆是由來自不同文化的學生組織而成的學生團體。因此，教師必須在班級中營造一個圓滿而和諧的環境，有利於多元文化教育的實施。就消極而言，在使學生不因為種族、性別、語言、家庭背景或學習能力的不同，而獲得不公平的待遇；就積極而言，則在使學生於承認這些文化差異的前提，增進敏於覺察、了解、欣賞其他文化的認識，並從而培養與其來自不同團體的學生相處的能力。在這層任務的要求下，教師們應該採取社會文化和生態系統的觀點，把班級看成一個由學生、教師、課程、教學、目標等因素相互影響，緊密連結而成的系統。這樣的一個系統對於學生的學習，可能帶來正面的影響，也可能帶來負面的影響，端看教師如何費心營造。

就班級多元文化的經營而言，最重要的核心主題乃是班級和諧氣氛的經營問題。針對此一問題，陳金木（2000）指出，班級氣氛是指班級師生互動關係所形成的一種社會心理環境，透過班級氣氛，可以了解班級的社會交互作用及個別差異情形，且班級氣氛也影響個體在團體中的態度、價值與學習。

因此，教師在教室教學時，必須負起營造良好班級氣氛的責任，其內容如下：

1. 在我的教室裡，我能維持良好的上課秩序。

2. 在我的教室裡，我能保持良好的師生溝通。

3. 在我的教室裡，我能創造融洽的學習氣氛。

4. 在我的教室裡，學生們聽課的態度良好。

5. 在我的教室裡，我有很強的團隊凝聚力。

6. 在我的教室裡，我能很有組織、很有效率的教學。

7. 在我的教室裡，學生們都能遵守班級公約。

8. 在我的教室裡，學生們的學習需求都能得到滿足。

9. 在我的教室裡，學生很少發生不良的行為。

10. 在我的教室裡，學生都能與老師合作。

因為良好的班級和諧氣氛除了提供師生安全、舒適、有效的教學場所，更有助於教學效果的提升。

第三節　班級經營的問題與處理

班級，在學生的心目中，是很重要的生活世界。生活在當中，學生希望被其他朝夕相處的團體成員和老師所接納。因此，大部分的學生會遵從班級常規來尋求團體的認同。但是，有一些學生卻會以調皮搗蛋、不守規矩來顯示其重要性，而這些學生往往是令老師頭痛的。身為教師，若要導正學生錯誤的想法和作法，必須了解其問題關鍵所在，方能導正學生的行為（方郁琳，1997b）。

壹、班級經營問題的類型

班級教室容易出現團體性的管理問題，這些問題大致可區分為七類，教師可依下列說明，判別所遭遇問題的成因（周新富，2006）：

1. 缺乏團體精神：當班級缺乏團體精神，並有次級團體存在時，班級成

員之間容易形成不和睦的現象，而且時有衝突的發生。這一類的班級氣氛充滿了衝突、敵對和緊張。學生對班級不滿，不喜歡此班級，因此大多不支持班級活動。

2. 不遵行班級約定的規範：推行共同訂定的規範是維持班級良好運作的基礎。而班級中，卻時常發生有成員明顯不遵守班規等這類問題的具體行為，例如：吵鬧、喧嘩、不守秩序、推拉爭吵和擾亂隔壁班同學等都是。

3. 集體對特定成員採取消極態度：學生時代的判斷力較易傾向兩極化，因此，若有特定成員出現班級同學所不滿的行為時，團體成員會集體表現出討厭和排斥這類不守規範或妨害團體活動者。

4. 集體表現不當行為：這類問題是團體成員表現出支持違反團體規範的行為，造成管理上的問題，例如：全班支持某位同學的小丑行為、集體作弊或共同公然反抗校方行政規定等行為都屬於此類。

5. 干擾中止活動行為：這一類班級常對一些微小問題的事故做過度反應，進而干擾到班級的活動，例如：誤會教師獎賞不公平而拒絕參與活動，使班級充滿焦慮和不安定的氣氛。

6. 抗拒團體規範：團體公然或暗中從事反抗活動以致班級活動受影響，甚至停頓，例如：遺失書包（或課本、作業）、集體逃學等，對教師而言，這類問題最難處理。

7. 無法適應環境改變：此類管理問題通常出現在新成立的班級。由於新的班級規範和要求，會使新成員一時無法適應而造成團體的問題。這類問題常出現在班級更換代課或新任老師之時，使原來表現不錯的班級會突然出現不當的團體問題。

學生在班級內的學習成效與教師的班級經營技巧有密切關係，無論是個別或團體管理問題，均需教師耐心處理解決，而教室常規的建立首先要要求學生去遵守學校以及教師所制訂的規則，並由一些強制性的要求下轉為由學生自己遵守規定，加深學生的內在動機，形成學生個人的行為模式。這對於

學生進行社會化以及與他人互動的過程中，是非常重要的。因此，建立常規是非常重要的，因為其除了產生約束個人行為的能力外，並能夠加入與社會互動的協商及溝通的能力。建立教室常規之前，必須要讓學生有下列幾點的概念：

1. 學生必須要對自己的行為負責。

2. 學生必須尊重自己與他人。

3. 學生有責任去影響他人表現適當行為。

4. 學生有責任知道教室裡的常規與影響。

由上可知，一個具有常規的課室，是由教師與學生相互「治理」的課室環境，其規則的形成、訂定與遵守，是必須經由一連串具邏輯的理性過程後所產生的；也就是說，在課室之中並無絕對的權威者，老師在其中所扮演的角色在早期是一個約束者的角色，要求學生要具有一定程度遵守規矩的能力，待其形成後，教師也成為課室之中的參與者以及文化形成的共同制訂者。而這樣的課室，就是一個具有民主精神的課室，也就是符合社會建構主義的教學理念，才能對學生的學習成效有所助益。

貳、班級經營問題的處理

對一般教師而言，處理班級管理的行為問題是既費神又耗時的事情，尤其是對初執教鞭的新手老師，更是深感棘手。在此，由學生個別問題的處理、學生之間的問題處理、團體成員會商，以及教學中常規問題的處理等四項類型分別做說明。

一、學生個別問題的處理

（一）分析問題產生的原因

Pearl、Donahue 與 Bryan（1986）指出，個別的問題大致可依其行為的屬性歸為下列四項：

1. 爭取注意的行為：當學生無法表現出被團體或社會所接受的行為時，個人會深覺挫折和沮喪，此時，他們會以積極或消極的爭取注意（attention-getting）行為來表達情緒。最常見消極的不當行為是缺席，希望藉由不出現來引發教師或同學的關懷；而積極的不當行為，則會有扮小丑、惡作劇、不停發問、擾亂別人等表現。

2. 追求權力的行為：追求權力（power-seeking）的行為與第一類行為類似，但卻比較具有破壞性。積極尋求權力者常會與人爭吵或有欺騙、發脾氣、抗辯、拒絕、明顯的不服從等行為；而消極追求權力者，則多會以拖延功課、忘記、頑固和消極抵抗，來抒解其內心壓抑的不滿。

3. 尋求報復的行為：這類學生不再希望獲得注意或得到權力。遭受排斥的嚴重挫折感，使他們只能用尋求報復（revenge-seeking）的方法，贏得勝利，才能彌補受創的心靈。常見的不當行為，例如：惡毒的話語、公然挑戰老師或校方政策、從事人身的攻擊等。此類學生大多採主動的方式，採消極的表現較少。

4. 表現無助（inadequacy）的行為：第四類的學生普遍都抱持一種想法，如果別人相信我是無助的，就不會再管我了！因此，他們放棄做任何嘗試，使教師不再對他們抱持任何期望或要求。他們所表現的行為經常是孤僻、沒信心、退縮、悲觀、無助感、自卑或逃避等。

教師必須正確找出學生的行為屬性，才能對症下藥的去處理問題。在區別上述問題行為時，有一些簡單技巧可以幫助辨識：在課堂上或私下相處時，教師如果感覺到厭煩，可能是因為學生想引起注意；如感覺到受威脅，則學生的行為目標可能是在尋求權力；如感覺到受侵犯，則學生可能是在尋求報復；如感覺到失望，則學生的目標是在表現出無助的行為。

（二）處理方式

「爭取注意」、「追求權力」、「表現無助」、「尋求報復」等四類不當行為，均是學生個別的問題，在課堂之中，教師可以運用轉移焦點或當面

糾正等策略，來暫時抑止不當行為的嚴重程度；但若欲徹底解決問題，必須於課後再行深入了解真正原因。Glasser（1985）對協助改變學生的行為，提出七個步驟供教師處理個案問題時運用，以下就各步驟做簡單的描述：

1. 溫和的態度：以溫和的態度與學生接觸，表達樂意協助的意願，使學生願意再卸下防衛的心，一起共同解決問題。

2. 了解行為問題：針對學生眼前具體的行為問題，應於詢問清楚後就事論事，切勿以主觀的態度直接加以批判。

3. 協助學生思考：協助學生針對自己的行為加以思考，並且做出價值判斷。

4. 共同制定計畫：教師與學生可以針對改變行為的目標，共同制定一項計畫。

5. 要求計畫執行：衡量實際情形，教師可以口頭或書面方式與學生做約定，要求學生提出執行計畫的承諾。

6. 考查計畫成效：持續追蹤考查學生是否確實執行計畫。

7. 接納計畫成效：倘若學生無法依承諾施行計畫，且持續表現不當的行為，此時，教師切勿以消極或挖苦方式對待學生，只需堅持立場，不接受其編造的任何藉口。

二、學生之間的問題處理

學生之間偶爾會發生一些意見不合或爭吵打鬥的衝突，傳統中都是教師介入處理學生間的問題。事實上，教師的介入反倒容易使學生彼此產生誤會，認為只有教師才有解決問題的能力，或是只有衝突才會引起教師的注意。學者 Jones 與 Jones（1998）建議教師在協助學生處理學生間的問題時，應該注意下列各項。

（一）確定學生參與方式

教師決定讓學生自行處理其問題之前，必須考慮彼此相互了解和接納的

程度。班級氣氛若是和諧愉快，學生較能互相協調，找出問題；相反的，如果氣氛是充滿同儕的競爭，學生不易共同合作來解決自身問題。若是衝突雙方所具有的同儕地位相差太大時，教師必須考慮由第三者擔任仲裁，出面解決衝突。

（二）學生參與的作法

學生參與處理問題時，可參考下列作法：

1. 師生討論問題處理的程序：討論的目的，旨在使學生了解衝突雙方能面對面直接溝通的重要性。討論後，衝突者都必須遵循決定的程序，安排會商的時間地點，以便和諧的解決問題。

2. 教師協助學生安排適宜的會商環境：面對學生間的衝突，教師是責無旁貸的輔導者。在教師適當的輔助下，學生可以自行安排會商事宜，處理問題。必要時，教師可依據衝突雙方的能力需求，給予溝通技巧的訓練、表格的記錄，使學生學習到解決衝突的能力。

三、團體成員會商

全班性的問題則須靠所有團體成員共同會商解決。目前中小學每週有排定一節的班會，此即是團體成員會商的良好時機。全班同學會商時，須注意下列原則：

1. 討論問題應涉及團體事務，而非少數個別事件。

2. 討論議題需清楚明確，以利討論的進行。

3. 會商目的主要在獲取解決問題的共識，應就事論事，不應有人身攻擊的產生。

4. 學生應遵守發言規定。

5. 教師宜扮演輔助催化的角色，協助學生自行進行會商。

一位懂得運用具體方法建立班級管理的教師，必定能提供機會，培養學生適應社會能力。在本節所提及的管理問題和處理原則，均以了解學生、解

決衝突和增進和諧為前提，希冀教師們能靈活運用，為認知技能的學習布置有力的先決條件，建立學習者喜愛的班級團體。

四、教學中常規問題的處理

學生在教學中的分心或破壞秩序的行為，大多是暫時性的問題行為，教師可以運用一些影響技巧（influence techniques）立即制止不當行為，並支持進行中的良好行為或新的良好行為即可，以下提出 16 項處理技巧供運用之參考（溫世頌，1997）：

1. 給予信號：給予信號，用以制止剛剛發生的違規行為，例如：學生交頭接耳，老師暫停講課，清清喉嚨，加以凝視等。

2. 趨近控制：教師走近發生不當行為的學生，或駐足其旁或輕拍其背或輕加警語等，以制止不良行為的持續。

3. 使用幽默：教師運用輕鬆幽默的話語，提醒制止違規之行為。

4. 安排工作：小學生年紀愈小愈不會安排運用時間，導師可安排工作，使之適時忙碌，可免不當行為乘虛而入，例如：安排收發作業、擦黑板等。

5. 勸離現場：將怒氣在身的學生勸離現場，避開怒氣情境，使其情緒緩和，不過，宜讓學生了解這是非處罰性的處置（nonpunishment measure），旨在平息情緒，是非曲直，另做公斷。

6. 移除媒介：清除造成學生違規行為的媒介物，例如：取走漫畫書；坐在鄰近的同學有愛講話習慣，就將這些同學拆散。

7. 提高興趣：教師運用處理教材的方式，提高學生興趣，或向學生發問，以引起學生注意。

8. 直接訴求：直接指出老師期望的行為，並要求學生照辦，否則讓他自食惡果，例如：把教室清掃乾淨即可回家；想提早回家，趕快做完作業等。

9. 批評過失：直接指出學生過失，要求改以良好的行為代替，例如：學

生作業抄襲他人，老師可直接指正批評，要求改正。

10. 複述常規：教室常規很多，學生不一定一一記住，所以常有無心之過失，例如：搶先發言，教師可複述說：「各位同學，我們不是說過發言先舉手嗎？」

11. 制止行為：學生行為失去控制，必要時，教師可大聲喝令停止該不良行為，例如：「張三，不要講話。」

12. 自食其果：學生不在規定時間內做作業，放學後留下來做完再放學；或隨意破壞教室布置，令其自行修改，使之了解須為自己的行為負責。

13. 收回特權：學生不守規矩，停止該生參加他喜歡的某些活動的權利；也可向其父母親建議停發零用錢。

14. 個別談話：所謂揚善於公堂，歸過於私室，對違規學生實施個別談話，時間可訂在下課或放學後，以 20 至 30 分鐘為原則，共同尋求合理解決方式。

15. 停止學習：依照校規處以停課、停學或家長帶回管教等處分，因為學習也是一種權利，停止學習可使之自反自省，唯須附加輔導，否則停學對某些學生而言，可能正中下懷，反有負增強的效果。

16. 懲罰：依各校制訂的「輔導與管教辦法」予以罰站、隔離等方式之懲罰，懲罰使學生產生不快或痛苦的感受，如運用得當，可以制止不良行為，但很難完全消除不良行為，亦不能防止同樣行為的再犯，運用務必慎重。

第四節　結論

　　教室是由人、事、地、物組合而成的綜合體，教師必須有系統的使用班級經營策略，有計畫的經營管理，才能提供教學的績效。教育的過程是師生互動的過程，而在教育活動過程中，教師要如何陶冶莘莘學子努力向上向善，

並引領學生由「自然人→文明人→自我實現→自我超越」的全人格發展，追求健康、快樂、平安、幸福的人生，都有待教師在教學歷程之「班級經營」發揮積極正向的價值功能，形成師生間良好互動關係，使學生能成功的學習，教師也能樂在教學，可以看見「班級經營」在整個教育過程中所顯現出的重要性與必要性。教師班級經營的良好與否，必定會影響到教師的教學效能與學生的學習成效。因此，期勉教師們在班級經營時應注意各項資源，依據教育原理，以發揮教育效果，達成教育目標。

第 **9** 章

教學媒體的製作與應用

王財印

近年來，電腦及網際網路已滲入整個教學環境，而這些工具已提供許多改善學習的可能性。然而，只有教師才是將媒體及科技與學習過程整合的關鍵。媒體與科技對教室的影響，致使教師與學生的角色有明顯的變化。教師與教科書不再是知識的唯一來源，教師成了取得知識的引導者。做為學習的引導者，教師有必要檢視學習環境中所接觸的媒體與科技，以及對學生所造成的潛在影響。在適當環境中資訊的選擇、安排與傳遞，學習者與資訊互動的方式，教師如何看待課堂中媒體與科技的角色，取決於他對人們如何學習的看法。

第一節　教學媒體的含義

媒體是傳播的管道，英文中「媒體」（media）字源來自拉丁文的「兩者之間」，意思是指任何可在來源者和接收者之間傳遞訊息的事物，如影片、電視、圖片、印刷物、電腦及教師等，傳播訊息帶有教學目的者皆稱為教學媒體（instructional media）。媒體的目的是為了促進傳播，教師使用各種聽覺和視覺的輔助教材來幫助學習，近來電腦、網際網路的普及，許多的新科技如單槍投影機、電腦、數位影視光碟、遠距教學視訊及網際網路被應用到教室內。教學媒體或稱為視聽教育（audiovisual education）、電化教育（electrical education）、教育工學（educational technology），指的是充分利用視覺器

官、聽覺器官以及其他感覺器官（如觸覺、嗅覺、味覺、聽覺）來學習的一種教育方式。教師適當利用教學媒體，可以增進教學效率，達成教學目標。

壹、成功教學的要件

不論是行為學派、認知學派、建構學派或社會心理學派的學者都認為，成功的教學具備了以下教學觀點的特色：

1. 主動參與：學生主動參與有意義的任務與內容互動，便可達到有效的學習。

2. 有效練習：學習新的事物必須經過一次以上的接觸才記得住。在不同的環境下練習，可增進記憶力和運用新知識、新技能或態度的能力。

3. 適應個別差異：每一個學習者因個性、基本性向、對某一主題的知識或其他因素而有所不同。有效的教學法讓每個人依不同速度進步、涉獵不同主題，甚至讓每個人參與不同的活動。

4. 即時與有效回饋：學習者必須知道他們的思考方法是否正確。教師口頭或書面的訂正、電腦的電子訊息、遊戲的計分系統等，皆可提供學生回饋。

5. 實際情境與虛擬實境：我們最容易記得住及應用的是在真實情境所發生的知識。機械式的學習只能獲得死知識。「死知識」指的是我們雖然知道，卻從來不曾應用到生活上的知識。教育學家 Dewey 主張：生活即教育。吾人常言：「生命的意義，是創造其宇宙繼起的生命。生活的目的，在增進我人類全體的生活。」就是要學以致用，讓生命發光發熱，讓生活止於至善。

6. 社會互動：一起相處的人隨時可成為指導者或者學習的夥伴，提供了許多教學及人際關係上的支持。在選擇教學媒體時，採中庸的態度是絕對必要的。大部分的教育家支持認知學派對多重刺激教材的重視，他們確信學生從影片學到的知識遠多於本身所呈現的內容。

貳、教學媒體的角色與定位

　　教學媒體在教學中扮演重要的角色，尤其在今日高科技時代，所謂「秀才不出門，能知天下事」，學生早已沉浸在感官的刺激中，教學媒體輔助教學，有其必要性。「工欲善其事，必先利其器」，在 21 世紀多元開放的教育中，教師不再只是站在臺上，憑著一枝粉筆、一張嘴、一本教科書，一味的將「教材」灌輸給學生，而是應該改變傳統的觀念和方法，重視學生與生俱來的「好奇心」和「向上心」。因此，如何在教學情境中營造一些驚喜，讓學生喜歡上課、主動學習，已是重要之課題。靈活應用「教學媒體」以引起學生學習的意願和興趣，可讓教室像電影院一樣，亦可使教室的氣氛生動活潑；更重要的是能提升學習效果，達到教學之目標。

　　傳統上，教師扮演的角色為指導及協助學生社會化，讓學生們學到將來在社會上生存時所該有的知識、技能，並培養與人群互動時所該有的情意及道德；同樣的，在多媒體的課程中，教師無疑將扮演電腦、網路及學童之間的橋樑。如何讓學童在教師的講解及指導下，透過電腦及網路擁有更高的主動學習意願及更有效率的學習，同時預先教導學童應對在電腦及網路世界中所可能面臨的傷害與陷阱，將是教師在往後的課程上所必須積極扮演的角色，而為了資訊網路時代下的課程教學能夠成功，教師更應具備足夠的資訊素養。至於大部分教師僅將教學媒體當成是電腦教師的事，把資訊教育當成僅僅是教會學童如何使用電腦，則是未來資訊教育的一項隱憂。綜合以上所言，使用教學媒體具有以下優點（劉信吾，1994）：

　　1. 有利於教學標準化。

　　2. 有利於形成生動有趣的教學。

　　3. 有利於提高教學品質和教學效率。

　　4. 有利於實施個別化學習。

　　5. 有利於開展特殊教育。

　　6. 有利於探索和實現不同教學模式的教學。

基於以上各優點，我們應學會使用各種教學媒體，創造新的教學媒體，使教學更有系統，學生學習更加有效率。

第二節　教學媒體的種類

教學媒體的種類繁多，從最傳統的板書、圖書、相片到最新穎的電腦多媒體皆可用到教學中，以下就教學媒體的種類做一介紹。

壹、視覺媒體

在運用媒體中，並不是所有的媒體都需要使用電器設備，運用各種非放映性的視覺媒體仍會使教學具有真實性及吸引性。圖片、圖表、統計圖、海報與卡通，都能提供視覺訊息以協助學習者了解抽象的概念；當然，放映性媒體（如投影片、電腦簡報）也同樣可運用圖片加強簡報的呈現效果（張霄亭，2002）。

一、非放映性視覺媒體

非放映性視覺媒體（nonprojected visuals）能使抽象的觀念更具體化，可使教學由語言符號層級轉到更具體的層級。由於這些非放映性視覺媒體不需要任何設備，很容易就可以使用也很便宜，因此可用在任何教學層級和教學學科。非放映性視覺媒體也可用來引發創意性的表達，例如：說故事、寫故事或寫詩詞等。所有非放映性視覺媒體都可運用在測驗或評鑑的活動上，尤其是當教學目標與辨識人、地、物有關的時候，會特別有用。以下介紹幾種常見的圖表教材（張霄亭，2002；陳淑英，1993；劉信吾，1994）。

（一）立體媒體

立體媒體包括：實物、模造、標本、模型、板類媒體等。實物指真實的東西，如植物、動物、水、空氣、岩石、礦物、土壤、工具、家用電器、生

活用品等。模造是實物的某一部分，它可以是實物的原寸，或放大，或縮小，只呈現實物的某一部分，可以是基於經濟因素，以省卻其他部分的製作費用，也可以是基於使用上的需要，突顯該部分以便於教學。模型是用一定的材料，依據實物的形狀和結構，按比例製成的物品，如花的模型、人體骨骼模型、心臟模型、內燃機模型、火箭模型、氣象站模型、地球內部構造模型、地殼變動模型等。板類媒體包括黑板、揭示板。因為大家對標本都不陌生，故不多做解釋。

（二）靜畫媒體

靜畫媒體可包含以下幾類：

1. 圖片：圖片是指以照相或類似照相方式來表現人、地、物。常用的圖片有：照片、風景明信片、圖書、雜誌、插圖、教學圖片等。圖片是平面的，因此經由不同角度或位置的一組圖片來補充它所缺乏的立體感。藉由一連串的圖片也能表現出動作的效果。

2. 圖畫：圖畫是以線條來表達人、地、事和概念。教師自己製作的圖畫是有效的教材來源之一，它可配合教學單元的需要，畫在黑板或其他適當的表面上；也可用來取代圖片或放置在圖片旁邊以協助說明。

3. 圖表：圖表是用圖形來表現抽象的關係，如年代、數量、層屬關係等。在教科書或訓練教材上常見的圖表是表格和流程圖。圖表需要有清楚的教學目標，一般而言（特別是針對年紀較小的學生），一個圖表應該只呈現一個或一種主要的概念。如果要呈現的訊息很多，最好使用數張簡單的圖表，而不要只用一張很複雜的圖表。一張設計良好的圖表應該是以圖形而非以文字為主，文字應該只是輔助的說明。

4. 統計圖：統計圖將數字的資料做視覺化的呈現，也可以用來呈現數據之間的關係，以及數據所表現的趨勢和走向。統計圖主要有四種：條形、直方形、圓形、線形，教師可根據資料的複雜性以及學生解釋圖表的能力來選擇適當的統計圖類型。

5. 海報：海報的內容是由影像、線條、色彩、文字所組成，目的是吸引觀眾，並維持其一段時間的注意力，以使海報的訊息能被接收。海報應該是色彩豐富且有活力才會有效。海報的缺點是它的訊息很快就會因觀看者覺得熟悉而不再有深刻的感覺，因此海報不能張貼太久。海報可以運用在許多學習環境，可以引發對新主題、某一門課或是學校某事件的興趣。

6. 漫畫：漫畫、卡通是人們從小就常見的視覺圖像。漫畫常對人或事件加以諷刺，一直都是人們歡迎又熟悉的圖畫資料。在許多印刷媒體上都會有漫畫的出現，如報紙、雜誌、教科書。漫畫的內容可以從娛樂的連環圖畫到嚴肅的社會或政治評論，而漫畫家的表現技巧主要依賴幽默和諷刺。

7. 地圖：地圖通常應用在地理科的教學，有時文史科也會用到地圖來教學。

二、放映性視覺媒體

由於在黑暗中明亮的螢幕容易吸引觀眾的注意，因此放映性視覺媒體（projected visuals）一直在教學與娛樂上受到歡迎。放映性視覺媒體是指被放大的靜態影像與呈現在螢幕上的媒體形式。這些放映一般是運用強光穿過透明的膠片（如投影片、幻燈片），經過鏡頭來放大影像，再將其投射至反射平臺上。

（一）文件提示機

文件提示機的原理是將攝影機裝置在類似翻拍臺的支架上，拍攝在臺面上的照片、圖片或小物件。它拍攝到的影像可以投射到教室內的大螢幕，也可以透過傳輸設備傳送到遠方的電視中。

文件提示機也可以摺疊裝箱，讓老師攜帶到其他場所使用，教師只要將文件提示機和電視或單槍投影機連接，就可以讓現場所有學生觀看到較小的

物件或圖片，而學生不需要擠在教師旁邊探頭觀看。

（二）投影片投影

投影片能單張使用或製作成一套連續的影像，其中包含一張基片，以及黏貼在基片上的一張或多張疊片。疊片是數張投影片依序堆疊在最底層的投影片上，當講解時，教師將一張張更多相關的訊息加以說明。複雜的主題便藉著每次翻一張這種連續的投影片方式，逐步加以解說，而每張疊片都會增加一些額外的資訊至前一張圖上。但這種形式的媒體已被單槍投影機所取代，用投影機進行教學已日漸稀少。

（三）幻燈單片

幻燈單片是指小型的攝影透明片，它被裝上片框，用來一次一張的放映。在教育使用上最常見的幻燈單片尺寸，從它的外框量起來是 5×5 公分，而影像本身的實際大小則依其底片和照相機的種類而有所不同。

（四）數位相機

教師可以用許多不同的方式來使用數位相機儲存的影像，例如：連接電腦來將視覺媒體顯示在螢幕上，也可以轉而連接電腦到液晶顯示板或單槍投影機給學生觀看。

貳、聽覺媒體

聽覺媒體（audio media）是指為了教學目的，記錄及傳送人類聲音及其他聲音的工具。在教室裡，最常見的聽覺裝置有錄放音機、收音機和光碟（CD）播放機。以下分別說明聽覺媒體的形式和種類。

一、廣播節目

廣播節目亦是聽覺媒體經常見到的學習方式，例如：收聽空中英語教室、

實用日語、教育廣播電臺的節目等。

二、光碟

光碟的技術使其在教育及訓練上備受歡迎，教師可以在光碟上很快定位他的選項，甚至寫好程式以依照所要的順序放音。資訊可由受訓者做選擇性的存取或由訓練施作程式規劃。光碟主要的優點是不易受損，汙點可以被洗掉，且通常刮傷不會影響錄音時聲音的播放，如果真有影響音質刮傷，可以修復回來。英語、音樂科目的教學最常用到這類型的媒體。

參、多媒體

多媒體是集合聲音、動態、情境設計等方式表達意見和情感的傳播法。包括所有能利用電腦科技去介紹資訊、發表意見的傳播媒體，如文句、製圖、動畫等，關鍵的功能當然是強調「互動式」的設計，再加上即時聲音、即時影像、動態畫面和靜態影像等。可分為下列兩種類型來介紹。

一、影片媒體

教學上，影片可以是在課程前引起動機的方式，可以是教學中教材呈現的途徑，可以是課後補充材料的一種。足不出戶一樣有實地觀賞的效果，節省課程的時間和經費，並且得到臨場的實地經驗。藝術領域老師可以透過影片，指導學生技巧方法，不會人多看不見。音樂教學可以把學生帶進音樂會中，欣賞各種的演出。社會領域老師可以借由影片，讓學生體會各地的風土民情，看看世界的風光。自然科學領域裡，在影片中各種動植物的生態，不會使老師說得口沫橫飛，學生仍然不知所云。

早期在課堂上使用動態媒體教材時，大多利用錄放影機播放錄影帶，或收看電視廣播的教學節目，為了迎接網路時代的來臨，這些早期錄製完成的錄影帶教材若想透過電腦播放，須先經過數位化及網路化的過程，將原來類比格式的資料轉換成數位及網路串流格式。由於類比格式轉檔成數位格式的

過程會較繁複，因此我們建議製作新的動態媒體教材時，直接利用數位攝影機或電腦來錄製會較為省時方便。

　　教學影片的拍攝則要依據教案編寫的計畫內容完成腳本之規劃，其步驟如下：

　　1. 撰寫教案（或教學大綱），確定教學內容。

　　2. 根據教案擬訂拍攝計畫，完成腳本規劃。

　　3. 依據腳本內容，規劃分鏡腳本與拍攝細節。

　　4. 拍攝教學活動，同場景多次攝錄，以供後製選用。

二、電腦與網路多媒體

　　電腦多媒體與網路輔助工具之教學是最新的趨勢，學生操作電腦來學習、教師透過網路進行教學，教師會透過電腦、電子白板等裝置進行多媒體教學，或是進行以電腦為本的電腦輔助教學等，都是目前政府一直倡導的「資訊科技融入教學」的一環。最常見的形式是教師使用微軟公司（Microsoft）的PowerPoint 軟體，再配合單槍投影機進行教學，可以做到文字、圖片、聲音的整合。另一種電腦多媒體形式是教師製作與教學相關網頁或影片，讓學生上網下載教學資料或是在網路上的教學平臺進行線上學習，做為課前預習、補救教學或加深加廣的用途，如最近流行的翻轉學習。

第三節　教學媒體的功能與使用原則

　　教學媒體的運用，需要慎重的考量、勤奮的練習與切實的評估，並隨時加以改進，如此不但可使教學生動化，並且可提供學生較為具體的經驗；藉著感官與教材的互動，教學媒體運用得當，有如魔術師手中的魔棒一樣，輕輕一揮，即能達到良好的教學效果。以下僅就教學媒體的功能與使用原則做說明。

壹、教學媒體的功能

教學媒體的運用可以達到下列的教學功能（張霄亭、朱則剛，2008；張霄亭等人，1997）：

1. 引起學習興趣，讓學生喜歡學習：興趣是激發學習的動力，透過生動的教具吸引學生的學習興趣，學習效果自然好。

2. 集中注意力，提高學習效果：透過教具吸引學生，使其注意力集中，學習更快速，提高學習效果。

3. 幫助事物理解，獲得正確觀念：如以圖片或實物介紹幫助理解，容易獲得正確觀念。

4. 刺激思考，培養創造力：有些創意圖片或未完成的圖片，留下想像空間，可以刺激思考，培養創造力。

5. 加深印象，幫助記憶持久：實物、影片親眼目睹，可加深印象，幫助記憶。

6. 提供具體經驗，促進自動學習：如課文朗讀光碟，可以邊聽邊學；書法範字可以模仿練習，達到自學的目的。

7. 教學多變化，節省板書時間：如利用投影片，可以節省許多板書的時間。

貳、教學媒體的使用原則

如何有效使用教學媒體，與教學之成敗有密切關係，教師應依據媒體的特性和使用的限制，考慮使用教學媒體宜注意之事項，讓教學媒體發揮教學上的功能。以下就提出幾個使用教學媒體的原則以供參考（王千倖，2001；沈亞梵，1999）。

一、教學前

1. 練習如何操作媒體：對於將要使用的媒體如果不熟悉，則事先稍加演

練是必須的，同時，教學影音檔案教師應該事先看過，避免內容出現不適合學生觀看的畫面或情節。

2. 安排好助手：教學時如果需要他人安排操作機器，應該及早排定，並且也讓助手在事先稍做練習，以免屆時手忙腳亂，影響教學活動的進行。

二、教學中

1. 注意教室環境：包括教室的燈光、溫度、教師的音量和手勢等，都是常被忽視但卻足以影響媒體效果的因素，例如：使用透明片投影機時，室內不必全暗，但也要避免在螢幕附近有太強烈的光源，而使投影的內容難以辨識。

2. 討論媒體內容：如果使用的媒體是影片或圖片，在觀賞後，最好留下一段時間供大家討論，如此更可增強學習的效能。

三、教學後

1. 恢復原狀：教學後，教室桌椅、電腦等教學媒體應恢復原狀，以利下一位教師使用。

2. 評鑑：教學後教師針對影音內容可以進行發問，以了解學生是否專心觀看，教師亦可要求學生撰寫心得報告等作業。同時教師要自我省思，或是要求學生提出建言，以做為將來改進的參考。

3. 修正：根據學生的意見及自己的省思，在下次教學時將可做適當的修正。

第四節　資訊科技融入教學的作法

資訊科技融入教學產生一種新形式的教學稱之為網路教學（online teaching），這種教學指的是利用網路和電腦多媒體技術建構教學環境，如教學網

站、網路課程、學習網站、網路教學平臺等,師生不受時間、空間的限制,只要將電腦連接到網路教學環境,透過電腦設備進行教學與互動。為因應新的教學趨勢,教師必須具備多項資訊技能,如製作簡報檔、拍攝教學影片、製作動畫或錄音節目等。然而影片拍攝、錄音節目不易製作,耗費時間或非教師能力所及,簡報軟體是最實用的教學媒體,以下僅就其製作教學簡報及選擇網路教學影片做一探討。

壹、製作教學簡報

微軟公司所出的 PowerPoint 軟體,以及蘋果公司(Apple)的 Keynote 軟體,都是專門用來製作簡報的工具,在目前已經被廣泛且大量的使用,無論是公司的職員、學校的老師或學生也大都能夠利用上述軟體製作精美的簡報,使得教師在講述或學生在報告的過程更能吸引同學的注意。以下僅就簡報檔的製作原則及優缺點做一說明(歡喜工作群,1995;變形蟲工作室,1994)。

一、製作原則

(一)文字方面

1. 字體字型大小要適當,字型過大會造成頁數過多,換頁頻繁,干擾學生上課;也不宜過小,使得後排同學閱讀不易,導致上課分心(最好以 32 級字型、標楷體、粗體字呈現)。
2. 適當的字距和行距。
3. 文字和圖片配置要適當,以免圖片干擾文字。
4. 同一畫面的字體與顏色變化不要超過三種,以免造成畫面太過雜亂。

(二)圖片與圖表運用方面

1. 圖片要清楚,大小要適當。
2. 盡量用圖片和圖表代替繁雜的數字,讓學生更容易觀察到其間的變化

情形，而不用閱讀大量文字。

（三）整體版面設計方面

1. 配置版面過程中，盡量要求簡單性、一致性、重點性、平衡性。
2. 版面四周要留下適當空白，這樣才不致使畫面呈現擁擠感。
3. 可以加入聲音音效或文字出現的特效，吸引學生注意。

二、使用投影片簡報教學的優缺點

（一）優點

1. 教師可減少板書時間，也可避免因板書不整造成學生閱讀的困難。
2. 資料可以重複使用，更改方便，節省資源與時間。
3. 可配合圖片或動畫教學，達到上課內容生動活潑的效果，引發學生學習動機。
4. 幫助新進老師緩和上課緊張情緒，避免因緊張而忘詞或詞窮。

（二）缺點

1. 製作簡報檔會花費很多備課時間。
2. 使用簡報檔有使用環境和器材的限制，對於硬體設備不足的環境，就無法使用，下課後學生走動也要格外小心，避免學生被電線絆倒或不小心損壞器材的情形發生。

貳、選擇與製作線上教材

　　網路教學內容是以數位化的形式呈現在學習者的面前，教學內容是通過文字、語音、圖形圖像、影音等多種形式的媒體來表示。目前，美國伊里諾大學（Illinois University）、麻省理工學院（Massachusetts Institute of Technology）等大學紛紛開設許多的網路課程，以符合世界所流行「開放教育資源」

（open educational resources）的發展趨勢。另一種網路教學形式稱為「大規模開放式線上課程」（Massive Open Online Courses，簡稱 MOOC），MOOC是在網路上教導大批學生的課程，學生觀看簡短的講課影片，然後完成作業或評量，由機器或由同儕批改。而新一代數位學習的機制，強調大規模線上課程，更多的師生互動以及同儕互動學習，因此稱為MOOCs（張淑萍、張瀞文，2018）。

　　網路課程一般要由學術造詣較高、授課經驗豐富的老師主持。推動網路教學的人員編組應是金字塔結構，頂端是這門課程的學科資深教師和教學軟體總設計者，中間是課程各章節的撰稿人和教學軟體的設計人員，最底部是網路輔導教師，他們在網上負責回答學生各種問題，指導學生如何進行網路上的學習。製作網路課程應有 5 至 10 人的專業小組，其人員分工包括有：課程經理、學科內容專家、教學設計人員、媒體專業人員、美工、評量專家、後勤人員等，製作好初稿之後還要經過測試、模擬實施及多次修正，確實可行方能定案。教師在使用線上教材時，要考慮是要自製教材？還是直接採用坊間或別校的線上教材？如果市面上已有現成的線上教材，而且教師也能了解並接受這份線上教材，直接採用現成教材是較有效率也較省錢的方式。現成的線上教材即使不夠理想，如能利用教師的教室教學或線上教學來補足教材的缺點，採用現成的線上教材仍然可以成功有效的實現教學目標。如要自製線上教材，以下有幾種方式可供參考（張淑萍、張瀞文，2018；楊家興，2009）：

一、圖文網頁

　　圖文網頁是所有教材網頁中最常見的型態，它包含教材的文字內容及相關的圖表。圖文網頁可以用 Word 或 Adobe PDF Writer 所製作的文字圖形檔案轉成網頁，對一般教師而言，圖文網頁的製作比較容易，且製作成本低但教學效果良好，其能減少學生聽課抄筆記的麻煩，而能專注於閱讀教材的內容。

二、語音簡報投影片

語音簡報投影片是利用簡報投影片中的文字來呈現教材大綱，再搭配語音旁白來說明教材的詳細內容。它可以使用 PowerPoint 或 Producer 來製作，現在一般教師大多已經習慣使用電腦簡報的教學，稍加學習即可輕易製作語音簡報投影片。語音簡報投影片最好能將完整教材內容，另以「友善列印」方式，提供學生下載學習。

三、將教學錄影轉換成線上教材

教師製作網路教材可以使用數位錄影機錄下教學影片，也可使用數位電子白板錄下即時教學過程，視情況使用影片編輯軟體剪輯或搭配字幕，如此即可將影片轉換成線上教材。EverCam 是一套簡報與螢幕錄影軟體，透過 EverCam，使用者可以將錄製的影片製作成數位教材。

線上教材固然有許多優點，但也不是沒有缺點，教師在製作時要付出不小的成本，教師不要為了追求時髦而跳上科技花車，應仔細分析採用線上教材的利弊得失後再做決定。線上教材的製作也要注意不可侵犯別人的智慧財產權，純粹使用在本身教學班級的環境下，教師是可以享有「合理使用」（fair use）的權利，不必事事都要正式徵詢智慧財產權所有人的授權同意，但一旦轉為公開銷售分享，自用教材立刻轉為商業產品，必須取得所有人的正式授權，否則會造成侵犯智慧財產權的後果。另外，教師本身所製作完成的教材，最好能在教材中註明「創用授權」（creative commons）的方式，對教材元件提供他人使用或再製（楊家興，2009）。

第五節　結論

高科技、高資訊的時代來臨，科技與媒體早已被用來從事教學，亦即利用科技與媒體來傳遞訊息給學生，期盼學生能夠了解那些訊息而從中學習。

隨著教學媒體的發展和進步，雖然傳統的教學也會加以配合和運用，例如：使用投影片、幻燈片、電影、光碟等媒體進行教學，但電腦化教學也產生了許多隱憂，例如：學生操作電腦時通常只做上網和玩線上遊戲兩件事、學生錯別字情況日益嚴重、直接又快速的刺激下缺乏思考的空間等。以下提出幾點善用電腦，避免過度便利帶來遺憾的建議（王全興，2008）：

1. 培養學生正確使用電腦的觀念。

2. 引導學生閱讀能力。

3. 善用電腦協助教學與學習。課程改革的精神，皆強調學生能進行主體性的學習活動，學習主動解決問題。在這樣的前提下，教師的主要功能不只是「教」，而是提供學生自主的學習空間與環境。因此各領域的教學，除了課程的開發、環境的營造、教學媒體的應用，以及教學方法的改進，都是必須重視的課題。

4. 落實人文主義教育。

5. 培養耐力及腳踏實地的精神。

6. 滿足學生個別化學習的需要。教師往往把這些媒體做為團體教學的輔助工具，目的是為團體教學時充實教學內容或增進團體教學的績效，而不是滿足學生個別化學習的需要，因為學生對這些媒體都只能採「接受式」的觀看，而無法與其產生「互動式」的溝通。

雖然，不少關心教育的觀察家抨擊，教室中大量使用教學科技的結果，必定導致對待學生就像對待機器般，而不再是對待人；也就是說，科技使教學和學習的過程失去人性。但是，若能正確的運用科技更可能個人化，可使教學過程達到過去認為無法達到的人性化程度。使用教學科技並不會阻礙人性化的教學與學習環境；相反的，供學習用的教學媒體和科技可提供一個讓學生主動參與的學習氣氛。我們並不是說教學科技可以或應該取代教師，我們要說明的是，媒體的確可以協助教師有創造力的管理學習經驗，而不是僅限於傳播資訊（林奇賢，1998）。

教學之妙存乎一心，臺灣各級學校和補教界都有名號很響亮、擁有高知

名度、深受學生與家長認同喜愛的老師。他們一開課，網路立即爆滿當機，學生漏夜大排長龍，也不一定如願選上課。事實上，這些老師有的也未必精通教學原理，有的也不一定運用電腦多媒體或網路教學。只是他們懂得貼近學生的心理與需求，且專注於教師本身的表達能力，如臉部、身體的表情與神韻動作，並善用青少年學生認同而又能深深被觸動的語言，投注無限的經歷開發整體並自行系統性整理出：學生易懂且樂於吸收的教材（含考題內容、趨勢）；善於利用教學媒體；三不五時講講令人噴飯的笑話，青少年能懂而不排斥的生活或校園趣事；隨時觀察學生的總體反應，絕不炒冷飯或重複，不斷更新版本；能依教材內容，穿插以舞蹈、音樂、影片、速寫、網路新知，甚至動漫、cosplay 等輔助教學，讓學生在如沐春風中體會到教師熱忱、豐沛的活力。用全心智、旺盛企圖心，願意付出心血與生命於教學，不僅有著「傳道—受業—解惑」的傳統，也應用當代教育科技（EduTech），進行教學的創新與實踐。

第四篇

教學模式

第 **10** 章

直接教學法

周新富

教學模式是設計一套教學步驟，來達成特殊的學習目標，並且協助學生成為有效率的學習者。教學模式同時也就是教學計畫或教學類型（pattern），主要是應用在師生面對面的班級教學過程中。教學模式也可稱為學習模式，當教師在協助學生獲得知識、理念、技巧、價值、思考方式、表達方式時，同樣也在教導學生如何學習知識或技能，所以教學模式除了在引導教師設計教學外，也在協助學生達成不同的學習目標（Joyce et al., 1996）。教學模式的種類繁多，Joyce 等人（1996）將教學模式區分成四大家族，分別是：(1)社會家族（social family），如同儕教學、角色扮演（role-playing）、法學詢問模式（jurisprudential inquiry）；(2)訊息處理家族（information processing family），如歸納思考、概念獲得、協助記憶、前導組體（advance organizers）、探究訓練、適應學生智能發展等教學模式；(3)個別化家族（personal family），如非指導性教學、增進自我概念等模式；(4)行為系統家族（behavioral systems family），如精熟學習、直接教學、自我控制學習、訓練和自我訓練等模式。因教學模式的類別太多，本篇僅針對目前國內各教育階段最常見的教學模式詳加探討，共介紹直接教學、討論教學、合作教學、協同教學（team teaching）、情意領域教學及個別化教學等模式。

直接教學模式（direct instruction model）與我國學校教育的講述教學法最為接近，因為講述法在此模式中是重要的一項教學策略，國內教師上課都有趕進度的壓力，這種模式教師控制教學流程，可以加快速度上完預定的進度，

但直接教學不完全等於講述法,還有其他的教學策略應用於此模式中。教師若能精熟這種教學模式,對教學成效的提升有很大的助益。

第一節 直接教學與間接教學之比較

教學模式可以略分兩大類,即直接教學模式和間接教學模式(indirect instruction model),這兩大類型是依據學習結果而分,即教師依據學習結果的差異而採用不同的教學策略。本節主要在對這兩種模式做一概述,期能對教學模式有一整體的概念。

壹、學習結果的類型

Borich(1996)認為,學習結果可分為兩種類型:一是事實、原理原則及行動步驟;二是概念、思維模式(patterns)和抽象觀念(abstractions)。前者代表複雜性較低的層次,在認知領域是知識、理解、應用層級,情意領域是知覺、反應和價值層級,動作技能領域是模仿、操作和精確層級。後者代表較高層次的學習,例如:認知領域的分析、綜合和評鑑,情意領域的組織和形成品格層級,心理動作領域則是連結(articulation)和自然化(naturalization)層級(即適應及創新層級)。第一種類型可經由觀察、機械式的重複和練習來學習,即使用「知識獲得」的策略,例如:學生藉記憶和練習學得正確答案。第二種類型就很難以記憶來學習,需要以強調探索和問題解決的策略來教學。類型一需要使用直接教學策略進行教學,類型二則需使用非直接教學策略進行教學。

貳、直接教學模式的意義

「直接教學模式」此一名詞基本上是對照「非直接」教學模式而來,屬於「教師中心」的教學模式,也稱為明確教學(explicit instruction)、教導教學(didactic teaching)、主動教學(active teaching)(Kyriacou, 1995)。

Slavin（1997）認為，它是一種由教師主導整個教學歷程，這種教學有明確的教學目標，有一定順序及高度結構性的教學步驟，可以持續評量學生的學習結果，並立即提供回饋與修正的教學法。他也認為，直接教學模式即是上課時教師以直接的方式呈現資訊、技能或概念給學生，教師組織上課時間，以達成所列的教學目標。

　　這種教學模式由教師主導整個教學歷程，由教師提供主要的資訊供學生學習，所使用的教學策略，包括：講述法、大團體教學、依賴教科書和板書、座位上的練習、背誦、討論、使用教師自製的測驗等，教師在教學進行中要能維持團體秩序，並且要能吸引學生專心聽課（Duke, 1990）。國內教師經常使用的「講述教學法」與這種教學模式極為接近，但教師講述只是直接教學模式中的一種策略，教師除講述教科書的內容外，可搭配視聽媒體如投影片、錄音（影）機進行教學，也可進行討論教學。教師在教學中要提出問題發問，讓學生有練習的機會，教師再給予學生適度的回饋，其目的在提高學生的學習動機與學習成效。

參、間接教學模式的意義

　　在教育的研究理論中，有些研究者已經將學習過程的中心由教師轉移到學生，以學生為中心的教學方法稱為間接教學模式，又稱為建構主義（constructivism）教學模式。「間接」之意為學習者所獲得的學習結果，是要由自己將刺激轉化或建構成有意義的反應，複雜的學習結果特別需要由學習者依據個人經驗和先前知識加以建構（Borich, 1996）。建構主義教學基本主張認為知識是建構而來的，學習者是主動建構知識的認知主體，不是被動的接受知識，所以認為學習是一個主動建構知識的過程。在建構導向的教學過程中，教師轉變為問題和情境的設計者、溝通討論的引導者和調節者，以及提供鷹架與社會支持的知識建構促進者，所以教師的角色是協助學生發現自己的意義，不是講述和控制教室活動（Slavin, 1997）。建構主義所使用的教學方法有個別化教學、發現學習法、團體討論法、合作學習法、探究法（inquiry

method）、分組作業（groupwork）、認知學徒制等（周甘逢、劉冠麟譯，2002）。

肆、兩種模式之比較

為了解直接教學模式與間接教學模式的差異，茲將兩種模式列表比較，由表 10-1（修改自 Lefrancois, 2000）可以清楚了解兩者的差異。表中的項目多數已在前文有所說明，在此僅對結合的理論加以闡述。建構主義教學淵源於美國哲學家 Dewey 的教育思想，他在提倡教育改革時所用的名詞是進步主義教育（progressive education），提倡兒童中心教育、發現為基礎的教育方法，現在採用新的名詞「建構主義」，強調學習者建構自己的資訊和知識。建構主義者採用 Piaget、Vygotsky 的認知發展理論，教學時重視問題為基礎和發現取向的教學，與 Bruner 的發現學習、Ausubel 的認知理論有密切相關。直接教學的理論則主要來自行為主義理論，部分採用 Ausubel 的學習理論，這個部分將在下一節做深入的詮釋。

◆ 表 10-1　直接教學與間接教學之比較

類別	直接教學	間接教學（建構主義）
別名	教師中心、傳統的、舊式、教導的、行為主義的	學生中心、進步的、新的、反思的、人本的
學習的目標	教導事實、原理原則和行動步驟	教導概念、思維模式和抽象觀念
學習的隱喻	獲得	參與
教學法	講述、告知、展示、直接、指導、解釋、作業練習	個別化教學、發現學習法、合作學習法、認知學徒制、探究法、討論法
教師的角色	教師是主宰者、教師是指導者、教師是控制者	教師是治療者、教師是解放者、教師是協助者
結合的理論	Skinner 行為理論、Ausubel 的認知理論	Piaget、Vygotsky 和 Bruner 的認知理論、Dewey 的理念

資料來源：修改自 Lefrancois（2000, p. 204）

第二節　直接教學法的理論基礎

　　直接教學是教師中心的教學模式，視教師為知識和資訊的主要來源，該模式的理論依據主要與行為主義學習理論及 Ausubel 的認知理論有密切關係，行為論強調教師角色的重要性，教師安排情境及控制獎懲引發學習，這方面的理論大家比較熟悉，所以本節重點在介紹與直接教學法有關的學習理論。

壹、行為主義理論

　　直接教學法的理論基礎之一是行為主義的學習理論，行為主義強調訓練的重要性，在學習上主張運用客觀的行為目標、「工作界定」（task definition）和工作分析從事教學設計，教學時強調師生的互動、示範、增強、連續漸進及經常給予學習者回饋，並且經由評量和練習促進學習達到精熟程度。以下針對行為主義的重要學習理論做說明（張春興，1996；詹秀雯，1997；Gunter, Estes, & Schwab, 1995; Joyce et al., 1996）。

一、確定學生起點行為與終點行為

　　起點行為如前所述，是在確定學生既有的先備知識與技能，終點行為是指經過學習後預期學生能學到什麼，這也就是教學目標。教學時，教師要能以呈現具體而明確的行為目標來引導學生學習。

二、行為塑造與工作分析

　　Skinner 的操作制約學習理論提出連續漸進法（successive approximation）來塑造行為，此法的程序是先把要求個體學習的目標行為列出來，再以分解動作、逐步漸進的方式，將多個反應連貫在一起形成複雜行為。這個理論應用在教學上則是使用工作分析，教師對於學生所要完成的學習結果，要細分成幾個步驟，使學生能循序漸進的熟練每個步驟。

教學之前，教師先要對學習內容的範圍與深度及教學順序的安排進行工作分析，這種分析是將一項知識或技能加以分解，使成為幾個次級成分（sub-component），然後依這些次級成分發展訓練活動，最後再安排整體性的學習情境，確保學習的遷移與整合。針對教學內容，行為主義提出編序教學法（programmed instruction）的主張，即將整個教學單元細分成很多小單元，並按各小單元的邏輯順序依次編列，形成由易而難的很多層次，每一個層次代表一個概念或問題。在傳遞教材的技巧上，短時間內教導學生大量新的材料，學生獲得有限，必須一次教一種概念或技巧，使學生一次僅學習一種技巧或概念。

三、示範

示範（modeling）是指，學習者藉由親眼所見及模仿教師行為來獲得知識和技能。Bandura的社會學習理論提出觀察學習，說明兒童可從觀察成人或同儕的行為而學習到價值、行為標準、智能表現和肢體技能。

四、練習理論

直接教學法的核心是練習活動，整個教學模式中有三個階段與練習有關，所運用的理論是行為塑造（shaping），所有的練習其目的是要使學生達到精熟學習，即學生能獨自而無誤的表現技能，在練習過程中，教師使用不同的協助方式促使學習的進步。行為主義的練習原則是強調分散練習在學習過程中的重要性，認為時間短、密集、高動機的練習比次數少、時間長的練習來得有成效，例如：針對兒童及青少年而言，5 至 10 分鐘的練習比 30 至 40 分鐘較有效率，一節課中至少要有三次練習，即教學時範例的練習、座位上的指導練習，最後是獨立練習〔如家庭作業或學習單（worksheets）〕。以後對於舊教材仍然要定期複習，如此在四至五個月之內都可記住所學的教材。在教室的練習時間中，教師要監控學生表現，適時給予協助。

五、回饋與增強

回饋是針對學生表現正確或錯誤的處理。在最初階段的練習，教師要給予正確的回饋，避免錯誤的步驟留在記憶裡，立即而正確的回饋會改變錯誤概念；除發現學生的錯誤之外，對於學生的正確表現也要予以增強，教師可以口頭讚美及分數進行增強。教學過程中，監控和回饋是用來控制教學品質，對於學習失敗的學生，教師要檢討教學過程而不是責怪學生，因為教學順序才是掌握學習的因素。

貳、認知主義學習理論

一般將 Piaget、Vygotsky、Bruner、Ausubel、Gagné 等人的理論稱為認知學習論，認知學習論在教學上的主張大多偏向建構主義教學模式，但是部分理論被應用到直接教學法。對此教學法影響較大的是 Ausubel 及 Gagné 的認知理論，茲將其理論摘述於下（沈翠蓮，2002；Ausubel, 1968; Lefranocis, 2000; Slavin, 1997）。

一、Ausubel 的學習理論

Ausubel（1968）在其所著的《教育心理學：認知取向》（*Educational Psychology: A Cognitive View*）一書闡述意義學習理論，茲將其理論重點分述於下。

（一）強調有意義的學習

Ausubel 認為，學生獲得學科的知識主要是通過適當教學設計及解釋教學材料，而進行有意義的接受式學習（reception learning）。何謂接受式學習？接受式學習是指學習內容經由教師邏輯組織後，以有系統的方式提供給學習者學習，這是目前學校教學的主要形式。如果教師能把學習內容統整成一個學生可以接受的學習材料，學生即能產生有意義的學習（meaningful

learning）。

（二）現在的學習建立在先前學習之上

認知取向的行為強調學習者先前知識和技能的重要性，學習者通常因為經驗的差異而引發不同的意義，學習者不同動機、背景和特性，在學習時會發現和建構出不同的學習結果。

（三）學習者能主動處理資訊

學習者不只是一個資訊接受者，也是個資訊處理者，在接受學習的情境中，學生的求知心理活動仍然是主動的。在學習一種知識時，學生在教師提供的引導下，嘗試運用既有的先備知識，從不同的角度去吸收新知識，最後納入他的認知結構，成為自己的知識。學生並非全是主動學習，這時要靠教師的教學技巧來引導。

（四）教學強調關係和策略

有意義的學習不是機械式的刺激反應學習，它重視學生能主動探索教材內容的關係，讓新舊教材能相連接；以教師為中心的學習方式，因為有組織結構的教材與策略，較容易在師生互動中引發舊基模和新基模的銜接，而獲取新知。

（五）善用前導組體

Ausubel認為，教材組織必須先有意義，然後才能產生有意義的學習，要使教材組織有意義，必須善用前導組體。前導組體對於未來學習內容的認知關係較密切，可以協助教師說明新概念和已學過相關概念的異同。在第三章教學計畫中，有提到概念圖和內容架構圖，這些揭示教材內容大綱的圖表即屬於前導組體的一種。

二、Gagné 的資訊處理理論

在第二章提到 Gagné 依資訊處理理論提出的教學事件（instructional event），就是結合資訊處理理論的直接教學模式。圖 10-1 是依據 Gagné 的學習八階段所提出的八項教學策略，透過這一系列的教學事件可達成有效的教學（Slavin, 1997）。

依據訊息處理理論所擬訂的直接教學步驟有以下七項（Slavin, 1997）：

1. 敘述學習目標：告訴學生要學什麼及期望學生表現什麼。

2. 複習必備知識：複習今天上課所需要的技能和概念。

3. 呈現新教材：開始教學，教師呈現資訊、舉例、說明概念等。

4. 執行學習的試探（probes）：提出問題評估理解情況和改正錯誤概念。

5. 提供獨立練習：提供練習學到的新知識和技能的機會。

6. 評估表現和提供回饋：複習、獨立練習或考試，再給予正確答案的回饋，必要時重教一遍。

7. 提供指定的練習和複習：指派家庭作業提供新教材的練習，要求學生複習教材，藉由練習和複習來增加記憶。

八項學習階段	八項教學策略
1.動機階段：期望	1.激發動機；提供學習目標
2.理解階段：注意、選擇的知覺	2.引導注意
3.獲得階段：編碼；開始儲存	3.刺激回憶
4.記憶階段：記憶儲存	4.提供學習指導
5.回憶階段：提取	5.充實記憶
6.類化階段：遷移	6.提升學習遷移
7.表現階段：反應（responding）	7.引出表現
8.回饋階段：增強	8.提供回饋

→ 圖 10-1　學習與教學事件

資料來源：Slavin（1997, p. 233）

第三節 直接教學法的實施步驟

　　直接教學法須遵循嚴謹的教學程序來運作，教師必須熟練其實施的程序，在教師精密的控制之下進行教學活動，學生才能獲得最佳的學習效果。直接教學最極端的例子是講述法，由教師直接呈現知識、理解、技能和態度等學習結果，雖然學者對直接教學步驟的看法不盡相同，但都同意「練習」在模式中居於重要的地位。大多數學者認為直接教學法的實施程序可分為四個步驟（Joyce et al., 1996; Lasley & Matczynski, 1997）：(1)教師建立課程目標及確定學生的起點行為；(2)呈現新教材；(3)指導練習；(4)獨立練習。也有學者再細分為六項（Borich, 1996）或七項步驟（Slavin, 1997）。以下綜合不同學者的意見，將直接教學法的教學步驟統整如下（沈翠蓮，2002；周甘逢、劉冠麟譯，2002；Borich, 1996; Gunter et al., 1995; Joyce et al., 1996; Kyriacou, 1995; Lasley & Matczynski, 1997; Slavin, 1997）。

壹、複習和檢討先前的教學內容

　　複習和檢討在強調學生要記住先前的知識和了解其與新知識的關係，這個步驟告訴學生今天課程需要哪些先備知識，藉由複習機會也提供學生知識的整體感和連續性，了解學生是否具備與上課內容有關的知識。如果沒有這些知識，教師可能要對遺忘的部分重新教學。

　　雖然這個動作簡單易行，但根據調查大約只有 50%的教師以此方式開始上課，教師可以採用以下作法為一節的課開始：(1)開始上課時，學生自行或相互訂正家庭作業；(2)讓學生提出家庭作業中較難的問題，再給予回答；(3)抽查一些有良好指標學生的理解能力；(4)明確的複習與這次課程內容相關的資訊。經由複習先前知識和檢查作業的歷程，可以協助教師對於教學進度和個別差異學生做更多回饋。但這個步驟不能占去一節課的太多時間，大約以5 至 10 分鐘為限。

貳、敘述教學目標

複習先前學過的知識之後，接著要進行新教材的教學。教師呈現新的教材之前，先要敘述這堂課的教學目標，陳述教學目標的用意，是要簡單、明確告訴學習者這堂課的教學重點，以及教師對具體成果的期望，這些教學目標應和先前所學相連貫，同時是在所有學生的能力範圍內能達成的。有些老師甚至寫出 TLW（the learner will）（學習者要學會什麼）的敘述句在黑板上，明確的說出學生在一節課之中要達成的表現目標。但要注意的是，教師的用字要淺顯易懂，要讓學生能明白教學目標的含義。

參、呈現新教材

學生知道這節課的教學目標之後，接著要逐步呈現新教材，在呈現新教材時，教師要提供豐富的實例，許多老師有一個缺失，即提供太多教材給學生。好老師的特徵是要對教材做詳細的解說，而重複解釋和多舉實例是具體作法，解說清楚的教師會使用不同的解釋方式及許多的實例來確保學生的理解。茲將呈現新教材要把握的要點統整於下。

一、教材呈現的方式

有效能的老師在呈現新內容時，是花很多時間在準備教學內容和思考教學程序的，呈現新內容應注意到部分與整體關係、連續性關係、連結性和比較性關係，這樣對學生從一般到特殊、簡單到複雜、具體到抽象的學習才有意義。以下是幾項呈現教材的原則。

（一）先整體介紹單元主題

開始進行新教材講述時，先要整體介紹這個單元的主題，很多教師使用前導組體來呈現教材的整體架構。前導組體主要是以概念為中心，使學生理解該單元所要介紹的主題有哪些，每次上課時可讓學生明白新教材在此單元

所處的位置及其與舊教材的關係。通常教師使用三種形式的前導組體，分述如下：

1. 解說（expository）：用在垂直概念的組織，教師在黑板寫出概念的結構，然後細分成一些不同層級的概念，教師進一步區別概念與概念間的差異及解釋概念更多的細節，例如：在「動物」這個單元，教師將動物所包含的類別細分成哺乳類、兩棲類、爬蟲類、鳥類、魚類、無脊椎動物等六類，再逐項說明各概念特徵。

2. 比較：同一層級的概念學會之後要進行比較，這是設計來區別與舊概念的差別，以免混淆其意義，例如：在「工業革命」這個單元，教師要從討論「革命」的意義開始，比較與其他流血、戰爭的革命有何異同。

3. 連續（sequential）：用來告訴學生行為表現的步驟，特別用在數學解題、運算及動作技能性質的學習。

（二）有組織的呈現教材

學生所要學習的內容必須依據學習者的需求加以選擇和分析，太難的教材或一次教太多內容會妨礙學習成效，所以在呈現新的內容時要以細部的方式呈現，教材要拆解成數個小部分，即將大單元分割成較多的小單元，以邏輯性的次序、較快速度來進行教學。

在此以「烘焙」這項主題為例，說明教材呈現的原則。教師開始上這個單元時，可以呈現該主題的前導組體，說明這個主題的教學內容；然後呈現「簡單的餅乾」和「裝飾華麗的結婚蛋糕」的照片，討論兩者的差異和相同點。這個單元的第一個主題是「烘焙餅乾」，教師依照從一般概念到特殊概念原則，呈現一張教材內容圖表（如圖 10-2 所示）。

一般性的概念在圖表的最上層，細節在每部分底下，教師依次序教導新技能，並且依學生的年齡和能力決定要教多少內容。

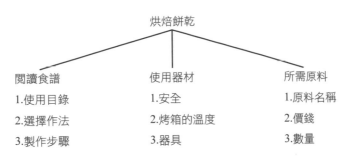

烘焙餅乾

閱讀食譜	使用器材	所需原料
1.使用目錄	1.安全	1.原料名稱
2.選擇作法	2.烤箱的溫度	2.價錢
3.製作步驟	3.器具	3.數量

◆▶ 圖 10-2　烘焙餅乾流程

二、詳細而充分的解釋與說明

　　呈現新教材時，教師最常使用講述法，講述是與學生溝通概念的好方法，好的講述能夠明確描述事件的順序，也能吸引學生的注意，使學生經由主動的聆聽課程而獲得良好的學習效果。所以教師在講述教材時，必須讓學生能清楚的了解教材，呈現教材時也要注意到教材的結構性，將主要的理念和概念組合成有意義的部分。但講述也有一些缺點，例如：有些學生不能安靜聆聽，甚至會產生干擾行為。為使教學達到預期成效，教師在進行講述和解釋時要掌握以下原則：

1. 時間的長短：講述的時間不宜太長，對國小學生不超過 10 分鐘，國中生不超過 20 分鐘，年紀較大的學生講述時間可以延長；至於整節課的講述方式是否適用，則要視學生的注意力、興趣和動機而定；同時，講述時也不適合自由討論學生感興趣的問題。

2. 維持學生的注意力：在講述時要設法維持學生的注意力，教師避免使用太過複雜的語言或名詞，說話音調要有變化，要妥善運用肢體語言，例如：與學生眼神的接觸、豐富的肢體動作傳達興趣與熱忱。

3. 多舉實例：解釋教材要多列舉生活中的實例，有一種「規則—實例—規則」（rule-example-rule）的呈現次序可供參考。教師最先呈現規則，再列舉實例，然後要求學生將規則寫在黑板上或由學生口頭說出

規則。

4. 檢查理解：當教師注意到課程中注意力缺乏的訊息，例如：學生表情迷惘、竊竊私語，這時教師要提出問題來確知學生是否理解，同時提醒學生要注意聽課。

5. 要求學生做筆記：講述時教師可要求學生做筆記，記下講述的重點。要使學生能有效記錄，教學者需要放慢講述速度或經常中止講述，對沒有經驗的學生要多給予時間，並且經常回饋和鼓勵。

三、善用教學媒體

直接教學法中，視覺的例子是特別具有效果的。老師需經常藉由展現圖片、當場示範和配合圖表加強解說，提供學習者對新訊息的記憶連結。示範是一種教學活動，包括向學習者展示老師要學習者去做（行動順序的形式）、去說（在事實和概念間的形式）或去想（問題解決或學習策略的形式）的事。

在呈現教材內容時，最好將內容圖表化，使用單槍投影機、傳統投影機或壁報方式呈現出來。教師可使用教學圖表來整合教學程序和內容，教學圖表一般多從大觀念到特殊觀念來編製；製作圖表時，應該注意圖表和實例的選擇是否足以說明教材內容的各個重點。教學圖表的範例請參看圖 10-3（沈翠蓮，2002）。

總之，呈現學習新內容的教學要點可將之歸納成以下八項（Gunter et al., 1995）：

1. 根據學習者的需求來分析要呈現的內容。

2. 從最一般性的內容再到最特殊性的內容來呈現，並將呈現的內容圖表化。

3. 將所有的技能分解成小單元，以邏輯性的次序來呈現。

4. 發展單元課程的前導組體，為新教材提供一個參考點。

5. 選擇主要的概念或步驟來呈現，同時要依據學習者的能力來決定合宜的分量。

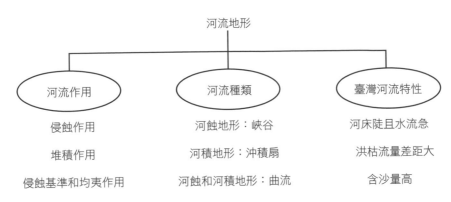

河流地形

河流作用
侵蝕作用
堆積作用
侵蝕基準和均夷作用

河流種類
河蝕地形：峽谷
河積地形：沖積扇
河蝕和河積地形：曲流

臺灣河流特性
河床陡且水流急
洪枯流量差距大
含沙量高

◆》圖 10-3　直接河流地形圖解

資料來源：沈翠蓮（2002，頁 279）

6. 每項要點要列舉實例來說明，且要能與舊知識和前導組體相連結。
7. 以發問問題來確知學生是否理解，同時要注意上課中注意力缺乏的訊息。
8. 總結要點，並將這些要點與下一單元的內容相連接。

肆、指導學生練習

　　直接教學的第四步驟是教師提供學生指導式的練習（guided practice）。「練習促使完美」（practice makes perfect），教材內容介紹完畢，老師接著要讓學生練習他們所學的知識，學生在教師的指導和協助下進行練習，練習的目的是要促使新知識成為長期記憶，以及學習如何將新學到的技能或過程遷移到另一個主題或實際生活中。練習時，教師對於錯誤的答案則要予以糾正，如果不會的學生太多，可以對新教材進行重新教學。教師在這個階段的主要任務是監督學生的練習、提供校正的回饋。以下分別由指導練習和回饋方式兩項說明如何指導學生練習。

一、指導練習方式

教師可使用以下方式來指導學生練習。

（一）發問

剛開始問問題時先採用自由參與，對於沒有舉手的學生則採指定回答方式，這個步驟是老師監控學生是否了解教材的好方法。不管是用什麼策略發問（例如：要求學生總結要點、舉手發言、對教師的問題表現同意或不同意），最重要的一件事是錯誤的答案一定不能放過，要設法使學生得到正確答案，未說出正確答案前不要叫別的學生回答，而要學生重新思考，必要時老師給予提示。教師所問的問題不要只有回憶教材內容，也要求學生思考為什麼，必要時也可提出一個錯誤答案，讓學生更正。除個別回答的方式之外，另一方式是學生共同回答，其用意在鼓勵學生參與活動。

（二）示範

某些學科使用口頭解釋對學習者幫助不大，如數學解題、體育等藝能學科，這時教師要示範動作或技能，讓學生透過視覺看事情是如何完成的，從中直接模仿楷模者的表現。

（三）練習操作

技能性的學科要以分組或個別方式練習新技能，教師要預估多少時間的練習才適當，時間不要太長。剛開始練習時教師要嚴格監督，提供回饋和糾正，給予學生適度的壓力是提高成效所需要的。

二、回饋和糾正

指導練習時，教師要對學生的反應提供回饋和糾正（feedback and correctives），特別是答案正確但猶豫時的處理。教師熟練回饋技巧是直接教學法

的重點，學生的反應方式通常分為四種類型，教師應針對不同的反應方式給予適當回饋。

（一）正確、迅速和堅定

假如學生能主動參與學習，這種反應通常是發生比例最高的，也是教師最喜歡的反應。教師對這類型表現的回應是要對這類學生問一個問題，這樣可增加回饋的可能性，如果時間不允許，則只對一位學生發問。為顧及教學進度，同時也要讓更多學生能有參與練習的機會，大約有 60%至 80%的學生能有這種反應即可接受。

（二）正確但猶豫

這類的表現經常出現於學習的最初階段，教師應該給予一些鼓勵，使之提升到第一種類型，例如說：「很好！」或是「這樣不錯，繼續保持喔！」為減少錯誤答案或猶豫反應再次出現，教師可以重述正確的答案。

（三）因為粗心的錯誤

約有 20%學生會有這類型反應，可能是疲倦或不注意所導致，教師不要給予責備或其他情緒反應，另外指定一位學生回答問題即可，答錯的學生會錯過教師稱讚或加分的機會。

（四）因為缺乏知識的錯誤

這類型的錯誤可能是在教學開始時沒有聽到教師講述所導致，教師可給予暗示、換一個簡單的問題或教師重新複習重要的概念或原則，使學生可以得到正確的答案。

在回饋的技巧上，教師可依個人在答題的實際表現，給予分數、稱讚或鼓勵來加強和建立學生的信心，盡量不要予以責備或批評；所問的問題要反應出教學的重點，且能讓學生得到 60%的正確答案，最好是 75%的學生能主

動舉手回答問題。對於技能性的練習，教師則要巡視行間，仔細觀察學生行為表現，當發現學生的錯誤時要立即糾正，並告訴正確的表現方式，例如坐姿不良、握筆不對、方法不妥等問題；教師要在學生未形成習慣之前予以糾正，使之一開始就能學到正確的方法或過程。

總之，教師如果給予學生更多的指導練習，在練習時給予更多的指導和協助，則會使學習變得更加的完美（perfect）。

伍、獨立練習

直接教學法最容易出問題的步驟在獨立練習，特別是在學生不了解技能或概念時。獨立練習要想成功，教師需要多花時間在指導練習階段，確定學生能了解正在練習的知識或技能。獨立練習的目的不是只在記憶或背誦單元內容，也要讓學生能使用所學的知識，最重要的是在發展學生自動化的反應，這裡的自動化是指學生能連結所有單元到一個單一和諧的行動順序，亦即學生的學習能應用自如。

一、獨立練習的方式

獨立練習通常可使用兩種方式：每位學生坐在自己的座位獨自練習（seatwork）及家庭作業（homework），但考試也可列入獨立練習。

（一）獨自練習

為有別於小組練習，本文特別稱之為獨自練習。教師指導練習結束後，教師要分配課堂作業，讓學生練習剛剛所學到的知識或技能。教師可使用教科書所附的習作來練習，在一段時間後共同訂正答案的對錯。動作技能方面的練習，則教師講解剛才練習時所見到錯誤後，再讓學生分組或自行練習。為避免學生感到無聊，教師可使用不同的情境引發練習，如個人或分組的競賽。

教師也可使用學習單來做獨自練習，這些學習單應該在指導練習階段時

介紹給學生知道，當教師示範過程時，學生們就一起完成第一項問題了。接下來整個過程解釋完後，下一項問題就要學生個別去完成，然後全體一起檢驗這個問題與它的解答。如果有必要，在學生想獨自練習前，讓他們分小組或兩個人一組來完成一些問題，這是在獨立練習時用的學習單。運用學習單時，應注意避免讓學生有學習單是填補時間或增加額外負擔的感受；同時也要確保成功率在 60% 至 80%。

（二）家庭作業

分配學生回家完成的工作稱為家庭作業，家庭作業的目的在讓學生完全了解教師所教的教材內容，而不是要讓學生忙碌，也不是指定較多的家庭作業，學生的表現就會特別好。要使家庭作業發揮成效，教師應該細心設計，例如：不能只有抄抄寫寫，而是要讓學生思考在課堂中所學習到的概念如何應用，進而提升其認知層級。

當學生的學習尚未達到自動化的階段，家庭作業是最有效的練習方式，因為它是獨立學習最常使用的形式，但家庭作業應避免被濫用，學生往往練習著他們尚未理解的內容，結果愈學愈沒信心或愈不懂。另外，宜避免在課堂上沒有經過多次的指導練習就指派家庭作業，這樣往往容易帶給學生許多的挫折感。

（三）考試

考試也是獨立練習的一種形式，這種考試只算是一種「小考」，範圍只有這節課的講述內容，通常依據教學目標來命題，目的是在了解學生是否學會所教的內容。

二、獨立練習的注意事項

要使獨立練習能促進學習的進步和成功，老師必須要有完善的配套措施，例如教師要思考以下三個問題：(1)教材是否適當？(2)學生是否學會教材？(3)

對有困難的學生是否給予立即回饋？如果教材講授的時間太長，指導練習的時間會不夠，如此很難讓學生理解教材。當學生做獨自練習時，老師要在班級裡走動、巡視，提供學生回饋，例如：給予簡短的解釋、說明或提示。當教師無法照顧每位學生時，可以使用同儕教學、電腦輔助教學、給予個別化教材等方式提供額外學習。

陸、每週和每月的複習

定期複習是在確保教學的成功，根據研究顯示，獨立練習和家庭作業可提高學習正確率 60% 至 80%，定期的複習則使正確率提高到 95%；如果學生的表現水準低於這項指標，那就表示教學進度太快，需要重新教學。

定期複習的方式有以下幾項：(1)學生在寒暑假經常會忘記學過的技能和知識，新學期開始時先實施考試，讓學生加強舊知識的複習；(2)指派家庭作業；(3)實施定期的評量。

茲依前文所述的教學步驟，將直接教學法各個階段的實施要點整理成如表 10-2 的摘要表。

第四節　直接教學法的應用與檢討

經由以上的論述，讀者應對直接教學模式有一清楚的認識。本節再就特徵、優缺點與應用三項主題探討之。

壹、直接教學法的應用

講述和記憶一直是學校教學主要的教學策略，直接教學模式即是針對學校教育的特性而擬訂出的教學法，但在教學時不能一成不變的使用這項策略，要依認知或技能的層級來調整或改變。教師在應用這項教學法時，應先對其特性有所了解，使用起來才能得心應手。Borich（1996）認為，直接教學具有以下的特性：(1)全班教學；(2)圍繞著問題組織學習；(3)提供詳細而眾多的練習；

表 10-2 直接教學法各重點摘要表

教學步驟	教學要點
1.複習和檢討	・檢討前一天的作業 ・檢討家庭作業 ・複習舊教材 ・必要時可以重教
2.敘述教學目標	・以學生能懂的語句寫出教學目標
3.呈現新教材	・以前導組體呈現整體內容 ・詳細而充分的講解 ・小範圍的呈現教材 ・維持較快的教學速度 ・維持學生注意力 ・列舉實例 ・檢查理解 ・善用教學媒體
4.指導練習	・以發問檢查理解 ・示範動作技能 ・監督練習 ・糾正錯誤 ・經常回饋 ・解釋和複習 ・必要時重新教學
5.獨立練習	・寫習作 ・寫學習單 ・變換練習情境 ・考試 ・巡視行間 ・指派家庭作業
6.定期複習	・考試 ・指派家庭作業

(4)主動提供教材使學生精熟事實、規則和步驟；(5)教室的活動安排要使背誦和練習得到最大成效。Bellon、Bellon 與 Blank（1992）認為，直接教學有以下特性：(1)學業中心；(2)教師主導整個教學流程；(3)緊密監控學生練習；(4)學生得到特殊的更正回饋。因此在應用時，教師要依據學科性質和教學目標，決定是否使用這項教學法。在實際教學情境的應用，筆者提出以下兩項建議：

一、與其他教學策略相結合

為避免講述法過於呆板，為避免練習時間過於冗長，直接教學法可應用多種教學策略，甚至與電腦輔助教學、同儕家教、方案教學（programmed instruction）等教學模式相結合。圖 10-4 在說明直接教學模式可以使用哪些教學策略以增進學習成效（Lang et al., 1995）。

> 圖 10-4　直接教學法所使用的教學策略

資料來源：Lang 等人（1995, p. 269）

二、視情況修改教學步驟

教學步驟不是固定的，教師可依需要調整教學步驟，例如：Swanson（2001）提出的步驟為：(1)敘述行為目標；(2)複習知識、技能；(3)呈現新教

材；(4)提出問題發問；(5)獨立練習；(6)評估表現和給予回饋；(7)提供分布練習（distributed practice）和複習。或者是：(1)複習；(2)敘述教學目標；(3)呈現新教材；(4)指導練習；(5)獨立練習；(6)形成性評鑑。如果教師能將直接教學的精神融入傳統講述教學法之中，則能經由教師細心的教導、自我充分的練習，而提升學習成效。

貳、直接教學模式的優缺點

　　研究證據支持直接教學是有效的，這些研究大多是以國小或有關數學、語言、閱讀等基本技能學習的學生為對象，在基礎教育階段為學得基本技能，直接教學是特別有效的（Kyriacou, 1995）。但該模式不是完美無缺，還是有一些缺失存在，以下綜合學者的看法分別說明直接教學的優缺點（Bellon et al., 1992; Kyriacou, 1995; Lasley & Matczynski, 1997）。

一、優點

1. 直接教學結合明確學習目標，緊密控制上課結構、明確傳遞上課內容和實施必要的練習，能達成預期的學習結果。
2. 直接教學是一項有系統的教學設計，對教導新資訊、基本技能和程序很有成效，使之可應用到不同的情境。
3. 使用直接教學可促使學生主動參與學習活動。
4. 講述的形式讓教師有機會分享與學生生活有關聯的知識內容。
5. 講述時教師示範出教學的熱忱，對學生學習態度有正向影響。
6. 講述及結構化的呈現教材方式，可充實學生學習。
7. 教師使用一系列的監控方式，可促使教學更有成效。
8. 有效的解釋可協助學生獲得正確的概念和資訊。

二、缺點

1. 太過重視教師角色和權威，學生只是被動學習，太少有機會讓學生主

動發現知識，讓學生誤以為學習要有教師的指導。但實際上學習不是被動的吸收事實和獲得技能，愈是主動的學習愈能與學生好奇和探索的本性相連結，學習動機也就相對提高。

2. 直接教學法為「貧窮的教學法」，教師減少教學行動，只是提供資料和問題，教學方法應能依據學生期望及能力而做調整。

3. 對學習遲緩或跟不上進度的學生會產生無聊感和無助感。

4. 無法增進創造力的發展。

5. 缺乏同儕間的互動。

第 **11** 章

討論教學法

王財印

傳統的班級教學活動常以教師的講述和示範為主，經常忽略了師生間的交互作用。但是學習活動是訊息傳遞和接受的過程，所以良好的教學活動應是師生交互作用（interaction）的歷程。在各種教學方法中，能夠表現出師生雙向互動關係的，討論法可說是其中之一。不過，討論教學法至今並未廣為教師所採用，特別是在我國中小學這種大班級的教學情境。事實上，討論教學法是頗具功效的教學方法，值得推廣運用。

第一節　討論教學法的意涵

壹、討論教學法的意義

　　討論教學法是指團體的成員齊聚一起，經由說、聽和觀察的過程，彼此溝通意見，以達成某種教學目標。它的主要特色是教師與學生共同就某一主題進行探討，以尋求答案或能為團體大多數成員所接受的意見。由此可看出討論法與講述法有頗大的差別；講述法偏重教師單向傳遞知識與技能，而討論法卻強調雙向溝通重視師生互動。討論法重視在教學過程中讓討論者自由發表想法，並藉由意見的交換能彼此接納、容忍和尊重，進而發展思考和價值判斷的能力（方郁琳，1997b）。

　　所以，討論法是由團體中的每一成員共同參與的活動，教師和學生就某

一主題進行探討，以尋求答案或能為多數成員所接受的意見。因此，在討論的過程中，所有成員的意見可以充分的溝通，教學成為師生雙向交流的活動而非由教師獨占的過程。此外，在討論的過程中，學生更能針對問題深入思考，有助於學生思考訓練和價值判斷能力的發展。而且，學生有機會養成接受不同想法、意見的民主風度，對於培養未來社會的公民頗有助益。

貳、適用時機與情境

討論法可普遍應用於任何學科、活動和年級。討論法如能適當的運用於某些特定的單元主題，例如：人格的發展及社會的適應，則會有極好的教學成效。一般而言，討論法適用於下列情況（方郁琳，1997b）：

1. 熟悉課程內容：實施討論法之前，師生均須對討論主題與目標有所認識與了解。透過討論讓學生從不同的角度來思考課程內容或辯駁澄清，並可由聽取他人的意見來補充個人缺乏的知識，幫助學生對課程內容達到理解、應用、分析、綜合和評鑑等程度。

2. 研討爭議性問題：藉著爭議性的問題給予學生討論的機會，培養思考及發言的能力。

3. 解決多種答案的問題：經由討論學生可了解他人想法，進而互相啟發，在多種解決方案中尋求較佳的方法。

4. 建立或改變個人行為：相互討論中可澄清觀念、樹立標準、形成團體的共識，進而建立或改變個人行為。

5. 培養民主參與精神：討論時每一位參與者均需運用到說、聽和發問技巧，學生無形中可學得集思廣益和分享的精神；而發言或辯論亦可培養議事的能力和對事不對人的民主精神。

參、討論的功能

黃光雄（1991）將討論的功能分為認知和情意兩種，再由兩者發展出技能的功能，有關說明簡述如下。

一、認知方面

1. 熟悉教材：在討論中，清楚的理念表達是必須的。參與者為達到此目標必須事前預習指定資料，深入了解內容的意旨，無形中藉著熟悉教材的方式，培養他們組織和綜合的能力。

2. 改變態度：參與者由爭議性題目的討論過程中，更能從另一個觀點來檢視自己的行為、感覺和信念，進而願意改變個人原有的態度和想法。

3. 解決問題：透過討論，參與者蒐集更多資料，而討論過程中的意見表達，也使其能從不同的角度思考，進而找出解決問題的方式。

二、情意方面

1. 激發學習興趣：討論提供學習者滿足表達和互動的人際需求。投入討論愈多，學習亦更多且深入，無形中增強了學習動機。

2. 增加團體向心力：討論提供個人表達的機會，培養參與者彼此接納、尊重和容忍。經過辯論和溝通，參與成員間會形成溫暖的團體氣氛，對團體更有歸屬感。

3. 促進自我了解：參與者可從不同意見的比較中，意識到個人與他人信念價值之不同，從而體察自己的想法，增進自我了解。

三、技能方面

1. 發展批判思考技巧：在討論中，參與者意識到個人所提觀念會隨時受到挑戰，因而會謹慎思考，找尋合理依據來支持討論觀點。此過程使得學生的批判思考能力得以應用發展。

2. 培養民主參與的技巧：透過輪流發言、表達己見和傾聽他人觀點，參與者自然的學習民主參與的技巧。

肆、討論的程序

　　討論教學法並無一定的型態或模式，一般而言，學者認為其教學過程可分為三大過程：(1)引起動機；(2)進行討論；(3)整理結果（總結）。如係分組討論，可分為五大過程：(1)準備：包括教師對討論問題與討論環境的準備，以及學生對討論問題的準備；(2)創始：包括引起學生興趣及師生共同策畫；(3)討論：包括正式或非正式的討論，為學生最感興趣的階段；(4)報告：指由各小組代表分別報告討論結果及所遭遇的困難或問題；(5)總結：通常由教師做最後之總結，並提示應行注意的事項。在討論教學中，需有主持人來扮演主導的角色，而其稱職與否，常是教學成功的關鍵。通常主持人多由教師擔任，主導整個討論會的進行，當然也可由能力適當的學生來扮演。如果實施分組討論，教師會指派或由組員推派某一學生為主持人帶領進行活動，說明如下（林進材，1999）。

一、準備階段

1. 選擇主題：討論教學法在選擇主題方面應該選用一致性較低的題目或是擴散性的題目，讓學習者有更多的討論空間。在議題的選擇方面，應該以學習者能理解的程度為範圍。

2. 設計討論問題：討論問題應具有教育價值，且有足夠的社會資源或教學資源得以輔助，問題內容應適合學生程度及生活經驗，能刺激學生批判思考能力。

3. 資料蒐集：在進行討論教學前，教師可以針對課程內容指定學習者進行資料蒐集工作，以利教學進行時的參考。

4. 成立小組：教師將全班學生依據人數的多寡成立小組，分組時要採用異質分組，使得各組之間的程度能接近，人數以六至八位為宜。若不採用分組方式，可以全班討論，由教師擔任主持人，引導學生進入討論。

5. 訂定時間：討論進行所需的時間視問題的性質、難易度和重要性而定，不宜過多或過少。

6. 排列座位：討論教學法的進行在座位的安排上有別於傳統排排坐的方式，以小組成員的視線能彼此接觸為原則，圓形或方形的排列較佳。

7. 角色分配：小組推行討論前，由教師指定或學生互選組長、主持人、記錄者等。

二、討論階段

1. 引起動機：進行討論前，教師可以運用各種事先準備的題材做為引起動機之用，以帶動討論的氣氛。

2. 說明程序：討論進行前，教師應該先簡單說明討論題目、時間、各種規則等。

3. 進行討論：在各種預備工作完成時，即可進行討論活動。

三、評鑑階段

1. 綜合歸納：討論結束時，由各組派代表簡單的說明結論或建議，教師統整各組的意見做最後的綜合歸納。

2. 整體評估：討論活動結束後，教師針對此次的討論活動內容、各組討論情形、學習者的表達能力等項目，一一做評鑑和檢討工作，做為下次討論的參考。

四、注意事項

在教室中小組討論，教師應注意以下原則：

1. 教師應給予明確且清楚的作業規則。

2. 教師應確定學生有足夠的先備知識來進行討論。

3. 討論時間不應太長且應把時限告訴學生。

4. 教師應在教室中走動，隨時監控整個討論活動，以確保每一組都確實

朝著討論目標前進。

5. 小組討論中若有學生發生困難，應給予他適當的教導。

6. 討論音量以全組組員聽到為原則，不可太過大聲。

第二節　討論教學法的類型

討論教學法的種類或類型很多，例如：團體討論（group discussion）、小組討論、腦力激盪（brainstorming）、角色扮演、辯論式討論（debating discussion）、對話式討論（dialog discussion）、座談會（symposium）等。一般而言，在班級團體情境中，團體討論、小組討論是最常被使用的討論法。常用的方法簡述如下（李咏吟、單文經，1995；沈翠蓮，2002；周新富，2016；林朝鳳，1996）。

壹、腦力激盪法

「腦力激盪法」是一種用創造性思考來解決問題的方法，通常是以團體會議的方式進行。學者認為可定義為「一群人在一定的時間內，獲得大量構想的方法」，也是一種最簡單、有效的創造教學技巧。採用腦力激盪法的目的主要是在激發學生的創造力。實施的程序如下所述。

一、選擇適當的問題

教師必須選擇一個可以激發學生創造思考力以尋求答案的問題，而且此問題一定是開放性的問題。

二、組成腦力激盪小組

小組成員以十人為最適當的人數，最少五人，至多二十人，以男女混合為佳。每一小組有一主持人，主持人最好有參加腦力激盪的經驗，具有熱忱與幽默感，還需有接納任何意見的態度。會議前，主持人先要有充分的準備，

對問題加以深入了解，以及自己事先想出幾個構想來引發聯想。

三、說明腦力激盪的原則

每一小組成員應遵守下列重要原則：

1. 不批評他人的構想，尊重每個人的想法。

2. 完全自由開放的思考，與眾不同的想法最受歡迎。

3. 提出的構想愈多愈好。

4. 利用他人的構想，進一步綜合發揮，使構想更好。

四、進行腦力激盪

1. 小組的主持人必須引導所有的成員進行腦力激盪，並將問題寫在黑板上或大張白報紙上，可使小組成員針對問題思考，不離題。

2. 小組主持人要不斷的鼓勵參與人員發言。自己不妨先提出幾個構想，製造氣氛。當有人提出構想，盡快在黑板上寫下來並加以記錄。

3. 為避免發言機會不平均或造成辯論，主持人可採用輪流發言制，以使每人均有機會發表意見。

4. 主持人必須營造輕鬆的發言氣氛，但一定要制止批評他人意見的行為。會議的時間長短通常視問題的大小而定。

五、評估構想

經過腦力激盪後，產生的構想非常多，但並非個個都是好構想，必須加以評估，找出良好有用的想法。

在由全體與會人員進行評估之前，教師或主持人必須先將記錄的構想整理和編號，每位與會人員均需有一張構想的清單，並獨自選出有價值的構想，傳回給主持人。

貳、菲力普 66 討論法

菲力普 66 討論法是一種分組討論的方式，1949 年由 J. Donald Phillips 所提倡的。此法特別適用於剛形成的討論小組，因為它不需要參與者事前的準備和熟練的討論技巧。小組成員人數必須恰好是六人，每人發言一分鐘，因此討論時間共計六分鐘。它的進行程序說明如下：

1. 分組：由教師分派或學生自願的方式六人組成一組。小組形成後一分鐘內選出主持人和記錄者。
2. 解說題目：教師在清楚明確解說題意後，即可展開討論。若題目是參與者不熟悉的，則可提供資料來源要求學生準備。
3. 進行討論：時限是六分鐘，每次安排以六人目光能彼此注視為準。教師此時應巡視觀察各組，提供必要的協助。
4. 綜合報告：每組指派一人提出該組論點。
5. 總結：教師綜合歸納各組論點。

菲力普 66 討論法的特色是，容易引起參與者對某種概念或問題的注意力和好奇心，教師可利用此兩種心理進行討論教學。

參、討論會與辯論

座談會、討論會（panel）與辯論（debates）都是使學生小組能更融入特定主題且能深入討論的教學活動。當教師希望學生使用高層次的思考或當討論的主題可以從不同角度去討論時，討論會與辯論可以協助學生在富有爭議性的問題上獲得暫時的解決策略或替代性的方案，然而這種討論並不要求達到一致的解決方案或結論。

討論會的主題應事先由老師準備，並且主題應與教學目標及學生所關心的議題有關聯。在討論會中，學生被分成兩類：一類是參與討論會的人；另一類則是出席討論會的人。參與討論會的成員必須對主題有基本的認知和理解，並且事前有充分的準備，人數通常只要三或四人，另有一位主持人主持

議程，通常這些成員由教師事先指定，而班上其他學生則擔任討論會的觀眾。討論會的程序可分為四個部分：(1)教師先介紹主題、討論會的成員，並且提醒其他同學注意聽；(2)討論會的成員分別利用三至五分鐘的時間陳述自己的觀點；(3)進行公開的討論，讓所有的學生均能自由的表示意見；(4)每一位討論會成員做結論或摘要。

辯論活動為可增進學生批判思考的教學策略，這是一種非正式的討論，包含兩組對立的小組成員，他們根據蒐集的資料，依照一定的規則，闡述指定議題的議論與辯駁，並以說服對方為目的。這種教學適用於社會學習領域，師生可選擇學校、社區、國家或全球的爭論性議題做為辯論的主題，例如：你贊成網路交友嗎？你贊成核能發電嗎？其實施流程同於討論會。

肆、任務導向討論

任務導向討論（task-directed discussion）比較容易進行，教師交付各小組批判性或省思性的問題，各組成員經由相互分工及討論而獲得答案。小組內的成員須分配特定的工作，如記錄者、圖書館研究人、主持人、評論人等，成員需要扮演好各自的角色，且要互相提供學習資源、監控組員的學習進度。剛開始的小組討論工作是由教師所主導，教師分配工作給各組成員，激發學習動機和監控學習活動，以達成預設的學習目標。等成員熟悉工作的流程後，才放手讓各組自行分配工作，教師再從旁協助，讓學生為學習的成敗負責任。其討論流程可參考菲力普66法，或視教學時間的長短規劃10至15分鐘的討論。合作學習、道德教學、小組探究等教學法經常會使用到這類型的討論方式。

第三節　促進討論教學法成效的重要因素

「討論」是一群人聚集在一起，透過語言表達、傾聽對方和觀察手勢表情等方式，彼此溝通意見，達成某種教學目標。事實上，「討論」既是一種

教學法，亦是一種教學技術。只是當它被視為教學法時，教師必須就整個教學過程做全盤的考量和適時的介入；如果被認作是教學技術，教師則應注重技術的培養。

壹、影響討論教學的因素

教師的規劃和引導是營造良好討論氣氛的主要原因。為達成預期教學目標，教師在運用討論技巧時，需兼顧許多因素，方能帶動熱烈的討論活動。這些因素有以下幾項（方郁琳，1997b；林寶山，1996）。

一、人數多寡

成功的討論需注意到成員人數（group size）不宜太多，以五至八人最理想，如果超過了這個數目，平均每個人的發言次數和內容就會相對的減少，進而降低組員的參與感和滿足感。這個原則對班級人數四、五十人的教師而言是一項難題。最好的解決方式便是將班級打散成幾個小組，各自推舉一位同學擔任小組討論的主席和記錄者。

二、座位安排

在討論活動中，座位安排（seating arrangement）相當重要。傳統的教室座位都是面對教師排列而坐，嚴重限制了團體的互動。為鼓舞團體成員樂於討論，以圍成圓圈，彼此能互相看到和聽到的方式安排座位，製造較佳的互動效果。而主持人的位置，要安排在能掌控全局，掃視全場的方位，以便於控制活動的進行。

三、成員組合（group composition）

根據研究指出，同質性團體進行討論時，其凝聚力較高。所謂的同質性團體，則是指小組有多數成員具有某種相似的特質，例如：相同的性別、一致的求學態度、同樣的年齡、某一標準內的學業成績等。在討論過程中，高

同質性團體容易因為彼此特質的相似而營造出強烈的討論氣氛。但是，當比較討論成果時，與同質性團體相反的異質性團體，它的成效反而較好。推究其原因，主要是異質性團體的成員有其迥異的背景經驗和態度想法，這些不同反而促進成員間的彼此了解，進而激發出較好的想法論點。根據上述研究，教師應可視教學目標的層次，決定討論團體的組合成員。

四、團體凝聚力

團體凝聚力（group cohesiveness）是指團體成員彼此歡欣融洽的程度。高凝聚力團體的成員感情融洽，對團體有一致的向心力和歸屬感；在此情況下，成員自然願意彼此溝通協調，也較容易遵守團體的規範。但是高凝聚團體的行為規範，若與教師期望不同時，其結果可能會不理想，例如：向心力強的團體不滿意課業教材的內容，可能會集體疏於對課業的準備。教師安排時，應特別注意各組凝聚力的發展，適時將成員做適當安排，並規劃討論前的準備，例如：尋找資料、共同欣賞影片，來增加團體的凝聚程度。

五、溝通型態

溝通是把事實、觀念、價值、感情或態度等，從一個人或一個團體傳播給其他人的活動。溝通的型態，一般可分為分散式溝通網（decentralized networks）和中心式溝通網（centralized networks）。前者強調成員間直接相互的溝通，像學生與學生間的對話；後者是指團體成員之間的意見溝通，必須透過某位領導人物，例如：小組討論中，帶動主持流程的教師或由同學擔任的主持人。有些研究指出，分散式溝通網下的參與成員，擁有較高的滿意度，也較能完成複雜的工作。雖然分散式溝通網較能助益小組的討論，但是在國人習慣單向接收和不願主動發言的情況下，要全面實施此溝通網，實有困難。在學生普遍接受和熟悉討論技巧之前，教師宜從中心式到分散式溝通網分階段導引他們。

六、討論技巧

　　成功的討論有賴主持人和參與者雙方具備基本的溝通技巧和態度。討論中的主持人可以是教師，可以是小組選舉而出的主席。但兩者在任務上略有不同，前者可說是總主持人，而後者則是小組的主持人。由於總主持人需擔當整個討論進行的成敗，因此，他所考量的層面，包括場地、議題和總結。相形之下，小組的主持人，只要單純的導引小組討論即可，其任務包括：介紹題目、鼓勵發言、掌握內容和時間及綜合報告。參與討論前，教師應告訴成員下列原則，以培養參與者的討論技巧（discussion skills）：

　　1. 態度講理，並能接納合作。

　　2. 遵守規則。

　　3. 真實表達。

　　4. 尊重他人發言權利及表達自由。

　　5. 尊重個人，不作人身攻擊。

七、個別差異

　　個別差異（individual difference）的問題一直是教師頗為關心的重點。尤其在討論中，沉默者或表現不積極者很容易遭到忽略或者排斥。因此，教師在分組前，宜對學生的個別差異有所分析。若是發現性別差異或年齡層別會影響討論時的發言，則應及早謀求因應之道，例如：以同性別分組或挑選男女成員均感興趣的主題，使討論能順利進行。

八、為討論做充分準備

　　許多教師常有兩個錯誤的觀念：其一，認為討論比其他類型的教學所需的準備較少；其二，認為討論是完全無法事先進行計畫的，因為討論依賴的是學生之間自然發生的、不可預測的交流。這兩種想法都是錯誤的，為討論做準備是必要的。討論教學就像為其他類型的教學，需要很多準備工作，雖

然自發性和靈活性在討論中是重要的，但這些要依靠教師的事先準備才可能實現。

貳、促進討論成效的技巧

任何技巧的純熟是完成工作的必備條件。熟悉討論技巧，既可培養教師創造教學成果，亦可讓學生經由討論養成思考的習慣和判斷的能力。在此，要介紹說明四種常見的討論技巧。空間、探究、鼓勵發言和爭議事件的處理（陳龍安，1988）：

一、安排適當場所及座位

討論教學法主要是希望成員的意見獲得溝通和表達。因此，教師要慎選討論場所和安排座位，以使成員間有充分的互動。

二、有技巧的提問

問題的提出應以全體的參與者為對象，不要有特定對象。可指定二至三位學生對同一問題發表評論或意見。同時，主持人盡量少說話和少回答問題。

三、利用身體語言

可利用身體語言帶動討論的氣氛。常用技巧如下：

1. 身體前傾。
2. 用期待的眼神注視某位參與者，促使其發表意見。
3. 當有人發表意見時，主持人可以目光注視全體，以鼓勵大家參與討論與思索。

四、爭議情境及問題的處理

討論的過程中，常有爭議的情況出現，此時應妥善處理，避免影響討論效果。下列是四種常見的爭議情境及問題。

（一）較多人發言

此時主持人可運用下列這些方法：

1. 扼要描述發言者的主要觀點，使討論進入其他主題。

2. 適時向發言者提問事實性的問題，再請其他人就答覆內容表示意見。

3. 向發言者提問只要回答「是／否」的問題，然後再轉問別人的意見。

（二）有人未發言

如果出現有些內向、沉默的同學未加入討論、未表示意見。主持人可適時詢問他們一些事實或簡易的問題，激勵其討論意願。

（三）意見衝突

意見衝突時，主持人的處理方式，除保持冷靜外，必須遵守以下三項原則：

1. 不偏向某一方。

2. 提醒彼此相同的意見。

3. 利用幽默的話來緩和衝突。

（四）爭議性問題

當討論的主題具有爭議性時，主持人可遵守下列四個原則，以利整個討論的進行：

1. 堅守主席立場，避免參加討論。

2. 宣布這類問題的專家意見。

3. 確保少數人也有表示意見的機會。

4. 採取能使所有成員都同意的程序。

第四節　討論教學法的適用時機與優缺點

本節探討討論教學法的適用時機與其優缺點。

壹、適用時機

討論法除運用到班會的提案討論外，正式課程裡老師可根據教學的目的和學生的特性來使用討論法，這裡將介紹三種使用時機（郝永崴等人譯，2007）。

一、分享或辯論

很多時候教師發展討論是為了幫助學生分享共同的經驗，或是為了讓學生根據彼此不同的意見相互爭論，教師可能會要求較年幼的孩子說出他們在參觀動物園的學習收穫，要求較年長的孩子說出他們參與科學實驗或閱讀小說後的學習收穫。在課堂中也經常討論一些當前的重要事件，例如：選舉時候選人的政見、自然災害等，讓學生呈現不同觀點，幫助學生形成自己獨立的觀點和思想。分享式討論是透過分享經驗過程中的對話和對這些經驗的意見，學生的觀點會變得更清晰，知識會得到擴展，同時討論過程中所產生的新問題也成為了以後學習的基礎。

二、實施道德教育的教學

為引導青少年具備道德判斷所需的知識與生活經驗，以及確立青少年實踐道德行為的內在意願，討論法是一種相當適合的教學方式。道德討論教學法是常用的教學方式之一，其主要步驟為：(1)引起動機；(2)呈現教材；(3)澄清教材內容；(4)分組討論；(5)全班討論；(6)綜合整理。教師要提出道德兩難的困境故事做為教材，並鼓勵學生自由發表道德推理。除此之外，角色扮演教學法、價值澄清法等道德教學也經常要使用到討論法。

三、培養學生批判思考

　　分組討論對於鼓勵批判思考、讓學習者從事學習的過程和提升在民主社會中的「一起推理」，可能是很有用的，因為討論能夠幫助學生批判性思考，是另一種教導概念的方法。

貳、討論教學法的優點與限制

一、優點

1. 培養發表能力：討論教學法在培養學習者的發表能力方面具有正面的意義，透過討論參與讓學習者有機會表達自己的觀點和看法。教師可以隨時指導學習者，如何掌握討論的重點，將自己的意見有效的表達出來。

2. 培養思考能力：討論教學法有助於學習者思考能力的培養，讓學習者從討論問題中，思維更加緊密，思想更合於邏輯。其次，從問題討論中培養批判思考能力。

3. 培養議事能力：討論教學法的運用讓學習者思慮更周密，更尊重他人的意見，尤其是和自己不同的意見，懂得接納相反的聲音。

二、限制

1. 教室常規不易維持：運用討論教學法時，通常在常規的管理方面較吃力，教師必須花費更多的時間在班級經營上，容易影響教學品質與學習成效。

2. 耗時費力影響進度：討論教學法比一般的教學法須花費更多的時間，尤其在教學準備上比一般教學法還要花費更多的時間與精力。

3. 忽略個別差異：使用討論教學法時，容易忽略程度不佳的學習者，尤其是不善發表的學習者。在團體討論中，部分學生參與的機會不多，

影響學習效果（林進材，1999）。

　　討論教學法是培養學生的發表能力最適宜採行的教學策略。它既可養成學生分享的習慣，也可同時增進學生獨立的思考批判能力。然而，討論法會受限於時間、場地、班級學生人數過多（周立勳，2000）。

第五節　討論教學法的應用實例

　　Olive 與 Shaver（1966）將討論教學法應用在社會科，設計出法學詢問模式，幫助學生有系統的學習如何思考當代問題，這些問題是公共政策上的問題，經由公共政策的分析和辯論，學生可對社會價值重新下定義，這是一種高層次的公民教育教學法。

壹、目標和假設

　　這個模式以人們有不同的觀點、喜好和社會價值的社會概念為基礎，在建設性的社會秩序情境下，要解決複雜的、矛盾的主題，需要公民成功的協調彼此間的差異。這樣的公民需要以理智分析公共問題，並且建立主張，其主張要能反應公平和人性尊嚴的概念，而這兩項概念是民主社會的基礎（Joyce et al., 1996）。

　　Oliver 與 Shaver（1966）把聰明的公民想像成有能力的法官，像最高法院法官正在審理一件重要的訴訟，要聆聽雙方提出的證據，分析雙方立場的合法性，最後要做成最好的決定，這就是學生所要擔任的角色。要擔任這種角色必須具備三種能力：(1)知道和了解形成社會倫理系統核心的主要價值；(2)澄清和解決問題的技能：矛盾引發通常是來自公共政策重要價值的衝突，所以澄清定義建立事實、認清價值在解決問題的過程中是重要的；(3)具備當代政治和公共問題的知識：學生需要知道現今社會的政治、經濟、社會的問題。

貳、主要的教學策略

Oliver 與 Shaver（1971）的教學法包括許多的理念，他們提出社會模式、價值概念、建設性的對話概念，他們也提出仔細的課程和教學方法，其主要的教學策略有以下三種。

一、蘇格拉底式對話

教師對學生所持的立場以提出問題的方向挑戰之，稱為蘇格拉底式對話（Socratic dialogue）。教師問學生對問題的主張、價值判斷為何，然後對學生的假設、立場提出質疑。教師的功能在探查學生所持的立場，以質疑其適切性、一致性、特殊性和澄清學生的理念，直到學生清楚。蘇格拉底式對話最主要的特徵就是使用類推法（analogies）反駁學生的敘述，例如：學生認為父母要公平對待每一個小孩，教師會提出父母與法官在功能比較上的質疑。

二、公共政策問題

公共政策問題是教學過程所採用的主題，以公共政策問題綜合各方面相關的決定或選擇。教師最困難的一項工作是協助學生整合每人的看法到公共政策問題之中。

三、價值的體制

社會價值幫助我們分析矛盾的情況，因為其提供超越任何特殊矛盾的共同體制。很多社問題的產生是因為牽涉到價值的衝突，所以認清價值和政策問題的關係對解決矛盾有所助益。Oliver 與 Shaver（1971）提出美國的基本社會價值體制有以下幾項：

1. 法律統治：政府的行動依據法律，要建立法律權威和平等的應用到所有百姓。

2. 受法律相同的保護：法律必須公平的執行，不對任何人或團體授以特

別的權力或處罰。

3. 正當的過程（due process）：政府不能剝奪百姓的自由、財產、生命，除非經由合法的行動。

4. 公平：相同的機會。

5. 維護和平和秩序：預防混亂和暴力。

6. 個人的自由：演說的自由、自由處理財產、信教自由、隱私權。

7. 權力的分散：政府三個分支的平衡。

8. 地方控制地方的問題：限制聯邦政府權力，保護州的權力。

參、教學模式

雖然詰問式的對話是法學詢問模式的核心，但還是有其他活動來幫助學生陳述立足點及辯論後修改所主張之意見，這個模式的教學過程總共有六階段，茲分述如下（Joyce et al., 1996）。

一、決定案例

教師以讀故事、觀看價值矛盾影片、討論學校或社區生活中的事件等方式來介紹案例的材料。教師再指導學生以列出事件綱要、分析誰做什麼、為何如此做，或指出矛盾的方式回顧事實。

二、認清主題

學生綜合事實到公共政策問題之中，選出討論的政策主題，再列出涉及的價值類別，以認清價值間的衝突，讓學生能知道構成實際問題和定義問題的基礎。以上兩階段學生還不必表達意見或立場。

三、採取立場

學生被要求建立問題主張和敘述主張背後的理由，小組可以共同討論有關此一問題的立場及理由。

四、探究主張背後的立足點

教師扮演蘇格拉底的角色，以詰問的方式探究學生的主張，其所用的辯論方式有以下四種：(1)詢問學生認清違反的價值；(2)透過類推法澄清價值衝突；(3)要學生證明其主張所想和不想達到的結果；(4)要求學生安排價值的順序。

五、精緻的、高品質的主張

由階段四的對話自然的進入階段五，但有時教師需要建議學生對其主張再做思考，以形成更高品質的主張。

六、考驗事實、經驗和結果的假設

本階段以探究假設背後的實際原因來進一步考驗學生的主張，教師藉由詰問幫助學生檢視其主張是否切實可行。

以上六個階段可分為二：分析（一、二、三階段）、辯論（四、五、六）。分析活動在形成要討論的主題、價值問題和準備材料；辯論是以詰問的方式尋求最可能實現的主張。在教學進行中，爭論的發生是難以避免，爭論進行中最常出現三種形式問題：定義、價值、實際問題。定義性問題發生在名詞界定混淆，討論前最好先對名詞建立起共同的意義。價值是每個人下決定時所要涉及的，當兩項價值衝突時，最好的解決方法是妥協或是想其他只違反一小部分價值的方法。價值的不一致即成為實際問題，可信的實際訴求可以兩種方式建立：提出更特殊訴求、與已被接受的真理有關的事實結合。最好政策的立足點是價值的平衡，每個矛盾的群體都要試著了解其他主張背後的原因和假設，只有在理性的同意基礎下，有效的妥協才能達成。

肆、教學法的應用

這個教學法在應用時要注意以下幾個要點（Oliver & Shaver, 1971）：

1. 適用對象：國中以下的學生不易使用這種教學，語文程度較佳的國小高年級學生可適用此模式。

2. 適用學科：此教學法最適用在社會科的教學，特別是公民科，在對公共事務課程教學、處理公共領域的衝突過程、引導學生檢視價值等方面均有良好的成效。

3. 採用小組的辯論方式：教師可將學生以三至四人分成一組，集體討論後再與另一組展開辯論，開始時都準備相同的案例，再選擇出不同主張的組別進行討論。

4. 推理技巧和有自信的主張不是一蹴可幾的：討論時的自信心不是立即可以建立起來的，教師要以一個案例連續進行一段時間，讓學生有獲得資訊的機會，來表達他們的想法和建立勇氣。案例的選擇上要從簡單的開始，最好先從學生本人經驗、家庭或教室有關的題材著手。

伍、評論

這種教學法的流程與價值澄清法頗為類似，均應用到討論與辯論的策略，其中的差異是這種教學法偏重在公共議題上討論，而價值澄清法則是偏重個人價值上的思辯。使用此種教學法，教師課前必須花時間去思考辯論的主題，然後要求學生去蒐集資料，師生都有充分的準備，教學的進行才會順暢。另外會遇到的問題是學生的怯場，不敢暢所欲言，但只要實施幾次以後，學生即能達到熟能生巧的地步。一旦學生變得很熟練，他們就能夠應用到解決生活中的衝突，進而達成下列目標：認清政策的問題、應用社會價值到政策主張中、使用類推法探索問題、有能力認識和解決價值問題、建立多元化的價值、與他人有效的對話、培養社會參與和社會行動的能力。

第六節　結論

總之，透過討論法的教學，可以提供學生表達及溝通意見的機會，也可

以使教學過程更生動有趣，而在討論過程中，教師的發問、學生的爭辯、主持人的仲裁與引導，可使學生對於討論的主題有深入的了解，更可培養學生獨立思考批判的能力，而進一步尊重容忍他人的想法，增進團隊合作的精神。另一方面，教師可藉討論教學法指導學生說話的技巧，養成學生分享的習慣，也可同時增進學生獨立的思考批判能力。然而，討論法因受限於時間、場地、班級人數過多；老師未具備熟練發問、教室管理、討論等技巧；老師具權威，氣氛不夠開放自由；學生未具備發表、討論、發問、傾聽的能力。教師在實施討論教學法時，務必達成以下的任務：(1)使學生朝向討論的目標；(2)在需要的地方提供新的或更正確的資訊；(3)複習、摘要或將意見和事實放在一起成為有意義的關係；(4)結合想法並促進妥協以達到意見一致。

第12章

協同教學法

吳百祿

21 世紀是團隊合作與學習的時代，傳統以來單打獨鬥的舞臺已難以存在，唯有發揮團隊凝聚力，才有生存的空間。不論何種工作，唯有聚合大多數人的智慧才能克竟全功。

首先，就教育基本理念而言，許多教育人員和服務人群的專業人員，長久以來均一再的討論、擁護甚至接受團隊教育者（team players）的理念，他們甚至強調教育專業人員應有效的合作與溝通（Garrett, 1995; Whitehouse, 1951）。事實上，任何一位教學者如果不協同合作而能勝任教學，確實是很困難。換句話說，在教育或兒童照顧的領域中，任何一位教學者都不能反對彼此分享教學資源，不能反對彼此發展共同的教學目標，不能反對彼此共同計畫和實踐課程，甚至不能反對彼此分享教學的成效。

此外，團隊合作所研訂的目標也是依據組織目標而訂定，它與組織目標是相容且一致的。然而，不可諱言的，協同合作畢竟是一種概念、一種價值和一種方法，如要得到組織全體同仁的普遍支持，仍有待相當的努力（Garner, 1995），這也是協同教學值得進一步探討之處。

其次，就九年一貫及十二年一貫課程而言，其改革的主要特點是將分科調整為統整，將個別化的學科轉為統整的學習領域，徹底打破了傳統學科本位的課程型態。課程統整係指針對學生學習內容加以有效的組織與連貫，打破現有學科內容獨立的界限，讓學生能獲得較連貫與完整的知識。課程統整亦是一種課程設計的策略，它打破了學科的限制，增加了個人和社會的統整，

結合了知識經驗與社會。因此，課程統整不僅止於學科的合併或融合，更重要的是重視學習者的統整（方德隆，1999）。換句話說，課程統整的教學就不是以學科或教師為中心，而是要以學生為中心。就實務面而言，學校教師如何把握以學生為中心而實施協同教學，實乃當前教育改革最重要的課題之一。

　　基於上述，本文分五節深入探討協同教學，分別為協同教學的緣起與發展、協同教學的類型、協同教學的實施、協同教學的優點與挑戰，以及協同教學的努力方向。茲分述如次。

第一節　協同教學的緣起與發展

　　本節依序說明協同教學的緣起與意義、協同教學的發展（包含在美國、日本和我國的發展），茲敘述如次。

壹、協同教學的緣起與意義

　　談起協同教學，應該追溯到美國的 1950 年代末期。首先，在 1950 年代末期，由於學校課程遽增，學生人數也不斷增加，而合格教師卻大量短缺。在這樣的情況之下，於 1956 年激勵了美國全國中等學校校長協會（National Association of Secondary School Principals）成立課程計畫和發展委員會（Commission on Curriculum Planning and Development）。這個委員會成立的目的主要在追求教學革新，他們期盼在美國全國各地的中等學校能開創一系列的教學實驗方案，這些實驗方案旨在解決學校所面臨的問題，諸如：課程發展、教學方法以及空間和人力資源的使用。當課程計畫和發展委員會在美國各地與學校教師充分溝通教學革新理念之後，於在委員會的主任委員 J. Lloyd Trump 的領導之下，立即向教育前進基金會（Fund for the Advancement of Education）提出一份計畫，這份計畫的全名為：「改善教師教學，以幫助解決美國中學教師短缺的問題」（A Proposal Designed to Demonstrate How Improved Teacher-Utilization Can Help to Solve the Problem of Teacher Shortage in the High School of the United States）。這份計畫終於獲得教育前進基金會的認同，並同意撥出經費，支持實驗學校做教學革新，這是協同教學的緣起之一。

其次，蘇聯於 1957 年首先發射 Sputnik 人造衛星，當時美國各界大為震驚，決心進行教育改革，尤其是課程及教學方法的革新。其中在教學方法方面，當時被社會各界所詬病的是齊一式的教學，亦即在教室中由一個老師所進行的班級教學。他們認為在那種情況之下，一定會產生許多無法跟著一起學習的學生。為了改進這種教育機會的不均等，在 1957 年 9 月，美國麻薩諸塞州（Massachusetts）佛朗克林（Franklin）小學開始實施協同教學，這也是協同教學的緣起之二。

協同教學（team teaching）顧名思義，是由數名教師組成教學團隊，然後依照教師個人不同的專長來進行合作教學；也可以根據學生的不同興趣或是不同程度分組，由教師團隊來進行教學。協同教學原本產生的背景是為了彌補教師專長的不足，因為教師本身具有不同的興趣與才能，有的善於美術音樂，有的長於物理化學，因此最常見的協同教學模式就是交換教學。你教我們班的音樂，我教你們班的美勞，充分發揮教師的個別能力與專長。但是目前新型態的協同教學，並不是站在老師「教」的立場來看，而是站在學生「學習」的觀點，是要滿足兒童的個別差異，活化每位兒童的能力與個性。

基於上述，Robert 與 Sue（1983）認為，協同教學是指兩個或兩個以上的人員，從事一項有意識的努力（a conscious endeavor），去幫助一個特定的學生小組，以達到學習的目的。協同教學的實施包含共同計畫、共同教學和共同評估。因此，根據上述協同教學的意義，Robert 與 Sue 認為協同教學包含三個重要元素（如圖 12-1 所示）：

1. 一起參與的人員：通常這些參與的人員大多是受過專業訓練且具有證照的專業人員。但是我們也不排除教學助理、父母親和志工等。

2. 一項有意識的努力：係指協同教學包含有意識的計畫、教學和評鑑。換句話說，協同教學是指參與人員的工作、溝通和實踐。

3. 一個特定的學生小組：意指為學習活動所組成的一個可辨識的小組。

→ 圖 12-1　協同教學的元素

資料來源：Robert 與 Sue（1983, p. 2）

貳、協同教學的發展

為了解協同教學的發展，本文首先敘述協同教學在美國的發展，其次說明協同教學在日本的發展，最後也闡述協同教學在我國的發展情形，茲說明如次。

一、協同教學在美國的發展

協同教學於 1957 年創始於美國，隨即如雨後春筍般蔓延，國內學者柯啟瑤（2000）將協同教學在美國的發展分為三期，茲扼要敘述如次。

（一）萌芽期（1957～1980 年）

1960 年代受到美國聯邦政府的補助，協同教學措施大力開展，其中以 1960 年芝加哥市教育委員會所進行的協同教學，和 1964 年由威斯康辛大學認知學習中心開發的 IGE 教學計畫較有名。

1960 年，美國芝加哥市教育委員會推動協同教學，這項計畫比 IGE 教學計畫更為普遍。這項計畫最大的特色在於不採取無學年制，而以「學年制」班群方式進行，也就是由一個學年的教師組成班群，或是由兩學年的教師共同組織班群，然後在這些學年當中的班群實施「個別化教學」。由此可見，其班群的組織比 IGE 教學計畫案較容易被接受，例如：採「學年」教師為中

心所組成的協同教學，以其中一位教師為領導者，再加上圖書管理員（libra-rian）和調整（加配）教師（adjustment teacher）。由於這些助教（assistant）的加入，增強了班群的協同機制，使得個別指導的效果提高不少。

IGE 教學計畫於 1960 到 1970 年代實施，主要是於美國中西部所採用的個別指導教學計畫案，其中以英語的閱讀和數學的教學計畫最為著名。在這個計畫案中，採用適應學生不同成就的無學年制（non-graded system），例如：在小學將學生分為兩部分，其中一部分為一到三年級的「低年級學習班群」，另一部分為四到六年級的「高年級學習班群」，在這些班群中即實施無學年制。兒童隨著單元而不是隨著學年的層次，依據其成就層次分為不同班群。教師也屬於某一學習班群，負責指導該班群的學生學習。

（二）發展期（1980～1983 年）

1980 年代，美國又開始迎進協同教學，然而這個年代和 1960 年代的狀況迴然不同。首先班級學生人數約減少了 10 個人，由過去一個班級 30 個左右的學生，減少到 20 個左右的人數，此時再度成為實施協同教學的最好時機。其次，由於開放空間的增加，以及裝置媒體為中心的教室空間和教學器材（如錄放影機、電腦等設備）也逐漸增多。像這樣「班級規模的縮小（實施小班制）」、「具有彈性的學習空間」，以及「以電腦為中心的個別化學習機器的裝置和使用」等契機，確實成為能支援協同教學的主要因素。由此也可見美國在這 30 年間，在教學的想法與作法上實在有太大的改變。其中，「適應個別化教學」的確立，也就是將過去分為孤立空間教室進行齊一教學的傳統教學方式，改以活用多樣的學習空間進行「個別指導」的教學方式來替代，這也是實施協同教學最佳的契機。

（三）成熟期（1983 年～現在）

從 1983 年起，美國實施協同教學進入成熟期，例如：在美國維吉尼亞州（Virginia）的高級中學，為提高學生的學力而實施「協同教學」。他們認為

雖然教師熟悉各科的教學，但不熟悉每一個學生的興趣、能力等狀況，將會影響學生的學習，進而妨礙學力的提升。因此，唯有了解學生的能力和興趣，由教師組成教學團隊，進行協同教學，方能提升學生的學力。

另外，在美國內華達州（Nevada）曾經做過國中學生實施協同教學的適應性調查，結果發現有92.3%的學生認為「因實施協同教學而比較容易交到朋友」；有71.4%的學生認為「因實施協同教學，所以社交活動較為頻繁」；還有92.3%的學生認為「增加了其他班群的朋友」。至於協同教學的學習效果，亦有相當令人滿意的調查結果，例如：有71.4%的學生肯定學校的學習活動，有92.2%的學生認為「兩年期間和不同的教師學習，所以學校的學習活動也感到比較有趣」，並且絕大部分的學生認為「學校是可以放心學習的場所」、「在校內不會感到孤立」。另一方面，參與協同教學的教師都認為「可以配合學生的學習及社會性需求，共同突破學科的限制，進行有效的教學」。

二、協同教學在我國的發展

就我國推動協同教學的歷史而言，其開端應於1974年，當時臺北市女師專進行一所國小的教學實驗以及臺北市成淵國中進行的國中實驗。惟受限於當時教師人力專長的搭配，以及教學資源的支援與配合，並沒有後續的推廣研究。雖然在這時期也有諸多學者再三強調協同教學是未來教學方法的新趨勢，但是在學校教學仍無法蔚為風氣。直到教育放革的推動，包含開放教育、田園教學、小班教學及九年一貫課程改革等措施的陸續實施，才再掀起一陣協同教學教育理念的呼籲。

綜上所述，在協同教學的推動與實施，以美國最早，我國則大約晚美國17年才初試啼聲，一直到1990年代末期配合九年一貫課程綱要的實施，才再掀起一陣熱潮。

第二節　協同教學的類型

協同教學的實施類型，涉及各國的國情（包含師資、行政、制度），因此採用的類型亦不同。本文分別從：(1)教育現場的實務運作；(2)綜合國外採用的方式；(3)國內採用的教學類型；(4)Robert 和 Sue 的細部分類；(5)國內班群協同教學的類別等予以說明，茲分述如次。

壹、依教育現場的實務運作予以分類

國內學者蕭福生（1999）從教育現場的實務運作，歸納協同教學進行的型態包含下列六種：

1. 依主題不同的協同教學：依學生所選擇的不同主題，於學生探索活動時的指導型態。

2. 依個別差異的協同教學：依學生學習狀況、學習成效不同時的個別差異，所進行的指導型態。

3. 依學習進度不同的協同教學：依學生學習進度上的個別進度，所進行的指導型態。

4. 依活動地點不同的協同教學：將活動場所分成幾個不同的地點，以進行活動時的指導型態。

5. 依活動內容不同的協同教學：依活動內容不同，所同時進行的指導型態。

6. 依活動項目不同的協同教學：依活動主題，各自選擇不同的項目，所進行的指導型態。

柯啟瑤（2000）認為，協同教學包含三種模式：

1. 依據不同學習精熟度而分：由兩位以上教師組織成指導團隊，讓每位教師能互相承擔指導工作。另一方面依據學習精熟度將兒童分組以便每位教師進行指導。分組方法如下：(1)依據「精熟學習」的教學法，

經過若干時間的學習之後，經過診斷性、形成性評量，再予以分組，接著由各教師分別指導各組的學生；(2)指導前先進行診斷性、形成性評量後分組，因此，指導時就依所分的組別由各教師進行指導。

2. 依據不同學習課題而分：這種模式不一定在協同教學的學習指導下才能做，由一個教師所實施的班級教學也可以採用。但是由兩個以上教師進行指導的協同教學，即由各教師擔任不同角色、指導不同的學習課題。分組時，仍和學習精熟度一樣可分為「進行中」和「一開始」兩種模式，依不同課題進行指導。

3. 依一般協同方式的協同教學：由多位教師進行的協同教學，每一位教師分擔「工作」做為基本的教學策略，由於工作明確分擔，也就是依據各人的專長、興趣、能力承擔教學工作，可以提升教學的效率與品質。另一方面，我們常遇到「需要更多人手」的狀況，由於要有更多教師的指導，才能進行觀察、實驗、調查和製作，必定需要「更多人手」。尤其九年一貫課程及十二年國教課程均重視學生能力及核心素養的培養，注重學生體驗性的學習活動，組織教學團隊，進行協同教學，對今後的教育改革必有很大的助益。

貳、綜合國外採用的方式予以分類

高洪瑛（2000）歸納國外採用的協同教學方式，包含教階制度、聯絡教學、互助小組和循環教學等四種，茲分述如次：

1. 教階制度：在教階上，有一位領導教師負責領導一般教師、兼任教師和助理人員，共同計畫、研究和教學，其目的在改進學校的教學工作，使先進領導後進。

2. 聯絡教學：同一科目的幾位教師，配合助理人員，組成教學團，其目的在發揮教師專長，也彌補教師的不足部分。

3. 互助小組：互助小組可以說是交換教學，除了同一科目之交換互助屬於聯絡教學外，包班制的國小教師所採用的交換教學，也是互助教學

的一種。

4. 循環教學：如果由五位不同專長的教師組成教學團，每位教師在自己
　的專長部分，準備一個可教三、四週的單元教材，就由每位老師教五
　組中的一組。如此既可省卻準備其他教材時間，又可使教師有機會改
　進每一次的教學。

參、國內教師採用的協同教學類型

張清濱（1999）認為國內的教師採用的協同教學類型，大致有下列五種：

1. 單一學科協同：擔任同一年級同一學科領域的教師，例如：擔任藝術
　與人文領域（含美勞、音樂、戲劇）的三位教師，共同討論設計教材。
　然後可就其專長分配工作，一位負責美勞教學；一位負責音樂；一位
　負責戲劇進行教學。

2. 多科協同：兩個學科領域或兩個以上學科領域之間的協同，例如：由
　語文科教師、社會科教師、自然科教師一起協同指導學生，安排一次
　校外教學參觀春天的花園——士林官邸，學生從活動中學習如何上網
　找尋相關資料，學習如何認識春天的花，學習如何創作春天的新詩；
　如果再加上製作花的卡片或欣賞花相關的樂曲，豈不就協同了更多學
　科。

3. 跨校協同：協同教學也可跨校實施，譬如甲校缺音樂老師，而乙校缺
　戲劇老師，則兩校互相支援互補有無。

4. 循環式協同：教師專長不一，對於任教學科不見得完全勝任，例如：
　體育科球類包括籃球、排球、足球、羽毛球、棒球、躲避球等，有些
　教師只擅長其中一、兩項，因此教師可採循環式協同教學，就教師專
　長選項依序進行，但是循環教學的班級必須課表調整為同一時段。

5. 主題式協同：這是針對某一主題進行主題統整的協同教學，例如：以
　「風土民情」為主題，可以請資訊教育老師指導學生上網查詢資料，
　認識江南、塞北的風土民情；語文科則學習江南塞北的課文；社會領

域教師指導江南、北及臺灣的地理位置與風土人情；人文藝術教師指導江南與塞北不同風味的樂曲。如此教學設計統整了有關江南與塞北風土民情相關教材，也結合了教師的專長，使學生從多位教師身上學習完整的知識（張清濱，1999）。

肆、協同教學方式的細部分類

Robert 與 Sue（1983）將協同教學的實施型態分成下列五種，茲分別說明如次。

一、兩位教師／單一學科

這種協同教學的型態是結合兩位相同領域的專業人員。以圖 12-2 為例，是由兩位七年級的數學教師所結合的協同教學。剛開始，或許兩位數學教師分別在各自的班級上課，過了一段時間，則兩班予以結合，並實施協同教學。如此的運作，或許他們繼續實施協同教學，也或許再各自教導自己的班級一段時間後，再實施協同教學。

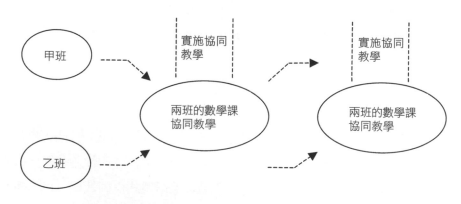

→ 圖 12-2 兩位教師／單一學科的協同教學型態

資料來源：Robert 與 Sue（1983, p. 5）

二、多位教師／單一學科

　　這種協同教學的型態與上述第一種（兩位教師／單一學科）協同教學型態，基本上是相同的。它們都是單一學科，不過參與的老師和學生則較多，以圖 12-3 為例，共有四個八年級社會科的教師參與協同教學。

三、兩位教師／兩個學科

　　這種協同教學的型態是由任教不同學科的兩位教師所組成，或許是語文科與社會科教師的結合，也可能是數學與自然科學教師的結合，如圖 12-4。這兩位教師除了要發展自己任教學科的教學計畫之外，也要與協同教學的教師分享彼此的協同教學計畫。

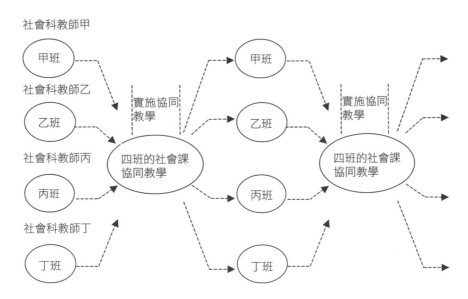

圖 12-3　多位教師／單一學科的協同教學型態

資料來源：Robert 與 Sue（1983, p. 6）

269

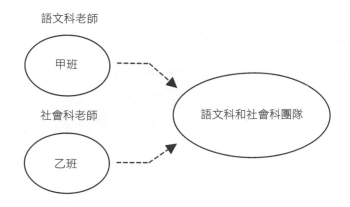

> ◆ 圖 12-4　語文科教師與社會科教師合作的協同教學型態

資料來源：Robert 與 Sue（1983, p. 7）

四、兩位教師／多學科

　　這種協同教學的型態較為複雜，包含兩組的學生以及四個或五個時段的協同教學時間。理論上而言，其中一位老師可能是指導語文科或社會科的老師；另一位老師則是指導數學科或自然學科的老師，如圖 12-5。這種協同教學的型態也具有課程統整的功能，通常都以主題式的課程出現。

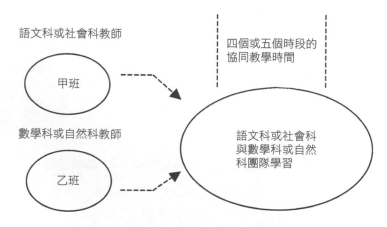

> ◆ 圖 12-5　兩位教師／多學科的協同教學型態

資料來源：Robert 與 Sue（1983, p. 8）

五、多位教師／多學科

　　這種協同教學的型態是上述（兩位教師／多學科）協同教學型態的擴大，就人際和組織而言，這是極為複雜的。圖 12-6 就是多位教師／多學科的協同教學型態。

伍、國內班群協同教學的類別

　　國內從國民教育九年一貫課程的推動開始，許多學校已經在實施班群協同教學。茲以臺南市勝利國小實施之班群協同教學為例，其實施之類型包含：主題式協同、同學年型班群協同、循環式協同、加入教師或行政人員之協同、班群內親師合作之協同、引入社區人才之協同等六種，茲說明如次：

　　1. 主題式協同：由同學年或同班群教師組成協同教學小組，跨越班級與學科界限，進行主題教學活動。此協同教學之組成機制乃是以「主題

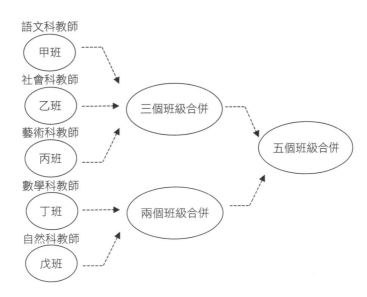

圖 12-6　多位教師／多學科的協同教學型態

資料來源：Robert 與 Sue（1983, p. 9）

教學」為出發點，因此可以是全學年之班群協同或是單一班群協同。

2. 同學年型班群協同：由同學年教師組成協同教學小組，以班群為單位，跨越班級界限進行學習活動，以分工合作方式，來分析學習內容並找出其關聯性。

3. 循環式協同：由班群內教師依專長進行循環教學，將領域學習活動分為幾個不同的單元，教師分別認養數個單位，然後到不同班級進行教學活動。

4. 加入教師或行政人員之協同：依學習主題或內容，加派教師或科任教師、實習教師或行政人員，共同與班群教師進行協同教學，例如：每一班群加派科任教師、實習教師或輔導老師。

5. 班群內親師合作之協同：整合班群內家長資源，與教師共同進行協同教學，例如：戶外教學、晨間教學，均可依家長專長及資源與教師進行協同教學。

6. 引入社區人才之協同：加入社區資源或專長人員之協助，配合學習內容，提供教學資源，與教師共同進行教學（教育部，2001）。

綜上所述，協同教學的類型確實很難有周延及完整的分類。上述的五種分類法，彼此都有不周延之處，也彼此有重疊之處。然而，透過以上的分析，將使我們更深入了解協同教學的類型。同時，在教育改革以及教學革新的呼籲下，以學校為本位的課程設計，將會激發教師的創意教學，也將進一步發展更有創意的協同教學類型。

第三節　協同教學的實施

本節探討協同教學的實施，首先論述有效能的團隊特性，其次說明實施協同教學的一般步驟，最後以新北市汐止區東山國小實施協同教學為實例，說明其實施步驟，茲分述如次。

壹、有效能的團隊特性

Larson 與 LaFasto（1989）在一項辨識有效能團隊的特性研究中，他們歷經三年去訪視各種不同環境的成員（包含學校、醫院、企業界以及運動界），最後發現有效能的教學團隊具備下列八個特性，並且能適用於學校和幼兒教育情境，茲說明如次。

一、清楚和崇高的目標

Larson 與 LaFato 發現，成功的團隊有清楚和易於了解的目標；相反的，不成功的團隊其目標分散且易流於政治口號，同時也缺乏強烈的主張，甚至個人的目標凌駕團體的目標。

二、結果導向的結構

Larson 與 LaFato 認為，在教育和兒童照顧領域的教學團隊經常要追求三種結果：其一為問題解決；其二為創造力；其三為巧妙性計畫。因此，設計任何一個教學團隊的結構時，都要考慮去達到這三個結果。Larson 與 LaFasto 進一步認為，問題解決的教學團隊結構需要提升信任；創造性的教學團體結構需要提升自主性；巧妙性計畫的教學團隊結構需要提升清晰度。

三、團隊成員要有能力

成功的團隊需要有能力的團隊成員，在這裡所謂的能力是指與別人合作的專業技能（technical skill）和個人技能（personal skill）。同時，不同的團隊所需的技能也會不同，例如：問題解決的教學團隊，其成員需具備較高的統整能力，並能產生對彼此的信任；相反的，創造性的教學團隊，其成員需要較高的信心與堅持，他們可能會是獨立的思考與自我的開創者。

四、一致性的承諾

成功的教學團隊成員對所屬的教學團隊有強烈的認同與承諾,同時成員們彼此分享「我群感」以及「我們的未來」。認同團隊的結果就會放棄自我(不是否定自我,而是對自我的重新定義),並產生團隊精神。

五、合作的氣氛

成功的教學團隊,其成員的角色定位清楚,責任明確且有充分的溝通。在這種教學團隊氣氛中,也能提升成員的彼此信任,進而允許開放、直接和問題導向的討論。

六、卓越的標準

Larson 與 LaFasto 認為,卓越的標準來自四個方面:(1)來自團隊成員本身;(2)來自整個團隊;(3)來自團隊成功和失敗的結果;(4)來自團隊以外的因素。

有效能的團隊應有很清楚的卓越標準,以便評估整個團隊的成功與失敗,如此整個團隊方能有效運作。

七、外在的支持與認可

有效能的團隊需要許多資源,以達成目標,例如:得到重要人士與相關組織的支持,同時其成果能得到認可與酬償。相反的,如果團隊得不到外在的資源、支持與認可,則整個團隊將失去意義。

八、有信念的領導(principled leadership)

有效能的團隊需要有信念的領導者,依據 Larson 與 LaFasto 的觀點,有信念的領導者能塑建團隊願景,能迎接變遷,能發揮智慧。

貳、實施協同教學的一般步驟

由於協同教學的實施類型極多，因此，協同教學的實施步驟也略有差異。不過，綜合各類型的協同教學，基本上都包含下列六個步驟，茲分別說明如次。

一、組織教學團

教師一旦決定實施協同教學，應即邀請有關教師及人員組成教學團，商討如何進行該科或該單元的協同教學。組成教學團的方式很多，依教學模式的不同，而有不同的組合，而且最好由擔任教學教師自行組成。通常教學團的組成包含下列四種：(1)由擔任相同科的教師，加上有關助理人員所組成；(2)由不同科目的教師和助理人員所組成；(3)由同一年級的教師及助理人員所組成；(4)不分科目、年級的教師，加上全校職員，組成一大教學團，也可以找一位經驗豐富、成熟且有領導能力的教師擔任主任教師，策劃教學、推動整個教學團的運作。其他還可包括資深老師、初任教師、社教人員、家長、社會資源人士及專家學者。

二、妥善規劃設計

教學團一旦成立，宜從成員中推薦一人擔任召集人或聯絡人，負責籌畫協同教學的整體事宜，以及溝通協調等事項。召集人通常由成員互推，協同教學首重規劃設計，如果過程安排得宜，進行就很順利。

三、徵詢行政人員和家長的支持

協同教學是一種打破傳統分班教學的教學方式，在教學過程中，無論上課地點、分組情況、教學時間均異於往昔。因此，在實施協同教學之前，應將組織教學團隊後的實施教學構想，尋求學校行政人員的了解並支持。此外，亦應將實施協同教學的計畫利用家長聚會時一併轉知，並尋求支持。

四、研擬教學流程

教學團在規劃設計的時候，應通盤考量各種變項與情境，包括：教學對象、教學所需的時間、教學地點、教學人員以及所需的教學資源等。透過周延的協調和設身處地，研擬一份教學流程及工作分配表。使參與協同教學的教師可以很清楚的知道自己在什麼時間（when）、什麼地點（where）、擔任何種工作（what）、教哪一部分學生（who）。圖 12-7 即說明協同教學的流程，共包含 14 個步驟（教育部，2001）。

五、進行教學活動

教學前的準備工作完成，就可以進行教學活動。協同教學的方式很多，一般言之，可概分為：大班教學、小組討論及獨立學習，協同教師依教材的性質，採取適當的教學方法，進行教學活動。

六、共同評鑑

協同教學完畢，教學團進行兩方面評鑑：一是學生的學習評量；一是協同教學的評鑑。學生的部分可採多元化教學評量的方式，評定學生學習的情形；後者注重教學的進程、教學的內容以及各項行政工作的配合等，以檢討其利弊得失（高洪瑛，2000）。

參、協同教學的實例

以下就依據協同教學的類型列舉實例來說明如何實施（吳麗君、鍾聖校譯，2003）。

一、大班群的協同教學

協同教學可以依據班級的大小採用不同的教學策略，在大班群中可以講述、論辯及小組形式授課，資訊可以很快被分享，因為內容是固定的，教師

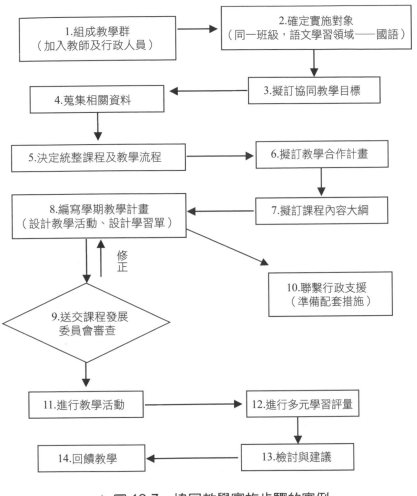

◆ 圖 12-7　協同教學實施步驟的實例

資料來源：教育部（2001，頁 138）

可以有效的組合影片、實務示範、使用影片教育節目、益智遊戲及測驗等。

　　講演能提供基本的方向，引起動機和具豐富性，因為紮實、有條理的概念組織，使許多的內容可以在短時間內呈現，教師可以強調學科領域間的內在關係或應用於生活上的概念。好的講演可以使用實物、演示和影片，來激發想像力、好奇心及激勵探究。學生也可學習如何做筆記及寫大綱，以了解

結構進而幫助他們組織概念，因為這點非常重要，教師應定期檢核學生做筆記和寫大綱的能力。另一方式由多位教師對一個班級來講演，以一般學術討論的模式邀請學生主動積極的進行對話。

二、小班群的協同教學

在一般的教學或測驗後，可將大班群分成小組，教師團隊中的每一位教師則擔任小組的領導者，每位小組都需要小的教室，同時必須規劃好。討論、個案研究、辯論、小組討論、經驗分享等策略在小班群較有效，透過遊戲、戲劇、角色扮演可以吸引學生視覺及聽覺的注意，學生會更主動參與分析、評估、綜合等重要技能的學習。小組中要有一位學生擔任紀錄，以口頭或書面的方式準備摘要，讓教師可以了解討論的進展以及進一步的發展；另指派一位學生擔任觀察員，專注於討論的過程而非內容，注意問題的有效性，為什麼及如何能成功的引起積極討論。

三、班級外的協同教學

在教室之外，則將主動權留給學生，例如：在圖書館裡研究時、上網時、在操場時、在語言或科學實驗室，或電腦輔助規劃教學時。教學團隊可鼓勵學生使用電子郵件及個別討論，和工作夥伴們一起探討。班級以外的協同教學有助於學生未來在軍隊、企業、藝術和學術等各領域中的發展，教育的最終目標就是教導學生如何學習，讓他們可以終身學習。

實地考察、戶外教學是班級外協同教學的另一方式，社區內有許多教學資源可供使用，例如：博物館、音樂會、歌劇、宗教或公民的節慶、公園、海灘、歷史古蹟、野生動物保護區。教學團隊必須在事前做好準備工作，並要求學生在活動後撰寫書面報告或學習單。

第四節 協同教學的優點與挑戰

　　從以上三節，我們對協同教學應該有基本的認識。其實協同教學有其優點，但也面臨著許多挑戰，茲分別說明協同教學的主要優點以及面臨的挑戰。

壹、協同教學的優點

　　協同教學的主要優點，可從教師、家長和社區、學生方面等三個向度加以闡述，茲說明如次。

一、教師方面

（一）教師自編教材的能力提升

　　從國民教育九年一貫課程開始推學校本位課程，對教師自編教材的能力極為重視，十二年國教課綱推動核心素養教學，亦賦予教師自編教材的自主權。因此在設計協同教學的過程中，教師需不斷的共同討論與協商，例如：教學計畫與目標的訂定、教學活動的設計以及學習單的編寫等，都需要教師親自行動，這使得教師從中培養並提升了自編教材的能力。

（二）教師教學能力的增進

　　在協同教學的過程中，教師不斷的與教學團的教師相互研討，加上自己實際教學經驗的累積，以及至班群內他班上課或進行全學年型班群協同，教師的教學型態不再局限在自己的班級講授和示範。這對教師的教學能力是一種挑戰，並能由其中吸取寶貴經驗，逐漸提升自己的教學能力。

（三）教師教學反省能力的提升

　　在協同教學的過程中，教師不斷的參與教學團隊的教學研討，甚至於教

學後的同儕評鑑，都能呈現自己教學待改進之處。從這些同儕討論與互動中，教師能進行教學反省，進一步提升教學品質。

（四）教師專業形象的重建

在教育改革的潮流中，教師經常被詬病的是照本宣科。而在班群協同教學中，教師之專長得以發揮，教師的專業自主能力相對提高，無形中也增強了教師專業形象的重建。

（五）教師教學觀念革新，適應教改能力提升

在一片教改聲浪中，教師亟需教學觀念革新，尤其面對十二年一貫的課程改革，許多教師抱持惶恐的心態，不知如何著手。在經歷班群協同教學之後，教師逐漸了解各項教改方案，並積極推動教學革新，對教育改革的適應力亦逐漸提高。

（六）教師人際能力和團隊默契的提升

傳統以來，教師的人際能力一直有待改善，而在教學團組成之後，教師不再單打獨鬥，可以共同研討教學，並在協同教學過程中，培養極佳的團隊默契，以良好的人際互動，進一步共同成長，互相支持，增進團隊默契。

二、家長和社區方面

（一）家長肯定與支持

在結合班群教學資源而實施的協同教學裡，因為孩子的學習多元化，同時配合教師的專長教學，也使學童的學習興趣與成果都提升了，故家長給予相當正面的肯定與支持。

（二）社區資源的整合

在協同教學之過程中，社區資源的有效整合，對學校及教師之教學均提供了相當大的幫助。社區資源的投入，社區人才的協助，使得協同教學內容更多元化，協同教學的實施獲得更多的支援。

三、學生方面

（一）適應學生個別差異，提升學習動機

在協同教學過程中，班群教師共同擔任學生輔導工作，在教學的安排上、課程與評量的設計上，較能適應學生的個別差異。此外，在學生學習過程中，教師亦能針對班群學生加以課業輔導，了解其學習狀況。經由教學團之討論，針對學生狀況加以輔導，以適應個別差異，並提升其學習動機。

（二）學生學習興趣提升

在協同教學過程中，由於教學型態改變，使教學資源豐富化、多元化、活潑化，以及家長與社區資源的引入，豐富了學生的學習內容。學生對這種教學也感到極為新鮮，使得學生的學習興趣普遍提升（教育部，2001）。

（三）學生學習效果極佳

由於協同教學的著眼點在於學生，其目的在於提升教學品質。透過教學團隊的規劃，不僅學生的學習動機極佳，學習興趣極濃；相對的，學生的學習效果也較為良好。

貳、協同教學面臨的挑戰

協同教學雖然有不少優勢，但是不可諱言，在實施協同教學的過程中，也面臨了諸多的挑戰，茲說明如次。

一、協同教學成果無法立竿見影

所謂「十年樹木，百年樹人」，教育的效果原本無法立即可見，必須經過一定的時程，方能看見成效。而協同教學的實施亦然，在實施之始，必須不斷的嘗試與摸索。在實施的過程中，仍需不斷的修正與成長，方能有良好的成果。可見實施協同教學要配合學校教育願景，要堅持教育理想，要持之以恆，追求教育的最終目標。

二、部分教師不認同

協同教學係近年來於國內逐漸形成之教學機制，然而，對部分堅持傳統教學之教師而言，仍無法難擺脫「教室王國」的迷思，仍存有較傳統之教學觀念與作法。他們對協同教學之教學團組成與教學方式無法接受與認同，成為學校在推行協同教學中的一項困難。為順利推動協同教學，學校應多舉辦教師進修活動，經由成果分享、經驗交流，讓教師去了解與體會協同教學之基本理念，而在心態上、觀念上和作法上能真正接受協同教學。

三、實施初期備受家長質疑

協同教學在實施初期，由於家長對班群與協同之定義仍模糊不清，並且對教師循環教學或其他協同教學方式亦有些不認同，因此，經常對協同教學提出許多質疑。為讓家長釋疑，學校應多多舉辦班親會或家長會，對協同教學的理念多加宣導，並結合社區和家長之資源，使社區和家長參與協同教學，如此方能使家長認同並支持。

四、實施過程中教師面臨時間和空間的考驗

在協同教學過程中，教師需花費更多時間去計畫和準備教學相關事宜。此外，教學團規劃好教學計畫後，也經常為教學空間的缺乏感到困擾。在時間與空間因素的困擾下，教師會心灰意冷。此項也是協同教學面臨的挑戰。

五、面對壓力信心不足

在協同教學的過程中，需面對來自家長、學生學習狀況、與行政單位配合等諸多問題，這些問題對教學團的每一位教師造成不少的壓力。有時教師在各方壓力下，會對實施協同教學之信心產生動搖。又因為教學成果並非立即可見，因此容易一邊做一邊被質疑，進而出現教師信心不足的情形。此時，學校應適時給予教師信心的增強與專業素養的培養，教學團隊之間亦需彼此激勵與肯定，才能共同面對壓力，進而在壓力中成長並建立信心（教育部，2001）。

六、班群協同教學時部分學生無法適應非本班教師之教學型態

在協同教學過程中，有時需進行交換教學或由非本班級任教師來教學。但部分學生對於非本班教師型態教學無法適應，尤其低年級學童對本班教師認同感較深，故在推展中出現部分障礙。因此，在推動協同教學的過程中，針對這些學生應給予更多的輔導。

第五節　協同教學的努力方向

協同教學是提升教學品質，也是配合教改的一種新教學機制，為使協同教學能在國內順利推展，以下分別從教育行政方面、學校行政方面以及教師方面，各提出應努力的方向。

壹、教育行政方面

一、落實十二年國民基本教育課程的相關配套措施

　　十二年國民基本教育的課程綱要即將要開始實施，為強調學習領域的統整，需經由各種方式來落實，而協同教學即是其中之一。因此，主管教育行政機關應落實十二年一貫課程之相關配套措施，諸如：規劃教師進修管道；規劃協同教學輔導團，提供教師之諮詢；規劃舉辦跨縣市或跨校型之教學觀摩會等，使協同教學在推展中能與其他相關理念和措施相結合，如此才能有效落實協同教學，並達成國教十二年一貫課程的理念。

二、增加現行中小學的教師員額編制並減少教學時數

　　目前中小學教師負擔之行政工作頗重，負擔的教學時數又多，教師既要教學又得負擔行政工作，實在有些吃力。因此教師編制不足，使得協同教學之進行備受阻礙。故主管教育行政機關應逐年提高教師員額編制，使得協同教學團隊之教師人力更為豐富。此外，協同教學的實施，教學團必須安排教師共同討論時間，如果教師授課時數太多，則無法安排出教師共同討論時間。

貳、學校行政方面

一、配合教學團之需求，積極規劃和協調資源的提供與分配

　　學校行政部門在班群組成上、課表編排上與上課節數上，均需提供班群教學團的諮詢與支援。同時在協同教學實施過程中，應整合與規劃學校、社區、班級、家長等各方面之資源，提供教學團所需之協助。

二、鼓勵但不強迫協同教學

　　學校應鼓勵諸如協同教學等教學革新，並給予各教學團充分的教學自主權，不應規定各教學團之協同教學方式，以免引起反彈。同時應給予教學團自主的空間，依各教學團教師專長與特質、學生的學習狀況與興趣、家長參與情形與社區的資源，發展各班群最適當之協同教學模式。

三、協助教師教學觀念革新

　　學校應不斷的給予教師教學觀念革新，尤其不應在協同教學稍見成果即停止教師進修或放慢教師成長的腳步。故學校應不間斷的定期舉辦教師進修或校外觀摩，多方吸取他人經驗，並給予教師更多的教改資訊，以帶動教師專業成長。

四、協助教師運用資訊科技融入教學

　　在資訊社會的今天，教師在教學與專業成長的過程中，需要運用科技與資訊的能力來接收許多新的訊息。此外，在教學過程中，資訊科技的應用亦能提升教學品質，故學校行政應多安排教師資訊進修與成長的機會，提升教師運用資訊科技的能力。

參、教師方面

一、擺脫傳統，敞開心胸

　　教師在實施協同教學的過程中，應抱持開放多元的心。對於新的知識與訊息應多去了解與接受，對於他人之質疑與建議應多加反省與改進。不應故步自封或有高傲的心態，也不應拒絕他人建議，而阻斷自己的進步與成長。

二、培養專長與合作的態度

協同教學強調依教師專長來分工合作，以進行教學活動。因此教師應培養自己的專長，並在教學團隊的分工中發揮自己的專長，建立教師之專業自主權。此外，協同教學強調教學團隊的重要性，因此教師應拋開個人本位主義，與其他教師合作，使得教學團隊之效能能夠充分發揮，如此協同教學之實施方能順利。

三、成立教師成長團體

成立教師讀書會，藉心得的分享、經驗的傳承、實地觀摩教學等，使教師對協同教學的理念有更深入的認識，並經由經驗分享與傳承，解決教學上之實際問題。

四、善用家長和社區資源

善用家長的專長，讓家長了解協同教學的理念與優點，進而投入班級教學支援，這對教師之協同教學提供了很大的援助。在許多專業領域上，可請家長提供支援，也可使教學內容更活潑、更專業。

五、教學歷程結合輔導理念

在協同教學的過程中，配合教訓輔三合一的精神，在教學歷程中結合輔導之理念，可避免協同教學過程中，學生對非本班教師之適應不良問題。

總而言之，在因應課程改革之際，協同教學的理念應是全體教育工作同仁所需具備的基本知識。雖然在推動協同教學之時，可能遭遇到諸多問題，例如：教師觀念無法調整：(1)認為一個班級的教學是由一個教師單獨進行；(2)認為每個人的教學技巧不同，何必勉強模仿或湊合在一起；(3)自掃門前雪，不管他人事；(4)不喜歡和他人搭配教學；(5)班級是一個不可切割的實體；(6)無法對應多樣性的狀態變化。班級文化的問題：(1)傳統班級文化以教

師為中心；(2)為提高班級成員的凝聚性；(3)「班級王國」的心理作祟（柯啟瑤，2000）等。但是，只要全體教育工作同仁都能革新教學觀念，且學校行政能盡量配合，如此，協同教學方能漸漸落實。

第13章

合作學習法

吳百祿

合作學習並不是一項新的教學理念，自古以來即有學者提倡合作學習的觀點。就我國而言，早在春秋時代，孔子即主張：「獨學而無友，則孤陋而寡聞」、「三人行，必有我師焉」等合作學習的教育理念。就西方而言，17世紀末葉，J. Lancaster 與 A. Bell 兩人，在英國倡導採用合作學習團體施教，此一觀念於1806年傳至美國，並在紐約設置美國第一所Lancaster學校。19世紀初期，美國的共同學校運動十分強調合作學習的運用，其後美國的學者 C. F. Parker 與 J. Dewey 等人，均甚為重視合作學習團體在教學上的應用（林佩璇，2000；Johnson & Johnson, 2000）。

1980年代以來，合作學習的研究仍持續進行著。Slavin（1995）認為，過去20年以來有關合作學習的研究，已充分證實合作學習的教學方法，能有效適用於各種年級和各種科目（包含數學、閱讀、自然科學，甚至從基本的技能到複雜的問題解決）。

Slavin（1995）更進一步認為，美國自1990年代以來，合作學習儼然成為教育實務的主流。他認為，合作學習的教學方法之所以成為教室教學的主流，有下列三個主要原因：第一、諸多研究發現合作學習可以提高學生成就，可以改善學生在群體間的人際關係，能夠接納有個別差異的學習對象，甚至能提高學生的自尊；第二、學生的思考能力、解決問題能力，以及統整和應用知識技能的能力漸受重視，而合作學習是達到上述學習能力的有效教學方法；第三、合作學習有益於不同種族背景及不同主流教育價值背景之學生的人際學習。

就國內教育情境而言，十二年國民基本教育的課程綱要正在推展「核心素養」教學，所謂核心素養是指一個人為適應現在生活及面對未來挑戰所應具備的知識、能力與態度。強調學習不宜以學科知識及技能為限，而應關注學習與生活的結合，透過實踐力行而彰顯學習者的全人發展。核心素養強調培養以人為本的「終身學習者」，並與「自發、互動、共好」的基本理念相連結，提出「自主行動」、「溝通互動」及「社會參與」等三大面向，三大面向再細分為九大項目：「身心素質與自我精進」、「系統思考與解決問題」、「規劃執行與創新應變」、「符號運用與溝通表達」、「科技資訊與媒體素養」、「藝術涵養與美感素養」、「道德實踐與公民意識」、「人際關係與團隊合作」、「多元文化與國際理解」（教育部，2014）。而合作學習的教學法有助於九大項目中的多項能力培養。有鑑於此，本文擬探討合作學習的基本概念、合作學習的理論基礎、合作學習的教學方式，以及合作學習的成效與批評，茲分別敘述如次。

第一節　合作學習的基本概念

「合作學習」是一種有組織和有系統的教學，主要是以小組的型態做為活動的方式，重視學生經由分工合作、主動學習、互相激勵，進而建構知識。小組成為親密的學習網，每個人都是教室裡的主角。

合作學習的教學主要是透過合作的歷程，來教導學生分享經驗及協助他人，讓學生一起切磋，完成學習的目標。一方面促進學業的進步，一方面學習生活的技能，以增進社會的互動，培養良好的人際關係（單小琳，2000）。

在班級教學當中，有許多老師認為他們正在實施合作學習，他們將學生分成幾個小組，並讓這些小組進行下列方式的學習：

1. 讓學生肩並肩的在同一書桌，當他們執行個別的任務時，能彼此對談。
2. 讓學生執行個別的任務，並教導學生，如果完成自己的任務，應該去幫忙尚未完成任務的學生。

3. 對一個小組指定作業，結果實際上只有一個學生去執行作業，而其他
　　的學生只有掛名而已。

Johnson 與 Johnson（2000）認為，上述的學習方式不能稱為完整的合作
學習。他們更進一步闡述合作學習，認為合作學習不僅要做到：(1)學生肢體
的靠近；(2)彼此討論教材；(3)幫助其他同學；(4)與其他同學分享教材等四
點，更要做到下列五個合作學習的本質或要素，也可以說是合作學習的特色
（Orlich, Harder, Callahan, & Gibson, 1998）。

壹、積極互賴

積極互賴（positive interdependence）是指，學生能知覺到自己與其他同
學是緊密結合的，自己的成功有賴於整個小組獲得成功，小組若失敗，自己
也算失敗。換句話說，小組的成功會幫助你，而你的成功也會幫助小組。因
此，合作學習提供了一種學習情境，在這種學習情境下，小組成員擴大了所
有成員的學習，包含分享學習資源、提供相互支持，並慶祝彼此的成功。積
極互賴是合作學習的核心，它是透過下列四個途徑予以建立的：

1. 是共同的學習目標（mutual learning goals）：亦即確信小組的每一位成
　　員都能學會指定的教材。

2. 是共同的酬償（joint reward）：亦即互賴的報酬系統，假如小組的所
　　有成員都得到 90 分，則小組的每一位成員都應得到五等第的 5 分。

3. 是互賴的資源（divided resources）：亦即僅提供小組的每一位成員完
　　成整體任務所需資源或材料的一部分，或者讓每一小組只有一項共同
　　使用的資源，透過如此的安排，以促進組內的合作關係。

4. 是互補的角色（complementary roles）：亦即小組內每一成員都分配到
　　一個互補的或相互關聯的角色，如組長、檢查者、觀察者、紀錄者或
　　服務者等。

在傳統的教室裡，由於強調競爭，所以學生學到了消極互賴（negative in-
terdependence）的學習經驗，包含為了取得教育資源和爭取學術成就排名而競

爭。在消極互賴的教學情境中，只有成績較好的學生能獲得喜悅和成功；反之，在積極互賴的教學情境下，學生合作學習，並確保每一個同學都得到成功和喜悅（Orlich et al., 1998）。

貳、面對面的助長式互動

一旦教師建立了積極互賴，就應該提供給學生許多學習機會，這些學習機會是藉由彼此的協助、支持、鼓勵與讚賞，以提升彼此的學習成功。惟有學生彼此幫助學習，才能產生認知活動和人際互動，包含口頭說明如何解決問題，討論未來將學習的概念本質，將一個人的知識給另一個同學，將舊經驗與新學習做連結。此外，小組成員面對面的互動（face to face interaction）增加時，同儕的績效、影響彼此推理和結論的能力、社會楷模、社會支持以及人際酬賞等面向也會隨著增長（Johnson & Johnson, 2000）。

參、個人學習績效

個人學習績效（individual accountability）是指，對個別學生的學習結果做評估，評估的結果將回饋給小組和個人。通常在小組中都會知道哪一位成員需要協助、支持與鼓勵，才能完成他的任務；然而，小組成員也能理解，他們不能趁著其他成員工作時，老是要求給予協助。合作學習小組的目的，在於培養小組的每一位成員在他的權利範圍內，能有強烈的個人成就感。

一般而言，評鑑個人學習績效是指在學習活動中給予觀察、評鑑、回饋，並適性的提供協助，以增進個人的學習成就，使每一個人在小組中感受到自己和其他組員認真學習的重要，以盡到學習的責任。

而建構個人學習績效的方法，包含下列三種：(1)針對每一個學生做個別測驗；(2)隨機抽取一個學生的作品代表整組；(3)讓每一個學生說明他從另一個學生那兒學到什麼（Johnson & Johnson, 2000）。

肆、社會技巧

　　合作學習小組的每一位成員必須進行兩方面的學習，其一為學業有關的任務工作，其二為參與小組學習必須具備的社會技巧（social skills）和小團體技巧。如果將小組成員分配到小組中，只告訴他們要進行合作學習，而不教導他們社會技巧和小團體技巧，則合作學習的成效一定要會打折扣。

　　為了求得高品質的合作，小組成員必須學習的社會技巧包含：(1)彼此認識並建立互信；(2)溝通技巧；(3)如何做決定；(4)如何領導；(5)衝突管理的技巧。

　　這些社會技巧主要在於幫助小組的成員，使他們能夠有效溝通、能夠了解和欣賞他人、能夠做決定並解決問題、能夠解決衝突。在合作學習的教室裡，教師必須主動教導這些社會技巧，並且要指導學生是如何使用這些社會技巧（Abrucato, 1994）。

伍、團體歷程

　　小組學習效能的展現，有賴於每個小組是否能夠檢討其運作狀況以及功能發揮的程度。團體歷程（group processing）就是在於分析小組目標達成的程度，其行動表現是否有助於目標的達成，並決定何者宜繼續保留，何者宜調整的活動，以促使小組成員合作努力達成小組目標。

　　Johnson 與 Johnson（2000）認為，團體歷程有四個功能：(1)讓每一個學習小組把焦點放在小組的維持與運作；(2)增進社會技巧的學習；(3)每一個小組成員的參與都能得到回饋；(4)能提醒學生練習合作的技巧。

　　團體歷程的實施可採兩種途徑，一為全班式，一為小組式。全班式的團體歷程應該定期實施，教師根據其對小組觀察的結果，分析小組工作上的問題和困難，給予每一小組必要的回饋。小組式的團體歷程可以給予各小組學習更多檢討的機會，教師宜安排時間讓小組同學檢討每次小組學習的效果（林佩璇，2000）。

第二節 合作學習的理論基礎

有關合作學習的理論基礎，國內外學者探討極多。研究者綜合國內外文獻（于富雲，2001；沈翠蓮，2002；林佩璇，2000；Salvin, 1995），並予以歸納，可以分別從動機理論、社會依賴論、接觸理論、認知論和社會學習論等五個方向予以說明。

壹、動機理論

學習動機會影響學習結果，學習動機亦受學習結果的影響（Gordon, 1989）。過去有許多學者相繼提出不同的動機理論與觀點，用以解釋影響人們生產力、創造力、參與力與滿意度等的潛在機制。本文僅簡述兩個與合作學習最相關的動機理論，包含需求理論（needs theory）以及內在動機論（intrinsic motivation），以利教學者體認合作學習是提升學習成效之潛能基礎。

一、需求理論

需求理論學者認為人們具有基本的心理需求，這些需求包含「能力」、「與人互動」、「自控權」、「成就」、「歸屬感」、「權力」等（Deci, Vallerand, Pelletier, & Ryan, 1991; Gordon, 1989）。在合作學習的環境下，成員彼此分享與互動，適時的提供參與者「與人互動」及「依歸／關聯」等個人基本需求。反觀傳統的教學情境，不論是常見的競爭或是個別的教學方式，在學習過程中，明顯忽略了學習者對「歸屬感」的本能需求。

針對此點，如果從需求理論的角度予以分析，合作學習巧妙的小組結構方式，尤其是同時強調個人學習績效（individual accountability）與小組互依性（group interdependence）的要素，不但不會犧牲學習者對「成就」或「權力」的內在需求，更能藉由小組成員間彼此目標、資源、任務、獎賞等的積極互賴（positive goal, resource, task and reward interdependence），實質上促使

同儕間的互動，進而滿足學習者對「與人互動」的心理需求，從而吸引與維持參與者的學習動機，有效的增進合作學習小組成員的成就與表現（于富雲，2001）。

二、內在動機論

Malone 與 Lepper（1987）認為，內在動機架構主要包含了四個要素，分別為挑戰性（challenge）、好奇心（curiosity）、操控性（control）與假想空間（fantasy）。這四個元素在任何活動（包括學習活動）中，扮演著提升學習者內在動機的主要驅動力，其中，又以好奇心及合作學習最為相關。活動（activity）本身所能提供給學生內在動機的相關設計，正是支持合作學習有效性的基礎理論。

Malone 與 Lepper（1987）更進一步認為，若能藉由新訊息的提供，而讓參與學生體會到其本身原有的知識體系是不完整或是不一致，將可有效的誘發其好奇心（于富雲，2001）。Brown、Collins 與 Duguid（1989）認為，在合作學習所不斷營造與增強的互動行為中，同儕間彼此面對面的接觸，正能有效的突顯、質疑，進而討論所有被談及的錯誤觀念或不佳認知策略。此類思索過程，確實能讓所有參與者重新審視原有知識體系的一致性與合時性（于富雲，2001）。針對此點而言，合作學習的學習情境，經由知識內容一致性與否的質疑與評斷，實有助於學生好奇心的引發與增強，並對學習的內在動機有直接增強的效用，從而對學習成效有正面的影響。

貳、社會依賴論

社會依賴論源於 1900 年代初期完形心理學派創始人 Kurt Kafka，他提出團體是一個動態整體的理論，認為各團體之中成員的互賴有其差異性。1920年代和 1930 年代，Lewin 主張團體的本質，是其成員基於共同目標而形成的互賴，此一互賴促使團體成為一個整體。若團體中任何成員或次團體的狀態產生改變，將會影響其他成員內在的緊張狀態，進而引發完成共同目標的動

機（林佩璇，2000）。

　　Deutsch（1949）從目標結構建立合作和競爭理論。所謂目標結構是指學習者完成預定目標時的互動狀態。依據 Deutsch 的理論，目標結構可分為三種：(1)合作的（cooperative）：個人的目標取向，可以協助他人獲得目標；(2)競爭的（coopetitve）：個人的目標取向，會妨礙他人獲得目標；(3)個人的（individualistic）：個人的目標取向，與他人獲得目標無關。

　　Johnson 與 Johnson（1993）更進一步擴展 Deutsch 的理論成為社會依賴論。社會依賴論假定社會互賴的組織方式，決定個人之間的互動，進而決定了結果。亦即，合作式的積極互賴會產生助長式互動，團體成員彼此鼓勵進而促進學習；而競爭式的消極互賴會產生對抗式互動，團體成員彼此不鼓勵成就上的努力，反而會相互阻礙（林佩璇，2000）。

參、接觸理論

　　接觸理論主張為了增進社會次級團體的和諧，在教育上，必須提供不同種族、民族、性別的學生在學習上互動的情境。Watson 研究美國不同種族之間的關係，提出了五種增進種族間人際互動的條件：積極的互賴、平等的地位、維持種族平等主義的社會規範、避免刻板印象、多接觸他人以增進人際交流（林佩璇，2000）。而 Allport（1955）的接觸理論所發展的主要假設是：人際間的合作能提高小組的向心力以及友誼，因此，Allport 建議應在黑人和白人完全互賴和平等的地位下，提供不同種族間的合作機會，以促進友誼。

　　就接觸理論而言，能夠讓不同種族、年齡、性別、社經地位或能力的學生一起學習，正符應合作學習重視異質性分組的教育理念，以及當前重視性別教育、多元文化教育的教育理念。

肆、認知論

　　有關合作學習的認知理論基礎，可以分成發展理論（development theories）和認知精緻化理論（cognitive elaboration theory）等兩個方面來探討。

一、發展理論

發展理論的基本假設認為，學習者在進行適當的任務中彼此互動，能增進他們對重要概念的精熟（Damon, 1984; Murray, 1982）。本文探討發展理論與合作學習的關係，分別從 Piaget 的觀點和 Vygotsky 的觀點予以說明。

（一）Piaget 的觀點

Piaget 認為，在學習情境下，同儕的互動或教師與同學的互動，可促進學習者對主題有更高深層的理解。在合作學習結構化的互動過程下，參與者彼此協助與交換自我的知識內容，是不時的被鼓勵與支持的（Piaget, 1926）。從 Piaget 的觀點可推知，合作學習情境中，同儕間的互動與溝通所產生的認知不平衡，可使參與者現存的認知基模更精密、更有效的向外擴展、探索或修正，甚而重組原有不完善的認知架構，以增進參與學員對課題內容了解的機會。合作學習方法除了有助於突顯、改變互動雙方認知體系內已有的概念或想法（于富雲，2001），Brown 等人（1989）更明確指出：合作學習也可讓學童實際感受到知識產生的過程（process of generating ideas），故實為一有用之教學策略。

（二）Vygotsky 的觀點

Vygotsky 於 1978 年提出「近側發展區」（zone of proximal development，簡稱 ZPD）的教育理念，依照他的說法，近側發展區是介於兒童自己實力所能達到的水平（如學業成就），與經別人給予協助後所可能達到的水平，兩種水平之間的差距，即為該兒童的近側發展區。而在此種情形下別人所給予兒童的協助，即稱鷹架作用（scaffolding）（張春興，2001）。

由 Vygotsky 所提出之「近側發展區」觀點來分析合作學習的教學方法，可發現小組成員間的互助行為得以促進參與者認知發展與學習，其主要原因是因為知識的獲取或是智能發展所需的資源、導引與協助，都能在合作學習

的情境中不斷的被鼓勵與營造。反之，在個別或競爭性的學習情境，不難察明此種鷹架及支持性之互動關係的匱乏情形。

如再進一步分析，在個別的學習情境中，學員間並無共同的學習目標，故參與者僅會將個人的努力與注意焦點完全的聚集在自我本身學習目標的達成上；反觀競爭學習環境，由於學員彼此之間目標的達成是負相關（negative goal interdependence），亦即所有的參與者皆有可能是阻礙其本身成功的利害關係人，故不難見在此學習情境下的個體，為了自我的成就與獲勝率而刻意保留，甚而有意阻礙其他學員學習的機會（于富雲，2001）。

二、認知精緻化理論

認知心理學研究發現，如果要保留記憶中相關的資訊，則學習者必須就材料做某種認知的建構或精熟（Wittrock, 1978），例如：做摘要和綱要比做筆記會顯得較有效果，因為做摘要和綱要，必須重新組織教材，將教材中的重要部分加以整理（Brown, Bransford, Ferrara, & Campione, 1983; Hidi & Anderson, 1986）。而最有效的方法，乃是解釋教材給別人聽，在同儕的教學中經由表達與傾聽的過程，不僅利於被指導者，更有利於指導者（Devin-Sheehan, Feldman, & Allen, 1976）。

伍、社會學習論

社會學習論是由 Bandura 所提出，他認為社會互動提供直接觀察與模仿標準規範行為的場景，藉此觀察與模仿的機會，其他學員也可獲得改變與提升此方面的能力；觀察與模仿的學習過程與方式，是人類習得新行為與修正舊行為模式的基本方式之一。

Damon（1984）認為，在合作學習的安排情境中，因為學員彼此的目標達成與否，與其他學員有直接的正相關，數個學生同屬一小組以齊力完成一項任務或共同學習某一主題時，參與學員不但不排拒其他組員觀察自己的學習過程，任何被運用的學習策略與程序，皆可在自然的情境下被全貌的呈現、

觀察與模仿。換言之，在合作的情境結構下，不論是參與或是與人互動等之社會行為、資訊的再確認或是敵對看法的辯證等認知過程、正確策略或是錯誤嘗試的學習經歷等，皆可完整的被學員察覺與模仿，以增強其現有的能力與知識體系（于富雲，2001）。

第三節　合作學習的教學方式

　　有關合作（cooperation）的心理學研究可以追溯到 1920 年代，但是一直到 1970 年代，合作學習的理念才應用到教室情境（Slavin, 1977）。在 1970 年代，美國有四個研究團體積極發展和研究合作學習的教學方法，並探討這種教學方法如何應用到實際的教學情境（Slavin, 1995）。經探討國內外諸多文獻（陸正威，2000；黃政傑、林佩璇，1996；Slavin, 1995），一直到目前，較具代表性的合作學習教學方法大約有十餘種之多，以下僅就較常採用的模式做一介紹。

壹、學生小組成就區分法

　　學生小組成就區分法（student teams achievement divisions，簡稱 STAD）是 Salvin 於 1978 年所發展出來的教學法。這種教學法是合作學習教學中最簡單的一種方法，也是最典型的合作學習教學法。

　　在 STAD 中，每個學習團隊通常包含四個成員，小組成員在性別、種族和成就的變項是呈異質性的。其教學步驟包含六個階段（如圖 13-1 所示），分述如下。

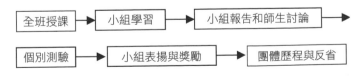

> 圖 13-1　學生小組成就區分法的教學步驟

一、全班授課

在每個單元教學時，教師先以講解、討論、圖片或播放錄影帶的方式，呈現單元內容，向學生介紹教材重點和學習目標。

二、小組學習

教師依學生的性別、學習能力、人格特質、社會背景採異質性分組，學生依據老師發的學習單，可以兩個人一起研究、互相問答和整組一起討論等方式進行學習。而小組成員在分組學習時最主要的任務就是不僅自己要精熟教師講授的內容，同時也要幫助小組其他成員也能達到精熟的地步。當教師整班教學講授過單元教材內容之後，小組便透過共同討論的方式來研究「作業學習單」或其他教材，比較解答，共同訂正不正確的觀念。

三、小組報告和師生討論

小組呈現討論的結果，教師、其他學生給予回饋，這個步驟可視情況決定是否進行。

四、個別測驗

教師給予學生小考，以評估每一組每一位學生的學習表現。

五、小組表揚與獎勵

教師每週要將個人進步的成績轉化成小組的表現分數給予表揚，表現優異的個人與小組以獎勵卡或禮物做獎勵。

六、團體歷程與反省

合作學習依賴學生小組學習來完成重要的學習任務，由於小組的功能發揮情形是小組學習成敗之所繫，因此在合作學習過程中，教師應注意小組運

作的情況。在小組作業、評鑑和表揚時，教師仍需安排系統化的團體歷程，對小組學習進行整體回顧和檢討。表 13-1 是一個採用 STAD 的社會科教學實例（黃政傑、林佩璇，1996）。

　　STAD 的計分方式，除了以小組成員進步分數平均比較外，可將各組最好的和最好的比較，次好的與次好的比較，構成幾個區分組，每區分組的第一名為小組得 8 分，次高的 6 分，依次類推（單小琳，2000）。

　　STAD 可適用在很多學科，包含：數學、語文、藝術、社會和自然等學科，同時也適用於國小二年級至大專校院；尤其最適合運用於數學計算與應用、語言練習、地理、地圖技巧和科學概念等學習範疇。

◆ 表 13-1　學生小組成就區分法的教學歷程

教材：國小社會科第九冊
單元：中華民族的生活環境
主題：我國的氣候
方法：學生小組成就區分法
授課時數：80 分鐘

教學流程	時間（分鐘）	活動內容	準備教材	備註
全班授課	15	1.課文 p. 24～29 2.口授、講解、討論 3.單元重點簡列 4.說明「作業單」	1.課本、習作 2.掛圖 3.地球儀	事先蒐集與本單元有關的教材
分組學習	35	1.各組依「作業單」進行討論 2.完成社交技巧觀察表	1.作業單 2.社交技巧觀察表 3.筆記本	教師觀察並協助小組的學習
個別測驗	10	個別測驗	小考測驗卷	小考時，小組成員不可互相協助
小組表揚及反省	10	1.發表 2.團體表揚 3.個人表揚	獎勵卡	1.說明自己角色任務完成的程度 2.指出別人和自己的優點
個人進步分數	10	1.共同訂正 2.登記分數	1.小組小考得分單 2.個人進步分數轉換表	組長統計分數時，其餘成員可以做補救教學

資料來源：黃政傑、林佩璇（1996，頁 211）

STAD的主要理念在於激勵學習者幫助另外的學習者，以精熟教師的講授內容。假如學生想讓所屬的團隊贏得團隊酬償（team rewards），他們必須幫助所屬團隊的其他成員學會教材內容；他們必須鼓勵小組成員要盡力而為，並分享學習是重要的、有價值的和有樂趣的。當老師授課之後，小組成員要一起學習，他們可能會比較答案，會討論彼此的差異，會彼此探索疑惑，會討論解決問題的方法，甚至彼此測驗。然而雖然小組成員一起學習，但是卻不能在考試互相協助，因此每一個小組成員都要學會教材內容（Slavin, 1995）。

貳、小組遊戲競賽法

小組遊戲競賽教學法（team-games-tournament，簡稱TGT）是由D. DeV-ries 與 K. Edwards 所發展出來的，這個教學法是約翰霍普金斯大學（Johns Hopkins University）所設計的第一個合作學習教學方法（Slavin, 1995）。

這種方法的程序類似 STAD，主要的不同在透過學習單的學習活動完成後，舉行小組之間的每個成就測驗競賽。教師在事前為學業競賽準備題目單、題號卡、答案單、計分單，測驗時依每組學生能力的高低分派至合適的測驗桌，比賽成績以小組個人得分轉換的點數總和計算，成績高者給予表揚和獎勵（單小琳，2000）。

具體而言，TGT 的教學活動包含以下四個步驟（以一單元三節課為例）（Slavin, 1995）。

一、全班授課

教師進行教學，時間約一至二節課。

二、分組學習

時間約一節課，學生寫學習單，以精熟教材。

三、競賽

　　時間為一節課，學生在同質能力的競賽桌玩競賽遊戲並且加以計分。競賽時依能力之高低將每組中的學習者分派至不同的競賽桌（如圖13-2所示），不同的競賽桌測驗題目各不相同。每組高能力者至競賽桌1，次能力者至競賽桌2，依次類推，每一競賽桌中最高分者獲6個積分（points），其次4分，再其次2分。為確使每個學生均有相同的機會為自己的小組獲得分數，競賽桌以能力水準來安排，最初由老師指派學生到不同的競賽桌，之後依競賽的表現，重新調整能力系統。比如第一次的競賽結果，第一桌的最後一名移至第二桌，第二桌的最後一名移至第三桌，以此類推，而最後一桌的最後一名仍留在原桌，每桌的第一名則依反方向向前一桌移動，這種設計稱之為能力系統（bumping system），強調每位學生成功機會均等、每個人都是重要的。至於競賽的方式，其作法則先由教師依據教材內容命題，讓學生以搶答、口試或考試的方式進行，教師要記錄各組答對的題數。

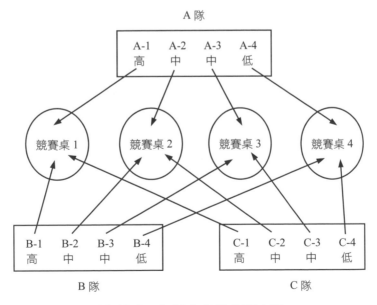

> ➤ 圖 13-2　各競賽桌的分配人數

資料來源：Slavin（1995, p. 86）

四、小組表揚

各小組將成員所獲得的競賽分數平均，用以代表小組分數。若小組分數超過預設標準，則可獲得表揚或鼓勵。

TGT 與 STAD 有許多雷同之處，但是 TGT 增加了一個刺激的層面，那就是使用競賽。由於有競賽，所以小組成員就會彼此協助，包含學習單的探討和問題的解釋等，但是當競賽開始之後，就不能彼此協助，以確保個人學習績效。STAD 與 TGT 在教材和測驗題目都可以互為使用，但是有些老師喜愛用 TGT，主要是 TGT 的教學活動充滿活潑和樂趣。然而，也有一些老師喜歡STAD，因為他們認為 STAD 是單純的合作學習教學法。更有一部分老師是兩者兼用（Slavin, 1995）。

參、拼圖法

拼圖法（Jigsaw）之原創者為美國德州大學教授 Aronson 等人於 1978 年所共同研發而成，當時在 1970 年代的美國德州學校裡，仍存在有各種族學生之間的猜疑、恐懼等，不時造成彼此間嚴重的種族衝突。因此，Aronson 教授等人在經過長期的觀察與研究後，提出了「拼圖式」合作學習的教學策略，從 1970 年代以後，逐漸被廣泛運用在教學現場上（Aronson & Patnoe, 1997）。

拼圖法如同 STAD 和 TGT 一般，將學生分成大約四人的異質小組，每一小組分派相同的作業，教師把學習的材料分成幾個不同部分，小組中的每一成員負責完成指定作業的一部分，各組負責相同部分的成員（又稱專家）先一起學習，然後再回到小組負責指導其他組員精通的部分教材。實施拼圖法前，教師必須利用一段時間訓練小組成員溝通和指導的技巧。以學習「墨西哥」單元為例，每一小組中的某一成員是「歷史專家」，另一個成員是「經濟專家」，第三個成員是「地理專家」，第四個成員是「文化專家」。在閱讀完所屬的教材之後，專家先集合討論，再回到各小組教所屬成員。

隨著「拼圖式」合作學習之逐漸盛行，便開始有學者根據其相關研究結果，針對「拼圖式」合作學習原始設計上的不足之處，進行改良，例如：Slavin 便將 STAD 的「小組獎勵」和「進步分數」等要素融入原始的「拼圖式」合作學習，而成為「拼圖式」合作學習第二代（Jigsaw II），其典型順序可歸納如下（黃政傑、林佩璇，1996）：

1. 分配學生到各小組。

2. 在小組內分配每位同學一專家主題。

3. 研讀全部的學習單元，並加強自己的專家主題。

4. 至專家小組討論，並精熟討論主題。

5. 回到小組，報告自己研究的主題。

6. 進行小考，並將個別的得分，轉化為小組得分。

7. 個人和團體表揚。

　　「拼圖式」合作學習受到多位學者的改革，有學者加入了「合作測驗複習」階段，而成為「拼圖式」合作學習第三代（Jigsaw III）。簡妙娟（2000）有鑑於「拼圖式」合作學習之實施，大都以學生為中心，使得學生在討論過程中，若產生爭議或疑惑時，教師則無法完全加以解決，因此便依據「拼圖式」合作學習第三代為架構，加入了「教師回饋」階段，進而形成了「拼圖式」合作學習第四代（Jigsaw IV）。其主要教學模式共可分為表 13-2 所列的七個階段、四個層次（簡妙娟，2000）。

　　拼圖法要發揮成效，先決條件是小組組員的能力要相當，才能在了解教材後對組員講授及指導教材，但是因為是異質性分組，每組組員的程度大致相同，所以每位學生都會遇到組員講解不清楚之情形，這時要靠教師加以補充說明。

→ 表 13-2　拼圖法第四代的教學階段

階段	層次	內容	主要工作
一	一	學習小組研讀	將學生分配到各「原屬小組」，聆聽教師之指導並領取專家單和分配專家主題，最後並研讀專家主題相關之教材。
二	二	專家小組	學生依其分配之主題，組成專家小組，一起合作討論專家單之內容，並相互協助精熟教材內容，使之有能力回到「原屬小組」教導其他成員。
三	三	回到原屬小組報告	學生回到「原屬小組」，每位學生互相教導其在專家小組所討論之內容，並彼此協助精熟所有單元內容。
四		教師回饋	教師解答學生在小組討論或研讀時所提出之疑難問題。
五	四	考前合作複習	學生在「原屬小組」中，共同合作並協助其他成員複習教材內容，以為小考做準備。
六		個別小考	進行學生的個別測驗，並互相訂正，算出實得分數。
七		小組表揚	計算小組進步分數，對於優秀之小組與表現優異的學生，予以表揚。

資料來源：簡妙娟（2000，頁 39）

肆、團體探究法

團體探究法（group-investigation，簡稱 GI）是由以色列特拉維夫（Tel Aviv）大學的 Shlomo、Yael Sharan 教授所發展出來的，它是一種一般的教室組織計畫，在這計畫當中，學生採用合作探究、小組討論和合作計畫等方式進行學習活動（Sharan & Shaulov, 1990）。在 GI 的教學活動中，學生以二至六人為一小組，每一小組從所要學習的單元中選擇主題，再將每個主題拆成每個人所需完成的任務。而完成 GI 的教學活動需要小組的報告，每一個小組需發表或展示其討論結果給全班的每一位學生。團體探究法適用於蒐集、分析、綜合資料以解決相關的學習問題，例如：環境保護的探討，小組成員必須分工從事資料的蒐集、分析、歸納，並參與討論和交換意見。其教學步驟包含了以下六個連續的階段（張新仁策畫主編，2003；Slavin, 1995）。

一、決定次主題，組織研究小組

先由教師說明主題，再由全班討論決定次主題（subtopics）。學生根據自己興趣選擇次主題形成探究小組。

二、計畫小組探究活動

小組成員合作計畫所要探究的內容、採用的方法及工作分配，每個學生都必須參與。

三、進行探究

小組成員蒐集、分析及組織資料後，進行討論，形成暫時性的結果。

四、小組成果發表準備

各組提出其探究主題的摘要，每一小組派一名代表組成班級指導委員會（steering committee）審議各組發表的內容是否確實有意義，並協調發表時間。

五、小組向全班發表報告

各組向全班發表探究成果，可採用各種不同的創意方式加以呈現，如短劇、猜謎、角色扮演、口頭報告等。

六、師生共同評鑑

評鑑的方式由師生共同編擬。教師可根據學生在全部探究活動中使用的探究及合作技巧進行個別評鑑。

合作學習還有很多模式，如共同學習法（learning together，簡稱 LT）、小組輔助個別化學習（TAI）、合作整合閱讀與寫作（CIRC）、複合教學法（complex instruction）等，本章僅列舉四種較為常見的合作學習模式做詳細探討。

第四節　合作學習的成效與批評

壹、合作學習的成效

一、合作學習與學業成就

Johnson 與 Johnson（1989）針對過去 90 年做的研究，並區別合作學習、競爭學習和個別化學習的學生學習成就，整理如表 13-3 所示（Johnson & Johnson, 2000）。

Johnson 與 Johnson（1989）歸納合作學習能增進學業成就的原因主要在於：討論的過程提供高層的認知策略；合作參與免不了彼此有所爭議，對於不同的意見、觀點、結論和理論的衝突解決需要人際技巧，這些處理的技巧增強了學習動機，並促進教材的記憶以及更深層的了解；討論增加口頭練習的機會，以描述新的資料和統整個人的認知，這過程中由資料儲存的短期記憶轉為長期記憶，有助於學習成就的表現；同儕的糾正、支持、鼓勵以及回饋；異質性的小組，豐富了自己的學習經驗，以便能以更多元的觀點來檢視問題；增強了自己的學習動機，也鼓勵別人學習（林佩璇，2000）。

▶ 表 13-3　合作學習、競爭學習與個別化學習之比較

歷程	合作學習	競爭學習	個別化學習
互賴	正向的	負向的	無
互動類型	增進的	反對的	無
結果一	高度努力追求成就	低度努力追求成就	低度努力追求成就
結果二	正向關係	負向關係	無
結果三	心理健康	心理不健康	心理病理

資料來源：Johnson 與 Johnson（2000, p. 22）

二、合作學習與人際關係

Johnson 與 Johnson（1989）針對 1940 年來的 180 個研究做分析，主要目的在於了解合作學習、競爭學習和個別化學習等三個學習經驗對人際吸引的影響。結果發現：合作學習比競爭學習和個別化學習，較能增進人際吸引。

Johnson 與 Johnson（1989）更進一步分析跨種族的研究，他們分析超過四十個研究，以比較合作學習、競爭學習和個別化學習對跨種族關係之影響，研究結果和上述的發現是一致的，亦即合作學習在異質性的學生之間營造更多的正向關係。

Johnson 與 Johnson（1989）也區隔接受歷程（process of acceptance）和拒絕歷程（process of rejection）的不同，如表 13-4 所示。

▶ 表 13-4　接受和拒絕的歷程

接受歷程	拒絕歷程
正向互依	負向互依
增進互動	反對互動或無互動
溝通頻繁並開放溝通	不正確的溝通或無溝通
了解他人的觀點	自我中心主義
引導的	反抗被影響
鑑別每一個人的觀點	獨占每一個人的觀點
高度自尊	低度自尊
成功的學習成就和生產力	失敗、缺乏生產力
期盼未來與他人正向互動	期盼未來與他人負向互動

資料來源：Johnson 與 Johnson（2000, p. 25）

三、合作學習與心理健康和社會能力

Johnson 與 Johnson（2000）認為，合作學習能增進學習者的心理健康（psychological health）和社會能力（social competence）。他們認為在合作學習的情境中，能培養學習者的自尊、自我優勢（ego-strength）、自信、獨立以及自主性等。此外，在合作學習的教學中，每一個成員都受到尊敬，都被視為獨立的個體；同時，在小組討論時，每一位成員彼此互動，並學會社會技巧與能力；他們彼此協助而得到成功，以獲得自我價值；他們扮演著個人和專業的關係，以建立健康社會發展的基礎。

沈翠蓮（2002）認為，在合作學習教學中，學生透過互動行為，觀察別人的錯誤行為，漸漸修正自己的行為，並接受到社會的規範和價值，合作學習可以促進學生建立未來有利社會所應養成的正當行為。

此外，在合作學習過程中，學生見識到別人和自己特質在思想和行為的差異，也逐漸形塑自我表現行為。這種情境中自我的學習，反映出個人思想和感覺在學習的連貫性和整合性的一致，久而久之，反覆的社會互動會降低矛盾，找到更多學習的成就感，並建立連貫整合的個人特質。

四、合作學習與學習效果

就合作學習與學生的學習動機而言，國內外諸多研究證實，合作學習較個別及競爭學習更能產生學習的內在動機，且學生也更能主動投入學習活動中。Sharan 與 Shaulov（1990）考驗合作學習在動機上的三個向度：參與班級討論、準備家庭作業及工作持續力，結果發現，合作學習較一般教學活動更能增加學習動機。

國內有關合作學習的研究也發現：(1)合作學習教學提供明確的學習目標，學習單的練習較易掌握學習重點；(2)學習過程有變化，不覺呆板或無聊；(3)藉由討論，可以增進學習興趣；(4)小考測驗的問題，在作業練習時已做過練習，增加學習信心；(5)爭取小組良好的表現，同學會彼此鼓勵；(6)大家一起

讀書，比孤軍奮鬥有趣；(7)評分公平、自我比較、能增加成就感等因素增強學習動機。

　　就合作學習與班級氣氛而言，林佩璇（2000）認為合作學習能增進班級氣氛的主要原因，包含下列各項：(1)學習的過程中，增加同儕互動，產生互相激勵的作用；(2)合作技巧的培養，產生更多的心理接納感；(3)學習經驗中，有成功的機會，而樂於主動參與班級的學習活動；(4)由成功的滿足中產生較高的自我接納及自尊；(5)較能欣賞、讚美別人，同時也獲得較多同儕的鼓勵，增進同儕彼此喜歡的程度；(6)期待小組獎勵，並以愉快的心情與人合作；(7)小組的活動，增加個人的歸屬感；(8)學生體會到每個同學在小組中的重要性。

貳、合作學習的批評

　　合作學習法雖然有諸多的優點，但也受到多位學者的批評，茲將批評的意見歸納如下。

一、異質分組的兩極學生支持者對合作學習的效果存疑

　　雖然研究顯示，無論是資優生或學習障礙的學生，在合作學習的情境下，均有顯著的學業成就（Johnson & Johnson, 1992; Slavin, 1990; Stevens & Slavin, 1995）。但是資優學生的支持者認為，在異質分組的學習情境下，將使資優生的學業秉賦倒退。同時，學習障礙的學生支持者卻指陳：雖然學習障礙學生獲得許多同儕的協助，但是他們仍然沒有機會去改善他們的閱讀、寫作和數學等基本能力（Orlich et al., 1998）。

二、傳統的合作學習模式以小組的成就給予學生等第和酬償受到質疑

　　許多家長大力抨擊合作學習的缺點，他們認為雖然小組中的某些成員盡力完成任務，但小組中的其他成員卻沒有完成任務，導致完成任務的小組成

員得到較低的等第。在此種情境下，未完成任務的小組成員不免遭到責備與懲罰，反而增加了小組不和諧的氣氛。此外，以小組的成就而給予酬償，也再度落入競爭歷程的學習機制（Kagan, 1996）。

三、小組效能無法發揮

合作學習無法成功可能是小組的團體歷程出了問題，以致小組效能無法發揮，其可能的原因有下列數項（黃政傑、林佩璇，1996；Johnson & Johnson, 1993）：

1. 缺乏團體成熟度，可能是小組合作的時間不足。
2. 未能批判反省即做出支配性的反應。
3. 社會漂浮現象：不認真工作、隱藏自己的努力等。
4. 搭便車現象：依賴某成員的表現，全體成員不需努力即可受益。
5. 認為不公平而失去努力的動機。
6. 團體思考：過度強調尋求成員的一致性。
7. 缺乏足夠的異質性，以致於每一成員對小組的貢獻有限。
8. 缺乏小組工作技巧和人際技巧。

第五節　結論

傳統以來，教師之教學是以教師為本位的教學型態，從教材的選擇到教學的執行，完全是在既定的封閉式、可控制的情境中完成教學，學生的價值和態度是統一格式下的產物。而合作學習採取另類的教學構想，以每個學生為教學主體，學生必須嘗試批判思考、質疑問題和問題解決，從自我中心意識漸漸學會欣賞別人創意思考的答案，擴充延伸自己的見識。

合作學習是一種有結構、有系統的教學策略，教師依學生的能力、性別、種族背景，將學生分配於一個異質小組中，鼓勵其彼此互相幫忙，以提高個人的學習效果並達成團體的目的。它的基本信念在於強調指導積極的人際互

動關係，有助於學生在認知、情意及技能各方面的成長。

　　在知識爆炸的社會，我們是在培養新世紀的公民，他們需要具備多元的能力，包含自主學習、解決問題、人際互動、高層次的思考等。而合作學習提供另一種教學途徑，讓教師和學生重新思考和建構新的教學意義，相信合作學習能帶來教學的新希望。

第**14**章

情意領域的教學法

周新富

美國教育學者 Bloom 把學校教育目標分成三大類，即認知領域、技能領域和情意領域，我國的中小學教育存在一種嚴重的問題，即過分重視認知層面的學習，忽略了情意、技能方面的學習。其結果是導致學校教育與生活脫節，在學校所學到的知識只對考試有幫助，對處理生活問題助益不大，功課好的學生自私自利，不懂如何與人相處，對於道德的實踐則是能說不能行。要改變這種弊病就是學校教育不能一味強調認知學習，情意領域的教學亦不能忽略。「情意」是一高度複合的概念，透過感情（feelings）、態度（attitude）、品味（taste）、偏好（preference）、性格（character）、價值觀、抗逆力、信念或信仰，表現於外；情意教學即透過教學的活動來發展學生的自我概念、人際關係，使學生對自己、他人、學校，甚至這個社會都有正向的態度。透過情意教學的過程中培養四個基本情意態度：欣賞、寬容、關懷、尊重，追求個人的真、善、美和符合團體社會倫理道德的需要（鍾聖校，2004）。黃月霞（1989）認為，狹義的「情意教育」乃是指情緒，即感覺教育為主；但就廣義來說，情意教育包括的範圍很廣，例如：人際溝通技巧、價值澄清、情緒教育、職業教育等能直接、間接提升學生情緒成長的要素，促進學生發展對自己、他人、學校正向的態度、信念與價值，藉著這些情感的力量幫助學生導向豐富、有效率的生活。基於上述的認知，本章將分別探討適用在人際關係、道德教育、價值教育、美育的教學模式。

社會技巧教學模式

壹、社會技巧的意義

所謂社會技巧就是社會或人際情境中以口語或非口語行為來影響他人（如兄弟姐妹、父母、老師或其他人）的能力，但這種影響並不會給他人帶來痛苦。它的功能具體來說即是在特定的情境中提供互動者一些積極、有效且可以促進及維持良好關係的反應。因此，人與人間的社會技巧是彼此關聯、同時存在的，既顧及本身的利益、需求，也不破壞他人的權利（姜錢珠，1993）。

貳、社會技巧的內涵

在社會中要能有效的與人交往，不論是與朋友、兄弟、孩子、上司等往來，一定要有一定的社會技巧，這些社會技巧可能包括表現讚美、自我表露、有效的給予別人反應、表現肯定或拒絕行為等。社會技巧的內容大致分為非語言技巧和語言技巧（Wilkinson & Canter, 1982）。

一、語言技巧

語言技巧（verbal skills）或稱為語言行為，與人溝通最直接的方式即是語言的往來，其內容包括：給予正向或負向回饋（giving positive or negative feedback）、給予稱讚（giving a compliment）、問候致意（greeting）、拒絕要求（refusing a request）、做適當的請求（making an appropriate request）、接受負向回饋（accepting negative feedback）、清楚的陳述個人意見、解決問題（problem solving）、交涉、協商（negotiation）、會話（conversation）、拒絕同儕壓力（resisting peer pressure）、說服（persuading）、遵循指示（following instructions）等。

二、非語言技巧

非語言技巧（nonverbal skills）或稱非語言行為，與人溝通時，除了語言技巧的直接表達外，非語言技巧訊息也不容忽視，它往往有不同的功能。其內容包含：面部表情（facial expression）、注視（gaze）、視線接觸（eye contact）、表情動作（gesture）、姿勢（posture）、空間移動（spatial behavior）或距離（proximity）、身體接觸（bodies contact）、音量（voice volume）、說話的流暢性（speech fluency）、情緒語調（emotional tone）、身體外貌（physical appearance）等（姜錢珠，1993；Wilkinson & Canter, 1982）。非語言技巧部分的適切運用，有助於人際溝通的有效性，應避免非語言技巧的錯誤學習或不當使用，而導致人際關係的誤解或傷害。

參、教學模式

Carledge 與 Milburn（1986）將社會技巧的班級教學分成六個步驟：

步驟一、發現問題：認定學生社會技巧的問題、所欠缺的能力。

步驟二、擬訂教學目標：擬訂要教給學生新技巧的主要目標、次級目標、具體目標。

步驟三、評估學生的行為：以觀察、面談或測驗方式了解學生對問題的感受、社會技巧的層級。

步驟四、計畫和進行教學活動：使用直接教導法、角色扮演法或示範法教學，引起學生討論外，並提供學生練習機會。

步驟五、教學評鑑：經由觀察、回饋或紙筆作業評估教學後行為的變化情形，以決定是否要繼續進行活動。

步驟六、行為持續和轉移的方案：善用增強物維持學生的行為、教導學生監控自己的行為、要求學生做家庭作業。

以上的模式是以班級情境為主，與小團體訓練的性質有些許不同，可以適用在中小學的教學環境下，例如：社會科、公民、輔導活動、童軍活動、

聯課活動或班會等科目，所用的時間教師可根據所定目標的難易而決定。其他學科在教學當中也可加入社會技巧的教學，教導學生如何與別人溝通討論，Dunham（1995）的〈迷你課程〉（Mini-courses）一文，即敘述他在進行「銀的使用沿革」教學時，如何融入合作學習法及社會技巧教學。Johnon 與 Johnon（1990）則提及在教室中進行社會技巧教學的實例，他先使用腦力激盪法要學生說出鼓勵人的方式，自己示範後，接著要求學生分組練習，除了說出鼓勵言語外，還要配上動作，表演較好的同學教師會予以表揚。這是個值得教師學習的實例。

肆、教學技巧

社會技巧訓練的內容，常分成幾個階段來進行，由簡單而至複雜。每次教學大都包括解釋、教導和討論，接著是視需要使用示範、角色扮演，而回饋、增強、紙筆測驗在教學過程也占重要角色。教師依據評估情形進行教學，通常最常用的教學過程是：(1)直接教學；(2)技能表現；(3)練習。直接教學的內容包括社會技巧的理念、認識特別技巧的要素、技巧表現的相關知識，例如：語言的指導、社會的範例；技能表現包括學習者表現目標的技巧、訓練者的回饋和增強；練習階段則強調未來時間和不同情境下行為結果（Carledge & Milburn, 1986）。以下就教學歷程的重點做詳細的分析。

一、直接教學

在這個活動過程上，較強調認知的成分，要告訴學生一些相關的知識，這個過程一般包括解釋和討論，教學內容則可包括以下三個重點（Carledge & Milburn, 1986）。

（一）提供理念

教學開始教師要告訴學生所要教導的技巧之目的或理念，使學生知道什麼情境下可以應用這個技巧，以說故事或播放影片的方式可達成這個目的，

例如：學生會知道在交朋友過程中，合作比競爭更能獲得友誼。

（二）認清技巧的成分

有時社會技巧複雜到包含一系列的行為，學生就要知道那些次級技巧是組成社會技巧的成分，例如：結交朋友就包括幾個次級技巧，主動打招呼、交談、邀請朋友一起去做某一件事等皆屬之。行為過程分析（process behavior analysis）對決定技巧成分有所幫助。

（三）呈現楷模

此階段需要呈現行為如何表現的例子，透過楷模的行為展示是一個策略，在呈現楷模時要注意以下重要因素：(1)楷模的特性與觀察者愈類似愈好；(2)注意觀察楷模；(3)理解楷模真實、正確的反應；(4)楷模的再次呈現：觀眾不了解或表演不完整可重新表演一次。至於呈現楷模的方式有很多種，對兒童可用布偶，或用影片、電視、廣播、雜誌、報紙等媒體也是一種方式，甚至書本也可用來做為符號的楷模，例如：說故事的呈現方式可呈現一種更深層的層面。最後一種是以人為楷模，這個方式是彈性比較大，可以展示多種不同情境。用人為楷模可以視為角色扮演法，其實施方式、注意事項如前所述。

接著，以實例來說明這個階段教學的進行。每個教學活動要有一個主題，可以是語言的或非語言的身體行為，例如：「如何開始一個面談」、「當別人批評、指責你時……」，教師應事先準備有關的資料，說明其反應技巧的重要性。引導學生一起討論碰到這些情況時，該如何反應才算適當？然後，教師要綜合討論結果並教導學生如何使用這些技巧。教師可告訴學生：「當別人跟你說話時，你的眼睛應該看著他（或她），如果你的眼睛老是往別處看，則這個會談就很難繼續下去」，接著教師應指出在某些情境中的一般適當行為反應，或呈現楷模，讓學生了解「當參與一個團體時，你的眼神應該保持與每個成員有所接觸，可以用點頭或微笑來表示你的歡迎……」等人際交往技巧（郭國禎，1988）。

二、技能表現

此階段強調學生技能的表現，在教學方法的使用上就比較偏重角色扮演法，再配合回饋和增強的使用，讓學生能確實表現出新行為。這個階段的重點有下列三點。

（一）指導下的演練（guided rehearsal）

觀察到學生的行為表現並不一定就表示學生已經學到，除非學生把老師示範的行為記住了，而且持續表現出來，試著在監督的情境下讓學生表現出示範的行為，以幫助學生成功應用社會技巧到真實情境。行為的再表演代表結構的角色扮演形式，能使學生有表現和練習新行為的機會（Carledge & Milburn, 1986）。

（二）回饋

所有學習過程，回饋對社會技巧的發展是重要的，學生得到表現的訊息，知道技巧是否得到正確的改進，都要靠回饋來得知，因此回饋最好是正向有建設性的，這對學生達成目標有所幫助（Oden, 1986），至於回饋的方式則有以下三種：(1)語言的回饋：學生可得到正確的教學、建議或稱讚；(2)增強：要建立正確的反應要使用增強物；(3)自我評鑑：設計一份問卷或調查表讓學生能評鑑自己。

在角色扮演情境中結合討論和評鑑，以探討學生行為的表現是否能達成目標，進一步提出其他建議供學生參考，某些重要情境的練習要告訴學生表現得很好，以提高學生學習的興致（Carledge & Milburn, 1986）。

（三）增強

透過增強系統也可提供學生回饋，在學生偶發性的社會行為正確表現時，即可給予其想要的增強物，則會增加表現次數，如果口頭增強不足引起學生

的動機，或在示範、角色扮演過程中想增加學生的興趣，那就要建立明確的增強系統。在使用時要注意以下幾點：(1)清楚定義什麼行為會得到獎賞；(2)提供適當的增強物給學生，如食用品、明確的代幣等；(3)當活動中表現目標行為則立即給予口頭回饋，活動後進行個別或團體評鑑時，也要給予增強物（Carledge & Milburn, 1986）。

三、練習

練習在社會技巧訓練過程中非常重要，為使習得的行為能繼續下去，並且在不同情境下也能運用，一定要在教師的指導下一再練習直到熟練。所以練習有兩個目的：(1)為持續行為而練習：學生在教師的指導下練習達到可接受的精熟程度後，當結構較鬆散或監督不嚴的情況下，其行為還會持續下去；(2)為類化而練習：在不同的情境和不同人的場合下練習，對行為的類化有很大幫助。教師可給予學生家庭作業，要學生將所學的社會技巧應用到自然環境裡。

所謂家庭作業即是提供學生在真實情境中嘗試新行為的好機會，使學生把在訓練中所學到的行為應用到真實環境中（Wilkinson & Canter, 1982），例如：要求學生在家中表現新行為。家庭作業亦可用寫的方式記錄，使當事人能自己檢核行為的進步或退步情形，也可提供學生做為回饋或下次活動的參考。

伍、評論

除了語言、非語言技巧外，問題解決能力的教導亦屬社會技巧教學的範圍，在教學活動中可教導學生認清問題定義和形成之原因，再列出可選擇的解決方法及預期結果，最後決定選擇採用何種方法。示範法、角色扮演法也可以派上用場，總之，這個模式所適用的範圍極廣。長久實施下來，相信必能讓學生的社交能力、領導能力、表達能力等有顯著的進步。

社會技巧教學模式的缺點是教師的工作負擔不小，事前要花很多時間準

備教材、設計活動，而且班級常規的維護要更加費心，因為進行角色扮演時秩序不易控制。另外一個限制是臺灣學生不善表達也不喜歡表現，當進行教學活動時可能會出現冷場，要表演時沒人上場，要討論時沒人發言，導致教學活動難以進行。

第二節 ## 角色扮演教學法

此法乃由 F. Shaftel 與 G. Shaftel 於 1967 年所建立，藉由表演問題情境和討論表演來探索感情、態度、價值、人際關係問題和問題解決策略。這個教學法偏重於教育過程中的個人和社會層面，試著幫助個體發現在社會世界內的個人意義，和藉由社會團體的協助解決個人困境。在社會層面教師可與學生一起分析社會情境，特別是人際問題，並發展出符合情境的應對方式（Joyce et al., 1996）。

壹、目標和假設

簡單的說，角色扮演即是指透過行動處理問題，這個問題會被描繪、表演和討論，在互動的過程中，同理心、同情心、生氣、感情會被引發。所以，角色扮演的過程可提供人際行為活生生的例子，其目的在：(1)探索學生的情感；(2)從態度、價值、知覺得到啟示；(3)發展問題解決技能和態度；(4)以不同方法探索主題。

這些目標反應角色扮演的一些假設，分述如下：

1. 角色扮演主張經驗為基礎的學習情境，此時此地成為教學的內容。這個模式假定透過學生實際經驗的反應，可能類推到真實的問題情境中，而透過表演則可引出真正典型的情感反映和情感。

2. 角色扮演能引出學生的情感，使其認識、宣洩或釋放感情是重要目標。角色扮演用在治療情境下，比較著名的是心理劇，教育上不同於治療，主要在使學生認清自己的感情，並了解感情如何影響行為。

3. 第三項假設是學生的情緒和想法會被帶到意識層面，並受到團體的強化。同儕團體集體的反應能引起新的想法，提供長期改變的方向，所以這個教學法不強調教師的傳統角色，而鼓勵學生同儕間的傾聽和學習。

4. 經由表演，個人的態度、價值和信念系統等心理過程會被帶到意識層面。藉由分析，學生能評量他們的態度、價值和信念，有需要也可加以修改。

貳、教學模式

Shaftel 與 Shaftel（1982）建議角色扮演活動包括九個階段，分述如下：

1. 團體的熱身：向學生說明問題，使其了解學習的目標，教師可透過實例向學生說明問題，例如：用影片、電視節目、故事的方式說明，也可以問問題的方式使學生思考或預測故事結果。

2. 選擇參與者：教師和學生共同討論喜歡什麼、感覺如何、打算做什麼，然後要求學生自願的選擇角色，有時甚至會要求學生扮演某一特別角色。

3. 設置舞臺（stage）：角色扮演者草擬大綱但不必準備任何對話，教師幫忙設置舞臺，並問學生一些關於表演發生地點、像什麼的簡單問題；另外，簡單的動線要讓學生知道，以確保學生在表演中的安全。

4. 讓觀眾成為參與觀察者：觀眾能主動參與是重要的影響因素，這樣全部成員才能具備表演經驗，後面的分析才能進行。Shaftel 建議教師分配觀眾一些工作，例如：評鑑角色扮演的真實性、評論表演者行為是否合乎程序，讓觀眾了解當有機會上臺表演時，是否可以不同的方式表演某一角色。

5. 表演：表演者要假設角色是活在真實情境，是真實的反應，但是教師不要期望角色扮演可以進行得很順利，也不要期待表演者可以表演得很好。Shaftel 建議表演要短，教師要讓表演只進行到以下幾種情況：

預期的行為清楚呈現、行為技巧表現出來、表演停頓下來、行動表達出觀點或想法。假如以後的討論透露學生對事件或角色不夠了解，教師可再要求表演某一幕。

6. 討論和評鑑：如果表演者和觀眾理智和情感都投入其中，則討論會自然的進行。剛開始討論可能集中在與故事情節的異同或不同意角色的表演方式等主題，表演的結果和演員動機是更重要的主題。

7. 再表演：表演可能重複很多次，學生和教師能分享新的角色詮釋及決定探索新的因果可能性，例如：更換角色會變成如何？某一個重點以不同的方式表現結果會如何？

8. 討論和評鑑（針對第二次表演提出討論）：學生將學到解決的方法，教師可以詢問學生，學到的結果是否會應用到生活之中，以引導學生落實到實際的問題解決情境中。

9. 分享經驗和類化：不要期待能立即類化到人際關係情境背景，這種類化需要更多經驗，討論對類化到問題情境有很大的幫助，愈多的討論愈能建立結論，行為的假設原則也較能應用在學生自己的生活中。

參、應用

在實施角色扮演教學法時要注意以下事項：

1. 教師在教學中，何時與如何運用角色扮演，有賴教師自己的想像力與創造力，教師要根據學生的程度選擇適當的活動進行角色扮演（沈六，1980）。

2. 使用角色扮演教學法的最佳時機是：(1)開始實施有系統的社會教育課程時，角色扮演可以形成很多分析和討論的材料，有特別種類的問題故事可以供教師選擇；(2)教導學生處理立即的人際關係問題，此模式能公開呈現學生的問題範圍和協助其解決問題（Joyce et al., 1996）。

3. 一些社會問題以此教學法探索更能啟發學生，這些問題有以下幾項（Joyce et al., 1996）：

- 人際衝突：呈現衝突問題才能使學生發現改進技巧。
- 團體內的關係：人際關係是由種族刻板印象或權威信念所引起，也可經由此教學法揭發刻板印象和偏見的存在，進而鼓勵接受不同類型的人（deviant）。
- 個別的困境：個人的問題往往來自兩種相反的價值或利益相衝突，有些問題學生無法處理，用角色扮演教學法可使學生了解問題發生的原因，以及如何處理問題。
- 歷史或當代的問題：包括過去或現在的重要情境，決策者、法官、政治領袖或百姓會遇到的問題及要下的決定均適用此教學法。

4. 角色扮演對改善教室的氣氛有很大助益，尤其教室內的同學變得敵對或感情不睦時，例如：班上發生打架或爭吵事件，教師要這些人再表演剛才發生的事件，再進一討論和分析原因，將問題做完善的處理（Shaftel & Shaftel, 1982）。

第三節　示範法

早在 50 年前，Miller 與 Dollard 就提出個體不是依賴直接經驗和增強產生行為改變，而是從觀察別人而學習，因為人可以不必經過嘗試錯誤即可得到大量的資訊（Decker & Nathan, 1985）。示範法是以 Bandura 的理論為基礎，他認為示範法必須經過四種過程：注意、保留、動作再製（motor reproduction）、動機；在行為示範訓練中，一定要觀察楷模做什麼、記住楷模做什麼、做楷模所做的事，在適當時間把所學使用出來（Decker & Nathan, 1985）。

壹、教學過程

示範法的過程包括示範、保留過程、行為演練、回饋、訓練轉移五個步驟，茲說明要點如下（Decker & Nathan, 1985）。

一、示範

這是設計內的重要因素，由楷模呈現一組行為稱為主要行為，是要訓練的內容，呈現的方法可以是活生生的人、錄影帶、影片、錄音帶，這稱之為示範的展示（modeling display）。

二、保留過程

內容包括符號編碼（symbolic coding）、認知組織（cognitive orgnization）和符號演練（symbolic rehearsal），這些皆在幫助受訓者記住和保留所見到的示範展示。符號編碼在減少不同於楷模表現的因素進入受訓者的語言和想像，受訓者心理貯存起來以後使用；認知組織涉及主要行為的呈現要與受訓者的心理、認知、資訊貯存系統相一致；符號演練在敘述受訓者試著表現楷模行為之前的心理練習過程。

三、行為演練

受訓者在此階段要實際練習楷模的表現，他要將主要行為運用或類化到其他情境。此階段容易和角色扮演相混淆，行為演練不需要參與者去演新的角色，只演練工作職務中要用到的示範行為。

四、回饋

回饋由訓練者和其他參與者在受訓者試圖使用示範行為時加以提出，建設性的回饋是必須的，同時是一種社會增強，在受訓者開始接受新行為時扮演重要角色。Joyce等人（1996）提及如何使用建設性回饋，他提出六點：(1)回饋陳述的是他正在做什麼，而不是對所做的事做出評價；(2)回饋是具體的而不是一般的；(3)回饋要針對受回饋者能夠有所為的行為；(4)回饋要選擇適當的時機；(5)回饋是要求的，而不是強迫別人接受；(6)回饋是用來檢視師生溝通的清晰程度。

五、訓練轉移

不同的策略被用來促使行為的轉移，楷模展示的行為和行為預演一定要盡可能與工作相類似，行為演練要達到過度學習；可能的話，當受訓者運用模仿行為到工作或實際生活情境時，要給予增強。

貳、應用

林生傳（1992）認為，經由模仿來進行社會知識行為的學習有三種方式：第一種方式是觀察學習（observational learning），係指使學生觀察一種未曾做過的新行為，以便模仿。第二種方式是抑制或反抑制效應（inhibitory and disinhibitory effect），經由一種對他人的樣板行為及其結果的觀察，抑制或解除抑制自己的行為。這種本身雖曾有經驗但並不常表現出來的行為，經楷模的示範行為，可能就極易跟從，例如：青少年學生在暴力行為楷模的影響下，可能極易解除對暴力行為的抑制而表現出來。第三種方式是行為助長作用（behavioral facilitation），由於楷模的示範行為獲得了正增強，將使觀察者如法炮製以求酬賞；反之，楷模的行為如果得到負增強，也使觀察者不敢貿然仿效。有許多的社會技巧行為可經由模仿來教導訓練，唯模仿作用是否發生與楷模的特性有關，例如：楷模的地位、技巧專精、個人特性與吸引力；同時與示範的提供情形有關，例如：是否清楚明白、乾淨俐落、循序漸進、有機會過度學習等。

第四節　道德教學法

美國由於對道德教育的忽略，使得 1960 至 1970 年代社會動盪，犯罪率日益上升。因此從 1960 年代開始，美國人開始反思及批評以往灌輸特定價值的道德教育是否適切，價值中立的呼聲頓時成為主流。而在這種背景下，出現了價值澄清法（value clarification）和認知發展（cognitive development）等

道德教育理念，強調教師必須是價值中立（value-neutral）的教學者，幫助學生澄清自我的價值觀，並摒除任何直接灌輸價值觀的教學方法。價值澄清法或道德認知發展理論在教學上是強調推理的方法或形式，避免給予兒童任何特別的、具體的內容（李奉儒譯，1994）。國內道德教育之教學一般採直接與間接教學兩種方式，直接教學法如講述法，是直接對道德內容的傳授，而價值澄清法與道德兩難教學法對道德價值形成之認知有其地位與價值，以下分別介紹價值澄清法和道德兩難教學法。

壹、價值澄清法

價值澄清法是目前盛行於美國各級學校的道德教學法之一，因為實施方法簡便、生動有趣、富彈性，故在價值教學、輔導活動，乃至其他各科的教學上，都被廣泛加以應用（單文經等人譯，2001）。這種教學法最早在Raths等人於1966年合著《價值與教學》（*Values and Teaching*）一書中提出，書中Raths等人質疑傳統的道德灌輸，因而提供各種價值澄清的策略，讓學生對道德性議題進行系統化反思，故受到世人的重視而廣泛運用（張春興，1996）。Simon（1973）再將此理念應用在輔導領域。價值澄清法主要目的是協助學生察覺並確定自己或他人的價值，在面對問題時，能有很明確的看法，以尋求較為合理的解決方法。Raths等人認為價值觀念不明確的人，在生活上沒有確切的方向，而且不知道如何運用時間，如果能夠澄清個人的價值，才會朝向特定目的努力，並做出合理的思考判斷（張春興，1996）。

一、價值形成的過程

Raths等人將價值形成的過程分成三個階段、共包含七個準則（單文經，1985）：

1. 選擇：(1)自由選擇；(2)從許多選擇中選擇；(3)對每一個選擇中的結果都深思熟慮後選擇。
2. 珍視：(4)讚賞、重視和珍愛所做的選擇；(5)願意公開的肯定自己的選

擇。

3. 行動：(6)以自己的選擇採取行動、嘗試去做；(7)在自己某些生活模式中重複的行動。

　　珍視階段的重點，提供學生有機會去了解什麼對他是重要的，其主要目標在達成自我檢視與領悟。在選擇階段是要讓學生比較、分析哪一種選擇更具有吸引力與酬賞，其主要目標在做成更有效的選擇。在行動階段，主要在協助學生把認知上的價值，轉變成可觀察的行為，其主要目標在使學生更清楚自己的價值，並知道如何去表現它（洪若和，1988）。

二、教學過程

　　價值澄清法的教學過程，可分成了解、關聯、評價、反省四個時期（洪若和，1988；歐用生，1992）：

1. 了解期：使個人表達自己，並且分享相關的資料和知識，由個人多種可能的行為方式中來自由選擇表達自己，是此時的主要工作。教師可以應用圖片、統計圖表、卡通、詩或畫等引導或協助學生了解，並鼓勵學生提出自己所了解的情形與看法。

2. 關聯期：是指將了解期學過的相關概念，與正在學習的主題關聯起來，再進一步澄清兩者的關係。此一階段包含選擇和珍視的過程。

3. 評價期：又稱為價值形成時期，個人表達對上述資料或概念的好惡感覺，以及自己的選擇、決定。

4. 反省期：是指由學生反省個人所經驗過的價值或感情，並鼓勵個人公開表達出自己的價值觀和感覺。

　　從價值澄清法的四個階段來看，價值澄清法是透過教學活動的設計引導，提供學生選擇的機會，形成個人主觀認同與珍視的價值體系，進而願意主動與公開表現，並將其付諸行動的一種教學方法。因此在教學中，要應用各種技巧，並且透過所設計的活動實施。Raths 等人便曾設計 20 種活動，但歸結起來，價值澄清法的活動型態，主要可以分為三類：(1)書寫活動，如價值單、

每週反省單、未完成填句、標記活動等；(2)澄清式問答；(3)討論活動，如價值澄清式的討論、行動計畫、角色扮演、設想的偶發事件討論等。澄清式問答是老師以問題來聽取學生的回應，並幫助學生釐清自己觀念與價值的修正（歐用生、林瑞欽譯，1991）。以下為教學範例：

志明在課堂上回答老師的問題時說：「他最不喜歡上國語課」，請依此態度給予價值澄清回答（林吉基，2011）：

1. 老師：在所有科目中，最不喜歡上國語課，理由何在？

   志明：作業太多，常寫不完。

2. 老師：因為作業太多，就不喜歡上國語課？

   志明：對。

3. 老師：老師出很多作業，你猜老師的目的為何？

   志明：為了我們好。

貳、道德兩難教學法

心理學認知發展論代表人物為 J. Piaget 與 L. Kohlberg，重視孩童的道德推理與判斷能力，以及拾級而上的道德發展階段，此派理論對於近數十年來的道德心理學以及道德教育理論有極大的影響。1981 年，Kohlberg 將道德認知發展區分為六個階段，即是所謂的三期六段論，他藉由「道德兩難」的問題，來評定個體的道德推理層次，不受到種族或文化因素影響。並藉由對於道德兩難的討論方法中，引導學生進行道德推理，幫助學生解決道德衝突（李琪明，2013）。

一、道德兩難故事

道德上兩難的問題大都牽涉到當事人和他人間在需求、權益方面的衝突，這些需求、權益可能是金錢、權力、親情、友誼、愛情、生命、自由等，對每個人而言這些需求或權益都具有不同的價值（重要性），當個人與他人的

需求或權益產生衝突，必須在衝突的價值間做取捨才能解決問題時，便產生價值或道德衝突，因為選擇了某一項價值就必須犧牲其他的價值，人們是否能依據較高層次的道德原則做取捨是道德兩難教育的核心議題。道德兩難問題並沒有對或錯的標準答案，決定取捨什麼不是重點，重點在取捨的理由，從人們解決兩難衝突背後的理由及推理模式可以了解其相應道德認知層次，以 Kohlberg 著名的 Heinz 偷藥的兩難故事為例，同樣不贊成偷藥，如果理由是「偷藥會被關監牢」則屬道德認知發展的第一階段，「偷藥別人會把他當壞人」則具第三階段推理形式，「偷藥破壞社會規範」已具第四階段推理形式。因此，在評估孩子們道德發展過程要重視他們的推理方式（理由）而非答案（徐明，2003）。Kohlberg 指導我們編擬兩難故事的基本要素包括五項（林吉基，2011）：

1. 主題：困境故事的情節應集中在學生生活、課程內容，或現實社會生活，使情節具有逼真性。

2. 主角：故事包括一個主角，情節圍繞主角而構成，討論時學生針對主角該做的道德加予判斷。

3. 行動選擇：故事中的主角必須包括兩個選替性的行動，但不應該代表一種文化上認同的「正確答案」，如此對主角造成衝突與困境而激發推理。

4. 道德問題：可以包括德目中的核心價值問題。

5. 所擬討論問題含有「應然」的形式：如要不要、會不會等，以及探尋理由「為什麼」的假設性問題。

二、教學流程

欲使道德討論教學有效的實施，教師必須預做籌劃，道德兩難的教學流程有以下步驟：（單文經，1989；謝明昆，1994）：

1. 引起動機：主題討論之前可用與該故事有關的問題做暖身討論。

2. 呈現故事：故事呈現給學生，可由教師視當時的條件而採取最適當的

方式，例如：可用講義、影片、投影片、口頭說明、角色扮演、新聞
事件等。不管用什麼方式展現出來，重要的是透過故事的情節，激發
學生參與討論的意願。

3. 澄清教材內容：故事呈現之後，教師應就故事內容問幾個問題，以確
認同學了解內容且能引發道德兩極之爭議，最後老師提出兩難困境討
論之問題。

4. 提出主張：教師要求每位同學設想自己就是故事主角，就所面臨的兩
難問題加以考慮，並表明自己的立場，每位學生個別判斷這些問題
「該」或「不該」的主張，並提出「理由」。立場或主張確定之後，
教師以每組六人為原則，將不同立場的學生加以分組。

5. 分組討論：分組討論的目的，在增加學生間相互詰難的機會，在意見
相同的小組內，能激發出更多的道德理由，以做為全班討論的基礎。
討論時教師必須巡視各小組，給予協助及避免討論離題，本步驟約需
15 至 20 分鐘。

6. 全班討論：教師要求學生將各小組的結論，以口頭報告的方式，推派
代表上臺報告，報告完後同學可再補充或提出質問。

7. 結束討論：道德討論教學的最後一項活動，是協助同學順利結束討論，
並且指定課後作業，以延續教學效果。

道德是個繁複的議題，道德教育之施行更不容易。透過道德兩難問題情
境，經由充分的角色扮演和討論，可以教導學生正確的判斷能力，提升學生
的道德認知水平，收到良好的教學效果（李怡慧，2018）。

第五節　欣賞教學法

情意教育的宗旨之一是促進人在美感上追求完善，在態度面上要培養寬
容，其美感意義是釋懷，使情緒不致於耽溺，而達到精神自由，另方面培養
欣賞能力，欣賞的本質是愉悅的創造性想像（鍾聖校，2004）。欣賞教學法

（appreciation instruction）是情意領域的重要教學法之一，是教師在教學過程中，教導學生對於自然、人生、藝術等方面認知，並了解其評價的標準，進而發揮想像力，使其身歷其境，激發其深摯的感情，以建立自己在這些方面的理想或陶冶自己的心性（林進材、林香河，2016）。

壹、欣賞教學法的種類

欣賞教學法的性質，依學科不同而異，有些學科偏重於情感的陶冶，有些學科偏重於態度和理想的培育，有些學科偏重於真理的探求。因此，欣賞教學法也隨之分為藝術的欣賞、道德的欣賞、理智的欣賞三種（王秀玲，1998；高廣孚，1988）。

一、藝術的欣賞

藝術的欣賞是屬於美的欣賞，是對於音樂、美術、文學等作品的欣賞，以及對於自然界風景的欣賞。這種欣賞的教學活動，可以陶冶學生的情感，提高人生的樂趣，養成學生正當的休閒生活習慣。

二、道德的欣賞

道德的欣賞是屬於善的欣賞，是對於某人某事所表現的道德品格或社會品格的欣賞，如忠勇、孝順、仁愛、信義、公正、誠實、廉潔等美德。學校中史地、公民、國文等科目內，應當以名人傳記、格言、偉人事蹟、英雄故事等，做為欣賞的材料，以養成學生正確的態度，培育高尚的理想和健全的品格，例如：我們讀了黃花崗七十二烈士壯烈成仁的事蹟，不知不覺肅然起敬，而以救國救民為己任。

三、理智的欣賞

理智的欣賞，是屬於真理的欣賞，是對於真理、正確知識、科學上發明發現、或優美作品的欣賞，例如：欣賞數學的論證、欣賞科學家的發明、欣

賞哲學家的深邃思想、欣賞演說家的雄辯言詞。在數學、社會科學、自然科學內，教師應該指導學生欣賞科學家探求真理的精神，欣賞正確的學理，例如：教師可以用科學家的故事，來養成學生求真理的精神。

貳、欣賞教學法的實施步驟

欣賞教學法可運用到各個學科的教學活動中，教師實施的步驟如下（王秀玲，1998）。

一、引起學生欣賞的動機

教學前，教師要設計引起學生欣賞動機的活動，例如：說故事、展示作品、放映影片或投影片，以引起學生情感的共鳴，產生欣賞的欲望。

二、提出欣賞對象

教師呈現給學生欣賞的對象包含特定人士的品德、風範、處世態度、藝術作品或是真理知識，教師除要事先做好準備工作外，在提出欣賞對象時，同時要說明欣賞的重點和欣賞的方法。

三、誘發強烈情感反應

在欣賞過程中，教師要利用適當的時機誘發學生強烈的情感反應，體會真、善、美的價值感受，以達到教學目標。

四、發表感想及評鑑

欣賞之後，教師指導學生發表感想和觀點，就重要的觀點加以討論，最後由教師給予適當的評鑑，以培養學生高尚的理想、情操和態度。

五、指導實踐篤行

教師可在課後觀察學生是否將欣賞的技巧和態度運用在生活上。

參、實施欣賞教學法的注意事項

欣賞教學法並沒有既定的步驟或一定的材料，而必須要根據教學目標及教學對象的個別差異加以事先設計，雖然沒有一定的模式，但通常要考慮以下注意事項（王真麗，2005；崔光宙，1989）。

一、要掌握五項因素

實施欣賞教學法要掌握以下五項因素：教學目標的擬訂、欣賞主題的選擇、欣賞方式的選擇、欣賞媒體的選擇與製作、教學評鑑的實施。

二、教師要善用教學機會

欣賞教學法可應用在不同的學習中，有時並不拘泥於固定的教學過程中實施，教師要把握機會給予學生引導，例如：把握美術館、博物館文化中心等特別展覽的時機，帶領全體學生去觀賞，並鼓勵學生發表感想。

三、教師宜善用多元教學方式

教師應運用各種不同方式引導學生欣賞，除可用明示法，也可用暗示的方法，或由學生先發表觀點，再進行討論。教師宜鼓勵學生多聽、多看、多思考，以提升欣賞的能力。

第 15 章

適應個別差異的教學模式

周新富

隨著新移民人數不斷攀升，學齡人口中的種族問題變得日益嚴重，這些新移民所生的子女可能面臨學校學習落後的情況，種族問題往往與貧窮等其他不利的教育因素緊密結合，所以可以想像未來的教室將是人口愈來愈多元化，學習落後的兒童也將愈來愈多。

影響教學成效的因素很多，其中學生的個別差異是一項重要因素。學生的個別差異表現在以下幾方面：智力、學習形式、創造力、社經地位、種族、性別、語言及文化等。傳統的教學模式按年級分班，以同一進度、同一教材、同一教法的班級授課模式進行教學，這種教學模式歷史悠久，其優點是教育成本較低，可讓教育普及全民；但這種教學法的缺點則是無法「因材施教」，無法「將每個孩子帶上來」，中下程度的學生往往是這種教學法下的犧牲者。所以，教育改革就是要改變這種教學形式僵化、學生被動學習的教學模式，期望教師能以多元化的教學方法來適應個別差異，進而滿足學生的不同需求。這種注重學生個別差異、強調因材施教的觀點，導致個別化教學方案（individualized instructional programs）和電腦輔助教學的蓬勃發展。本章的主題即在探討目前為適應個別差異所採用的教學模式有哪些，分別從分班方式、補救教學方式、個別化教學模式、電腦輔助教學等四方面來探討這項主題。

第一節　能力分組教學

學生通常在知識、技能、動機等方面表現出明顯的差異，有些學生在尚

未進入國小時已能閱讀,有些學生則未做好入學準備工作。因應學生的差異而調整教學形式是一項重要的教育問題,像英國即在 10 至 12 歲實施測驗,將學生分配到不同類型的學校,只有一種類型是為進入高等教育而準備,這種作法經常受到當地輿論的反對。美國在中等教育階段將學生分成大學預備、一般和職業類科三種。有些國家依學生的能力實施分組教學,所以能力分班(grouping)與分軌(tracking)及分流(streaming)的意義相類似,其意皆是依據相同的性向、成就或期望而安置在不同的班級或學校,所依據的標準有三種:(1)標準化測驗分數;(2)教師的評分、建議或學生的意見;(3)學生的種族和社經階級。根據調查,最常用的方式是成就測驗和智力測驗(周新富,2000)。至於分流的目的,則在希望藉著分軌制度,提供學生在課程或教學上獲得適當的安置,以落實因材施教,進而讓學生能發揮潛能。所以,為適應個別差異,最常被採行的教學形式是進行能力分組,通常能力分組可分成班級間能力分組(between-class ability grouping)和班級內能力分組(within-class ability grouping)兩種形式。

壹、班級間能力分組

班級之中學生素質良莠不齊,教師教學不易進行,教太快學生聽不懂,教太慢學生覺得索然無趣,為了班級學生素質一致,以方便教師的教學,因而有能力分班的措施,尤其是在國中階段最為盛行。能力分班即屬於班級之間的分組,又稱為完全能力分班或同質性分組(homogeneous grouping),學校依據學生的學業成就,把學生分配到盡可能同質的班級內,例如:要對 69 名三年級學生進行同質分組,學校工作人員就要依據標準化成就測驗分數,然後把得分最高的 23 名學生分到高級班,把中間的 23 名學生分到中級班,最後的 23 名分到低級班。於是,同一年級形成二至四個不同能力的班級。通常班級之間的分組包括兩種類型:能力分組和課程分組。能力分組在義務教育階段比較常見,同質分組的班級基本上教授相同的課程,但較高層班級教授的課程則更深更廣。課程分組較常見於國中及高中,又稱為分軌,分軌為

不同能力的學生設置了不同的課程，大學預科學習一種課程，職業學校學習一種課程。

這種分組方式有以下的優點：對認真學習學生的酬賞、學校排課及教師教學上的方便、有利於學生升學考試的競爭。但所衍生的弊病也相當多，例如：(1)低能力學生在低分軌班級會受到傷害，因被貼上標籤及缺乏正向角色楷模的認同，以致學習動機低落；(2)教師不喜歡教後段班，給予學生較低的期望。研究發現，低能力組的學生並未受到真的照顧，教師的教學品質較中、高段班低劣，例如：不熱心、教材缺乏組織、只教記憶性知識，以致後段班產生更多的偏差行為及中輟生（周新富，2000）。教師對這種分組的態度因所教的科目不同而有所差異，贊成能力分班的教師所任教的科目是數學或外語科目，這些內容大致上是抽象的，按等級安排的科目；相反的，任教國文、史地和其他與日常經驗相結合的學科，則大多贊成異質性分組（Good & Brophy, 2003）。

貳、部分學科能力分組

反對能力分班的學者及團體列舉出能力分班的諸多弊端，而提出要求實施常態編班以及提供補救教學措施，使低成就學生提升學業成就，例如：提供額外協助、使用合作學習方案等。常態編班（untracking）是忽略學生個別差異的存在，全班以同一進度的方式教學，對低成就學生提供額外的協助，對迅速完成作業的學生給予額外的充實活動。但這項教學策略僅能適用於國小，在國中階段很難落實常態編班，因為國中生有升學的壓力，通常高成就的學生家長就反對這樣的編班模式，部分教師及校長為提高升學率也會反對實施常態編班。在權衡能力分班與常態編班的利弊得失之後，學者大多主張採用部分學科的分組教學，例如：Oakes（1995）的研究就印證，依某學科之能力而分組的教學，才能真正增加學生成就。

傳統的能力分班屬隔離式的分班，編班之後，學生每項學科都在同一個班級實施。部分學科分班是能力分班的變形，其方式為採用兩段式編班，先

混合編班（常態分班），再依部分學科的表現實施分組教學，分組的學科都是過於抽象、內容組織結構嚴謹，例如：英語、數學、理化等。學生大部分時間在混合編班的班級上課，只有上述幾門學科採用能力分組。這種編班的好處是學生大部分時間在常態編班的班級內上課，低成就學生不是被完全隔離或被印上烙印。

其分組方式有以下幾類：

1. 兩班為一群：各班依學科表現拆成兩組，甲班的前段與乙班的前段組成高能力班，兩班的後段組成低能力班，這兩班要能力分組的學科都排在同一個時段。

2. 同一年級打散重新分組：全年級的學生依學科表現編成高、中、低三組，低能力組的成員可降低人數，讓老師能充分的指導學生學習。因分組的學科要排在同一個時段，要考慮師資是否足以因應。

3. 跨年級的分組（cross-age grouping）：跨年級的分組是打破年齡的界限，完全依學科能力進行分組教學，但這種方式僅適用規模較小的學校。

目前臺灣地區在國中階段就是採用這種編班方式，但是大部分的縣市教育局（處）都無法落實，還是採行完全能力分班，甚至部分縣市長發表言論主張實施能力分班，公然對抗教育部的政策。大多數的教育學者都建議不要將學生完全隔離，而是要在常態編班的基礎之下，再實施部分學科的分組教學，這種折衷的編班方式就是學科能力分組，以漸進的方式進行分組，一年級常態，二年級數學、英語兩科分組上課，三年級頂多再增加理化一科。至於跨年級的學科能力分組則以美國的約普林計畫（Joplin plan）最為著名，該計畫以常態編班的異質性分組為基礎，只有在進行閱讀課時採用跨年級重新分組，所有老師在同一時段都教授閱讀課，學生依閱讀成就等級被分配到各班；當學生的閱讀能力有進步的時候，則允許學生分配到較高一級的班級，在與傳統的同質性或異質性分組相比，約普林計畫在成績方面顯示出顯著的正向成效（Good & Brophy, 2003）。這個計畫延伸出變形的分組形式，除了

閱讀課分組之外，可再以數學成就進行第二次分組。最先開始，學生以常態或隨機分配方式組成每一班級，經過六個星期的學習之後，分別針對數學和閱讀成就分成高、中、低三個小組，教導低閱讀能力組的教師要教高能力數學組的學生，反之亦然，這樣學生就不會把一個教室看作是「笨蛋室」，而把另一個教室看作是「天才室」，教師也因此會認真對待每一個學生。其他活動，學生仍然接受一般的教師教導，待在混合的班級裡，學生與兩個甚至三個教師一起學習，但與其中一個老師相處的時間比較長（Slavin, 1997）。

參、班級內能力分組

另一個適應個別差異的策略是教室內的分組，通常應用在小學的閱讀和數學課。教師依據學生的表現分成二至三組，使用不同的教材或是相同的教材但有不同的學習進度，例如：數學課共同學習相同主題，然後在座位練習時，教師提供充實的活動或加強某些基本技能的練習（Slavin, 1987）。在實施這種上課方式的學業成就比不分組的班級來得高，高、中、低分組的學生都能從學習中得到好處。通常班內的分組最好不要分太多組，以分成二至三組比較恰當，但在進行分組教學時，會產生教室管理的問題。當教學朝向建構趨向，例如：發現或合作學習、問題解決，班內分組教學就變得不重要（Slavin, 1997）。

但這種分組方式受到詬病：首先，能力分組會加速高水平組學生的進步、減緩低水平組的進步，加大先前已存在的成就差異，因為教師對待各組的方式不同；第二，高水平組得到教師較好的指導，得到教師較大的課業關注；第三，小組成員的分配除了影響到成績，還影響到同儕的接觸以及友誼模式，能力分組導致學生的隔離；第四，能力分組會產生標籤效應（labeling effects）、低水平心理效應（low-group psychology）。因此，在實施班內能力分組時要注意以下事項：(1)小組的數量應取決於學生成就的差異和指導上的需要；(2)分組不是透過課程來區別進度，而是要有效滿足各組成員的需求，對學習困難的學生需要額外指導，學習快速的學生給予加深加廣的學習；有

時高能力組可給予合作或獨立學習,而對低能力組給予更多的指導與協助;
(3)隨時調整各組的成員;(4)因為標籤效應潛在的危險性,而且分組影響同儕
的接觸,故分組應只局限於數學或閱讀課的教學,其他課程不允許同組學生
坐在一起;而且分組的依據是該科的成績,不能以閱讀成績決定數學科的分
組,也不能以學業平均分數決定某一學科的分組(Good & Brophy, 2003)。

第二節　補救教學方式

　　補救教學亦是適性教學的一部分,特別是針對學習緩慢或是低成就學生
所進行的一種教學形式,學生需要較多的時間來學習,才能學會教師所教的
課程。補救教學是一種「評量─教學─再評量」的循環歷程,就理想上而言,
期望補救教學實施一段時期後,學生能跟得上原班級的教學進度(張新仁,
2001b)。補救教學的課程在內容上,因教育的理念、教師的素養、學習的設
備以及學生本身的需要,而呈現多樣化。其常用的教學課程內容有補償性、
導生式、適性、補充式、加強基礎及學習策略課程(杜正治,2001;張新仁
主編,2003)。

壹、補償式課程

　　補償式課程(compensatory program)之學習目標與一般課程相同,但教
學方法不同,即以不同的教學方法達到相同的教學目標。為了達到預期教學
目標,在實施補救教學之前,得對學習者做徹底的診斷,以了解其個別需求、
性向、好惡及能力水準。若學生聽覺能力優於視覺能力,教師可以有聲圖書
取代傳統的教科書,以口試或聽力測驗取代筆試。

　　補償式課程在國外最常見的方式,是為社經地位不利的學生提供前入學
方案(head-start project)及持續追蹤方案(follow-through project)。其教學
方法以直接教學法為主。補償式補救教學需其他人員配合,例如:教師、輔
導人員、校長及家長的參與,所以實施前需設法使有關人員了解補償性教學

的性質，包括：教學目標、程序、步驟以及策略的運用。

貳、導生式課程

導生式課程（tutorial program）旨在於提供學生額外的協助，以學習正規課程內容。除了實施一對一或小組教學等教學方式外，其餘與正式課程沒有差異。其教學特色是為學生提供額外的解說，舉更多的例子，並對一般課程所呈現的教材再做複習。

導生式課程係正規課程的延伸。因此，補救教學成敗的關鍵，在於補救教學教師與正規教學教師兩者之間的溝通與協調，共同策劃教學活動。導生式課程模式非常耗時，占用教師大量時間與精神，所以教師可以鼓勵學生同儕參加補救教學活動，由同班同學義務擔任教導工作。

參、適性課程

適性課程（adaptive program）的課程目標與教學目標內容，與正式課程相同但課程較具彈性，可由教師選編合適的教材，以迎合學生的需求。此外，在教法上也較彈性，可使用光碟，以取代傳統教科書，考試時也允許以錄音、口試或表演的方式代替傳統測驗。

肆、補充式課程

補充式課程（supplemental program）的特點，在於提供一般學校普遍忽略但對學生的日常生活或未來就業非常重要的知識或技能，例如：對考試不及格的學生提供有關的補充式課程，即協助學生習得通過考試的必要知識或應試作答技巧，以通過各種考試。

伍、加強基礎課程

加強基礎課程（basic skills program）的特點，偏重於學生在正規課程中未能習得的基本技巧。加強基礎課程模式的基本假設，認為學習歷程是一種

線性作用，因而七年級的學生無法受益七年級的課程，除非該生已學會低年級的所有課程。基於這觀點，在實施補救教學之前，重要的課題不僅在於診斷學生的學習困難，同樣重要的是確定學生當時的知識程序與能力水準。

陸、學習策略訓練課程

採用學習策略訓練課程（learning strategies training program）的教師所教授的課程內容與正規班級不同，其教學重點不是一般課程內容，而是學習的策略，包括：資料的蒐集、整理與組織方法，以及有效的記憶等。學習策略大致上可分為兩類：(1)一般性的學習策略，包括注意力策略、認知策略（複述策略、組織策略、心像策略、意義化策略）、動機策略、後設認知策略；(2)學科特定策略，包括適用於各個學科的學習策略，如閱讀策略、寫作策略、社會科學習策略、數學或自然科學解題策略等。有關學習策略訓練的實驗結果發現，學習策略訓練對於中等程度學生幫助較大。也有研究指出，學習策略課程對於低成就學生頗有助益；此外，如學生事先已具備基本學習策略，可從學習策略課程模式中獲益更大。

第三節　個別化教學模式

個別化教學是個別學生依其需要決定教學進度及教材，以自己的步驟來學習，教師的教學決定是依個別學生的需要而不是全班，因為每個學生有不同的經驗、能力、態度、社會和情緒的需求，所以在教學上要以不同的教學法來教學。但在班級團體授課師生比太高的情境下，教師無法針對每位學生設計符合其需要的個別教學，故在教學實務上，個別化策略很少像講述或討論用得這麼頻繁，要真正落實「適性教育」（adaptive education）是一項相當不容易的事，所以個別化教學往往被用在自學教材內容、進行補救教學或是充實活動等方面。以下僅就最常見的個別化教學模式做一介紹。

壹、精熟學習模式

　　精熟教學（mastery instruction）是一種教學策略與設計模式，係於 1968 年由 Bloom 根據 Carroll 在 1963 年所發表的「學校學習模式」（a model for school learning）的理念加以發展而提出的教學法（毛連溫、陳麗華，1987）。其目的在使大部分的學生（80%至 90%）皆能精熟學習目標。以下分別從理論基礎、教學設計與實施要點，以及實施成效與評論三方面來說明。

一、理論基礎

　　精熟學習的理論是源自於心理學精熟學習的概念，精熟學習是時間本位的教學創新設計，它是根據時間本位的教學研究建立的教學模式（林生傳，1992）。其理論基礎主要是由 Carroll 及 Bloom 所奠定。

　　Carroll 是時間本位教學研究的創始者，他指出學習的程度決定於個人學習的時間，那是依個人學習所需的時間、個人所能獲得的時間，以及如何真正運用而定。因此，在學習的過程中，「性向」固然重要，但是時間的充分與否更是能否達成學習目標的重要因素。如果能夠提供每個學生學習某一學科達到某一效標層次（criterion level）所需的時間，而且學生又能適當的運用這段時間，那麼學生將可達到特定的成就水準。如果上述兩要件缺其一，則學習成就會較低。因此，學習者的學習程度等於學習者真正用在學習的時間（timespent）除以他應該要使用在學習的時間（timeneeded）。Carroll 用公式來表示（Guskey, 1997）：

　　公式一：

$$學習的程度 = f\left\{\frac{學習者真正用在學習的時間}{學習者應該要使用在學習的時間}\right\}$$

　　根據上列公式，如果學習者真正用在學習的時間等於他應該要用在學習的時間，學習即達精熟程度；如果所花時間少於所需時間，則學習程度就不相同。

　　Carroll 另外又指出，影響上述兩種時間的各種因素，包括學生「個人的特性」及「教學的特性」。影響學習者用於學習時間的因素有二，即學習的機會（opportunity to learn）、上課的時間量及學生願意去學的「毅力」（perseverance）。至於影響學習者應該要使用在學習的時間的因素有三，即「學習的速度」（性向／aptitude）、「教學的品質」（quality of instruction）和學生對該科「教學的了解能力」（ability to understand instruction）。綜合上述各項影響因素，則公式一可以化為公式二的形式（Guskey, 1997）：

公式二：

$$學習的程度 = f \left\{ \frac{(1)學習的機會\ (2)毅力（願意去學的時間量）}{(3)學習的速度（性向）\ (4)教學的品質\ (5)教學的了解能力} \right\}$$

　　從 Carroll 的學習公式中可以了解其對教學的理念。他認為以下五個變項或因素是教師從事教學活動所必須考慮的（McCown & Roop, 1992）：

1. 學生對於某一類學習所具有的「性向」：Carroll 模式視之為學生學習工作達到特殊標準所需的時間量。

2. 教師的教學品質：教學品質影響學生學習一項工作能否達到標準所需的時間量。

3. 學生對於教學的了解能力：理解教學的能力包括學生學習的準備度，假如學生缺乏這項能力，所需的學習時間則要增加。

4. 學生的學習毅力：毅力是學生願意花在工作的時間量。

5. 學習的機會或時間量：是學生在學習特殊工作所給予的時間量。

　　Carroll 認為，這五類變項是導致學生學業成就差異的重要變項。Carroll 在教學模式發表 25 週年的演說會上說這些因素是影響學習的主要因素，雖然不能明確說出如何影響或要如何控制，但 Carroll 提出未來的工作強調給學生較大程度的「機會均等」而不是「成就均等」，機會均等即提供許多不同的、適當的方法供學生學習（Carroll, 1989）。

Bloom 的精熟學教學理論主要是根據 Carroll 的學校學習模式，Bloom 同意 Carroll 對於影響學習成效的五類因素，並進一步提出實施精熟教學的架構，因而對於中小學教學方法有實際的影響。Bloom 認為影響學生的學習成敗有兩類因素：一類是「穩定的變項」，如智力、社經地位；另一類是「可改變的變項」，如認知及情意的起點行為與教學品質等變項。Bloom 明確指出，決定學習結果的變項為教學品質、認知起點行為及情意起點行為，他說當前傳統教室情境中，不管學生的性向如何，幾乎一律接受同樣的學習時間和教學品質，這種情況可能適於某些學生，卻可能不適於另外一群學生。因此，學生在開始學習之初雖有性向的高低差異分別，但如果能夠根據性向給予充分時間，並透過教學技巧的運用，則大部分的學生都可達到事先設定的精熟水準（林生傳，1992；Bloom, 1974）。

　　Bloom 提出可改變的變項與學習的關係，如圖 15-1 所示（林寶山，2003）。

　　Bloom 有感於班級教學在一般教室中並未能使學生得到充分發展的機會，在傳統班級教學下進行學習，學生的學業成就至少比個別教學低了兩個標準

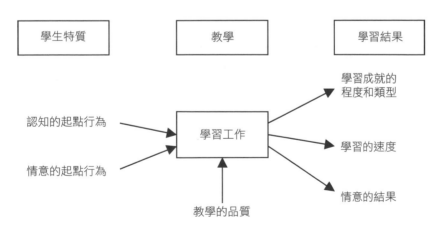

◆▷ 圖 15-1　Bloom 的學習變項關係圖

資料來源：林寶山（2003，頁 63）

差（standard deviatuon）（Bloom, 1984）。而 Bloom 的學生 Anania 與 Burke 分別在 1982 和 1984 年進行實驗研究，以等組隨機分派的實驗設計，將學生分成傳統教學（conventional instruction）、精熟教學與個別指導（tutoring）三種實驗處理，證實在個別指導中，學生平均成就約相當於傳統教學的百分等級（percentile rank）98 的程度（相當於增進教學效果兩個標準差）；而在精熟教學下的學生，其平均成就雖然沒有個別教學之超出兩個標準差大，但也達到百分等級 84 的程度（約為一個標準差），顯示出精熟教學的效果（林生傳，1995）。

二、教學設計與實施要點

設計精熟學習歷程時應先由三方面來考量（林生傳，1992）：

1. 如何使學習者對所欲進行的學習功課清楚明確。
2. 如何精巧安排所欲進行學習的材料，使其層層相因，成為邏輯的、有順序的教材，便於學習。
3. 如何有效運用評量工具進行回饋。

（一）教學步驟

根據上述三個問題，精熟教學應把握行為目標、教材的組織與編製、形成性評量、補救教學、充實性活動、總結性評量等要素。其遵循之步驟如下（林生傳，1992；黃光雄，1990；Guskey, 1997）：

1. 將課程或教材編成一系列的教學單元，每單元約供一、兩週教學。
2. 各單元列出包含各層次的明確教學目標。
3. 各單元在一般的班級環境來進行教學，教師採用班級團體教學，開始教導第一單元。
4. 各單元末了實施形成性評量，用以評定是否通過此單元的學習，並了解未通過者的學習困難所在。
5. 達到熟練標準的學生可安排其他種種活動，例如：擔任同儕教導者、

從事較深的充實活動、學習其他科目或參與非學術性的工作及從事具有結構性的獨立研究。

6. 未達到標準的學生則安排特殊的程序進行補救教學，包括根據性向給予額外的充分時間來學習。教師如想延緩下一單元的學習，則要提供學生課內和課外的時間以履行其責任；教師如不想延緩下一單元的開始，則須利用課外的時間學習不熟練的部分。

7. 所有單元學完之後，進行總結性評量。

8. 利用形成性評量及總結性評量的結果做為回饋，改進教學方法、教材的安排。教師重複「起始班級教學、診斷進步測驗及證實精熟或實施個別校正」的循環，一個單元接一個單元進行，直到全部的單元都授畢。

整個教學流程圖如圖 15-2 所示。

精熟學習策略的重點在於如何提供額外的時間給需要的學生，有些作法是在正課以外的時間實施，如放學後或休息時間，當學生在考試卷的得分未達到90%，則給予額外的補救教學，直到在同一張試卷能得到90%的正確率。給予額外的教學時間在國小或國中階段比較容易實施，因為可用的時間量相當固定，但教師是否願意犧牲自己的休息時間或下班時間，完全視教師個人

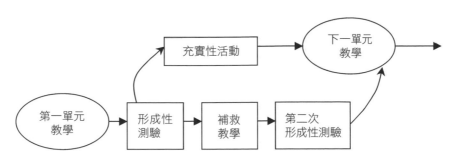

> ◆ **圖 15-2　精熟教學的過程**

資料來源：Guskey（1997, p. 9）

專業承諾而定，校長無法強迫，短時間教師或許會同意，長時間都這樣做可能困難性很大。

（二）改良式的精熟教學

另一種上課中實施的精熟教學由 Block 與 Anderson（1975）提出，教師不用額外付出時間。這種形式採用規則的循環活動，重複重要技能或概念的教學，每個循環維持一至兩週，其主要的活動如下：

1. 傳達精熟學習的訊息：教師傳送精熟學習訊息給學生，強調這種教學法在協助他們有好的學習結果，告知學生評分的依據不是以先前表現為標準，也不是與班上同學的表現來做比較，如果要得到 A 等則要得到 90 分或 20 題答對 18 題。教師要強調每位學生都要達到精熟，精熟是最重要的目標而不是分數，每位學生達到標準即可得到 A 等。

2. 進行教學：教師以全班授課的方式進行教學，教完預定進度即實施形成性評量。

3. 實施形成性評量：每個單元教學結束前，教師要準備兩份考卷來評估學生對教材的理解，第一種評量稱為形成性評量，第二種稱為總結性評量。形成性評量的分數是分派學生參加充實活動或是供補救教學的依據，教師需要建立精熟的標準，通常標準訂在正確率 80%至 90%，符合標準即給予 A 等的分數。

4. 補救教學或充實活動：形成性評量未達標準的學生要接受補救教學，補救教學的實施是採用班級內分組教學形式，教師可用各種不同的教學方法進行此階段的教學，如團體授課、同儕教學、電腦輔助教學或合作學習，針對學生在形成性評量的錯誤之處予以重新教學，主要目的在讓學生學會這個單元重要的教學目標。達到精熟標準的學生則接受加深加廣的教學，教師可提供較難的習題供學生練習，也可播放影片或提供延伸教材供學生學習。例如：高中的地球科學教師教導的主題是「火山與地震」，教學結束後實施考試，低於 80 分者接受補救教

學，針對有問題的概念來教學；而達到標準者則接受充實活動，讓學生觀看影片或書籍，了解舊金山大地震或是維蘇威火山爆發把龐貝城給掩蓋的現象（Slavin, 1997）。總之，這種形式的精熟學習是依學生不同的需求給予不同的教學時間。

5. 實施總結性評量：當教師認為已給學生足夠的補救教學，接著實施總結性評量，總結性評量的內容與形成性評量難度相同但題目不同，在形成性評量達到標準者不需要參加總結性評量。

三、實施成效與評論

在實施成效方面，國內較具規模的研究係為陳麗華（1987）「精熟學習模式及其在國小數學科教學上的研究」，此研究以台北的 574 名國小四年級學童為對象，進行實驗教學。結果發現，在認知方面，「精熟學習組」在總結性測驗達到精熟人數百分比顯著高於「一般教學＋形成性測驗組」及「控制組」；「精熟學習組」的數學學習成就顯著優於「一般教學＋形成性測驗組」及控制組。而在情意方面，「精熟學習組」在數學科自我形象、自信、自我接納等方面的表現，均顯著優於其他兩組。同時，國外的研究也發現：(1)教師給予額外的補救教學，對成績的提升有正面的幫助；(2)任何形式的精熟學習能協助教師清楚認識教學目標、評估學生進步，依學生表現修改教學；(3)當高度精熟是必須的、是形成往後學習的基礎，這種教學法特別適用，例如數學、閱讀、外國語的字彙和文法的學習（McCown, Driscoll, & Roop, 1996），由此可知精熟教學應頗具成效。

精熟教學的提出不論在增進學生的學習成效、培養其自我觀，均有其正面之意義與成效，然而，卻存有諸多爭議（毛連溫、陳麗華，1987；林生傳，1992；Slavin, 1997）：

1. 精熟教學將教材分成許多小單元，再據以敘寫成行為目標，當學生學會這些片段的材料，即表示達到精熟。在此過程中，學生常會忽視了那些無法寫成具體行為目標卻十分重要的部分，而教師也會因此而圍

於既定的目標。

2. 「精熟」表現標準的訂定,訴諸教師的直覺判斷,有失客觀;而僅憑形成性評量與總結性評量的結果來評判學生是否精熟,又過於忽視教師專業判斷的價值和效力。

3. 精熟教學中的教材細分、行為目標的撰述、形成性測驗的編制、補救教學、充實性教學等,恐非教師的能力及時間所能負擔。

4. 精熟教學強調透過各種教學程序與時間,使每個學生獲致相同的能力、學到相同的程度,表面上是重視個別差異的表現,實際上卻否定了個別差異的價值,所追求的僅是齊頭點的平等,容易造成能力強的學生沒有適當的時間擴大其學習,而某些「志不在此」的學生卻被強迫要達到教師主觀認定的精熟標準。

5. 精熟學習另一個問題是涉及教學內容的多寡,假如補救教學是利用正課時間,如此教學的內容必定會減少,教學內容包含的分量是預測成就的重要指標;如果是用額外的時間實施補救教學,則涉及教師是否願意付出「休息時間」或「下班時間」的問題,這都是實施精熟學習時所需要克服的問題。

貳、Keller 教學模式

另一種精熟形式是 Keller 計畫(Keller Plan),或稱為 Keller 個人化教學系統(Kellers' personalized system of instruction,簡稱 PSI),是由 Keller 與其在哥倫比亞大學的同事 G. Sherman、R. Azzi 與 C. M. Bori 共同發展出來的教學系統(Keller, 1968),這是一種強調以學生自學為主的教學模式。

一、教學理論

PSI 一方面按照學習者所需的時間給予充分的時間來進行學習,所謂自我進度或控速(self-pacing);一方面由學習者自由選擇何時來學習,何時接受評量,以求適時即時的學習;另一方面採用行為心理學及學習理論,講解提

示，細緻化教材，具體化教學目標，利用增強原理、立即回饋，來增進學生真正專注用功的時間（林生傳，1992）。Keller 教學模式的基本架構包括下列七種基本成分（林寶山，1990；Keller, 1968）。

（一）熟練標準

Keller 對每一單元的熟練度要求極嚴，必須達到百分之百的完美程度。後來許多應用者修正為 90%的熟練度，學生若通過單元考試即表示已達熟練標準，若未通過即表示未達熟練要求，必須重新學習單元教材。Keller 認為單元的標準愈高，期望就愈高，愈有助於學生獲得較高的學習成就。

（二）學生自我控速

即是允許學生依其性向、能力、時間及其他條件去決定學習進度，亦即由學生「自我控速」。

（三）單元考試及複習考試

Keller 主張將整科目的教材細分成許多小單元，每一小單元皆有評量考試，單元考試是屬於「形成性評量」；Keller 認為單元考試的次數要多，但單元教材的分量不宜多。還有期末考試，這是對於全學期課程的一種總結性評量。除此之外，還有單元複習考試，以及在四、五個單元之後安排這些單元的複習考試，其理由是認為複習教材有助於學習成效。

（四）立即回饋

Keller 認為學習之後能夠立即獲知其成績表現，會有助於學習成效的提升。如果一直不知道自己的學習表現或知道的時間延長，可能會失去補救更正的機會，對於日後的學習也會有不好的影響。

（五）助理制度

助理通常由以前修過本科的學生或助教來擔任，其任務除了擔任客觀的評量者並使學生得到立即回饋外，還可做為一對一的學習指導者，並回答學生各項問題。另一項任務則是將每位學生的進度做詳細記錄。

（六）學習材料

在 Keller 教學模式中，學習材料是主要教學來源，教師只是輔助者的角色。學習材料包括學生的學習指引、評量試題、指定閱讀的教科書及作業等。有妥善完備的學習材料，可以給學生正確的學習導引，使學習容易獲得成功。

（七）講述及展示

Keller計畫中也設計少量的講演和展示或討論會，主要是在刺激學生的動機和興趣，而不是用來提供該科目的內容，因此學生可選擇自由參加，講述的內容也不列入考試的題材。

由以上的教學理論可歸納 Keller 教學法有以下五項特徵：(1)學生自己可以控制學習速度；(2)要求學生對每一單元皆達到熟練的地步；(3)講述主要的功能在激發學生的學習動機，而不是做為教材內容知識的來源；(4)教學的主要來源不是教師而是書面的資料；(5)設有助理，其功能是使學生獲得個別指導的機會。

二、教學步驟

Keller 教學法的主要設計及運作程序如下（林生傳，1992；張春興，1996）：

1. 建立明確具體的教學目標。
2. 編製教材，分成細小單元，每一單元皆為達成特定的具體教學目標而設計。

3. 教師在學習之初，進行幾次講述，揭示學習方法並引起學習動機。

4. 提供妥適合用的自學教材給予學生自我學習，學習的地點與時間由學生自己選擇，不限於教室，也不限於上課時間。

5. 學生學習至自認為可能達到預定的水準，就請求教師給予評量。

6. 評量後教師或助理立即給予評分，通過者教師給予增強，並決定是否學習下一單元；未通過者即予訂正並繼續自學，以備下次評量，直至完全通過才開始下一單元的學習。

7. 學期末全體學生參加總結性評量。

8. 教學全程以自學輔導的方式為主，教師在上課時間很少講解課業，多用於討論學業方法和鼓舞士氣。

Keller計畫在美國及其他國家應用時大都經過修正，應用至我國也須根據國情及學校環境做適當的修正；此外，在大學及中學階段的實施方式也要有所不同。林寶山在 1984 年首先以國立高雄師範大學夜間部及週末進修班的學生為對象進行實驗研究，後來再擴大至國民中學階段，其對象為資優班的學生。經由實際教學，林寶山（1990）研擬出一套 Keller 教學流程（如圖 15-3 所示）。當應用該教學法於實際教學情境時，不必拘泥於圖中的步驟，教學者可以適度調整教學流程。

三、實效與評論

Keller 教學法是根據行為主義心理學的理論所建立，並著重在以自己的控速來適應個別差異的個別化教學，已有實徵資料顯示其有正向的價值，例如：林寶山（1990）以改良式的 Keller 教學法進行的實徵研究，得到以下研究結論：(1)學生對 PSI 教學之態度由消極轉為積極；(2)學生們希望師生、同學之間有更多直接溝通交流的機會；(3)這種教學法並未使學生們覺得負擔加重；(4)單元測驗的編製增加教師的負擔。但這種教學法還是有一些缺失，例如：過於強調自學輔導、一次再一次的小考使考試占去太多學習時間（林生傳，1992）。總而言之，在使用這種教學法要考慮到學生的程度及學科的性質，

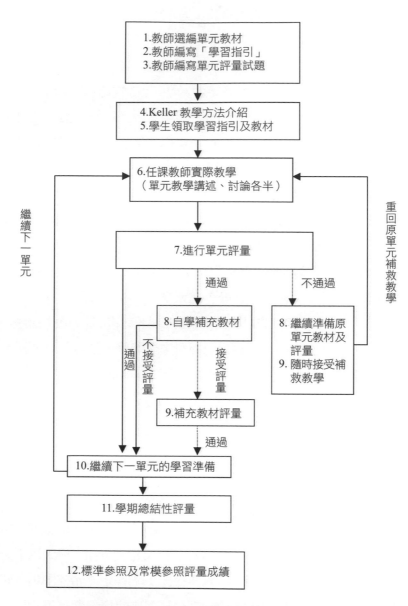

◆ 圖 15-3 修訂 Keller 教學模式流程

資料來源：林寶山（1990，頁 135）

一般而言，適用在大學及高中階段，因為學生已具備某種程度的自學能力；至於學科的選擇，則較適合人文及社會類科。

參、家教教學模式

　　個別化教學是要使大多數的學生能有效學會教學目標，但對於學習緩慢的學生可能難以達到教師所要求的目標，有些老師可能要犧牲課間或課後的時間給予學生補救教學，但這種奉獻精神並不是能一直持續下去，因此教師需要思索是否有其他人可以協助指導學生，於是由同儕、自願性的義工來教導學生的教學形式就因應而生。一對一的個別教學被認為是最有效的教學模式，最能顧及學生的特殊需求，以下針對這類型的教學模式做一說明。

一、基本模式

　　通常個別化的家教教學採用一對一的形式，但也有一對二，甚至有一位家教者對三十人，然而被教導者太多，教學成效則會較差。這種教學形式適合應用在各種學科，例如：閱讀、數學、科學、資訊科技、運動技能及文化活動。其實施歷程如下（Topping & Hill, 1995）。

（一）訂定教學目標

　　在實施之前，教師先要思考這種教學模式是要達成哪些教學目標或解決什麼問題？是為補救教學還是要提供充實活動？

（二）決定實施方式

實施這種教學模式要考慮以下因素：

1. 實施時段及時間：通常家教教學可用的時間有早自習、上課時間、下課或午休時間、放學後、晚上、週末或假日，教師要決定實施的時段；同時，教師也要決定每次實施時間是多少分鐘、一週實施幾次等問題。
2. 實施地點：通常實施地點都是在教室居多，但教師辦公室、資源教室、

餐廳等休閒場所、被教導者家中或社區圖書館,也可列為實施地點。

3. 上課教材:教師要思考上課所用的教材是原來教科書?還是以編序教材來教學?是否需要其他補充教材?

(三)教導者的訓練

在實施這種教學模式之前,教師先要對教導者實施職前訓練,讓教導者知道何時開始教學、如何掌握單元重點、如何給予增強、如何記錄學習狀況;同時,要告訴教導者不可替被教導者寫作業、不可批評或責備被教導者。

(四)開始教學

前幾次的教學要在教師的監督下進行,教師要隨時解決各配對的狀況,等教導者熟悉教學流程及要領後,則可適度放手。實施過程中,教師要對教導者給予關懷、獎勵,使其永遠保持高度熱忱。

(五)評估實施成效

當實施到一個階段,教師要針對實施成效及方式加以評估,決定是否繼續或調整實施方式。

二、不同形式的家教教學模式

家教教學模式因教導者的不同而有以下三種教學形式。

(一)同儕家教教學(peer tutoring)

學生之間也可以互相指導,在合作學習法的優點之一,就是運用同儕之間的互助所設計的一項教學模式;同儕教導也是運用同儕互助的力量來增進學業成就的一種教學形式,這是一種一對一的個別教學法,由學生相互合作,一個學生教一個。這種教學法有兩種主要形式:跨年齡的教導(cross-age tutoring),教導者是較年長的學生;另一種是同年齡的同儕教導,由同一班

的學生來教導。研究者建議最好採用跨年齡的教導，因為高年級學生對教材更為理解，而且學生可接受年長的學生做為家教老師，而拒絕同年齡的同學來教他們（Slavin, 1997），例如：可請五年級的學生到二年級學生班上，或到輔導室、資源教室進行教導，不僅被指導的學生在態度和成績方面有所成長，順帶連指導者的學習態度及學業成就也提升了。但這種個別指導不宜過度使用，以免妨礙高年級學生在學科方面從事更深的學習。然而，跨年齡教導在時間的安排上容易受到限制，同年齡的同儕教導卻比較好安排，上課及下課時間皆可使用，只要教導者得到適當的訓練和監督，這種形式的教學可得到相當不錯的成效；同時，這種形式的教學也需要取得父母的支持。

為使同儕教導發揮成效，教師在使用時要注意以下實施細節（Good & Brophy, 2003）：

1. 一天中保留一定的時間實施同儕家教教學。

2. 教師每週應列出指導者的具體任務，例如：小玉這個星期 8 點至 9 點要和小明一起學習，星期一使用閃示卡複習 7、8、9 的乘法表，星期二要播放國語光碟，與小明一起聽第五課課文，並逐句朗誦。

3. 同儕家教教學的時間不宜過長，通常以一至兩週為限，時間到了再重新更換指導者，以防止養成「我是你老師」這種心態。

4. 不應要求教導者對被教導者實施真正的測驗。

5. 所有班上的學生有時候是教導者，有時候是被教導者，這樣學生就可以知道他們能夠互相幫助且能互惠互利。

6. 有時同儕家教教學可以擴大成學習小組，教導者可以同時指導二至四位學生。

7. 開始時，教師要做好妥善的指導，教師可示範如何教導、如何帶領同學閱讀等教學技能；教導兩次之後，絕大多數學生就能有效的幫助別人。

8. 向家長說明同儕家教教學的實施情況，讓家長知道所有的學生既是教導者，同時也是被教導者。教師可以把實施時間列出來，並邀請家長

來校訪問。

（二）團隊協助教學

團隊協助教學（team-assisted instruction, TAI）是合作學習的一種形式，也是同儕家教教學的一變形，學生被分配到異質性的團體，教師採用分組競賽的方式，依整體團隊的成績予以獎勵，如此同組成員即會互相合作，已學會教材者教導尚未學會教材者，這種同儕互相協助的教學成效優於傳統教學。精熟學習可與合作學習的團隊協助教學相結合，提供給學生的教材最好是採用編序（programmed）的形式，讓同組成員能夠協助他人學會教材，因為教師的獎勵是針對全組，所以，組員之間會主動互助合作幫助有問題的組員達到精熟（McCown & Roop, 1992）。

（三）成人家教教學（adult tutoring）

成人對兒童進行一對一家教式的教導是一種相當有效的教學方法，但最大的缺點是成本太高，教師可以先從小規模做起，對班上學習緩慢的學生提供成人家教的協助，教導者可以請家長、大學生、退休人員以擔任義工方式來教導學生。這種成人家教最好從小學低年級即開始實施，針對閱讀能力較差的學生給予補強，以期奠定良好的基礎，避免高年級成為學習失敗者。這種教學法適用任何學科及各個年級，在實施時教導者要遵守以下事項（Slavin, 1997）：

1. 給予學生作業或練習，並且明確告訴學生要如何學習。
2. 當學生完成題目時，教師對正確答案要予以稱讚；假如學生不能正確回答，教師要提示、示範正確的答案。
3. 當教學目標尚未達成時，避免教導新的主題或進度。
4. 單元結束要將單元做整體性複習，並稱讚學生的認真學習。

三、實施成效

　　經實徵研究證實，使用這個教學模式可以使教導者和被教導者得到很多好處，教導者可得到更佳的溝通能力、更深的理解、能將知識應用到日常生活、可提升學業成就及自信心；而被教導者得到的益處更多，除可提高自我期望、改進基本技能、改進學習動機、提升學業成就以外，也可減少中輟、提高出席率（Topping & Hill, 1995）。

　　通常家教教學方案可分成補救教育的家教方案及預防性的家教方案，前者較著名的方案是「向後轉的義工訓練」（training for turnabout volunteers，簡稱 TTV）及「學校義工發展方案」（school volunteer development project，簡稱 SVDP）。TTV 以國中生為義工，擔任國小一至六年級的數學、閱讀家教教學，教導者必須具備五年級的閱讀和數學能力。在教學之前，教導者得到有關學科知識及家教技巧的訓練，這個方案一週實施四天家教教學，每次40 分鐘，第五天是在職訓練。研究結果證實，教導者及被教導者的學業成就均有顯著進步，但這個方案的缺點是小學和國中的距離要很近，學生才能避免浪費往返的時間。SVDP是以退休者和成人義工為家教者，被教導者為國小一至六年級低成就者，一週實施四至五天，每天半小時，家教者也是要先經過訓練。經過一年的實驗，在與未接受家教教學的學生相較之下，被教導者的閱讀成績進步了 0.5 個標準差，數學成績提升了一個標準差。預防性家教方案則以「家教式閱讀方案」（programmed tutorial reading）的實驗教學較為著名，該方案採一對一家教方式教學，家教者由成人或高年級學生擔任，對象是一年級閱讀能力在全班後四分之一的學生，家教者使用編序教材進行每週五天每天 15 分鐘的教學，這種教學讓學生奠定良好的開始，對潛能的發揮有很大的幫助（Slavin, Karweit, & Madden, 1989）。Slavin 等人（1992）的研究發現，一年級低閱讀能力的學生經過成人家教教學後，到了三年級，閱讀能力甚至優於一般學生。

肆、編序教學法

編序教學法是個別化教學法的一種形式,這種教學是行為心理學大師 Skinner 於 1954 年所提出,在 1960、1970 年代曾風行一時,如今已受到冷落,其教學方式為學生以適合自己程度的教材和速度進行自我學習。教師將教材分析成一連串的細目,編成一連串的問答題或試題,然後指導學生利用細目書本、教學機或電腦進行自學;當學生回答了一個問題之後,自己立即可以核對正誤,再接著進行次一問題的學習,如此循序漸進,有計畫、有步驟、不趕進度,完全根據自己的速度學習,因此編序教學法又稱循序自學法(programmed self-instruction)(高廣孚,1988),也稱為編序學習(programmed learning),指學生可以根據改編後的編序教材自己進行學習(張春興,1996)。

編序教學法最重要的工作是教材的編序,將原屬課本式的教材,按一定的順序改變為編序教材,以便實施編序教學,其步驟如下(高廣孚,1988;張春興,1996):

1. 先確定學生的起點行為及終點行為。
2. 將教材細分成很多小單元,並按邏輯順序依次編列,形成由易而難的層次或小步階。
3. 每一個小步階代表一個概念或問題,第一個問題的答案是學習第二個問題的基礎,層層而上如登階梯。
4. 編序教材可採測驗卷的形式,每個問題可採填充、是非或選擇方式,回答之後立即出現正確答案,學生從回饋中得以核對自己的反應。
5. 設法使先前學過的術語或事實出現在後來的細目中,並加深複雜程度。

編序教學法可應用在各種學科,包括:英文、數學、科學、地理等,從幼兒園到大學都可使用,很多人將編序教材視為傳統教學所使用的「習作簿」,但兩者還是有明顯的差異,習作強調練習及教材的複習,不提供立即回饋,而編序教材重視的是事實、概念的獲得(Joyce et al., 1996)。編序教

學法迄今仍然被教師所使用，但一般用在補充及補救教學，而不是主要的教學模式，這種教學模式有以下的缺點：(1)教師在此模式之下不是提供訊息的來源，而只是記錄學生考試成績，教師不再是引起動機的角色，經常使用學生會感到厭倦（McCown et al., 1996）；(2)就中小學一般學業成就而言，這種教學法未必顯著優於傳統教學，對學生而言，編序教學法較適合能力較高、個性較獨立的學生（張春興，1996）；(3)教材不易編製，且教材僅提供零碎知識，情意陶冶不易達成（高廣孚，1988）。當電腦被應用在教學上時，這種教學法與電腦相結合，產生一種新的趨勢，即電腦輔助教學，讓編序教學法又恢復往日的風采。

第四節　電腦輔助教學與翻轉學習

　　自從 Skinner 設計編序教學法以來，個別化教學已逐漸落實在日常教學活動中，電腦問世後應用到學校做為教學工具，成為個別化教學的主要媒體；再加上電腦成本的下降及網路科技的迅速發展，使得學校的電腦數量大增，教師也樂意使用，不僅學校闢有電腦教室，各個家庭也大多擁有一部以上的電腦，所以電腦輔助教學應用於教學的可行性愈來愈高（張新仁，2001b）。在臺灣，由於非政府組織「TEDxTaipei」及《親子天下》持續的積極推廣，諸如臺灣大學葉丙成教授呼籲「為未來而教」所提出的「BTS 教學法」、中山女高張輝誠老師提議「教師應成為學習設計師」進而提出「培育自學、思考、表達能力未來人才」的「學思達教學法」、偏鄉學校王政忠老師懷抱「草根教改，夢的 N 次方」而提出「MAPS 教學法」，以及財團法人誠致教育基金會方新舟董事長在 2012 年創建的「均一教育平臺」等，都為臺灣翻轉教育注入活水。於是在學者專家及明星老師的倡議下，許多老師和家長也都開始談著翻轉，「翻轉」似乎成為目前最流行的教育模式（黃彥文，2018），本節因此針對此一新形態的教學模式做一探討。

壹、電腦輔助教學的意義與發展

1950 至 1960 年代，以行為學派的學習理論為基礎的編序教學法在美國盛行一時，Skinner 所發明的教學機是機器協助教師教學的濫觴，後來電腦的發明，使電腦取代教學機，而普遍應用於教學之中。電腦最早應用於教學是始於 1960 年美國伊利諾大學的柏拉圖系統（programmed logic for automatic teaching operations，簡稱 PLATO），最初僅能顯示投影片與簡單的電腦圖形，經過不斷的改良，發展成具有一萬五千小時的課程軟體，涵蓋範圍從幼兒園到研究所當中的所有科目，且能透過網路連線，是一個具有相當規模的電腦輔助學習系統（張霄亭校閱，1995）。微電腦誕生於 1975 年，這項機器迅速成為實施適性教學的理想工具，同時也給教師帶來如何將此設備應用教學之中的壓力（Anderson, 1991）。21 世紀的臺灣，各級學校都具有數量頗多的電腦，教師及學生使用電腦的情況極為普遍，但是美中不足之處是電腦與教學的結合仍然還十分罕見，這方面需要大力推展。

電腦在教學上的角色，最初被視為問題解決與研究的工具，以及被學習的一門學科；後來被持續發展為教學媒體，提供教學所需的協助。電腦輔助教學係一種利用電腦呈現教材與控制教學進度與環境的教學型態，是將電腦視為家教老師，電腦可以呈現資訊、給予學生練習、評量理解層次、提供適合學生需要的教學、成功時給予增強，必要時還可提供額外教學。這種教學適用於課程中必須重複學習才能精熟、學習過程中容易發生錯誤且需經常給予學習者回饋、學習者個別需求不同以及教師不容易充分說明的觀念、情境或狀況之教材（Gardner, 1990）。設計良好的電腦輔助學習軟體可為學生及教師節省時間、提升學習成效，並具有回饋的機制，達到良好的互動，可使學習者對於學習產生正向的態度及高度的期望，有助於獨立的學習（蔡子安，2000）。

目前，臺灣的課程改革強調資訊科技融入教學，所以「將學習的課程先製成電腦軟體，兒童再透過操作電腦來學習這些課程內容」（蔡俊男，2000）

的電腦輔助教學定義已不適用，應將其內涵擴大為：利用電腦軟體、電腦網際網路來協助教學準備、教學活動與補救教學的進行。

貳、電腦在教學中的功能

Taylor（1980）曾提出將電腦運用在教學上可扮演三種角色模式，即教導者（tutor）、工具（tool）、被教導者（tutee），以下分別敘述這三種角色。

一、電腦為教導者（computer as tutor）

如同傳統的教學型態，電腦呈現學科知識，學生提供反映回饋，或由電腦分析與評鑑學生的反應，以做為呈現下一個主題的依據。透過程式讓電腦可以依序或隨機呈現內容的難易程度，以適應不同學生能力的個別需求，並且完整記錄每位學生學習的過程（Land & Turner, 1997）。目前市面上95%的商業電腦軟體皆在擔任教導者的角色，提供學生練習及教學之功能（Anderson, 1991）。

二、電腦為工具（computer as tool）

電腦在這個領域應用最廣，電腦需要提供能使工作更便利與有效率的軟體，例如：文書處理、資料庫管理，以發揮電腦做為工具的功能。教師和學生可以利用電腦完成下列工作：查閱百科全書、計算、寫作、編製考卷、繪圖、建立和分析資料、製作圖表、在網際網路中蒐集資料及傳遞資訊、與他人溝通與分享資訊等（Gibbons & Fairweather, 1998）。

三、電腦為被教導者（computer as tutee）

是指學生或教師使用一套電腦語言去跟電腦溝通，讓電腦依程式或語言工作，傳統的套裝程式語言（如Basic、Logo）的撰寫即屬此類。其優點有：(1)透過這個溝通與控制的過程，使用者可以學著去指導電腦，並且充分了解自己所要指導的知識體與其相關知識；(2)透過程式設計的過程，使用者可以

更了解電腦運作的原理與程式邏輯,增強邏輯思考能力;(3)使用者在程式設計過程中扮演主控者的角色,可提升學習興趣(謝依珊,2002)。

電腦在教學中所具備的這三種功能,以教導者及工具最適合應用在教學情境中,教師可以使用電腦進行補救教學,教師經由網路取得教學資訊,透過單槍投影機將資訊呈現在教學中,可增進教學的生動活潑,進一步引發學習興趣,提高學習效率。至於被教導者的角色則僅局限於電腦程式語言的學習,不易普及化。然而目前在中小學的教學中,大部分教師僅將電腦的「工具」功能做了最大的發揮,以電腦為教導者的功能還是相當少見,所以如何將電腦與教學相結合,是一項需要深入研究的主題。

參、電腦輔助教學的特性

電腦應用到教學大部分是扮演教導者的角色,電腦可以替代教師的職責,讓教師可以兼顧到少數學生的個別需求。大部分的電腦輔助軟體是在教導學生事實和概念,小部分軟體是以複雜的問題解決或發現學習,這種電腦輔助教學具有以下特徵(李咏吟主編,2001;湯清二,1994;Light, 2000)。

一、使用結構性的教材

電腦輔助教學所使用的教材為高結構性的編序教材,以循序漸進的方式,協助學生習得一種概念或技能,其安排方式大多採用直線式或分枝式,可依學生的程度而調整教材的難易。

二、透過多媒體途徑學習

多媒體是一種電腦與人互動之交談式溝通系統,它能以文字、圖形、聲音、動畫、影像等方式呈現資訊。從認知心理學的觀點而言,多媒體符合人類智能發展及學習歷程,經由多元化方式來呈現教材,可以加強學生的理解與記憶,並且可滿足不同學習形式的需求。

三、學生以自己的速度學習

學習者可以自訂學習進度，低成就學生的學習進度較慢，往往趕不上全班的進度，但電腦教學可依學生個人的能力與程度，循序漸進呈現新的教材。學生可自行操作電腦，無須教師或他人在旁指導，教師僅扮演引導者、資源提供者、診斷者、顧問等角色。

四、立即回饋

不論學生的程度、能力、學習動機或學習態度，只要投入學習，電腦即做出適度的反應，提供立即的回饋。

五、重視評量

整個學習歷程相當重視形成性評量，學習者在學習過程中可隨時進行自我評量，了解自己的學習結果。

六、提高動機及信心

經由好奇、資訊呈現的多樣化可使學生提高學習興趣，若學生做出正確的反應，電腦立即提供積極增強，大大獎勵一番；若反應錯誤，則提示線索或提供正確答案，如此對學生學習動機及自信心的提升有很大的助益。

七、容易操作

學習者只要學習按鍵即可，操作方式簡便，易學易記；同時，電腦螢幕上隨時可呈現操作方法與技巧，按圖索驥，邊看邊學，不須去記憶或背誦，適合低成就學生使用。

八、用途廣泛

電腦輔助教學可適用在各個教育階段的任何學科教學之中，教師自行製

作的電腦軟體，一方面針對學生的個別需要而設計課程，符合個別教學的原則；另一方面也可針對特殊的觀念與問題，做大量的練習。但不是每位教師都有撰寫教學軟體的能力，教師可購買坊間合適的互動式教學軟體，同時也可使用網際網路的線上教學網站，讓學生自行操作電腦學習事實性的知識和技能。

肆、電腦輔助教學的形式

電腦應用到教學最主要的功能是電腦可以擔任教導者的角色，用來協助教師進行教學，通常最常見到的電腦輔助教學形式有以下幾種（王文科，1994b；李偉旭，1999；林寶山，2001；Joyce et al., 1996）。

一、教導（tutorial）

教導式的教學形式是透過教師自編或坊間販售的電腦軟體，呈現資訊給學生學習，電腦猶如家庭教師，軟體如同教師上課時所使用的教科書，引導學生學習電腦所呈現的教材，好的軟體可讓學生練習和評量學生的表現，並在適當的時機給予回饋。學生依照自己的程度控制學習的進度，教師只需要監控學生是否專心學習，不必對學生講解教材，這種方式對補救教學及加深加廣的教學有很好的效果。但實施這種教學方式的前提是教室裡面要有電腦，而且不只一部，才能允許幾位學生同時操作電腦自行學習。目前，利用網際網路所實施的線上教學即屬此類，教師可利用電腦教室進行學科教學，教師先編製好單元主題的學習網頁，再傳輸到網站上，由學生在線上學習。有時學習的場所不必限定在學校，在家裡也可上網學習，透過網際網路的學習，可以將 Keller 的個別化教學精神發揮得更加淋漓盡致，學生不必到教室參加考試，而改由線上作答、線上傳輸的方式實施評量，教師再將評量結果回饋給學生。目前這種教學法在高等教育階段十分盛行，有些學校一學期會開設幾門這種課程供學生選修，但所要注意的是教師不能「放牛吃草」，必要的學習輔導及面對的溝通討論還是不能避免。

二、練習

　　練習（drill & practice）的主要精神為增進刺激與反應之間的連結，提供學習者反覆練習的機會，以打字練習為例，中文輸入法的學習需要重複的學習，以達到精熟的水準，且需經常給予回饋，以引起學習者動機，電腦正好可以提供這兩項重要的因素：一是反覆學習；二是回饋機制。在電腦輔助教學的軟體中，練習經常與教導相結合，教師的任務除了事前把教材內容中的重要名詞、概念、技能及問題講解或討論過，電腦接著提供若干實際問題，供學生反覆練習學科的習題及作業，教師必須先預擬各種型態的練習題或準備現成的軟體，指定學生練習問題並記錄學生的成績。至於學生的角色則是實際去複習教材、回答電腦所提的問題、核對答案等。電腦的功能則是展現各種問題、評定學生的作答反應、提供立即回饋並貯存學生成績。

三、模擬

　　有些活動無法在教室中進行，因為花費太高或是太危險、太耗時，例如：教師在討論雨林的重要性時，無法帶學生來一趟雨林之旅，可以經由相關的軟體呈現雨林的面貌，如此可提高學生學習的興趣。高中生的駕駛訓練可讓學生輪流駕駛虛擬汽車，從螢幕上可呈現各種道路狀況，考驗駕駛者要如何反應。虛擬情境是真實世界的簡化，經由這樣的教學可使學得的概念和解決問題能力轉移到真實世界。教師的角色是要介紹模擬（simulations）的主題和背景資料。學生必須在情境中做各種決定、做選擇、接受其決定的後果，並可評估其決定。電腦的角色是要提供各種決定的後果、貯存各類模擬情境。

四、測驗

　　考試及評量是電腦輔助教學的另一應用，教師所用的評量考卷及學習單可至各教育資源相關網站選取，並下載線上題庫做參考，同時利用文書處理軟體編輯；測驗（test）進行可利用線上測驗系統，並進一步做學習者分析及

診斷，進而提供補救措施；測驗結果可放入學籍管理系統中，並利用 Email 通知家長及學生。

五、遊戲

學生亦可以經由遊戲（game）來學習，教師利用光碟（CD-ROM）提供多媒體遊戲供學生從遊戲中來學習。這種電腦遊戲學習軟體是以電腦遊戲設計模式貫穿於整個學習過程的軟體，將教學的內容以遊戲的方式呈現，運用電腦遊戲的趣味性來引起學生學習的動機，著重於知識和技能的學習，而非娛樂的效果，例如：梁書銘（2002）開發心算多媒體遊戲教材來增進心算學習成效。當學生成績進步或行為表現良好，有些教師會以讓學生玩電腦遊戲為增強物，這就是只有娛樂而不具教學意義。雖然電腦遊戲可以使原本枯燥乏味的學校課程變得較趣味化，但是很多家長及教師認為遊戲不是教育，質疑遊戲所產生的學習動機無法轉移到課程本身，所以在使用遊戲教學時要謹慎為之。遊戲融入課程是一項困難的任務，設計者不能忘記遊戲是一項娛樂，不能因遊戲而忽略教學的主要目標。

隨著教室裡電腦的增加，以及輔助教學軟體、教育性遊戲軟體持續不斷的增加，電腦輔助教學成為充實教師教學和反應教學多元化的一種方式。電腦協助教師實施個別化教學主要表現在以下兩方面：(1)教學軟體能提供學生特定學科的個別協助；(2)當教室有多部電腦可使用時，教師可安排對小組或個別學生進行個別輔導，其他學生則參與和電腦有關的學習活動（Good & Brophy, 2003）。

伍、電腦在教學過程的應用

早期的教學科技以電腦輔助教學為主，雖然具有適性教育效果，學生能按自己的選擇控制學習時間和路徑，教師也可進行個別指導或學習過程中的策略修正。然而，傳統的電腦輔助教學終歸是封閉的學習環境。隨著電腦科技的進步，結合文字、語音、聲效、圖像、動畫和影片的電腦多媒體，已成

為當前教學科技的新寵，目前電腦教學已由單機操作進入網際網路連線的模式。相對之下，網路教學提供開放式的學習環境，透過超連結和線上諮詢，學習資源幾乎是「取之不盡，用之不竭」，學習者可接觸到豐富的文字、圖像、影音和人際互動等的資源（李咏吟，1999）。為達到有效學習的目的，教師除了選擇適切的電子科技外，還要依據學科性質的不同，運用適當的教學策略，並配合科技技術做良好的教學設計，才能使電腦輔助學習發揮最大的功效（孟令珠，2002）。電腦在不同的教學階段有不同的用途，圖 15-4 在說明整個教學過程要如何將電腦科技融入教學之中（徐南號，1996）。

一、認識學生

建置完善的學籍、輔導電腦化系統與資料庫，則教師可透過此系統了解學生的身心狀態、掌握學習狀態。

二、決定目標

教師可在網際網路之教學資源庫搜尋相關資料（如教案、教學心得、教學單元），以了解教學單元之目標、課程架構及教學邏輯，尤其是實習及初任教師最為需要。

三、準備教材

教師可以利用網路之搜尋引擎尋找相關教學資源，擷取 WWW 上超媒體教材網頁、即時新聞，下載 FTP 上共享軟體、教學軟體、益智遊戲，參考網路上的軟體評析做為選取軟體之重要依據，這些方式將可減少教師搜尋資料時間，且可獲取豐富適切之教學資源；擷取之資源在不妨害智慧財產權之原則下，可利用簡報軟體、文書軟體、多媒體工具、網頁編輯工具進行重組或編撰，以數位化技術提高教師備課之效能。

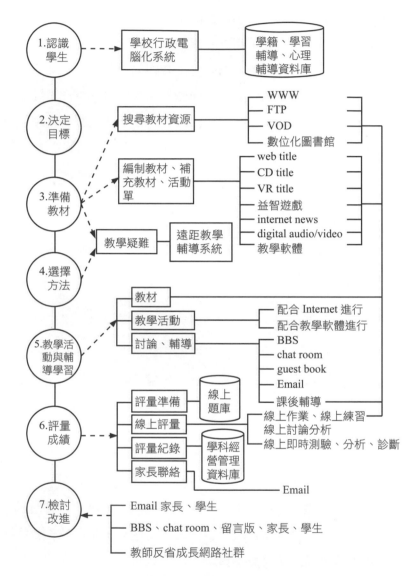

➡️ 圖 15-4　數位教學過程

資料來源：徐南號（1996，頁 273）

四、選擇方法

教學策略與方法之選擇有困惑或其他教學上有困難，可透過遠距教學輔導系統、教師成長網路社群，進行線上討論、請益，以獲得相關協助或建議。

五、教學活動與輔導學習

教學活動中引發學生學習動機與興趣，可運用多媒體、VOD數位影片、網際網路課程（web title），例如：上生活與倫理課時，可先播放一段網路新聞以引起動機，且可與生活、社會結合；教學過程之解說可以數位化教學工具（如 PowerPoint、多媒體軟體、網頁）為輔助工具，減少教師抄寫工作。學生學習疑難也可透過網際網路向網路專家請教學習，將學習跨越至學校外，且可在網路上同步、非同步討論區進行討論，教師並可予以線上輔導。教師對於學生學習狀態可透過 Email、電子聯絡簿與家長做聯絡溝通。

六、評量成績

教師可以到網際網路的題庫編輯考卷、家庭作業或學習單，亦可實施線上評量。

七、檢討改進

教學需要反省與回饋，教學後學生家長可透過網際網路提供教學建議及回饋，教師亦可在教學網路社群，不斷檢討改進，使教學成效更好。

陸、翻轉教學

近年來由於資訊科技與通訊技術的發達和普及，因此國內許多學校，開始使用資訊科技與通訊技術建構實施「虛擬教室」（virtual classroom）與「實體教室」混合的「翻轉教室」（flipped classroom）方法進行教學，此一趨勢方興未艾，且蔚為風潮。有關翻轉教室的英文名詞有不同之稱呼，有稱為

「flipped classroom」，也有稱為「flipped teaching」或「flipped learning」。
葉丙成（2015）認為，狹義的翻轉指的是像國外所說的翻轉教室這樣的教學
法，焦點在如何透過回家看影片、課堂寫作業，訓練學生自主學習，包括預
習、做題目、討論等的習慣跟能力。翻轉教學可視為兼顧線上 e 化教學與實
體教室教學的混合教學法，基本上仍以傳統的順序實施教學，而翻轉教學則
將實際的教學活動以線上 e 化教學方式在實體教室教學之前實施，而實體教
室教學之重點不在教學，而在於共同討論、解答疑惑或引導進一步思考等活
動（郭靜姿、何榮桂，2014）。其核心價值在於將學習的主動權還給學生，
在實體教室教學時，教師的角色或任務不是在授課，而是在和學生討論，或
進行對話等活動。將學習的主動權交還給學生，主要奠基於「以學生為中心
之學習」（student-centered learning）的概念（辜輝趂，2017）。

一、傳統教學與翻轉教學之差異

傳統教學以「教師為中心」，一般而言，它有兩個最大的問題：一個是
很難激發學生的學習主動性；另一個就是很難按照每一個學生的學習進度開
展教學。進一步說，學生集中在教室聽課之傳統教學方式的某些缺點是很明
顯的，例如：課堂上課時間固定不具彈性、大班教學不利於引導學生發問或
回答問題，加上學生的集中專注力有限，學習效果可能會受學生上課時的精
神狀況，甚至是受到氣候等環境因素之影響。對照於傳統教學，翻轉教室則
是以「學生為中心」。傳統講演教學法和翻轉教學法所關注的重點請參見表
15-1。

翻轉教學主要源自 2007 年美國兩位高中化學老師 Bergmann 與 Sams 為了
缺課學生錄製教學短片，並掛在網路上做為補救學習之用，亦讓一般學生上
網觀看進行增強學習。他們發現並不是每個學生都已經準備好要學習，有些
學生先備知識不夠，有些學生對某個學科不感興趣，為了依據學生的不同需
求而進行因材施教，讓每個學生都能學到教材內容，因此設計出翻轉教學的
模式。這是一種因應個人不同需求的教學法，可視為個別化教學的一種形式

◆ 表 15-1　傳統講演教學和翻轉教學的內涵比較

傳統教學	翻轉教學
以教師為中心（如何呈現資訊給學生）	以學生為中心（如何引導幫助學生獲得資訊）
重視知識的學習	重視動機、參與、專注等情意
重視低層次認知能力的學習（如記憶和理解）	重視高層次能力學習（如應用、分析、評鑑、創造）
內容驅動教學	活動驅動學習
重視結構及秩序	重視彈性和動態
教師在臺上講解	教師在學生旁邊指導
教學講解用掉大部分或全部課堂時間	全部或大部分課堂時間用在非聽講式的學習
內容由教師決定	內容由師生共同決定
教師是資料呈現者	教師是學習促進者
單向溝通方式	多向溝通方式
教師主動，學生被動	師生雙方均主動
講求教學的效率	重視教學的效能

資料來源：黃政傑（2014，頁 168-169）

（黃瑋琳譯，2016）。

二、翻轉教學的作法

「翻轉」的概念，就是將課堂授課的部分時間，透過影片的方式，與學生在家中做作業的時間交換，讓學生在課堂中有教師及同儕為伴的情況下應用知識。透過這樣的方式，不僅讓不同程度的學生可以依據需要記憶及理解授課內容，更可以解決他們在應用知識過程中遇到的問題；同時，在課堂完成作業及應用知識的過程中，更可以促進師生及同儕的互動。教師也可以透過設計課堂活動，讓學生透過討論、解決問題，甚至於創作，來發展更高層次的知識（黃國禎，2016）。以下分別敘述翻轉教學的實施原則與模式。

（一）實施原則

翻轉教室的特點，可由它的實施過程及其與傳統講演教學的差別得知。教師採用翻轉教室時，其實施中要注意以下原則（楊韶維，無日期；黃政傑，

2014；Bergmann & Sams, 2014）：

1. 教師要翻轉什麼（一堂課、一個單元或章、一個科目或一個年級）？

2. 確認要採用的教學媒體為何？短片是否為課堂主題的適合媒體？如果不是，可選其他合適的科技來使用。若教師不能講得很好，在電腦前錄影不自在，就找其他合適的工具。若有其他教師開發更好的短片可用，也可使用或者找線上可用的免費短片。最重要的是短片要符合教學之所需，且品質要好。

3. 誰來做短片？教師自行錄製短片時，有時可以找學生或其他老師做幫手，或者有的學校也有媒體單位可以幫忙。若要自製短片，選用何種軟體較合適？最好由簡單的軟體開始，有必要時再用複雜的軟體。短片以 5 分鐘內為宜，最多一個晚上要看的影片在 15 分鐘內為佳。教師要找出時間，把翻轉教室要用的短片製作完成，跟上教學進度，短片一旦製作完成，未來還可重複使用。

4. 短片製作完成，要放在哪裡讓學生看？最好是放在同一個地方，例如：學習管理系統（learning management system，簡稱 LMS），或者把影片放在 YouTube 等地方。

5. 教師如何檢核學生看了影片沒有？線上互動、筆記重點、問題紀錄等，都是可用的方法。如果學生沒看，等於未盡責任，沒學到該有的知能就來上課，課堂上的小組作業和活動是無法發揮功能的，換言之，這樣的學生就無法成為獨立自主的學習者。

6. 教師要如何重組課堂教學時間？這是同等重要的問題，教師應依其教學科目、教學主題、教學年級及教學哲學去做決定，設計可以精熟學習內容及加廣加深的學習活動。

7. 不要每一堂課都翻轉，因為這不是唯一的教學法，一開始可嘗試不同的單元每週翻轉一堂課就好。

8. 為家裡沒有網路的學生設計備案。翻轉學習倚賴事先預習，若事前功課多需上網完成，老師須考慮到家中沒有網路或電腦的學生，提供他

們預習資料的替代方案。

（二）教學模式

翻轉教室的教學模式包含課前準備及課堂活動兩方面（卓芮綺，2014）：

1. 展開課前活動：教師課前活動包括以下三項：(1)教師自行製作建立教學影片；(2)教師針對教學影片製作課前學習單；(3)學生自主觀看教學影片；(4)利用社群網站進行交流。
2. 組織課堂活動：教室的教學活動要能掌握以下重點：(1)教師需要從教學內容中提出一些問題，與學生共同進行探究；(2)教師應注重培養學生的獨立學習能力，讓學生根據自己的興趣自主選擇相關的探究題目進行獨立解決；(3)發展協助式討論活動，較常用的方式是進行異質分組，每組三至四人進行討論；(4)學生進行成果發表與交流；(5)進行教學評鑑與反思。

三、翻轉教學的評論

有人批評教學短片只是傳統閱讀作業用新科技表現出來而已，學生從閱讀改變為聽看人頭和大綱，學生都是從專家的用語中學習。批評者還指出作業仍然沒變，和以往的家庭作業差不多，只是完成的時間不同，未能充分協同合作和真實評估。只是科技進步神速且產品價格愈來愈平價，翻轉教室的教學改革對傳統教師而言很容易做，這也是為何實質效能的研究仍然有限，但翻轉教室很快流行起來的理由。成功的翻轉一定要有探究學習的成分，若只是指定視訊作業，那只是傳統教學的重組而已，不是翻轉。在資訊時代，教學應該更根本的修正，從演講或灌輸的學習方式改正過來，建議的方法有學生中心教學、合作學習、適性教學、個案教學、同儕教練、主動學習、自我學習、建構學習、遊戲學習、學習社交網路、線上教材學習、問題本位學習、設計本位學習和真實評估等，都是未來值得加強的教學方法改革（黃政傑，2014）。

第五節 結論

　　本章分別從能力分組、補救教學模式、個別化教學模式及電腦輔助教學四方面來說明，教師在教學時要如何因應學生個別差異，其中能力分組分別就班級間能力分組、部分學科能力分組、教室內能力分組三種方式來說明其利弊得失及適用情境。個別化教學模式的種類很多，本章僅就較為常用的模式說明之，首先介紹精熟學習模式，其次介紹 Keller 個別化教學，第三個重點介紹家教教學模式，編序教學法僅簡略說明而已。網際網路的發達與普及之後，電腦輔助教學的重要性日增，本文就電腦輔助教學的類型與實施模式做一探討，讓教師能了解如何透過資訊科技來增進教學成效。教師的教學模式不能一成不變，要使用多元化的教學來提升學生的學習動機及學業成就。在實施教學的過程中，教師往往會忽略對學習失敗者實施補救教學，本章提出多種補救教學模式供教師參考，期望每位教師都能尋找出適合自己教學風格的模式，讓學生均能經由學習開發其潛在能力。

　　此外，當前翻轉教學造成風潮，但仍存在的迷思，主要即是誤將教師事前拍攝的「數位教學影片」視為最重要的必備條件，關注學生課前的線上觀看影片情形，著重於「教育科技」對於教學效能或精熟學習度上的功用；卻忽略了真正的重頭戲乃在當原本記憶性或基礎性的知識概念，不必被限定得由教師於課堂上的講述時，那麼空出來的課堂時間裡，如何提供學生有別於傳統填鴨式的被動學習方式，透過主動參與的、發現式的、問題解決的、團隊的、合作的、多元學習策略的方式，進而建構出自身認同及有感的有意義學習經驗（黃彥文，2018）。

第五篇

教學評鑑

第十六章　學習結果的測量與評鑑

第 **16** 章

學習結果的測量與評鑑

周新富

學　習結果的測量與評鑑是教學過程中重要的一環，教師應具備教學評量的
　　能力，才能擔任稱職的好老師。但是，目前有很多教師並不了解如何編
製和應用測驗來促進教學效果，有時是因為教學工作繁忙，有時是因為忙於
教材教法的研究，因而忽略應用測驗來改進教學這項重要的目的。眾人皆知
考試會影響教師的教學與學生的學習，錯誤的考試會引導錯誤的教與學，例
如：「國民中學學生基本學力測驗」只考選擇題，國文科不考作文，導致國
文教師不重視寫作教學，學生在學習寫作的態度也變得漫不經心。本章為補
救當前評量的缺失，並為培養教師具備以下能力：選擇適合教學決定的評量
方法、編製適合於教學決定的評量工具、正確施測及解釋測驗結果，故從評
量的基本概念、良好測驗的特徵、常用的測驗方法，以及對測驗分數的解釋
等四部分，做一簡要的論述。

第一節　教學評量的基本概念

壹、教學評量的定義

　　在教育心理學上，測驗（test）、測量（measurement）與評量是三個彼此
關係密切但意涵各不相同的三個概念，一般人經常會將這三個概念混為一談，
在此先說明這些概念的意義。測驗或稱心理測驗，是包括多個問題所構成用
來鑑別能力或性格個別差異的工具，因使用目的不同，測驗有多種形式，教

育上應用最多者是性向測驗與成就測驗。測量係指根據某種標準,將實施測驗結果化為分數,用以表達受試者對所測問題了解多少的一種工作歷程(張春興,1996)。英文「evaluation」一字通常譯為「評量」、「評鑑」、「評價」,在教學方面大多採用「評量」一詞,期能經由測量而獲致量化(quantitative)的資料,再根據這些資料進行精細而深入的分析與研判,並據以做成教學決定(簡茂發,1996)。英文另有一字「assessment」,中文也是譯為評量,其意為「measurement」(測量)加上「evaluation」(評鑑)。測量的意義為有系統蒐集量化或有秩序(ordering)的資訊,評鑑的意義為「做判斷及下決定的過程」(Payne, 1997)。所以,評量是資訊蒐集和做決定的過程,其過程包括對學生工作時的觀察、討論時的回答、實際的操作,或考試的結果之後,所做成的相關決定,例如:打分數、對困難的主題重新教學(Kauchak & Eggen, 1998)。

根據以上的解釋,可以對教學評量下這樣的解釋:教學評量是教師依據教學目標,透過有系統的方式,例如:考試、量表、問卷、晤談、觀察、實際操作等,得到有關學生學習行為的量化或質化的資料;再依據這些資料加以分析之後,給予價值判斷的歷程,稱之為教學評量。

貳、教學評量的目的

學校實施的教學評量其目的不外為增進教學、行政與輔導三層面的效能,而且這三層面是互相關聯的,以下分別說明評量在這三層面的目的。

一、教學層面

教學評量在教學層面所要達成的目的有下列幾項(余民寧,2011;陳英豪、吳裕益,1982;Airasian, 2000)。

(一)了解起點行為及適當安置學生

教學評量是以教學目標為導向,在教學前就進行評量,有助於教師了解

學生的起點行為或已具備的背景知識，以決定教學該由什麼地方開始。即使在教學之後，教師也可以根據評量結果，了解學生是否具備學習下一個新單元的起點行為，以便安置學生在適當程度的組別裡學習。

（二）規劃及調整教學活動

根據教學目標規劃課程進度及步驟，以及選擇適當的教材教法後，教師便可以開始進行教學。在執行一段時間後，教師可以透過教學評量所獲得的回饋資訊，得知預期的教學目標是否達成，以及所用的教學方法或教學策略是否有所缺失，以便進一步檢討教學過程中的每項活動是否適當。教師也可以利用教學評量的回饋訊息，隨時調整教學的步調，以決定是否必須實施複習、重新教學、更換教材、改變作業分量、調整教材教法或修改教學目標等措施。

（三）提供回饋及激勵學習動機

教學評量所提供的回饋訊息，可以幫助學生了解自己的學習狀況，如果獲知自己進步了，其努力的學習行為便獲得增強；如果獲知自己退步了，也可以趁此機會反省檢討，以調整學習方法或改進學習缺失。

（四）評定學習成就及報告學業成績

教師在每學期結束時，要將學生的學習表現予以評定等第，並將評定的結果視為學生學習成就的代表，向家長及學生提出學業成績報告單，同時做為學校獎勵或懲處學習表現優良與否的依據。

（五）以考試促使學生認真學習

事先告知學生考試的訊息，讓學生在考試認真複習功課，可促使學生過度學習；經由過度學習，可以將學科知識由短期記憶轉化為長期記憶。

二、行政層面

在學校行政層面，教學評量可以評估學校辦學效能，做為教育資源分配的參考；也可用來評估教師的教學能力及效能，做為教學績效的一項指標；同時教學評量也是學生在分組、分流與安置的重要依據（郭生玉，1993；Duke, 1990）。

三、輔導層面

教學評量是提供學生了解自己的特殊需要、性向和能力的診斷方式之一，教師在明瞭學生的學習類型及學習困難所在之後，要進一步採取適當的補救或輔導措施，例如：實施補救教學、安置資源班、教導學習策略等，甚至可將學生轉介至更專業的機構接受治療或輔導，來協助學生解決學習或行為上的問題。

參、教學評量的類型

教學評量的類型相當多，依據不同標準所做的分類，其名稱、功能即有所差異，一般而言，教學評量可以區分為以下幾種類型。

一、根據教學目標類型來分

教學評量根據不同的目標類型來分，可以分成認知測驗、情意測驗、動作技能測驗。認知測驗大多與國文、英文等學科學習有關；情意測驗是指有關個人的態度、興趣、動機、情緒等性質的測驗，一般用在輔導活動上的心理測驗，或是學科教學後興趣及習慣的養成；動作技能測驗多半用於實際操作方面的評量，例如：實驗、體育、音樂、美術等（余民寧，2011）。

二、根據試題的類型來分

另一種評量的分類是依據學生的試題反應方式，依試題的類型分成兩種

類型：論文題和簡答題。論文題可以申論題、寫作題等為代表，其優點有：可減少猜題的影響、可測量寫作能力、需要較高的認知過程；缺點則為評分需要較多時間。簡答題的題型為選擇（含單複選）、填充、是非題、配合題、簡答題等，其優點為命題範圍較廣、較易閱卷、分數的誤差較小（Duke, 1990）。

三、根據編製的過程來分

根據測驗編製的過程來分，可將測驗分成以下三種。

（一）標準化測驗

標準化測驗（standardized test）是指，由測驗專家根據編製程序而編成的一種測驗，通常標準化測驗都具有一定的編製程序，包括試題適當取樣、明確的施測指導語和施測程序、計分標準、解釋分數的常模，以及信度和效度等指標資料（余民寧，2011），例如：國小五年級國語科成就測驗、性向測驗、人格測驗等屬之。

（二）教師自編測驗

教師依據認知過程層級所編寫的試題稱為教師自編測驗（teacher-made test），最有名的認知層面分類是 Bloom 發展出來的知識、理解、應用、分析、綜合、評鑑等六層級，從最簡單的知識回憶到複雜的綜合、評鑑，高層次的認知需要學生運用所學區別、類化和判斷、推理（Duke, 1990）。學校內的平時考、期中考、期末考、段考、月考等均屬之。

（三）外來的測驗

有些測驗不是由教師編製，而是向出版社所購買的測驗稱之為外來的測驗，像前面所提到的標準化測驗即是此類（Duke, 1990）。在臺灣的中小學教育中，教師所使用的測驗卷很多是向出版社購買的，像每一單元的測驗卷、

準備升學考試的模擬考卷、幾所學校聯合命題的段考試卷等皆屬之。教師為了省事不願自行命題，而採用外來測驗，其缺點為測驗試題偏難、與教師教學內容不一致，因為試題取得容易，所以考試次數偏多，增加學生學業壓力，為使教學正常化，一定要減少考試次數，並要鼓勵教師自編測驗。

四、根據分數的解釋來分

根據分數的解釋，可以分為常模參照測驗（norm-referenced test）和標準參照測驗（criterion-referenced test）兩種。

（一）常模參照測驗

常模參照測驗是指，以參考團體分數之平均數（即常模）來解釋個別測驗分數在團體中所處的相對位置的一種測驗，其目的在區別學生間的不同成就水準，並給予學生的學習成就評定等第（Lefrancois, 2000）。由於常模參照測驗是藉由與他人的分數比較，而決定其在團體分數分配中的相對位置，因此「名次」、「等第」、「優劣」、「高低」、「標準分數」、「百分等級」等的意義，須經由團體成員彼此比較之後，始能賦予意義，例如：張三是全班第五名（全班比較了之後才得到）；李四得到甲等（表示他贏了所有乙等以下的人）；王五的百分等級是 75（表示全班有 75%的人成績不如他）（張霄亭等人，1997）。

（二）標準參照測驗

標準參照測驗是指，參考教師在教學前所訂定的標準，來解釋個別測驗分數是否達成這項既定標準的一種測驗，其目的旨在了解學生已學會的是什麼，是否達到教師所期望的成就水準，而不是在與他人的成就做比較（Lefrancois, 2000）。教育上的能力本位教學、行為目標評鑑、精熟學習以及技能檢定，經常廣泛的應用標準參照評鑑，以維持一定的教學品質或技能表現水準，例如：30 分鐘內完成為及格（速度及格的效標為 30 分鐘）；錯誤率

5%以下為及格（正確率的及格效標為 95%以上）；70 分以下不及格；間隙 0.05 公釐以上為淘汰品等，均是標準參照評量（張霄亭等人，1997）。

五、根據教學歷程來分

教學評量貫穿整個教學過程，從教學開始到結束，教師需做出各種決定，因此在教學過程的不同階段有不同的評量。

（一）準備性評量與安置評量

教師在教學要了解學生已經具備的知識和技能程度，因此在單元開始之前，使用準備性評量（pretesting）測試學生應具備的有關知識和技能，以便編製適當的教學計畫（皮連生，2002）。教育工作者為了達成「因材施教」的理想，或者配合校方各種分軌（tracking）、分組（grouping）的教學措施，必須對學習者過去既有的成就，以及將來表現的學習前能力和性向有所了解，才能正確而適當的安置學習者，安置評量（placement assessment）的目的就是在於滿足此一需求。安置評量一般均於教學前實施，因此較強調預測、試探的功能，重視學習者能力及性向的整體性探索，藉以了解怎樣的教育訓練及學習安置對於學習者最為有利（張霄亭等人，1997）。

（二）形成性評量

在教學進行中，教師最關心的是學生進步情形，因此教師要了解學生的學習情況，以了解哪些學生需要特殊的協助。所以形成性評量在使教師掌握學生的學習情況，及時發現教學過程中的問題，從而調整教學計畫改進教學方法（皮連生，2002）。由於這種評量主要是於教學過程中實施，因此教師多使用較彈性方便的評量方式，例如：觀察技術、口試、作業演示、技能呈現、實驗以及教師自編測驗，其中教師自編測驗或稱為小考，所考的題型主要為選擇、填充、簡答、較短的論文題（Guskey, 1997）。

（三）總結性評量

當單元教學結束，教師需要了解學生達到教學目標的程度，這時教師要採用總結性評量，除了解哪些學生已能精熟教學內容之外，也要評定出學生的成績等第（張春興，1996）。由於學習活動是連續且長期的歷程，因此某一單元或某一階段教學結束後的總結性評量，有時也可視為具有形成性評量的功能；況且總結性評量也未必全部都保留到學期末才進行，有時具有總結性評量功能的測驗或考試，在一門課程中也分兩三次進行。一般而言，總結性評量強調的是對於整個課程或重要的教學階段，進行全面的學習成就評定，並將學習者的成績報告家長或校方，以做為學習者是否升級或決定下一階段教學如何設計規劃的重要參考訊息。通常總結性評量經常使用的評量方式或工具有：教師自編測驗、考試、標準化成就測驗、論文、研究報告及技能檢定等（林美玲，2002；張霄亭等人，1997）。

六、依施測的人數來分

依一次施測人數的多寡來分，測驗可分為個別測驗和團體測驗。個別測驗是一次只能對一位學生施測，像「魏氏兒童智力量表」（WISC）、學業成就診斷測驗、口試就屬此類。團體測驗即是兩人以上的團體可以同時實施測驗，例如：全班同時施測，這種施測需要仰賴紙筆測驗。

七、依測驗實施的目的來分

依測驗實施的目的來分，測驗可分為最佳表現測驗（maximum performance assessment）和典型表現測驗（typical performance assessment）。前者指測驗的意圖是在測量學生最佳表現，凡是以能力的高低做為評量基礎均屬之，像成就測驗、性向測驗就屬此類。後者指測驗的目的是測量學生是否具備某種典型行為，這類測驗關心的是個人將會做什麼，而不是他們能做什麼，測量興趣、態度和人格特質等情意領域的目標均屬之（張春興，1996；Linn &

Gronlund, 2000）。

肆、現代教學評量的特性

進入 21 世紀之後，教學評量的發展日新月異，許多新的觀念、新的評量方法不斷推陳出新，評量的基本要素是不能改變的，但可用新的方式加以組織，希望提供教學、學習和測量之間的結合，這樣的發展趨勢可稱為現代評量，不同於傳統重視選擇題的評量，而是重視問題解決能力及高階思考技能的培養。現代評量的特性可以歸納出以下特性（余民寧，2011；吳裕益，2000；Payne, 1997）。

一、愈來愈強調使用評量來提升教學水準

以往使用測驗的主要目的是在評量學生和學校，現來愈來愈強調使用評量來提高教學效果，教學評量的最終目的應該是在達成教學目標，改善教學和學習效果，所以教學評量應被視為一種歷程，它不但是在評定學生的學習成果，並且也在評定教師的教學成效，以做為改進教學和學習的參考，例如：對能力測驗得低分的學生，教師要思索如何實施補救教學。評量工作不是為評量而評量，而是為提升教學成效而評量，如此評量才具意義。

二、重視知識的應用

評量愈來愈重視學生真實行為的觀察和評鑑，強調知識在真實世界的應用，希望藉由評量提升學生問題解決及批判思考能力。

三、強調目標為本（objective-based）和標準參照評量

教學目標在評量過程中要扮演引導者的角色，為使評量更具適當性、有效性，要依據教學目標來發展評量工具及解釋評量結果。評量是用來改進教學，因此在解釋上需要使用標準參照評量，促成標準參照評量的動力主要來自個別化教學和精熟學習法，大型考試使用標準參照試題者愈來愈多，故標

準化測驗就要同時兼採標準參照與常模參照兩種解釋。

四、兼顧多重目標

教學目標可以分成認知、情意和動作技能三方面，因此教學評量也至少必須兼顧這三方面目標，不能只著重認知目標而忽略情意和動作技能目標的評量。此外，教學目標不但有不同的種類，亦有不同的層次，每一層次的目標均應有機會被抽樣來加以評量，例如：認知目標可以分為知識、理解、應用、分析、綜合和評鑑六個層次，所以在評量認知教學結果時，絕不可只偏重知識層次的評量，尚須兼顧其他層次目標的評量。

五、強調反應歷程

教師常用成就測驗當作評量的工具，因此，學生在該測驗上的反應組型即代表他個人的思考結果。評量的結果若以總分來代表，則總分相同的兩位學生，其反應組型未必就一樣，這表示其思考歷程的有效性不同。如果評量時能重視學生獲得答案的反應歷程，不但可以了解學生的思考品質，也可以診斷其學習困難所在（尤其是針對錯誤反應的分析），並針對診斷出的困難和錯誤之處進行補救措施。

六、重視多元評量

評量方式趨向多元化是現代評量的特性之一，評量如同教學，也要重視學生的個別差異及教室內的差異性，因此不能僅重視傳統評量以選擇題為主的紙筆測驗，也要使用簡答和論文題、實際作業、觀察、晤談、問卷等方式；除了認知性評量之外，同時也要重視情意學習成果的評量。教師應視實際評量需要，彈性使用上述各種方法或同時兼採多種方法進行評量，方能適當達成評量目的。

七、兼顧質化與量化的評量

傳統的評量重視量化的分數，教師針對學生一學期的表現給予一項總分，但是單一總分不具意義也不具診斷價值，為改進這缺失多層面分數（multidimensional scores）的評分方式逐漸被接受，幾個次級分數（subscores）組成某一學科的成績，這種方式比單一總分更具意義。除量化評量之外，質化評量也受到重視，質化評量是使用文字來詮釋與描述學生的學習表現情形，可以用來輔助量化成績不足之處，讓學生及家長清楚明白學生學習的情況。

八、電腦在評量的應用扮演重要角色

電腦在評量上的應用可編輯試題、建立題庫、題目分析及實施中文電腦化適性測驗，往後甚至可發展成電腦動態評量。目前網路教學日益普遍，網路線上評量與診斷也會很快普及，大型測驗或標準化測驗的發展如能利用網路施測來蒐集資料，那將更為迅速方便。

表 16-1（Payne, 1997）為現代評量和傳統評量特性比較表，由該表可以了解現代評量的發展趨勢。

◆ 表 16-1　現代評量和傳統評量特徵比較

特性	現代	傳統
1.意圖（intent）	強調改進	注重責任
2.目標特色	整合系列的目標、高層次的結果	個別的目標、低層次的目標
3.工作的特色	方法的多元化、開放性	結構性傾向
4.使用上	比較耗時	有效率
5.反應的性質	學生有組織的反應	固定反應
6.計分和說明	複雜、多元層面	客觀、快速記分、單一總分
7.信度	可達到可接受程度	高
8.成本	可能很高	成本適中

資料來源：Payne（1997, p. 13）

第二節　良好測驗的特徵

　　教師在編製或選用測驗時，首先要考慮的是一個良好的測驗要具備哪些品質？良好的測驗最起碼要具備四項主要特徵，即有效、可信、具一定的難度和鑑別度，以下分別敘述這四項特徵（皮連生，2002；余民寧，2011；郭生玉，1993；陳李綢，1997；陳英豪、吳裕益，1982；Airasian, 2000; Chase, 1999）。

壹、效度

一、效度的定義

　　效度（validity）是指，一項測驗要能正確測量出所要測量的屬性或目的的程度，也就是指測驗分數的正確性。假如教師要測量學生在歷史方面的學習情形，那麼測驗項目中就不能包含其他主題（如化學），否則這個測驗就算沒有效度。效度是科學測量工具最重要的必備條件，一項測驗如果沒有效度，無論其具有其他任何優點，都無法發揮出真正的功能，所以選用某種測驗或自行編製測驗必須先評定其效度。

二、效度的類型

　　測驗的效度具有多種類型，一項測驗可以依據其需要而採用一項或多項的效度。

（一）內容效度

　　內容效度（content validity）或稱與內容關聯的效度，是指抽樣的測驗試題樣本內容是否具有教學目標與教材代表性或適當性程度的一種指標，例如：教師給學生做一份國語文成就測驗，若該測驗的試題涵蓋國語文教學所要達

成的各項教學目標及教材的重要內容，則讓測驗具有國語文的內容效度。

　　學校內所用的學業成就測驗特別注重內容效度，其主要目的在測量學生在某一學科中學習的結果，因此試題必須切合教材內容，並依據教學目標來編製；教師若根據雙向細目表（two-way specification table）來命題，而且試題具有代表性，如此該測驗即會具有良好的效度。

（二）效標關聯效度

　　效標關聯效度（criterion-related validity）是指，以實證分析方法研究測驗分數與外在效標間關聯性的指標。所謂外在效標即是指測驗所要預測的某些行為或表現標準，例如：學業成就、評定成績、現存可用測驗等；如果測驗分數與外在效標的相關愈高，即表示效標關聯效度愈高。

　　效標關聯效度可分為同時效度（concurrent validity）及預測效度（predictive validity）兩類，前者指測驗分數與外在效標的取得約在同一時間內連續完成，例如：「三年級數學成就測驗」已使用多時，但施測時間費時 60 分鐘，某教師發展一份只需施測 20 分鐘的「精簡版三年級數學成就測驗」，教師對同一群學生施測兩種版本的測驗，並且計算出兩個測驗分數間的相關。如果有高相關，則此精簡版測驗具有良好的同時效度。

　　預測效度是指測驗能預測考試者未來某行為的程度，通常測驗分數與外在效標的取得是相隔一段時間，測驗分數的取得在先，外在效標在後，然後計算兩項資料的相關係數即代表該測驗的預測效度，例如：「學術性向測驗」（SAT）常被用來決定一個人是否應該進入大學就讀，如果它能有效預測一個人在大學就讀的成功，則它是一個好測驗。

（三）建構效度

　　建構效度（construct validity）或稱構念效度，是指測驗能夠測量到理論上（心理學或社會學）的建構或特質的程度，亦即根據心理學或社會學的理論建構，對測驗分數意義所做的分析和解釋即為建構效度。理論是一個邏輯

上合理化的解釋，能說明一組變項間的互動關係，依據不同種類的理論來編製測驗即可決定該測驗的建構效度，例如：某智力測驗測得的結果，如果與該測驗所依據的智力理論相符合，那麼這個智力測驗就具有建構效度。

（四）表面效度

有一種效度稱為「表面效度」（face validity），是效度的基本形式，其義為當受試者略讀測驗的題目，這些題目看起來像所要考的測驗，可能測驗內容並未配合教學目標，但我們主觀認定這個測驗是適當的。所以表面效度顧名思義，即是從測驗的表面來看是有效的。

測驗必須看起來是要能測量準確的變數，如此才可提高考試者的動機。假如教師給學生看一幅墨跡圖，說要測量智力，學生必定不會相信墨跡可以測智力，而且不會認真回答問題，故用墨跡測量智力是不具表面效度。但如果教師用數學問題、字彙應用及物體在空間的排列問題來測量智力，學生就會相信這項測驗在測量智力，而且會認真作答。

貳、信度

一、信度的定義

信度（reliability）是指，所測量的屬性或特性前後的一致性或穩定性，即多次測量的結果是否一致。一個人在多次進行某種測驗時，如果得到相當接近的分數，即可認定該測驗穩定可靠，具有良好的信度。信度是對測量一致性程度的估計，而效度是對測量準確程度的估計，一個測驗要具有效度之前必須先有信度，因為當測驗分數本身都不可靠時，更不用談它的正確性。但是有信度的測驗卻未必有效度，然而有效度的測驗可以保證某種程度的信度，效度與信度間的關係可以合理推論為：信度低，效度一定低，但信度高，效度不一定高；效度高，信度一定高，但效度低，信度不一定低。

二、信度的種類

估計測驗信度的方法有幾種，其中常用的基本方法有再測法（test-re-test）、複本法（alternative forms, equivalent forms 或 parallel forms）、內部一致法（internal consistency），以及評分者信度（scorer reliability），以下分別說明之。

（一）再測信度

再測法是指，以相同一份測驗，於不同時間對相同學生前後重複測量兩次，再根據兩次分數求得的相關係數稱作再測信度（test-retest reliability）（或稱重測信度），例如：有一個數學測驗在星期一及下個星期一連續對六名學生施測，這兩組分數間的相關是 .96，因此可以說這個測驗是相當可靠的。再測信度的主要問題是第二次施測時有記憶或經驗的介入。

（二）複本信度

複本法是指，如果測驗有兩個複本，這兩份測驗在試題格式、題數、難度、指導說明語、施測時限等方面都相當，都用來測量相同特質，但試題內容卻不相同，拿給同一批學生施測，再求得兩者相關係數即稱為複本信度（parallel-forms reliability）。這個方法減少了再測法中的記憶與練習問題，如果一個學生在複本的得分差距太大，則可指出這個測驗不可信。這種信度的缺點是複本測驗編製不易。

（三）內部一致性信度

上述兩種信度的估計方法有一個共同的點，就是必須進行兩次施測或使用兩份測驗，這不僅增加測驗編製的負擔，更容易造成學生合作意願低落，而影響施測的結果。為簡化這種施測方式且又能兼顧正確估計信度，於是有學者只根據一次測驗結果就來估計信度，這種方式即稱為內部一致性信度（internal

consistency reliability）。最常用的內部一致性信度有折半方法（split-half method）、庫李方法（Kuder-Richardson method）和α係數（coefficient alpha）三種：

1. 折半信度：即是利用單獨一次測驗結果，以隨機方式分成兩半，再求兩半測驗結果間的相關係數，得到的相關稱為折半信度（split-half reliability）。折半信度愈高，表示兩半測驗的內容愈一致或愈相等，這種方法的好處是只要施測一次，因此記憶或練習的影響可以減少。

2. 庫李信度（K-R 信度）：另一個估計測驗內部一致性的方法是庫李方法，這個方法適用於間斷或二分計分法的試題（如是非題），使用庫李公式算出信度。

3. α係數：對於不是對錯的二分計分法無法適用庫李信度，而要使用Cronbach 的 α 係數，例如：態度或人格測驗所採用的李克特氏（Likert）五點評定量表即可使用 α 係數。

（四）評分者信度

上述的信度估計方法都是適用在客觀測驗的評分方式，它不會受到評分者主觀判斷的影響，當教師自編成就測驗是屬於主觀測驗時，例如：論文式成就測驗，或採用觀察法、口試等方式進行教學評量，以及實施投射測驗、創造思考測驗，評分結果難免會受到評分者的主觀判斷與意見的影響，而導致評分者的誤差存在，這時要採用「評分者信度」（scorer reliability）來估計數位評分者評分結果的一致性，以供測驗使用者參考。其方法為單獨由兩位評分者（或若干位）對試卷每一題加以評分，根據所評分數求相關係數。

三、信度的解釋

通常信度的高低受到以下因素的影響：團體變異、測驗題目多寡、試題難易及計分方式。異質團體比同質團體有較高的信度，題目愈多信度愈高，試題太簡單或太難則信度偏低，計分方式愈客觀信度愈高。一份測驗的信度

係數要多高？一般而言，標準化的成就測驗要達 .85 以上，課堂用的選擇題測驗要達 .75 以上，.90 以上為高度信度，.80 為中高信度，低於 .60 為不可接受的信度水準。智力測驗通常大約有 .85 或以上，人格測驗和興趣量表的信度約在 .70 和 .80 左右。

參、難度

難度（difficulty）指的是題目的難易程度，難度適當的試題是構成優良測驗的必要條件。試題的難易程度通常以全體受試者答對或通過試題的百分比表示之，其公式為：

$$P = \frac{R}{N} \times 100\%$$

P 代表試題難度，N 為全體受試者人數，R 為答對試題人數，P 值愈大，難度愈低，P 值愈小，難度愈高，例如：在某一測驗，第一題、第二題、第三題的通過人數百分比（P）依次為 20%、30%、40%，則第一題的難度最高，第二題次之，第三題最低。

題目的難度是相對的，不是絕對的，難度的大小除了和內容或技能本身的難易有關外，還與題目的編製技術和受試者的經驗有關。一個本來很容易的問題，可能因敘述不清楚，或者受測者由於某種原因沒有學過而變難；一個很難的內容也可能因為答案過於明顯，或由於受試者已經學會，而變得很容易。題目難度要多高才合適？這取決於測驗的目的、題目的形式及測驗的性質。如果測驗是用來對學生能力做區分，教師可選二分之一中等程度（難度在 0.5 至 0.7 之間）的題目，四分之一難題，四分之一簡單題，這樣對好、中、差各種學生具有較好的區分能力。

肆、鑑別度

鑑別度（discrimination）是指，測驗題目是否具有區別學生能力高低的作用。如果某一試題鑑別度很高，則表示它能夠明確區別答對與答錯學生的功

能很強；反之，鑑別度很低的試題無法區別出答對與答錯的學生，例如：試題太難或太易，其鑑別度一定很低。試題鑑別度的用意在讓有能力、會答的學生答對，而沒有能力、不會答的學生答錯，一個良好的測驗試題一定要有較高的鑑別度。

鑑別度的估計可分為內部一致性與外在效度兩種，茲以內部一致性的計算方式做一說明。教師先依測驗總分將最高的 27%受試者列為高分組，最低的 27%受試者列為低分組，然後分別求出這兩組受試者在個別試題上通過人數百分比，再以高分組的百分比減去低分組的百分比所得的差數做為鑑別度指數（index of discrimination），其值介於−1 到+1 之間。其計算公式如下：

$$D = P_H - P_L$$

D 代表鑑別指數，P_H 為高分組通過人數百分比，P_L 為低分組通過人數百分比，例如：高分組通過某試題的百分比為 .63，低分組通過該試題的百分比為 .21，其鑑別指數為 .63 − .21 ＝.42。當試題太容易時，全部高分組和低分組學生都答對，此時兩組的答對百分比值都是 1，其間的差值等於 0；反之，試題太難，高低分組學生都答錯，其差值等於 0，極端容易和困難的試題不具有鑑別度。負的鑑別度指數代表該試題具有反向的鑑別作用，這類試題應予淘汰；其餘情況鑑別度指數愈高，表示試題的鑑別度愈大，指數愈低鑑別度愈小。

由以上的分析可以得知試題的難度與鑑別度密切相關，測驗的試題具有適當的難度才能發揮鑑別作用，如果試題太難或太易則失去鑑別不同程度的作用。一般而言，試題的難度愈接近 .50，則其所能發揮的區別作用愈大。

第三節　教學評量的方式與實施

測驗的種類相當多，例如：智力測驗、人格測驗、學業成就測驗及教師自編測驗，其中智力測驗、人格測驗適用在諮商與輔導方面，與教學有密切關係的測驗是學業成就測驗，本節僅針對與教學有關的測驗來探討。為因應

多元評量的發展趨勢，本節針對紙筆測驗之外的評量方式做一介紹，讓教師能脫離傳統評量的窠臼，在教學中能融入多元評量的概念。

壹、標準化成就測驗

前文提到從編製的過程而言，測驗可分成標準化測驗及教師自編測驗兩種，標準化成就測驗（standardized achievement tests）及標準化性向測驗（standardized aptitude tests）是兩種最常使用在學校中的標準化測驗。成就測驗是用來測量先前學習所獲得的知識，而性向測驗是測量一個人學習和表現某項作業的潛能，例如：智力測驗（林清山譯，1990）。

標準化成就測驗一般是由學科專家和測驗編製專家按照一定的程序共同編製而成，例如：要經由雙向細目表來確定測驗所要測量的內容，接著再依測量的內容草擬試題，再經由預試後的結果，進行難度與鑑別度的項目分析，以選取難易適中及高鑑別度的題目，再經由信度與效度分析，以評估測驗的品質，最後再正式施測來建立常模，以做為解釋分數的依據（周文欽等人，1995）。

因標準化成就測驗編製過程相當嚴謹，故具有以下的特徵：(1)有高品質的試題；(2)有實施與計分的指導說明，在施測上有嚴格的要求；(3)有解釋分數的常模，測得的結果可以用來比較；(4)有測驗編製手冊；(5)具有較高的效度和信度。所以，標準化成就測驗適合用在以下的教學目的：(1)評量學生基本的學習技能和各科目的一般成就水準；(2)評量學生學年期間的進步狀況；(3)評量學生成就以做為分班（組）教學之用；(4)診斷學生的學習優點與困難；(5)比較班級、學校或地區的學業性向與一般成就水準（郭生玉，1993）。

標準化成就測驗的種類又可分為三種：一是綜合成就測驗；二是單科成就測驗；三是診斷測驗。綜合成就測驗係由多種個別學科測驗所組成，例如：「國中新生適用學科成就測驗」就包含國語、數學、常識三科；「國中各科成就測驗」包含國、數、英語、物理與化學五科。單科成就測驗旨在測量某一特定學科的成就水準，如「國中新生國語文能力測驗」、「國小三年級數

學科成就測驗」。診斷測驗主要針對學習困難學生加以分析原因之所在，以做為補救教學的依據，最普遍的診斷測驗是閱讀和數學兩個領域，例如：「國語文能力測驗」及「數學能力診斷測驗」（李坤崇，2000；周文欽等人，1995；郭生玉，1993）。

總之，標準化成就測驗的優點是具有客觀性和可比較性，是評量學生學業成就的重要工具之一，然而國內使用這種評量尚不夠普遍。美國學校從1983年開始就經常使用標準化成就測驗，來比較校際、學區之間的差異，全國教育進步衡鑑委員會（National Assessment of Educational Progress）依不同的年級和年齡的公私立學校進行抽測，除評鑑學生的學業成就外，也對特定的次級團體進行評量；在科目的選擇上是採輪流方式，每科每五年評鑑一次（Hopkins, 1998）。美國教育測驗中心舉辦的托福（TOEFL）考試也是標準化成就測驗的應用，其目的是考核非英語國家留學生的英語程度，以決定是否接受入學申請或授予獎學金。

貳、教師自編測驗

教師自編測驗（teacher-made test）是評量學生學業成就的工具，這種測驗較能掌握教學目標及教材內容，真正適合教室內的教學活動，每位教師均要具備有自編成就測驗的能力，才能編製適合班級情境的測驗。

一、教師自編成就測驗的編製步驟

因為教師自編成就測驗的編製是每位教師必備的知能，本小節歸納專家學者的意見（王文中、呂金燮、吳毓瑩、張郁雯、張淑慧，2003；朱敬先，2000；余民寧，2011；李坤崇，2000；周文欽等人，1995；郭生玉，1996；Chase, 1999），以精簡的方式陳述編製測驗的步驟。

（一）確定測驗的目的和目標

教師在出一份考卷之前，首先要了解出題的目的，是要實施安置評量、

形成性評量、診斷評量或總結性評量，接著，教師要依據教學目標及教科書來設計考題。

（二）設計雙向細目表

為使試題能充分涵蓋所要評量的教學目標和教材內容的範圍，命題之前先要設計雙向細目表，以做為編製測驗的藍圖。雙向細目表以教學目標為橫軸，教材內容為縱軸，其格式可以參見表 16-2（郭生玉，1996）。教師可視實際教學情況，適當增減雙向細目表中的教學目標和教材內容，以及所預擬的試題題數。

（三）決定測驗的題型與題數

編製試卷的第三步驟是決定測驗的題型與題數，常用的測驗題型有兩種：(1)客觀測驗（objective tests）或測驗型試題，例如：選擇題、是非題、配合題、填充題、解釋性習題等；(2)主觀測驗（subjective tests），或稱為補充型試題（supply-type items）、論文式測驗（essay test），例如：簡答題、申論題。客觀測驗的優點是可在較短的時間測試較多的內容，因題目取樣廣泛，有助於提高測驗的信度和效度，而且這種試題在評分上比較客觀、迅速；其缺點是編寫不易，且對於高層次能力的測量有一定的困難和限制。主觀測驗的優點是試題容易編寫、不允許猜測和簡單記憶、能測量高層次的分析及綜

▸ 表 16-2　國小自然科第七單元命題雙向細目表

教材內容 ＼ 教學目標	知識	理解	應用	分析	綜合	評鑑	合計題數
1.辨別動物和植物	2	3	1	2	1	1	10
2.家飼的和野生的動物	3	4	2		1		10
3.有翅膀的動物	3	3	1	1	2		10
4.農作物和花草	4	3	2	2		1	12
5.果樹	2	3	1		1	1	8
合計題數	14	16	7	5	5	3	50

資料來源：郭生玉（1996，頁 45）

合能力；至於缺點則是題目少，取樣缺乏代表性，再加上評分困難，既費時又難排除評分者主觀因素的影響。教師要了解這兩題型所發揮的功能，再依據所要測量的認知能力及對教材的適合性，來決定測驗的題型。在正式編製試題之前，教師可先擬訂如表 16-3 的命題計畫表（郭生玉，1996），決定命題的題型、題數及配分。其要領為先決定各教材內容的配分，再決定命題的題型及各種題型的配分，最後再決定各種題型中每題所占的分數及各部分教材內容應有的題數。在擬訂命題計畫表時，不要忘了要與雙向細目表相配合。

（四）敘寫測驗試題

敘寫測驗試題時要考慮下列命題的共同原則：(1)試題取材均勻，並具有教材內容的代表性；(2)試題的敘述應力求簡明扼要，題意明確；(3)各個試題彼此獨立，互不牽涉，避免含暗示答案線索；(4)試題有公認的正確答案或相對較佳答案；(5)具爭議性的試題應註明命題參考資料的來源；(6)測量高層次認知能力試題不一定要有固定答案；(7)試題的敘述宜重組，不直抄原來教材；(8)試題應重視重要概念或原理原則，避免零碎記憶知識；(9)避免使用與測驗無關的敘述，增加作答困難；(10)命題勿超過單元教學的評量目標；(11)預留時間進行試題審查或修正；(12)多命一些試題，以備不時之需。以下再針對各種題型的命題原則做一說明。

→ 表 16-3　國小自然科第七單元命題計畫表

教材內容　　　教學目標	是非題	選擇題	填充題	合計
1.辨別動物和植物	4（2）	12（6）	4（2）	20（10）
2.家飼的和野生的動物	8（4）	6（3）	6（3）	20（10）
3.有翅膀的動物	6（3）	8（4）	6（3）	20（10）
4.農作物和花草	6（3）	8（4）	10（5）	24（12）
5.果樹	6（3）	6（3）	4（2）	16（8）
合計題數	30（15）	40（20）	30（15）	100（50）

資料來源：郭生玉（1996，頁 45）

1. 選擇題的命題原則：選擇題（multiple-choice item）是各類試題中使用最廣泛的，其種類繁多，最常用的種類有：單一正確答案題型、多重答案題型、組合反應題型。組合反應題型是單一與多重答案題型的綜合，在試題上列出多項因素，讓學生選出一項正確的答案。基本上，選擇題是由題幹與選項所構成，題幹的寫法有兩種：一是直接問句，如「我國的首都是哪裡？」；二是不完全的敘述句，如「我國首都是：」。題幹之後通常有三至五個選項，其中一項是屬於正確答案或最佳答案，其餘選項稱為誘答項目（distracter）。編製選擇題時有一些原則可供參考：

   - 所有錯誤選項的敘述，應該具有與題幹敘述相關的似真性或合理性，以發揮應有的誘答功能。
   - 盡量在題幹中使用肯定句的敘述，避免使用否定句的敘述；如果必須使用否定句敘述時，宜特別強調否定句的字眼與字詞。
   - 錯誤選項盡量避免使用「以上皆非」和「以上皆是」。
   - 以隨機方式排列及調整正確答案出現的位置和次數。
   - 盡可能不要依照教科書內容的順序來排列試題。
   - 試題不宜過多，以免變成速度測驗。
   - 每題的選項宜求一致，至少三個或不超過五個。
   - 選項的敘述長度力求接近，避免暗示正確的答案，而且選項之間不宜有重疊的現象。
   - 題幹的敘述須能清楚顯示出題意，但避免過於冗長。

2. 是非題的命題原則：當選項只有兩種可能性時，命題者改為是非題（true-false items）。是非題被認為是選擇題的一種特例，這種試題多半用來測量辨別事實的敘述是否正確的能力，是一測量較低層次認知能力的題型，通常比較適用於年齡層次較低的學生。是非題的種類可分成四種：一是最常使用的對錯題型；二是叢集題型，此種類型是以一個不完全的敘述句呈現，後有若干個對或錯的答案敘述句供勾選，

例如：「哪一項疾病是由濾過性病原體所引起？（　）A.水痘（　）B.白
喉（　）C.流行性感冒……」；三是改正題型，要求學生對錯誤的敘述
加以改正；四是因果關係題型，主要在測量辨認因果關係的能力，例
如：葉子是樹的主要部分，因為它會遮蓋樹幹。

是非題因命題容易，在學校評量中頗為教師所樂用，但使用命題時須
注意以下命題原則：

- 少用否定語句的敘述，尤其要避免使用雙重否定語句，因為這樣會
  使題意變得含糊不清。
- 避免使用具有暗示答案線索的特殊字眼，例如：通常、有時、可能、
  總是、只有。
- 避免使用語意不清的數量語詞，例如：常常、很多、非常。
- 同一題中的敘述避免包含兩個概念，除非測量因果關係。
- 對與錯的題目在敘述的長度上應接近或相同。
- 對與錯的題數應該相等，並且以隨機排列方式呈現。
- 意見性的敘述並無所謂對錯，要讓學生當作「事實」來回答，則必
  須指出參考資料的來源或根據，例如：根據國父的觀點，五權分立
  的政府比三權分立要好。

3. 配合題的命題原則：配合題（matching items）的基本構造與選擇題相
   似，是由兩個部分所組成，一是問題項目，或稱為前述項目（pre-
   mise），另一是反應項目，學生依據兩者的關係，從後者中選出與前
   者有關聯的反應項目。一般而言，這類試題比較適用於低年級學生或
   語文程度較低學生。在編製配合題時應掌握以下的原則。

- 在同一配合題中，各個項目的性質應力求相同。
- 問題項目與反應項目的數量不宜相等，且不宜限制每個反應項目被
  選的次數。
- 適當的問題項目宜在五至八項之間，而反應項目以超過二至三項為
  宜。

- 反應項目宜按邏輯順序排列，例如：日期依先後次序、人名依筆畫順序。
- 問題項目與反應項目宜在同一頁上。
- 作答方式宜清楚說明。
- 避免使用不完全敘述句來陳述前提，並盡量在同一配合題中，使用多個同質性較高的反應項目材料，少用異質性較高或與前提敘述不相關的反應項目材料。

4. 填充題的命題原則：填充題（completion items）是簡答題的一種特殊型，填充題用不完全的敘述句命題，而簡答題是用直接問句命題。最基本的填充題是一句敘述中省去某些重要的字詞或片語，學生在空白處將正確答案填寫出來。另一種固定填充測驗是選擇一篇有代表性材料，每第五個字省略，學生必須了解內容始能填出空格的字。題型經過改良，不再使用每第五個字省略的方法，而是省略重要的字；且每個空格均提供若干選項，由學生加以選擇，這種填充題應用在外語的測量方面，有良好的信度和效度。以下提出一些填充題命題原則供教師參考：

- 盡量採用直接問答句命題，少用不完全敘述句，例如：宋朝哪一位民族英雄著有〈滿江紅〉？
- 所要填寫的字詞必須是重要的概念，而非無關的字詞或零碎知識。
- 一個試題只能有一個答案，而且這答案要愈簡短具體愈好。
- 待填的空格不宜太多，且應避免過於空乏，以免題意無法把握。
- 每題的空格盡可能放在題目的末端，以方便計分和把握題意。
- 測量定義和專有名詞的理解，最好是提供名詞給予界定，例如：何謂正相關？
- 避免提供答案的線索。

5. 解釋性習題的命題原則：解釋性習題（interpretive exercise）是選擇題的改良，它的測驗方式是先給學生閱讀導論資料，然後要求學生根據

資料所提供訊息來回答問題，導論資料有許多不同的種類，例如：圖畫、表格、地圖、統計表、詩、符號、文章等，而題目的類型通常採用是非題、選擇題和填充題。這種題型可測量到因果關係推理、原理原則應用、問題解決過程、假設方法的驗證、結論適切的評鑑等較高層次的認知能力。其類型可分為以下五種：閱讀式、圖表式、情境式、地圖式、實驗式。在編製解釋性習題時要注意以下命題原則：

- 導論資料須根據教學目標，並符合學生程度。
- 導論資料最好是新的或是改寫過的，而且須簡短有意義。
- 答案不可直接從導論資料中獲得，要經過高層次運思後才能找到答案。
- 除非閱讀導論資料，否則無法作答。
- 問題數量的多寡宜與導論文章的長短成比例。

6. 論文題的命題原則：論文題測驗是以少數試題讓學生申述說明、分析比較、論辯批判或評價鑑賞，學生根據自己的想法和對問題的認識來自由作答，所以是一種評量高層次認知能力測驗。論文題可分成兩大類：一是完全自由，沒有任何限制的申論題（extended response type）；另一是有局部限制作答範圍的限制反應題（restricted response type），或稱為問答題。在編製論文題以及在評分時要遵守下列原則：

- 較複雜或較高層次學習結果的評量，才使用論文題。
- 明確敘述問題，務必使學生都了解問題的要求。
- 測量高層次能力使用「比較」、「分析」、「綜合」等術語引導作答。
- 不允許學生可以選擇其中幾道試題作答。
- 以多題短答的限制反應題取代少題長答的申論題。
- 擬訂試題時，應預擬評分要點，以做為評分依據。
- 避免受無關因素影響評分的客觀性，例如：寫作風格、文法對錯、字跡的美醜、錯別字及符號的使用等。

‧為維持公平客觀，最好一次只評閱一個試題。

‧在同一時間內評完所有試卷，避免中途停頓或中斷，以維持評分標準的一致性及連貫性。

‧隱藏學生姓名，以保持評分態度的公平、客觀。

‧重大的考試應由兩位以上的評分者獨立評閱每一個試題。

（五）測驗試題的審查與修改

編製一份成就測驗試題通常要花一至兩星期，教師通常在編製完後即匆忙交卷付印，但因未重新檢視，待印出後發現問題因而懊惱不已，所以審查與修改測驗是一件不容忽視的事情。以下為審查測驗題目所要注意的原則：

1. 依雙向細目表檢視試題能否代表所要測量的行為目標？試題是否與教學目標一致？試題是否與教學的呈現方式相一致？

2. 試題的敘述必須清晰明確，不要有題意模糊不清、不合邏輯或贅詞太多等現象產生，而且試題要適合學生的閱讀程度。

3. 每個試題應避免提供其他題目的答案線索，例如：選擇題所提供的資料可以找到填充題的答案。

4. 試題不要重複出現。

5. 試題的正確答案只有一個，避免有兩個以上或無正確答案的情況產生。

6. 準備的試題要比預定的題數還多，以便於後續的檢查中刪除較差的試題。

7. 在測驗日期前幾天完成試題的撰寫，以便有充裕的時間可以檢查。

（六）測驗的編輯

測驗試題經過檢視與修改後，將著手編排與準備印刷，試題在編輯時應遵循下列原則：

1. 依據施測對象決定字體的大小，通常年齡愈小的學生字體要大一點，盡量避免字體太小或排列太密。

2. 同類型的試題要排在一起，避免不同類型交錯造成學作答的困擾。

3. 同一試題不要被分割成兩頁。

4. 試題應明確標上題號，尤其是答案必須寫在另一張答案紙或特定地方時。

5. 版面的安排應易於評分和計算成績。

6. 試題的排列要由易而難，以鼓舞學生作答的動機。

7. 若依試題題型來排列，通常是簡單的題型在前，複雜困難的題型在後，例如：是非題排在最前面，其次是選擇題，再來是填充或簡答題，最後是申論題。

（七）編寫測驗指導語

測驗指導語或稱為作答說明，大部分教師在編製成就測驗時，經常會忽略這個步驟，一份良好的測驗必須具備整體指導語及各試題類型指導語，整體指導語的內容至少要包含以下資料：(1)測驗的目的；(2)測驗的時間和限制；(3)如何作答；(4)無法確定哪一項是正確答案時是否需要猜測（即是否倒扣）。個別試題類型指導語係補充整體指導語之不足，至少應包含題數、配分及總分三項。

經過上述七大步驟，一份正式的教師自編成就測驗即宣告完成，接下來要開始進行施測，有關測驗的實施部分因限於篇幅在此不多做說明。

參、動態評量

動態評量（dynamic assessment）是為改進傳統評量的缺失與限制，而發展出來的新式評量方法，傳統評量方式偏重學習結果的評估，忽略了對於思考過程的探索，而且還強調施測者要遵守中立立場，不得與受試者有協助性互動，所以傳統評量在本質上屬靜態評量，無法對個人的學習過程提供充分診斷、處方和預測的訊息（歐滄和，2002）。相反的，動態評量強調受試者與施測者間的協助性互動關係，以提示系統的方式將教學與評量做緊密的結

合，是屬於最大可能表現評量的一種形式。

一、動態評量的意義

　　所謂動態評量是指透過介紹評量內容與方式的特性，給予必要的指導或協助，使受試者能提高評量結果。教師在評量的過程中要深入觀察學生的解題歷程，並適時給予協助，以評估學生在不同程度協助下的獲益程度。所以，動態評量是一個跨越多個時間點以偵測受試者在表現上之演變的一種評量，其目的不僅是要評估受試者「目前」所表現的水準，還企圖了解「如何」達到目前的水準，以及「可能」可以達到的水準（邱上真，1996；歐滄和，2002）。

二、動態評量的理論基礎

　　動態評量的理論基礎來自俄國心理學家 Vygotsky 的社會認知發展論。其中以社會中介（social mediation）、內化（internalization），以及近側發展區（ZPD）等概念對動態評量的影響較大（莊麗娟，1996；Karpov & Gindis, 2000）。

（一）社會中介

　　個體的認知活動，起初需要透過中介者（父母、教師或能力較好的同伴）的協助，而後漸漸內化，成為自己認知結構的一部分，最後獨立，不再需要外在的支持。高層次的認知活動是 S-H-O-H-R 的歷程，非 S-R 連結，S 表環境中的刺激、H 表中介者、O 表學習者。中介者（H）再度篩選學習者的反應，塑造並轉換它，以發展獨特的反應（R）。

（二）內化

　　兒童解決問題能力的內化是認知發展最重要的一項特徵，兒童問題解決能力的發展是先透過真實情境和真實物體的操弄，漸漸發展到能依據視覺的

圖像來解決問題。個體認知能力的發展可依照「他人支持→自我支持→內化→去自動化（進入下一個發展區）」的循環歷程，不斷提升，所以學習不需要完全依賴成熟因素，在有效引導之下也可促進認知能力的發展。

（三）近側發展區（或譯最近發展區）

指介於兒童自己實力所能達到的水平，與經別人給予協助後可能達到的水平之間的差距。在認知發展過程中，中介者給予兒童的協助稱為鷹架作用，透過鷹架作用可協助學生的能力不斷提升。

三、動態評量的實施程序

動態評量的實施模式共計有六種之多，其中以漸進提示評量（graduated prompting assessment）模式使用較廣，也較適用於班級教學，茲以此模式為例說明動態評量之實施程序（李坤崇，2000；邱上真，1996；莊麗娟，1996；Lidz & Elliott, 2000）。

教師在施測前要事先建構一套依循「由一般、抽象逐漸到特定、具體」的標準化提示系統，然後採取「前測─學習（訓練）─遷移─後測」四個階段，來了解受試者的學習、保留、遷移能力。

1. 前測：教師不提供任何協助，有如傳統測驗，據以獲得受試者的基準表現，可用以評估受試者「目前的表現水準」。

2. 學習（訓練）：提供一個事先設計好的協助系統，以一個平行式的作業進行訓練，了解學生要如何達到較高的表現水準，以及需要多少協助方能達到較高的表現。協助系統的使用的方法有以下幾項：

  ・簡單回饋：讓受試者自行檢查答案是否有誤。

  ・題意說明：簡單回饋後無法修正答案，則說明題意。

  ・關鍵提示：由一連串逐漸明朗化問句構成，採用切合兒童思考模式的提示方式，避免繁複的邏輯推理。

  ・直接教學：以上三項都無效，則對施測題目進行完整的指導。

3. 遷移：提供與前項平行作業稍做變化（近遷移）、較大幅度變化（遠遷移）的題目，用以測試受試者真正理解的程度，以及運用先前知識和已習得之原理原則的能力。

4. 後測：評估受試者「最大可能的表現水準」。

動態評量是一個費時、費力且高度挑戰性的評量，但卻是精緻、人性的、協助式的無歧視評量，可適用任何年級、任何學科。教師在使用這種評量方式時，可以不必拘泥於四個階段的實施步驟，可於施測過程中針對部分較難的題目給予提示系統，協助學生獲得較佳的學業成就。然而這種方式只可在平時考實施，段考則不宜使用動態評量。

肆、實作評量

學校的評量方式太過偏重客觀式題型的紙筆測驗，但這種測驗無法測得學生在真實情境作業中的表現，如美術、音樂、工藝、打字、說話技巧、科學實驗等能力，學者於是主張要重視學生實際作業上的表現，實作評量也因而受到廣泛的應用。

一、實作評量的意義

實作評量（performance assessment）有時又稱為「真實評量」（authentic assessment）或「另類評量」（alternative assessment），但這些名詞是不能互換的。另類評量強調的是與傳統紙筆測驗的對比，真實評量強調的是作業在真實世界情境中的實際應用（鄒慧英譯，2003）。

實作評量主要是用於測量那些無法以客觀式測驗試題測得的學習結果，它介於評量認知能力所用的紙筆測驗和將學習成果應用於真實情境的實際活動之間，在模擬各種不同真實程度的測驗情境之下，提供教師一種有系統的評量學生實作表現的方法（余民寧，2011）。所以實作評量的重點，通常是放在實際表現的「過程」（如資料蒐集的方法、工具的操作）、「作品」（如完作的成果報告、完作的藝術作品），或這兩者的組合。這種評量不像事實

知識的測驗有單一正確答案或最佳答案，允許學生有多樣化和創造性的表現。

二、實作評量的類型

實作評量主要的目的是要學生去表現（performance），表現可能是思考的表現、體能的表現、創造的表現或其他方式的表現，因著重點的差異，以致實作評量的類型也有所差異。Gronlund（1993）依據測驗情境的真實程度，將實作評量分為五種類型。

（一）紙筆表現

這種評量不同於傳統的紙筆測驗，比較強調在模擬情境中應用知識和技能。在紙筆表現（paper-and-pencil performance）測驗中，時常用設計、擬訂、撰寫、編製、製造、創造等行為動詞，例如：設計一份海報、擬訂活動流程、撰寫讀書報告、撰寫學期報告等。

（二）辨認測驗

這種測驗係要求學生辨認解決實作作業問題所需要的知識或技能，例如：讓學生辨認一套器具，指出功用；或讓學生辨認解決表現作業問題所需要使用到的工具、器具或程序等。辨認測驗（identification test）適用在工業教育、生物、化學、數學、英文、藝能類科等領域。

（三）結構化的表現測驗

結構化的表現測驗（structured performance test）是在標準且有控制的情境下進行，測量表現的情境非常具有結構性，要求每位學生都能表現出相同的反應動作，例如：軍隊擦槍的作業，由分解槍、擦拭歷程到組合槍枝，均有一套完全結構化的動作。這種測驗在施測時，測驗情境必須經過標準化，指導語也必須詳細描述測驗所要表現的是什麼，測驗的評分者要經過訓練，評分才客觀。

（四）模擬表現

模擬表現（simulated performance）是為配合或替代真實情境中的表現，因而局部或全部模擬真實情境而設立的一種評量方式，學生要在模擬的情境中完成與真實作業相同的動作，例如：教學實習課要求學生設計教學活動及上臺試教。這種測驗也可以應用到需評量最後實際表現技能的課程中，例如：烹飪課、駕駛訓練。

（五）工作樣本

工作樣本（work sample）是真實性程度最高的實作評量方式，學生要在實際作業上，表現出所要測量的全部真實技能，例如：測量汽車駕駛，要求學生在包含正常駕駛常發生共同問題的標準場地練習，學生在標準場地裡所表現出來的技能，即被認為在實際的駕駛測驗情境下，他已具備駕駛汽車的能力。此外，如繕打信件、操作儀器、修護儀器均屬之。

Linn 與 Gronlund（2000）則將實作評量做一簡單的分類，即分為限制式反應實作作業（restricted-response performance task）及擴展式反應實作作業（extended-response performance task）兩種，其依據為對實作表現的限制程度，例如：打字測驗即屬完全限制類型，雕刻的創作則屬完全沒有限制的類型。

三、實作評量的批評

自 1980 年代以來，實作評量獲得評量專家的支持，經由學生展示技巧及創造成果，實作評量普遍使用於體育、音樂與藝術等領域。其優點為：(1)強調知識的應用；(2)使教學與評量相結合；(3)重視學習的過程；(4)可測量複雜的學習結果（Linn & Gronlund, 2000）。然而，實作評量亦受到很多學者的批評，有些批評是實作評量本身的限制，很難克服，教師在實際使用時要取其長而捨其短。以下就實作評量的缺點做說明（余民寧，2011；林美玲，

2002）：

1. 花費昂貴，發展考試、購買教材與設備、訓練考試的施測人員與評分者都要花錢，大大規模的實施實作評量所需的費用太過昂貴。

2. 耗費時間，設計優良、可靠、有效的實作評量需要時間，施測實作評量所需的時間多於其他種類的評量。

3. 教師的專業知能不足，實作評量這種複雜化的評量，教師必須接受專業的培訓。

4. 設計不易，設計優良、可靠、有效的實作評量非常困難，沒有現成可用的實作評量，教師必須投注心力與時間方能設計良好的實作評量。

5. 評分公平性的問題，教師常會因為學生的母語、先前經驗、性別或種族因素，而對學生有先入為主的偏見觀念存在，因而對不同族群的評分結果自不相同。

6. 實作評量的效度、信度較低。

伍、檔案評量

檔案評量（portfolio assessment）或譯為卷宗評量，美國自 1990 年代開始將學生的作品檔案做為教學評量的方式，國內近幾年來大力鼓吹多元評量，一些學者從國外引進檔案評量的理論與實務。目前，中小學教師對檔案評量的使用仍然極為罕見，期望師資培育單位能大力推廣這種另類評量方式。

一、檔案評量的意義

檔案評量是一種蒐集學生的表現或作品的評量方式，要求學生彙整一系列的表現或作品來展現其能力或進步（Airasian, 2000）。這份檔案紀錄如果只是單純蒐集學生一學期（或一學年）的成長過程與學習結果，根本不能稱為評量，還要透過省思撰寫（reflective writings），協助學生成為自我評量者，教師或他人也可根據檔案中的具體「憑證」，對學生的學習過程與結果進行評鑑（Herman, Gerhart, & Aschbacher, 1996）。這種評量方式具有以下的

特色：能適應個別的教學目標、能認識學生的長處、重視學習結果、學生能主動參與評量過程、促進學生相互間的溝通交流（Oosterhof, 1994）。

二、實施檔案評量步驟

檔案評量通常可分為三種類型：(1)學生選擇的學習檔案（selected works portfolio），學生保留學習的樣本；(2)長期數年的檔案（longitudinal portfolio），包括從學習的開始到結束朝向目標的學習結果；(3)護照或生涯檔案（passport or career portfolio），包括學生不同學習階段的資料。優良的學生檔案應包括作業單、學習單、家庭作業、計畫活頁夾、學生自我評量與反省、其他重要的教材（林美玲，2002）。茲將檔案評量的實施歷程做以下的說明（王文中等人，2003；李坤崇，2000；Herman et al., 1996; Linn & Gronlund, 2000）。

（一）界定檔案評量的目的

實施檔案評量先要確定目的，才能決定什麼資料要放在檔案之中。一般而言，檔案評量的主要目的有三：(1)自我成長；(2)診斷、回饋、溝通；(3)評鑑。如果檔案是展示上的需要，則只蒐集最佳的作品。

（二）與學生討論檔案的內容

確定目的後，教師要開始構思檔案的內容，雖然檔案內容可以包羅萬象，但不能毫無組織，與目的無關的資料可以不必放入檔案。開始蒐集資料之前，教師應向學生說明以下的要點：檔案的用途、誰會接近檔案、最適合包括哪些類型的作品、以什麼標準評鑑作品，例如：美國匹茲堡公立學校學區以檔案評鑑六到十二年級學生的寫作，要每位學生選擇四件作品：學生認為最重要的作品、最滿意的作品、最不滿意的作品、自選作品。

（三）訂定檔案評量的標準

在進行檔案評量時，教師不是唯一的評分者，學生本人、家長、同儕皆可參與評量。為提供學生自我評量機會，教師需要給學生清晰的指導綱要，來引導學生對自己的作品加以檢討及評鑑其優缺點，並鼓勵學生思考他們的作品可如何改善。同時，學生也需要被告知檔案評量會如何影響到他們的等第。

（四）開始執行

教師要鼓勵學生自行決定如何存放及編排工作檔案，並且要訓練學生做自我省思（self-reflection），要定期與學生討論檔案內容，以及檢核檔案蒐集情形。

（五）檔案的評鑑

學生工作檔案經過編排與整理後形成正式檔案，到學期末即要進行評鑑。檔案評鑑的方式可分為非正式評鑑及正式評鑑兩種：非正式評鑑來自檔案自我省思、同儕評量、同儕討論、教師檔案檢視紀錄、家長意見等；正式評鑑則需根據檔案目標設計計分量表，其評鑑範圍包括檔案組織結構、成長情形、學習態度、學習表現等項。計分方式可採用以下幾項：分層面計分、整體計分、文字敘述。

三、檔案評量的優缺點

檔案評量是實作評量的一種形式，學生必須有系統的選擇與編輯來建構自己檔案，編製檔案的過程如同形成性評量，而完成正式檔案則為總結性評量。因為檔案評量具有許多傳統評量所欠缺的優點，才會廣受教師的歡迎，其優點有以下幾項：(1)提供過程與結果的評量；(2)是一種真實、動態、整體與多元的評量；(3)培育學生成為評量的主導者，教師則成為協助者與輔導者；

(4)延伸終身教育理念，訓練學生自我學習及評量，培養自我負責的價值觀；(5)成為教師、家長、學生互動與溝通的工具；(6)幫助教師從更寬廣的角度了解學生的成長，尊重個別差異，進行人性化的評量；(7)透過省思撰寫，增進學生寫作、表達與溝通的能力；(8)結合教學與評量；(9)具診斷與評鑑雙重功能。至於檔案評量的缺點則有以下幾項：(1)教師與學生要付出額外時間來監督或建置檔案；(2)信度、效度太低，學者研究檔案評量的信度約在 .33～.43。但如果評量結果不具關鍵性影響時，並不建議將過多的精力花在信、效度的建立。在使用時要特別注意，不能只用檔案評量一種方法評量學生成就，建議與傳統評量、口試、展示等方法並行。

陸、其他教學評量方法

在教學實踐中，有些學習結果無法用紙筆測驗來評量，例如：技能、態度、習慣、鑑賞力、創造力、道德感等，都是重要的學習產物，教學評量不能只獨重認知領域，技能與情意領域也不能忽略。表 16-4（Gronlund, 1985）為紙筆測驗難測得的學習結果，要測量這些教學目標就要採用其他的測量方法。以下簡要敘述這些方法（皮連生，2002；郭生玉，1993；鄒慧英譯，2003；Linn & Gronlund, 2000）。

▶ 表 16-4　紙筆測驗難以測量的學習結果

學習結果	代表性的行為
技能	說話、寫作、聽力、朗讀、實驗、繪畫、演奏樂器、跳舞、體育、工作技能、研究技能和社交技能
工作習慣	有效的計畫、時間的使用、設備的使用、資源的使用、應具備的特性：主動性、創造性、堅持性、可靠性
社會態度	關心別人的福利、遵守法律、尊重他人的所有權、對社會問題的敏感性、關心社會的制度、熱心社會改革工作
科學態度	開擴的心胸、延緩判斷、對因果關係的敏感性、探究的心
興趣	對各種教育、機械、藝術、科學、社會、休閒、職業活動表示好感
欣賞	對自然、音樂、藝術、文學、體育、傑出社會貢獻表現出滿足和愉快的情感
適應	對同儕關係、對稱讚和批評的反應、對權威者的反應、情緒的穩定、社會的適應

資料來源：Gronlund（1985, p. 384）

一、觀察法

觀察法是觀察人們的行為表現而加以評定的方法，它的應用時機很多，在校內外各種場合或活動，隨時隨地都能進行。用觀察法得到的材料不易量化，易受觀察者主觀因素的影響，但觀察法所得到的資料卻是其他評量方式無法得到的。然而，經由觀察得到的印象，容易提供一個不完整且有偏差的圖像，所以應該將觀察所得的現象做一正確的記錄。常用的記錄方法有軼事記錄（anecdotal recode）、評定量表（rating scale）、檢核表（checklist），茲將這三種方法略述於下。

（一）軼事記錄

軼事記錄是教師將觀察到有意義的意外和事件做一有系統的記錄，每項意外應於發生後盡快書寫下來，以免遺忘。教師可以將記錄寫在筆記本或卡片上，內容包括日期、學生姓名、地點、事件、解釋或評論等項目。長期蒐集資料可做為了解問題行為的依據，又可做為與家長溝通的資料。

（二）評定量表

評定量表是用來評定行為的性質、特點，列出幾個等級來分別程度。觀察時，教師從幾項不同的描述中，選擇與被觀察者行為表現相符的一項，加上「　」的記號，例如：評定學生上課時注意力是否集中，列出五個等級：(1)對上課內容沒有集中過注意力；(2)注意力渙散；(3)一般；(4)大部分時間集中注意聽講；(5)能夠長時間集中注意聽講。也可在行為特點後面畫線段，從高到低做五等分的標示，教師在適當的位置做記號。

（三）檢核表

檢核表是列出一些具體的行為或特質，然後根據觀察的結果，記錄那些行為或特質是否出現。

二、同儕評鑑

在某些學習和發展的領域，最好能以直接得自學生的訊息來補充教師觀察之不足，同儕團體的社會互動情況很少在教師面前曝光，所以由同儕評鑑可以了解到學生的某些行為特質。同儕評鑑即要求學生評定或判斷他們的同儕，這種方法在評估人格特徵、社會關係技巧等方面特別有用，最常用的方法有猜猜是誰、社會計量兩種技術，其詳細的實施方式請參見教育測驗的相關書籍。

三、自陳報告量表

自陳報告是由學生報告他們自己的感覺、態度、興趣、想法和過去的行為，這些訊息可以由個人訪談方式獲得，但自陳報告量表是較常使用的，這種量表是一種標準化的書面訪談，例如：態度量表可用來蒐集關於學生感覺和對各種不同班級活動、情境和特殊事件的意見；興趣量表有利於對學生的喜好有較佳的理解，且可用於教育和職業的規劃；人格量表和投射技術協助評估學生的人際及社會調適，但這兩項技術需要有測驗與輔導的專業知識才能使用。

四、口頭問答

口頭問答是師生面對面，由教師口頭提出問題，再要求學生當場以語言做反應，因此基本上它是屬於個別化的評量方式。口頭問答依據進行的目的和方式，可以分成晤談、口試、課堂問答和口語表達測驗等四種。

第四節　測量結果的解釋與使用倫理

測驗者不能將測驗結果束之高閣，或者僅供獎勵與懲罰的依據，應該將測驗結果以清晰、適合對方理解的方式傳達給學生及其家長，以協助其增進

自我了解或做成適當的決策。學校的教學評量主要目的是透過師生雙方面的回饋，及時調整和改進教學或學習，所以教師對於測驗得分應對學生妥善解釋，並且做好適當應用，以期發揮測驗的功能。

壹、標準化測驗的解釋

在本章的第一節中，已就標準參照測驗與常模參照測驗的意義和功能做一簡要的介紹，雖然這兩種解釋方式均可用來鑑別學生，但在本質上卻是有差異的。目前大多數的標準化成就測驗、智力測驗、性向測驗等，均採用常模參照的方式來解釋測驗結果，所以教師有必要對常模參照的重要概念有所認識。以下針對標準化測驗的重要概念做一說明（郭生玉，1993；鄒慧英譯，2003）。

一、常模

常模（norm）是解釋測驗分數的依據，是指特定參照團體在測驗上所獲得的平均分數。測驗所得的原始分數本身沒有多大意義，為了解釋其意義，測驗編製者都會提供各種常模表，以確定個人的測驗分數在團體中的相對地位。常模類型可分為四大類，即全國性常模、地區性常模、特殊團體常模、學校平均數常模；而建立常模的方法通常採用百分等級、標準分數、年齡常模及年級常模四種，其中學校廣為使用的標準化成就測驗大多以年級常模來解釋，特別是在小學階段。

二、百分等級

描述測驗表現最被廣泛使用，也是最容易了解的方式之一即是百分等級，百分等級與百分位數（percentile）雖在定義上有所不同，但經常互用，百分位數表示學生所得的分數，百分等級是在百分位數點之下的人數百分比，代表所占的等第，百分等級指的是落後於某個特殊原始分數的學生人數百分比，例如：某生的測驗分數是 22 分，百分等級為 88，表示他的分數勝過 88%的

人。此分數可知道個人分數在團體的相對地位，可用來與他人比較，但無法了解個人學習的精熟程度。百分等級是次序量尺，不可做加減乘除的運算。

三、標準分數

標準分數（standard score）是另一種個別分數在團體所占位置的表示方式，是依據標準差為單位來表示個人分數落在平均數之上或之下的距離。標準分數的類型可分直線轉換和非直線轉換兩種，較常見的類型有：(1)Z 分數，平均數為 0，標準差為 1；(2)T 分數，平均數 50，標準差 10，其公式為 T ＝ 10Z ＋ 50；(3)離差智商，平均數為 100，標準差為 15 或 16 的標準分數，不同於比例智商，是目前智力測驗中最常用的指數；(4)標準九，將原始分數分成九個等分，從 1 到 9 等，每個等分所占的分配比例是固定的。標準化分數的優點在於提供等長單位從事數學運算，但未受過統計訓練的人很難理解這種分數。

四、側面圖

當評量結果獲得多項原始分數時，可以側面圖（profiles）表示各項分數的學習程度，並可直接比較各項分數的差異性及特殊性，以確認其長處和短處。使用時要注意分數轉換的指數或衍生分數（derived score）必須相同，且各分數的常模團體也要相同，各項分數才能加以比較及分析。

教師要對上述專有名詞有所了解，才能正確無誤的解釋標準化測驗，在對學生及家長做解釋時，要掌握住四要點：描述測驗性質及內容、說明測驗分數的意義、澄清測驗分數的正確性、討論測驗結果如何應用到教學或輔導之中。

貳、教師自編測驗分數的解釋

學校班級內的學生數很少，如少於 30 人，則學生測驗分數的分配型態並非近似於常態分配，因此不適合採用上述常態分析的特性來解釋；如果班級

人數達到 50 人以上,但因採用能力分班,學生的得分也不是常態分配,在這種情形下,最好採用次數分配表、平均數、組距、最高分及最低分來解釋(陳英豪、吳裕益,1982)。

參、標準參照測驗結果的解釋

標準參照測驗需要依據預定的教學目標來編製,每一組試題的設計要能直接測量一個具體目標,否則無法用來評鑑學生達到標準的程度。目前學校教師均未在教學前即寫出具體明確的行為目標,所以不符合標準參照測驗結果的解釋。精熟學習所實施的精熟測驗大多屬於標準參照測驗,因此每一個目標或每一項具體的工作,均需預先訂定一個決定是否已達到精熟的行為標準,再以答對題數的百分比來判斷學生是否達到精熟(陳英豪、吳裕益,1982)。

肆、評量結果的報告

有評量就要有成績報告,學校都會採用統一規定的格式來報導學生的學習結果,段考及學期成績會列製成績通知單,段考分數依照教師自編測驗分數解釋所述要點來解釋,學期成績則通常採用百分法(0~100 分)和第等法(優、甲、乙、丙、丁)表示學生在某一學科的學習結果,有時甚至會用名次法將全班的學業成績依照高低排列,讓學生及家長了解他在班級中的相對地位(周文欽等人,1995)。

伍、解釋測驗結果的原則

在解釋測驗時要遵守一些原則,以避免解釋的錯誤和測驗的誤用(余民寧,2011;郭生玉,1993;Oosterhof, 1994):

1. 評量者必須了解評量的目的及內容。
2. 要了解評量結果所轉換的指數及常模團體的分布狀況。
3. 要了解受試者成長及進步情形。

4. 透過側面圖解釋時，要注意受試者在各方面的能力組型。

5. 解釋應小心謹慎，不傷害學生，要建立學生自信心。

6. 測驗分數應為學生保密，以個人解釋為宜，勿公告周知。

7. 解釋分數應避免只給數字，分數的意義要說明。

8. 解釋分數只作建議而勿做決定，學生未來的決定尚須顧及父母期望、家庭經濟等因素。

9. 應以一段可信範圍解釋，將測驗分數依據測量標準誤推估真正分數的可信範圍，以此範圍解釋學生的分數。

10. 解釋分數時應設法了解學生的感受，必要時予以適切的輔導。

陸、測驗使用的倫理規範

為維護測驗使用的專業倫理道德，以防範測驗被誤用與濫用，故訂定倫理規範，所有測驗使用者都必須遵守以下的倫理規範原則（Payne, 1997）。

一、專業的原則

1. 使用測驗前，必須對該測驗的功能、目的、限制、使用方法、適用對象、計分方式與解釋等規定有徹底了解。

2. 對教育測量問題與技術、測驗信度與效度分析、測驗誤差來源的了解與解釋、標準化施測過程等，要有專業訓練的知識、豐富的使用經驗、公正客觀的運用心態。

3. 在測驗編製方面，要遵照編擬試題的雙向細目表，審慎進行編擬試題，不得任意對外公開所編擬試題。

二、道德的原則

1. 非獲得當事人的同意（未成年由家長同意），否則不得將個人資料於著作、演講或討論會中公開或陳述。若學術研究上需要，則要避免當事人被認出來。

2. 受試者有權要求個人資料應被保密和保障，以維護個人身心的安全和基本人權與隱私權。

三、倫理的原則

1. 測驗使用者應以維護受試者的福祉為重，行有餘力再兼顧測驗本身的安全性。

2. 測驗使用者向受試者解釋測驗分數時，應注意下列原則：
   - 考慮受試者當時身心狀況及家庭背景因素。
   - 避免只給分數，應補充數字背後的意義並輔以相關資料。
   - 應針對解釋事項做建議，切勿替受試者做決定。

四、社會的原則

1. 考慮心理評估技術是否能被社會所接受。

2. 教室內包含不同類別的學生，例如：種族、階級、性別、年齡、宗教、能力，教師須關心學生個別差異的存在。

3. 使用評量要了解工具的編製背景和文化的限制。

4. 對少數民族表現的解釋要小心謹慎，因其不是標準化工具常模團體的代表。

5. 選擇測驗時，要注意題目內容和受試者文化背景、種族、年齡、性別的關係如何。

6. 特別團體在評量時有特別的措施，肢體障礙的學生需要特殊的環境，如適合的桌子、休息室，在重要考試時尤其需要。

參考文獻

中文部分

于富雲（2001）。從理論基礎探究合作學習的教學效益。**教育資料與研究，38**，22-28。

方炳林（1976）。**普通教學法**。臺北市：教育文物。

方郁琳（1997a）。教學情境的營造。載於張霄亭（主編），**教學原理**（頁236-262）。臺北縣：國立空中大學。

方郁琳（1997b）。教學技巧。載於張霄亭（主編），**教學原理**（頁263-289）。臺北縣：國立空中大學。

方德隆（1999）。九年一貫課程學習領域之統整。載於「新世紀中小學課程改革與創新」教學學術研討會論文集。高雄市：國立高雄師範大學。

方德隆（2000）。教學的意義。載於洪志成（主編），**教學原理**（頁1-46）。高雄市：麗文。

毛連溫、陳麗華（1987）。**精熟學習法**。臺北市：心理。

王千倖（2001）。Web 科技應用之教學行動研究。發表於「二十一世紀教育改革與教育發展」。國際學術論文研討會。彰化市：國立彰化師範大學。

王文中、呂金燮、吳毓瑩、張郁雯、張淑慧（2003）。**教育測驗與評量：教室學習觀點**。臺北市：五南。

王文科（1994a）。有效的班級經營模式。**教育實習輔導，3**（2），3-9。

王文科（1994b）。**教育百科辭典**。臺北市：五南。

王全興（2008）。學習者中心教學環境之課程行動研究：以資訊科技融入國小數學為例。**教育資料與研究，85**，109-136。

王秀玲（1998）。主要教學方法。載於黃政傑（主編），教學原理（頁

117-183）。臺北市：師大書苑。

丘立崗等人譯（2006）。**教學原理**。臺北市：學富。

王金國（2001）。成功學習之關鍵：自我調整學習。**課程與教學季刊，5**（1），145-164。

王真麗（2005）。**生活課程：理論與實務**。臺北市：高等教育。

王策三（2000）。**教學論稿**。北京市：人民教育。

皮連生（2002）。**學與教的心理學**。上海市：華東師範大學。

伍振鷟、高強華（1999）。**新教育概論**。臺北市：五南。

朱敬先（2000）。**教育心理學：教學取向**。臺北市：五南。

余民寧（2011）。**教育測驗與評量：成就測驗與教學評量**（第三版）。臺北市：心理。

余鳴（2003）。社會科專題：講述法。引自 http://www. btps. km.edu.tw/say.htm

吳國淳（1989）。教導中重度智能不足兒童社會技巧成效研究（未出版之碩士論文）。國立臺灣大學，臺北市。

吳清山（1999）。**教育革新與發展**。臺北市：師大書苑。

吳清山、李錫津、劉緬懷、莊貞銀、盧美貴（1991）。**班級經營**。臺北市：心理。

吳裕益（2000）。教學評量的新趨勢。**教育研究雜誌，70**，6-9。

吳麗君、鍾聖校（譯）（2003）。**協同教學**（原作者：F. J. Buckley）。嘉義市：濤石。

李玉慶、蔡佳良（1999）。現代體育教師如何運用電腦科技提升教學效果。**教學科技與媒體，47**，41-47。

李佳琪（1999）。緒論。載於張新仁（主編），班級經營（頁 1-14）。臺北市：五南。

李咏吟（1999）。新教學型態：網路學習。載於高雄師範大學教育學系（主編），迎向千禧年新世紀中小學課程改革與教學創新學術研討會論文集（頁 161-166）。高雄市：國立高雄師範大學。

李咏吟（主編）（2001）。**學習輔導：學習心理學的應用（第二版）**。臺北市：心理。

李咏吟、單文經（1995）。**教學原理**。臺北市：遠流。

李坤崇（2000）。**多元化教學評量**。臺北市：心理。

李坤崇（2006）。**教學目標、能力指標與評量**。臺北市：高等教育。

李奉儒（譯）（1994）。**兒童道德教育**（原作者：R. Straughan）。臺北市市：揚智。

李宗薇（1997）。教學設計。載於黃政傑（主編），**教學原理**（頁67-116）。臺北市：師大書苑。

李怡慧（2018）。生死的抉擇：道德兩難教學之設計。**臺灣教育評論月刊，7**（4），164-167。

李秉德（2000）。**教學論**。北京市：人民教育。

李春芳（1996）。現代輔導觀念下的師生溝通術兼談老師發問技巧。**健康教育，77**，6-11。

李茂興（譯）（2002）。**教育測驗與評量**（原作者：K. D. Hopkins）。臺北市：學富。

李偉旭（1999）。**電腦遊戲學習軟體與內在動機因素：以英語幼教光碟的學習為例**（未出版之碩士論文）。國立臺灣師範大學，臺北市。

李堅萍（2000）。Simpson、Harrow 與 Goldberger 技能領域教育目標分類之比較研究。**屏東師院學報，14**，675-710。

李琪明（2013）。《道德教育期刊》創刊40年之研究趨勢及其對我國教育啟示。**教育研究集刊，59**（1），35-72。

李隆盛（1999）。技專校院的教學計畫和教材設計。**商業職業教育，72**，2-9。

李園會（1994）。**班級經營**。臺北市：五南。

李輝華（2001）。**教室管理**。高雄市：復文。

李聲吼（2000）。教學模式。載於洪志成（主編），**教學原理**（頁 117-

138）。高雄市：麗文。

杜正治（2001）。補救教學的實施。載於李咏吟（主編），**學習輔導：學習心理學的應用**（第二版）（頁 425-472）。臺北市：心理。

沈六（1980）。角色扮演教學法。載於國立臺灣師範大學學術研究委員會（主編），**教學法研究**（頁 203-225）。臺北市：五南。

沈亞梵（1999）。教學媒體新科技。研習資訊，**16**（5），5-11。

沈姍姍（1998）。教育專業。載於陳奎憙（主編），**現代教育社會學**（頁 251-268）。臺北市：師大書苑。

沈珮文（2000）。**宜蘭縣國中生父母管教態度、英語焦慮與英語學習動機之關係研究**（未出版之碩士論文）。國立高雄師範大學，高雄市。

沈翠蓮（1997）。國中實習教師與有經驗教師教學計畫信念與實務之研究。**國立高雄師範大學教育系教育學刊**，**13**，241-261。

沈翠蓮（2002）。**教學原理與設計**。臺北市：五南。

周文欽、歐滄和、許擇基、盧欽銘、金樹人、范德鑫（1995）。**心理與教育測驗**。臺北市：心理。

周甘逢、周新富、吳明隆（2001）。**教育導論**。臺北市：華騰。

周甘逢、劉冠麟（譯）（2002）。**教育心理學**（原作者：R. J. Sternberg & W. M. Williams）。臺北市：華騰。

周立勳（2000）。引導兒童閱讀的發問技巧。載於妙雲文教基金會（主編），**妙雲講堂兒童讀書會領導人進階培訓研習手冊**（頁 6-8）。嘉義市：嘉義市立文化局。

周淑玲（1993）。**自我肯定訓練對國中害羞學生影響成效之研究**（未出版之碩士論文）。國立高雄師範大學，高雄市。

周愚文（1995）。講述教學法。載於黃政傑（主編），**多元化的教學方法**（頁 **41-52**）。臺北市：師大書苑。

周新富（2000）。對國中能力分班的省思。中等**教育**，**51**（3），131-139。

周新富（2006）。**班級經營**。臺北市：華騰。

周新富（2016）。**教學原理與設計**。臺北市：五南。

孟令珠（2002）。**電腦化教學策略對中文輸入學習成效之影響探討**（未出版之碩士論文）。國立臺灣師範大學，臺北市。

卓芮綺（2014）。**翻轉教育的迷思與教學應用**。2019 年 4 月 6 日，檢索自 http://tep.thu.edu.tw

林永豐（2017）。核心素養的課程教學轉化與設計。**教育研究月刊，275**，4-17。

林玉体（1994）。**教育概論**。臺北市：東華。

林生傳（1992）。**新教學理論與策略**。臺北市：五南。

林生傳（1995）。**概念學習與發展的階次模式理論研究**（二）。行政院國家科學委員會專題研究計畫成果報告（NSC-84-2413-H-017-002）。

林生傳（1996）。教改聲中談中、小學教學革新的主要趨勢。載於國立高雄師範大學教育學系（主編），**中小學教學革新研討會大會手冊**（頁 7-15）。高雄市：國立高雄師範大學。

林吉基（2011）。道德教育與道德教學。**中等教育，62**（3），38 -51。

林育安（2005）。**發問技巧對國中七年級學生數學學習影響之研究**（未出版之碩士論文）。國立高雄師範大學，高雄市。

林佩璇（2000）。合作學習。載於洪志成（主編），**教學原理**（頁 241-258）。高雄市：麗文。

林奇賢（1997）。全球資訊網輔助學習系統。**資訊與教育，58**，2-11。

林奇賢（1998）。網路學習環境的設計與應用。**資訊與教育，67**，34-50。

林建平（1995）。如何激發兒童的內在學習動機。**初等教育學刊，4**，211-224。

林思吟（2016）。淺談差異化教學。**臺灣教育評論月刊，5**（3），118-123。

林美玲（2002）。**教學原理**。高雄市：復文。

林清山（譯）（1990）。**教育心理學：認知取向**（原作者：R. E. Mayer）。臺北市：遠流。

林朝鳳（1996）。討論法。載於黃政傑（主編），多元化的教學方法（頁53-70）。臺北市：師大書苑。

林進材（1998a）。國民小學教師教學計畫信念與實務之研究。載於八十七學年度教育學術研討會論文集（第二冊）（頁541-583）。臺南市：國立臺南師範學院。

林進材（1998b）。教學研究發展及其對師資培育的啟示。國立臺南師範學院初等教育學報，**11**，121-146。

林進材（1999）。教學理論與方法。臺北市：五南。

林進材、林香河（2016）。寫教案。臺北市：五南。

林寶山（1990）。教學論：理論與方法。臺北市：五南。

林寶山（1996）。討論教學的技巧。載於黃政傑（主編），多元化的教學方法（頁71-84）。臺北市：師大書苑。

林寶山（2001）。教學原理與技巧。臺北市：五南。

林寶山（2003）。實用教學原理。臺北市：心理。

邱上真（1996）。動態評量：教學評量的新嘗試。載於國立高雄師範大學中小學教學革新研討會大會手冊（頁33-49）。高雄市：國立高雄師範大學教育學系。

姜錢珠（1993）。社會技巧訓練對增進國中生社會技巧、社會自尊與人際關係效果之研究（未出版之碩士論文）。國立高雄師範大學，高雄市。

柯啟瑤（2000）。協同教學的初探。翰林文教雜誌，**15**，8-35。

柳文卿（1999）。營造良好的班級氣氛。載於張新仁（主編），班級經營（頁191-224）。臺北市：五南。

洪若和（1988）。價值澄清法的理論與實施。臺東師院學報，**1**，17-48。

洪碧霞（譯）（1983）。有效的發問技巧。高雄市：復文。

徐明（2003）。道德兩難故事教學對提升學前兒童道德認知發展效果初探。康寧學報，**8**，1-29。

徐南號（1996）。教學原理。臺北市：師大書苑。

徐綺穗（2008）。一位實習教師自我調整學習之研究。**教育資料與研究，85，**
　　151-174。

郝永崴等人（譯）（2007）。**有效教學法**（原作者：G. D. Borich）。臺北市：
　　五南。

高洪瑛（2000）。協同教學的理念與實踐。**教學研究月刊，77，**57-62。

高熏芳（2003）。**激發學習動機的教學策略。**取自http://www.it.tku.edu.tw/tea-
　　chway1.htm

高廣孚（1988）。**教學原理。**臺北市：五南。

國立臺灣師範大學教育研究與評鑑中心（2013）。**差異化教學。**取自 http://
　　www.mtjh.tn.edu.tw/mtjh26/PExiang/03_publish/03_chang_PE/補充－差異
　　化教學的定義與原則 01.pdf

國立臺灣師範大學實習會（1983）。**中等學校各科教案編寫示例。**臺北市：
　　國立臺灣師範大學。

國家教育研究院（2017）。**健康與體育領域課程手冊**（初稿）。取自 http://
　　www.naer.edu.tw/ezfiles/0/1000/img/67/517546784.pdf

崔光宙（1989）。欣賞教學法。載於黃光雄（主編），**教學原理**（頁
　　229-256）。臺北市：師大書苑。

張世忠（1999）。**教材教法之實踐：要領、方法、研究。**臺北市：五南。

張玉成（1995）。教師發問技巧之外：論鼓勵學生發問暨教師回答技巧之重
　　要性。**國民教育，39**（3），47-53。

張玉成（1999）。**教師發問技巧。**臺北市：心理。

張俊紳（1994）。教學計畫的擬訂與技術。**國教之聲，27**（3），49-55。

張春興（1996）。**教育心理學：三化取向的理論與實踐。**臺北市：東華。

張春興（2001）。**教育心理學。**臺北市：東華。

張美玲（1999）。以專題為基礎之教學與學習對國小學生自然科學習動機與
　　學習成就之影響（未出版之碩士論文）。國立屏東師範學院，屏東縣。

張祖忻、朱純、胡頌華（2000）。**教學設計：基本原理與方法。**臺北市：五

南。

張淑萍、張瀞文（2018）。磨課師課程與教材：設計、發展與實施策略。科學發展月刊，**549**，19-26。

張清濱（1999）。怎樣實施協同教學。師友，**387**，43-47。

張新仁（2001a）。教學原理與策略。載於王家通（主編），**教育導論**（頁301-328）。高雄市：復文。

張新仁（2001b）。實施補救教學之課程與教學設計。**教育學刊**，**17**，85-105。

張新仁（2002）。當代教學統整新趨勢：建構多元而適配的整體學習情境。**教育學刊**，**18**，43-64。

張新仁（策畫主編）（2003）。**學習與教學新趨勢**。臺北市：心理。

張輝誠（2015）。翻轉教學新浪潮：思達法介紹。**T&D 飛訊**，**207**，1-21。

張輝誠（2016）。翻轉教學：學思達的自學能力培養與圖書館新教養。國立成功大學圖書館館刊，**25**，1-7。

張霄亭（2002）。**教學媒體與學習科技**。臺北市：雙葉。

張霄亭（校閱）（1995）。**教學媒體與教學新科技**。臺北市：心理。

張霄亭、朱則剛（2008）。**教學媒體**。臺北市：五南。

張霄亭等人（1997）。**教學原理**。臺北縣：國立空中大學。

張蕊玲（1999）。兒童學習動機內化歷程中的影響因素探討。花蓮師院學報，**9**，33-60。

教育部（2001）。**協同教學模式實例**。臺北市：作者。

教育部（2012）。**中華民國師資培育白皮書**。臺北市：作者。

教育部（2014）。**十二年國民基本教育課程綱要：總綱**。臺北市：作者。

教育部（2016）。**中華民國教師專業標準指引**。臺北市：作者。

梁書銘（2002）。兒童心算多媒體遊戲教材設計研究（未出版之碩士論文）。國立臺灣師範大學，臺北市。

莊佩真（2001）。學前教師教學思考之研究（未出版之碩士論文）。國立高

432

雄師範大學,高雄市。

莊麗娟(1996)。國小六年級浮力概念動態評量的效益分析(未出版之碩士論文)。國立高雄師範大學,高雄市。

許爾堅(譯)(1998)。蘇格拉底傳。臺北市:志文。

郭丁熒(2001)。教師社會學的研究範疇及其概況。國立臺南師範學院初等教育學報,**14**,1-50。

陳龍安(1988)。創造思考教學的理論與實際。臺北市:心理。

郭生玉(1993)。心理與教育測驗。臺北市:精華。

郭生玉(1996)。教學評量命題技術。載於黃政傑(主編),教學評量(頁41-110)。臺北市:師大書苑。

郭國禎(1988)。社會技巧訓練對青少年攻擊行為之輔導研究。國立臺灣教育學院輔導學報,**11**,265-301。

郭靜姿、何榮桂(2014)。翻轉吧教學!臺灣教育,**686**,9-15。

陳伯璋(1998)。「邁向新世紀的課程改革」講授大綱。發表於1998.12.9國立臺北師範學院課程與教學研究所專題講演會。

陳李綢(校訂)(1997)。教育測驗與評量(原作者:T. Kubiszyn & G. Borich)。臺北市:五南。

陳金木(2000)。班級經營。載於洪志成(主編),教學原理(頁325-360)。高雄市:麗文。

陳恒霖(1992)。社會技巧訓練影響犯罪少年社會技巧、社會焦慮之實驗研究(未出版之碩士論文)。國立彰化師範大學,彰化市。

陳春蓮(2000)。教學目標與評量。載於洪志成(主編),教學原理(頁159-193)。高雄市:復文。

陳柏璁(2001)。臺中市國小自然科班級氣氛與學生對科學的態度關係之研究(未出版之碩士論文)。國立臺中師範學院,臺中市。

陳英豪、吳裕益(1982)。測驗的編製與應用。臺北市:偉文。

陳淑英(1993)。教學媒體:理論與實務。臺北市:汎亞。

陳龍安（2006）。創造思考教學的理論與實際（第六版）。臺北市：心理。

陳豐祥（1994）。布魯姆認知教學目標在歷史教學上的應用。人文及社會學科教學通訊，**5**（2），74-115。

陳麗華（1987）。精熟學習模式及其在國小數學科教學上之效果研究（未出版之碩士論文）。國立臺灣師範大學，臺北市。

陸正威（2000）。運用班級同儕的學習輔導法：「同儕交互指導教學」的應用。**教育資料與研究，33**，66-69。

單小琳（2000）。**創意教學**。臺北市：聯經。

單文經（1985）。價值澄清法與杜威價值理論。**師大學報，30**，89-114。

單文經（1989）。道德討論教學法。載於黃光雄（主編），**教學原理**（頁183-198）。臺北市：師大書苑。

單文經等人（譯）（2001）。**教學原理**。臺北市：學富。

湯清二（1994）。利用電腦輔助學習在生物細胞之補救教學策略研究。行政院國家科學委員會專題研究計畫成果報告（NSC83-0111-S-018-008）。

辜輝趂（2017）。翻轉教室教學模式情境下學生的學習成果暨學習成果與滿意因素互動之研究。**龍華科技大學學報，38**，47-62。

黃月霞（1989）。**情感教育與發展性輔導：對兒童「態度」與「學業成績」的影響**。臺北市：五南。

黃光雄（1990）。精熟學習法的理念與運作。載於國立臺灣師範大學學術研究委員會（主編），**教學法研究**（頁121-142）。臺北市：五南。

黃光雄（1991）。**教育概論**。臺北市：師大書苑。

黃光雄（1999）。教學的一般模式。載於黃光雄（主編），**教學原理**（頁71-81）。臺北市：師大書苑。

黃光雄（編譯）（1985）。**教學目標與評鑑**。高雄市：復文。

黃光雄等人（譯）（1983）。**教育目標的分類方法**。高雄市：復文。

黃彥文（2018）。省思「為何而教」？論「翻轉教學」的迷思與意義。**臺灣教育評論月刊，7**（8），79-81。

黃政傑（2014）。翻轉教室的理念、問題與展望。**臺灣教育評論月刊，3**
　　（12），161-186。

黃政傑、李隆盛（1986）。中小學基本學力指標之綜合規劃研究。臺北市：
　　教育部。

黃政傑、林佩璇（1996）。合作學習。臺北市：五南。

黃國禎（2016）。全球教育科技的新趨勢：翻轉學習的理論基礎與實施模式。
　　T&D 飛訊，214，1-17。

黃瑋琳譯（2016）。**翻轉教室：激發學生有效學習的行動方案。**臺北市：聯
　　經。

黃德祥（1991）。社會技巧訓練在教育與輔導上的應用。**輔導月刊，27**
　　（2），31-35。

黃德祥（1995）。國中班級經營的困境與突破。**教育資料與研究，6，**2-8。

楊坤原（2000）。教學技術：發問的技巧。載於洪志成（主編），**教學原理**
　　（頁 273-281）。高雄市：麗文。

楊家興（2009）。線上教材的製作：以國立空中大學為情境的規劃。**管理與**
　　資訊學報，14，93-130。

楊韶維（無日期）。**翻轉教室的第一堂課：影片製作。**取自 https://ctld.ntu.edu.
　　tw/fd/teaching_resource/page1-1_detail.php? bgid=3&gid=39&nid=335

溫世頌（1997）。**教育心理學。**臺北市：三民。

葉丙成（2015）。為未來而教。臺北市：親子天下。

葉連祺（1999）。組合型教學計畫之應用。**教育實習輔導季刊，4**（4），
　　7-11。

葉連祺（2000）。另類教學計畫之設計：組合型取向。**嘉大國教所國民教育**
　　研究學報，6，205-223。

詹秀雯（1997）。**直接教學模式對國中身心障礙資源班學生英語科學習成效**
　　之研究（未出版之碩士論文）。國立臺灣師範大學，臺北市。

賈馥茗（1987）。**教育概論。**臺北市：五南。

鄒慧英（譯）（2003）。**測驗與評量：在教學上的應用**（原作者：R. Linn & N. E. Gronlund）。臺北市：洪葉。

廖遠光、張澄清（2013）。培養職前教師科技學科教學知識之評析。載於吳清基、黃嘉莉（主編），**雲端時代的師資培育**（頁31-68）。臺北市：中華民國師範教育學會。

劉肯念（1992）。團體活動與輔導。**諮商與輔導，66**，8-11。

劉信吾（1994）。**教學媒體**。臺北市：心理。

歐用生（1989）。**質的研究**。臺北市：師大書苑。

歐用生（1992）。澄清「價值澄清」教學法的價值。**人文及社會學科教學通訊，3**（3），127-135。

歐用生、林瑞欽（譯）（1991）。**價值澄清法**。高雄市：復文。

歐滄和（2002）。**教育測驗與評量**。臺北市：心理。

蔡子安（2000）。**中文輸入適性學習**（未出版之博士論文）。國立彰化師範大學，彰化市。

蔡俊男（2000）。**高雄市國小教師用資訊設施教學意願之研究**（未出版之碩士論文）。國立高雄師範大學，高雄市。

蔡培村（1996）。從專業發展論教師教學成長的策略。載於國立高雄師範大學教育學系（主編），**中小學教學革新研討會大會手冊**（頁51-70）。高雄市：國立高雄師範大學教育學系。

蔣恩芬（2000）。**學習動機相關因素探討與學習動機方案成效研究**（未出版之碩士論文）。國立高雄師範大學，高雄市。

鄭金洲（2007）。**新編教學工作技能訓練**。上海市：華東師範大學。

鄭湧涇（1979）。**光合作用淺說**。臺北市：幼獅。

蕭福生（1999）。生動活潑的學習型態：協同教學。**教師天地，102**，52-57。

賴玉春、鄭承昌（2002）。**教學計畫講義：ASSURE 模式介紹**。取自 http://jeng.lib.ntttc.edu.tw/

賴翠媛（2009）。**區分性課程**。取自 http://www.tiec.tp.edu.tw/lt/gallery/71/

71-16394.pdf

謝依珊（2002）。國中生活科技教師運用電腦之教學策略研究（未出版之碩士論文）。國立臺灣師範大學，臺北市。

謝明昆（1994）。道德教學法。臺北市：心理。

鍾聖校（2004）。情意課程溝通教學理論：從建構到實踐。臺北市：五南。

叢立新等人（譯）（2007）。學會教學。上海市：華東師範大學。

簡妙娟（2000）。高中公民科合作學習教學實驗之研究（未出版之博士論文）。國立高雄師範大學，高雄市。

簡紅珠（1988）。教學研究的趨勢。新竹師院學報，**2**，137-156。

簡紅珠（1992a）。教學研究的主要派典及其啟示之探析。高雄市：復文。

簡紅珠（1992b）。認知理論在微縮教學上的應用。新竹師院學報，**6**，85-104。

簡茂發（1996）。評量。載於黃政傑（主編），**教學評量**（頁 1-41）。臺北市：師大書苑。

羅鴻翔（1975）。教學目標的探討。載於中國視聽教育學會（主編），**能力本位行為目標**（頁 47-54）。臺北市：中國視聽教育學會。

羅耀珍（2004）。運用課程調適照顧學生的個別差異：從教師的觀點分析。**教育曙光，49**，122-129。取自 http://www.ln.edu.hk/osl/newhorizon/abstract/v49/11.pdf

蘇照雅等人（譯）（2006）。**教學原理：學習與教學**。臺北市：學富。

歡喜工作群（1995）。歡喜用 **Power Point** 中文簡報系統。臺北市：康禹。

變形蟲工作室（1994）。**Power Point 4.0** 中文版活用篇。臺北市：長諾資訊。

英文部分

Abodorin, A. O., & Thomas, M. (1996). An evaluation of the influence of behavioural objectives on Nigerian students' cognitive achievement in biology. *Research in Science and Technological Education, 14*, 193-204.

Abrucato, J. (1994). Boost your students' social skills with this a step plan. *Learning, 22*(5), 60-66.

Airasian, P. W. (2000). *Assessment in the classroom: A concise approach.* Boston, MA: McGraw-Hill.

Allport, G. W. (1955). *Becoming.* New Haven, CT: Yale University Press.

Anderson, J. (1991). The computer as tutor, tutee, tool in reading and language. In O. Boyd-Barrett & E. Scanlon (Eds.), *Computers and learning* (pp. 39-50). UK: Addison-Wesley.

Anderson, L. W., Krathwohl, D. R., Airasian, P. W., Cruikshank, K. A., Mayer, R. E., Pintrich, P. R., Raths, J., & Wittrock, M. C. (2001). *A taxonomy for learning, teaching and assessing: A revision of Bloom's taxonomy of educational objectives.* NY: Longman.

Aronson, E., & Patnoe, S. (1997). *The jigsaw classroom: Building cooperation in the classroom*(2nd ed.). New York, NY: Addison-Wesley Longman.

Ausubel, D. P. (1968). *Educational psychology: A cognitive view.* NY: Holt, Rinehart & Winston.

Baylor, A. L. (2002). Expanding preservice teachers' metacognitive awareness of instructional planning through pedagogical agents. *Educational Technology, Research and Development, 50*(2), 5-27.

Bellon, J. J., Bellon, E. C., & Blank, M. A. (1992). *Teaching from a research knowledge base: A development and renewal process.* NY: Macmillan.

Benjamin, A. (2005). *Differentiated instruction using technology: A guide for middle and high school teachers.* Larchmont, NY: Eye on Education.

Bergmann, J., & Sams, A. A. (2014). *Flipped learning: Gateway to student engagement.* NY: ISTE/ASCD.

Biehler, R. F., & Snowman, J. (1993). *Psychology applied to teaching.* Boston, MA: Houghton Mifflin.

Block, L. H., & Anderson, L. W. (1975). *Mastery learning in classroom instruction*. NY: Macmillan.

Bloom, B. S. (1974). An introduction to mastery learning theory. In J. H. Block (Ed.), *Schools, society and mastery learning* (pp. 3-14). NY: Holt, Rinehart & Winston.

Bloom, B. S. (1984). The search for methods of group instruction as effective as one-to-one tutoring. *Educational Leadership, 41*(8), 4-18.

Bloom, B. S., Engelhart, M. D., Hill, W. H., Furst, E. J., & Krathwohl, D. R. (1956). *Taxonomy of educational objectives, Handbook I: Cognitive domain*. NY: Longman.

Bogle, E. (2005). Motivating strategies. In S. L. Tice, N. Jackson, L. M. Lambert, & P. Englot (Eds), *University teaching: A reference guide for graduate students and faculty* (2nd ed.) (pp. 46-56). New York, NY: Syracuse University Press.

Borich, G. D. (1996). *Effective teaching methods*. NJ: Prentice-Hall.

Brandi, R. S., & Tyler, R. T. (1999). Goals and objectives. In A. C. Ornstein & L. S. Behar-Horenstein (Eds.), *Contemporary issues in curriculum* (pp. 20-29). Boston, MA: Allyn & Bacon.

Brophy, J. (1987). Synthesis of research on strategies for motivating students to learn. *Educational Leadership, 45*, 40-48.

Brophy, J., & Good, T. L. (1986). Teacher behavior and student achievement. In M. C. Wittrock (Ed.), *Handbook of research on teaching* (pp. 328-375). NY: Macmillan.

Brown, A., Bransford, J., Ferrara, R., & Campione, J. (1983). Learning remembering, and understanding. In J. Flavell & E. M. Markman (Eds.), *Handbook of child psychology* (pp. 515-629). New York, NY: John Wiley & Sons.

Brown, J., Collins, A., & Duguid, P. (1989). Situated cognition and the culture of learning. *Education Research, 18*, 32-42.

Carledge, G., & Milburn, J. F. (1986). Steps in teaching social skills. In G. Cartledge & J. F. Milburn (Eds.), *Teaching social skills to children*. NY: Pergamon.

Carlsen, W. S. (1991). Effect of new biology teachers' subject matter knowledge on curriculum planning. *Science Education, 75*(6), 631-647.

Carroll, J. B. (1989). The Caroll model: A 25-year retrospective and prospective view. *Educational Researcher, 18*, 26-31.

Chase, C. I. (1999). *Contemporary assessment for educators*. NY: Longman.

Clark, B. (1986). *Optimizing learning: The integrative education model in the classroom*. Coulumbus, OH: Merrill.

Clark, D. A., Steer, R. A., & Beck, A. T. (1994). Common and specific dimensions of self-reported anxiety and depression: Implications for the cognitive and tripartite models. *Journal of Abnormal Psychology, 103*, 645-654.

Cohen, E. (1986). *Designing groupwork: Strategies for the heterogeneous classroom*. New York, NY: Teachers College Press.

Coleman, J. S. et al. (1966). *Equality of educational opportunity*. New Hampshire, NH: Ayer.

Cooper, J. M. (1999). The teacher as a decision maker. In J. M. Cooper (Ed.), *Classroom teaching skills* (pp. 1-17). New York, NY: Houghton Mifflin.

Cruickshank, D. R., Jenkins, D. B., & Metcalf, K. K. (2009). *The act of teaching*. Boston, MA: McGraw-Hill.

Damon, W. (1984). Peer education: The untapped potential. *Journal of Applied Developmental Psychology, 5*, 331-343.

Davies, I. K. (1981). *Instructional technique*. New York, NY: McGraw-Hill.

Deci, E. L., Vallerand, R. J., Pelletier, L. G., & Ryan, R. M. (1991). Motivation and education: The self-determination perspective. *Education Psychologist, 26* (3/4), 325-346.

Decker, P. J., & Nathan, B. R. (1985). *Behavior modeling training: Principles and applicant.* NY: Praeger.

Deutsch, M. (1949). A theory of cooperation and competition. *Human Relations, 2,* 129-152.

Devin-Sheehan, L., Feldman, R., & Allen, V. (1976). Research on children tutoring children: A critical review. *Review of Educational Research, 46*(3), 355-318.

Dick, W., & Carey, L. M. (1985). *The systematic design of instruction.* New York, NY: Harper & Row.

Dick, W., & Carey, L. M. (1996). *The systematic design of instruction* (4th ed.). New York, NY: Harper & Row.

Dick, W., & Reiser, R. (1989). *Planning effective instruction.* NJ: Prentice-Hall.

Dick, W., Carey, L., & Carey, J. O. (2005). *The systematic design of instruction* (6th ed.). Boston, MA: Allyn & Bacon.

Doyle, W. (1987). Paradigms for research. In M. J. Dunkin (Ed.), *The international encyclopedia of teaching and teacher education.* NY: Pergamon Press.

Dressel, P. L. (1978). The nature and role of objectives in instruction. In M. B. Kapfer (Ed.), *Behavioral objectives: The position of the pendulum* (pp. 3-22). NJ: Educational Technology Publications.

Duke, D. L. (1990). *Teaching: An introduction.* New York, NY: McGraw-Hill.

Dunham, D. (1995). Mini-courses. *Schools in the Middle, 4*(4), 20-22.

Eisner, E. W. (1999). The art and craft of teaching. In A. C. Ornstein & L. S. Behar (Eds.), *Contemporary issues in curriculum* (pp. 81-89). Boston, MA: Allyn & Bacon.

Elder, L., & Paul, R. (1998). Critical thinking: Why we must transform our teaching. *Journal of Developmental Education, 18*(1), 34-35.

Emmer, E. T. (1987). Classroom management. In M. J. Dunkin (Ed.), *The international encyclopedia of teaching and teacher education* (pp. 437-446). Oxford, UK: Pergamon Press.

Frazee, B. M., & Rudnitski, R. A. (1995). *Integrated teaching methods: Theory, classroom applications, and field-based connections*. Albany, NY: Delmar.

Freshman, B., & Rubino, L. (2002). Emotional intelligence: A core competency for health care administrators. *The Health Care Manager, 20*(4), 1-9.

Gage, N. L. (1978). *Scientific basis of the art of teaching*. New York, NY: Teachers College Press.

Gagné, R. M. (1985). *The condition of learning*. New York, NY: Holt, Rinehart, & Winston.

Gagné, R. M., Briggs, L. J., & Wager, W. W. (1992). *Instructional design and the new technology of instruction*. New York, NY: Holt, Rinehart, & Winston.

Gardner, C. (1990). *The effect of CAI hand-on activities elementary students' attitudes and weather knowledge*. (ERIC Document Reproduction Service No. ED 326-444)

Garner, H. G. (1995). *Teamwork models and experience in education*. Boston, MA: Allyn & Bacon.

Garrett, J. G. (1995). Social psychology of teamwork. In M. R. Harrower (Ed.), *Medical and psychological teamwork in the care of the chronically ill* (pp. 67-70). Springfield, IL: Charles C. Thomas.

Gibbons, A. S., & Fairweather, P. G. (1998). *Computer-based instruction: Design and development*. NJ: Educational Technology.

Glasser, W. (1984). Reality therapy. In R. Corsini (Ed.), *Current psychotherapies* (3rd ed.) (pp. 320-353). Itasca, IL: F. E. Peacock.

Glasser, W. (1985). *Control theory in the classroom*. New York, NY: Harper & Row.

Glynn, S., Yeany, R. H., & Britton, B. K. (1991). *The psychology of learning science* (pp. 220-240). Hillsdale, NJ: Lawrence Erlbaum Associates.

Good, T. L., & Brophy, J. E. (2003). *Looking in classrooms*. Boston, MA: Allyn & Bacon.

Gordon, J. R. (1989). *A diagnostic approach to organizational behavior*. Boston, MA: Allyn & Bacon.

Green, T. F. (1968). A topology of the teaching concept. In C. J. B. Macmillam & T. W. Nelson (Eds.), *Concepts of teaching: Philosophical essays* (pp. 28-62). Chicago, IL: Rand McNally.

Gresham, F. M., & Elliott, S. N. (1984). Assessment and classification of children's social skills: A review of methods and issues. *School Psychology Review, 13*, 292-301.

Gronlund, N. E. (1978). *Stating objectives for classroom instruction*. New York, NY: Macmillan.

Gronlund, N. E. (1985). *Measurement and evaluation in teaching* (5th ed.). New York, NY: Macmillan.

Gronlund, N. E. (1993). *How to make achievement tests*. Boston, MA: Allyn & Bacon.

Grynert, J. (1997). *The course syllabus: A learning-centered approach*. Bolton, MA: Anker.

Gunter, M. A., Estes, T. H., & Schwab, J. (1995). *Instruction: A models approach*. Boston, MA: Allyn & Bacon.

Guskey, T. R. (1997). *Implementing mastery learning*. Belmont, CA: Wadsworth.

Hannafin, M. J., & Hill, J. R. (2002). Epistemology and the design of learning environments. In R. A. Reiser & J. V. Dempsey (Eds.), *Trends and issues in instructional design* (pp. 70-82). Upper Saddle River, NJ: Pearson.

Harrow, A. J. (1972). *A taxonomy of the psychomotor domain: A guide for developing behavioral objectives*. NY: David Mckay.

Haywood, H. C. (1988). The role of intrinsic motivation in learning, behavior effectiveness, and cognitive development. In W. T. Wu & T. H. Lu (Eds.), *Proceedings of the 1988 intrinsic symposium on special education* (pp. 155-171).

Taipei, Taiwan: Special Education Association of the Republic of China.

Heinich, R., Molenda, M., & Russell, J. D. (1993). *Instructional media and the new technologies of instruction* (4th ed.). New York, NY: Macmillan.

Herman, J. L., Gerhart, M., & Aschbacher, P. R. (1996). Portfolios for classroom assessment: Design and implementation issues. In R. C. Calfee & P. Perfumo (Eds.), *Eriting portfolios in the classroom* (pp. 27-62). Mahwah, NJ: Lawrence Erlbaum Associates.

Hidi, S., & Anderson, V. (1986). Producing written summaries: Task demands, cognitive operations, and implications for instruction. *Review of Educational Research, 56*, 473-493.

Himel, M. T. (1993). *"It's all my head": Teacher thinking about integrating a block play center into an upper primary classroom.* (ERIC Document Reproduction Service, No. ED364357)

Hopkins, K. D. (1998). *Educational and psychological measurement and evaluation.* Boston, MA: Allyn & Bacon.

Huerta, T. (1979). Motivation in secondary school. *English Teaching Forum, 17*(3), 13-15.

Hunkins, F. P. (1972). *Questioning strategies and techniques.* Boston, MA: Allyn & Bacon.

Jacobsen, D., Eggen, P., & Kauchak, D. (1993). *Methods for teaching: A skills approach.* NY: Merrill.

Jensen, E. (1996). *Brain-based learning.* CA: Turning Point Publishing.

Johnson, D. W., & Johnson, R. T. (1987). *Learning together and alone.* Englewood Cliffs, NJ: Prentice-Hall.

Johnson, D. W., & Johnson, R. T. (1989). *Cooperation and competition: Theory and research.* Edina, MI: Interaction Book Company.

Johnson, D. W., & Johnson, R. T. (1990). Social skills for successful group work.

Educational Leadership, 47(4), 19-31.

Johnson, D. W., & Johnson, R. T. (1992). What to say to advocates for the gifted. *Educational Leadership, 50*(2), 44-47.

Johnson, D. W., & Johnson, R. T. (1993). *Circles of learning cooperation in the classroom*. MN: Interaction Book Company.

Johnson, D. W., & Johnson, R. T. (2000). Cooperative learning, values, and culturally plural classroom. In M. Leicester, C. Modgil, & S. Modgil (Eds.), *Classroom issues: Practice, pedagogy and curriculum* (pp. 15-28). London, UK: Falmer Press.

Johnson, D. W., Johnson, R. T., & Smith, K. (1991). *Active learning: Cooperation in the classroom*. Edina, MN: Interaction Book Company.

Jones, V. F., & Jones, L. S. (1998). *Comprehensive classroom management: Creating positive learning environments for all students* (5th ed.). Boston, MA: Allyn & Bacon.

Joyce, B., Weil, M., & Showers, B. (1996). *Models of teaching* . Boston, MA: Allyn & Bacon.

Kagan, S. (1996). Avoiding the group-grades trap. *Learning, 24*(4), 56-58.

Karpov, Y. V., & Gindis, B. (2000). Dynamic assessment of the level of internalization of elementary school children's problem-solving activity. In C. Lidz & J. G. Elliott (Eds.), *Dynamic assessment: Prevailing models and applications* (pp. 133-154). NY: Elsevier Science.

Kauchak, D. P., & Eggen, P. D. (1998). *Learning and teaching: Research-based Methods*. Boston, MA: Allyn & Bacon.

Keller, F. S. (1968). Good-bye teacher. *Journal of Applied Behavior Analysis, 1*, 78-89.

Keller, J. M. (1983). Motivational design of instruction. In C. M. Reigeluth (Ed.), *Instructional design theories and models: An overview of their current status*.

Hillsdale, NJ: Lawrence Erlbaum Associates.

Kelly, J. A. (1982). *Social skills training: A practical guide for interventions*. NY: Springer.

Kember, D. (2006). *Excellent university teaching*. Hong Kong, China: Chinese University Press.

Kemp, J. E. (1985). *The instructional design process*. New York, NY: Harper & Row.

Kiber, R. J., Cegala, D. J., Miles, D. T., & Barker, L. L. (1981). *Objectives for instruction and evaluation*. Boston, MA: Allyn & Bacon.

Kitsantas, A., & Baylor, A. (2001). The impact of the instructional planning self-reflective tool on preservice teacher performance, disposition, and self-efficacy beliefs regarding systematic instructional planning. *Educational Technology, Research and Development, 49*(4), 97-108.

Krathwohl, D. R., Bloom, B. S., & Masia, B. B. (1964). *Taxonomy of educational objectives, Handbook II: Affective domain*. NY: David McKay.

Kyriacou, C. (1995). Direct teaching. In C. Desforges (Ed.), *An introduction to teaching* (pp. 115-131). Oxford, UK: Blackwell.

Land, M., & Turner, S. (1997). *Tools for schools: Applications software for the classroom*. NY: Wadsworth.

Lang, H., McBeath, A., & Hebert, J. (1995). *Teaching strategies and methods for student-centered instruction*. Orlando, FL: Harcourt Brace.

Larson, C. E., & LaFasto, F. M. (1989). *Teamwork: What must go right / what can go wrong*. Newbury Park, CA: Sage.

Lasley II, T., & Matczynski, T. J. (1997). *Strategies for teaching in a diverse society*. Belmont, CA: Wadsworth.

Lefrancois, G. R. (2000). *Psychology for teaching*. Belmont, CA: Wadsworth.

Lidz, C., & Elliott, J. G. (2000). Introduction to dynamic assessment. In C. Lidz &

J. G. Elliott (Eds.), *Dynamic assessment: Prevailing models and applications* (pp. 3-17). NY: Elsevier Science.

Light, P. (2000). Annotation: Computers for learning: Psychological perspectives. In P. K. Smith & A. D. Pellegrini (Eds.), *Psychology of education: Major themes* (volume III) (pp. 479-495). NY: Routledge Falmer.

Linn, R., & Gronlund, N. E. (2000). *Measurement and assessment in teaching* (8th ed.). Englewood Cliffs, NJ: Prentice-Hall.

Madden, N. A., Slavin, R. E., & Stevens, R. J. (1986). *Cooperative integrated reading and comparison: Teacher's manual.* Baltimore, MD: Johns Hopkins University.

Mager, R. E. (1984). *Preparing instructional objectives* (2nd ed.). Belmont, CA: Pitman Learning.

Malone, T. W., & Lepper, M. R. (1987). Making learning fun: A taxonomy of intrinsic motivations for learning. In R. E. Snow & M. J. Farr (Eds.), *Aptitude, learning, and instruction (Vol. 3): Cognitive and affective process analyses.* Hillsdale, NJ: Lawrence Erlbaum Associates.

McCown, R., & Roop, P. (1992). *Educational psychology and classroom practice: A partnership.* Boston, MA: Allyn & Bacon.

McCown, R., Driscoll, M., & Roop, P. G. (1996). *Educational psychology: A learning-centered approach to classroom practice.* Boston, MA: Allyn & Bacon.

McGuire, J., & Priestley, P. (1981). *Life after school: A social skills curriculum.* NY: Pergamon.

Moore, R. J., & Cartledge, G. (1995). The effects of social skill instruction and self-monitoring on game-related behaviors of adolescents with emotional or behavioral disorders. *Behavioral Disorders, 20*(4), 253-266.

Morine-Dershimer, G. G. (1999). Instructional planning. In J. M. Cooper (Ed.),

Classroom teaching skills (pp. 20-51). New York, NY: Houghton Mifflin.

Morrison, G. R., & Lowther, D. (2002). *Integrating computer technology into the classroom.* Upper Saddle River, NJ: Pearson.

Murray, F. B. (1982). Teaching through social conflict. *Contemporary Educational Psychology, 7,* 257-271.

Myers, C. B., & Myers, L. K. (1995). *The professional educator: A new introduction to teaching and schools.* Belmont, CA: Wadsworth.

Newby, T., Stepich, D. A., Lehman, J. D., & Russell, J. D. (2000). *Instructional technology for teaching and learning.* Upper Saddle River, NJ: Pearson.

Oakes, J. (1995). Two cities: Tracking and within-school segregation. In L. Miller (Ed.), *Brown plus forty: The promise.* New York, NY: Teachers College Press.

Oden, S. (1986). Developing social skill instruction for peer interaction and relationships. In G. Cartledge & J. F. Milburn (Eds), *Teaching social skills to children*(pp. 246-269). NY: Pergamon.

Oliver, D. W., & Shaver, J. P. (1966). *Teaching public issues in the high school.* Boston, MA: Houghton Mifflin.

Oliver, D. W., & Shaver, J. P. (1971). *Cases and controversy: A guide to teaching the public issues series.* Middletown, CT: American Education Publishers.

Oosterhof, A. (1994). *Classroom applications of educational measurement.* NY: Merrill.

Orlich, D. C., Harder, R. J., Callahan, R. C., & Gibson, H. W. (1998). *Teaching strategies: A guide to better instruction.* New York, NY: Houghton Mifflin.

Ornstein, A. C. (1999). Research for improving teaching. In A. C. Ornstein & L. S. Behar-Horenstein (Eds.), *Contemporary issues in curriculum*(pp. 68-80). Boston, MA: Allyn & Bacon.

Parkay, F. W., & Stanford, B. H. (1998). *Becoming a teacher: Accepting the challenge of a profession.* NY: Allyn & Bacon.

Payne, D. A. (1997). *Applied educational assessment.* NY: Wadsworth.

Pearl, R., Donahue, M., & Bryan, T. (1986). Social relationships of learning-disabled children. In J. Torgesen & B. Wong (Eds.), *Psychological and educational perspectives on learning disablties* (pp. 193-25). NY: Academic.

Piaget, J. (1926). *The language and thought of the child.* NY: Harcourt Brace.

Pratt, D. (1994). *Curriculum planning: A handbook for professionals.* Orlando, FL: Harcourt Brace.

Price, K. M., & Nelson, K. L. (2007). *Planning effective instruction: Diversity responsive methods and management.* Belmont, CA: Thomson.

Provenzo, E. F., Brett, A., & McCloskey, G. N. (1999). *Computers, curriculum, and cultural change: An introduction for teachers.* Hillsdale, NJ: Lawrence Erlbaum Associates.

Raffini, J. P. (1996). *150 Ways to increase intrinsic motivation in the classroom.* Boston, MA: Allyn & Bacon.

Reiser, R. A., & Dick, W. (1996). *Instructional planning: A guide for teachers* (2nd ed.). Boston, MA: Allyn & Bacon.

Robert, C., & Sue, C. (1983). *Focus on team teaching.* Lincoln Park, MI: Michigan Association of Middle School Educator East Lansing.

Sanders, T. (1994). A new model: For quality assurance in teacher education. *NCATE Quality Teaching, 3*(2), 4-5.

Shaftel, F. R., & Shaftel, G. (1982), *Role playing in the curriculum.* NY: Prentice-Hall.

Sharan, S., & Shaulov, A. (1990). Cooperative learning, motivation to learning, and academic achievement. In S. Sharan (Ed.), *Cooperative learning: Theory and research* (pp. 173-202). NY: Praeger.

Simon, S. B. (1973). Values clarification: A tool for counselors. *Personnel and Guidance Journal, 51*(9), 615-619.

Simpson, J. S. (1972). *The classification of educational objectives in psychomotor domain*. Washington, DC: Gryphon House.

Slavin, R. E. (1977). Classroom reward structure: An analytic and practical review. *Review of Educational Research, 47*, 633-650.

Slavin, R. E. (1987). Grouping for instruction in the elementary school. *Educational Psychologist, 22*, 109-127.

Slavin, R. E. (1990). *Cooperative learning: Theory, research, and practice*. Englewood Cliffs, NJ: Prentice-Hall.

Slavin, R. E. (1995). *Cooperative learning: Theory, research, and practice* (2nd ed.). Boston, MA: Allyn & Bacon.

Slavin, R. E. (1997). *Educational psychology: Theory and practice* (5th ed.). Boston, MA: Allyn & Bacon.

Slavin, R. E. et al. (1992). *Success for all: A relentless approach to prevention and early intervention in elementary schools*. Arlington, VA: Educational Research Service.

Slavin, R. E., Karweit, N. L., & Madden, N. A. (1989). *Effective programs for students at risk*. Boston, MA: Allyn & Bacon.

Smith, B. O. (1985). Difinitions of teaching. In M. J. Dukin (Ed.), *The international encyclopedia of teaching and teacher education* (pp. 11-15). NY: Pergamon.

Smith, P. L., & Ragan, T. J. (1999). *Instructional design*. New York, NY: John Wiley & Sons.

Sotto, E. (1994). *When teaching becomes learning: A theory and practice of teaching*. London, UK: Cassell.

Stephens, T. M. (1978). *Social skills in the classroom*. OH: Cedars Press.

Stevens, R. J., & Slavin, R. E. (1995). The cooperative elementary school: Effects on students' achievement, attitudes and social relations. *American Education Research Journal, 32*(2), 321-351.

Swanson, H. L. (2001). Searching for the best model for instructing students with learning disabilities. *Focus on Exceptional Children, 34*(2), 1-15.

Taylor, R. P. (1980). *The computer in the school: Tutor, tool, tutee.* New York, NY: Teachers College Press.

Tomlinson, C. A. (1999). *The differentiated classroom: Responding to the needs of all learners.* Alexandria, VA: ASCD.

Tomlinson, C. A. (2005). *How to differentiate instruction in mixed-ability classrooms* (2nd ed.). Upper Saddle River, NJ: Merrill /Prentice-Hall.

Topping, K., & Hill, S. (1995). Cognitive and transferable skill gains for student tutors. In S. Goodlad (Ed.), *Students as tutors and mentors* (pp. 135-154). London, UK: Kogan Page.

Tyler, R. W. (1949). *Basic principles of curriculum and instruction.* Chicago, IL: University of Chicago Press.

Whitehouse, F. (1951). Teamwork: An approach to a higher professional level. *Exceptional Children, 18*(1), 75-82.

Wilkinson, J., & Canter, S. (1982). *Social skill training manual.* New York, NY: John Wiley & Sons.

Wittrock, M. C. (1978). The cognitive movement in instruction. *Educational Psychologist, 13*, 15-29.

Young, A. C., Reiser, R. A., & Dick, W. (1998). Do superior teachers employ systematic instructional planning procedures? A descriptive study. *Educational Technology, Research and Development, 46*(2), 65-80.

Zimmerman, B. J. (2002). Becoming a self-regulated learner: An overview. *Theory into Practice, 41*(2), 64-70.

國家圖書館出版品預行編目（CIP）資料

教學原理／王財印，吳百祿，周新富著.--三版.
--新北市：心理，2019.09
　　面；公分.--（課程教學系列；41333）
　　ISBN 978-986-191-879-2（平裝）

1.教學法

521.4　　　　　　　　　　　　　108014135

課程教學系列 41333

教學原理（第三版）

作　　　者：王財印、吳百祿、周新富

執行編輯：高碧嶸

總　編　輯：林敬堯

發　行　人：洪有義

出　版　者：心理出版社股份有限公司

地　　　址：新北市新店區光明街 288 號 7 樓

電　　　話：(02)29150566

傳　　　真：(02)29152928

郵撥帳號：19293172　心理出版社股份有限公司

網　　　址：http://www.psy.com.tw

電子信箱：psychoco@ms15.hinet.net

駐美代表：Lisa Wu（lisawu99@optonline.net）

排　版　者：辰皓國際出版製作有限公司

印　刷　者：辰皓國際出版製作有限公司

初版一刷：2004 年 9 月

二版一刷：2009 年 9 月

三版一刷：2019 年 9 月

I S B N：978-986-191-879-2

定　　　價：新台幣 500 元